福祉心理学

日本福祉心理学会研修テキスト

基礎から現場における支援まで

【監修】
日本福祉心理学会

【編集代表】
米川和雄

【編集】
大迫秀樹・富樫ひとみ

明石書店

はじめに

　本書は、福祉心理学の教科書である。

　だが、福祉心理学というものは（定型的な実体としては）ないようなものである。なぜなら、現に今、「福祉心理学」は、福祉関連領域の現場における日常的な心理臨床的実践の積み重ねによって、日々新たに〈学〉として創出され続けているからである。福祉心理学は、優れてダイナミックな臨床実践の学である。それを「こういうものだ」と決めつけて定型化した瞬間、そういうものではなくなる。とはいうものの、現時点で「どういうものか」ということを相互確認しておくことは〈学〉の成立にとってきわめて重要である。

　20世紀最後の10年間、つまり1990年代は社会福祉基礎構造改革の嵐が吹き荒れ、戦後社会福祉のあり方が根本的に変革された。それに呼応するかのように登場したのが福祉心理学である。単なる生活支援だけではなく、合わせて心のケアが重視されるようになったのである。福祉は幸福を意味する。人間の営みは、それがたとえどのような営みであれ、すべてそれなりの幸福の達成を目的としている。福祉心理学は、それを心理学的側面から実現しようとするのである。

　福祉は制度的福祉と臨床的福祉に区分される。福祉心理学はどちらかといえば臨床的福祉と関連が深い。柳澤孝主氏は『現代のエスプリ：臨床心理福祉学』（452号、2005年）誌の中で福祉臨床と心理臨床を差別化してこう述べている。「心理臨床が不適応問題やこころの問題を縦に掘り下げていく『垂直的個別化』という特徴を持つのに対し、福祉臨床は横の広がりによって生活問題の解決を図る『水平的個別化』というところに特徴がある」。ここで「個別化」というのは個別性（一人ひとりの人格や実存）を尊重する態度のことである。この規定はそれぞれの臨床の本質を端的にわかりやすく表現したものであるが、氏も十分心得られているように、実際はそのように明確に割り切れるものではない。

　今日ソーシャル・ケースワークにおいても心のケアには十分配慮されているといわれる。どのようなヒューマン・サービスであれ心と無関係なサービスなどありえない。〈心〉は心理学の独占物ではないのである。と同時に、福祉心理学は単なる心理的支援というにとどまらず、生活臨床をその基本としている。柳澤氏の垂直－水平の表現を借りるなら、T型福祉心理臨床モデルが適用されなければならない。縦線－横線の長短の質的違いはあるかもしれないが、いずれの臨床もT型なのである。しかしながら、現実的な実践においてその境目は不明瞭であるにしろ、理念的には一般的な心のケアと心理学的アプローチとは明確に区別しておかなければならない。そうでなければ福祉心理学のよって立つ基盤があいまいになる。福祉心理学はあくまで心理学の理論と技法に根ざしたものでなければ存在理由がない。幸い、心理臨床学的実践は福祉の現場においてこれまでもそれなりに進化を遂げながら存続しつづけてきた。ただ、実践されているだけでは、誰にも気づかれず、存在しないも同然である。それが社会的に認知さ

れるには、言語のもつ分別機能と実体化機能によって誰の目にも明らかな形が与えられる必要がある。

　西暦2000年前後にして個々の具体的な実践活動を総括する「福祉心理学」という言葉が徐々に散見されるようになった。2003（平成15）年6月に日本福祉心理学会が創設され、6年後の2009（平成21）年に福祉心理士制度が発足した。このことは記念すべき画期的な出来事であった。これによって福祉心理学は、社会にしかるべき位置を築くことができたのである。2015（平成27）年に制定された公認心理師の資格取得のための養成カリキュラムに福祉心理学が組み込まれたことも、あずかって大きな力になったことは間違いない。そのカリキュラムの心理学発展科目において、福祉心理学は健康・医療、教育・学校、司法・犯罪、産業・組織と並んで実践心理学に位置づけられている。さらに、その中の福祉心理学に関する特記事項として、「福祉現場における心理社会的諸問題とその背景、及び必要な支援」が挙げられている。社会福祉における心理学的アプローチに対する社会の認知とニーズが高まった何よりの証である。

　しかしながら、筆者らが2008（平成20）年に行った鹿児島県内の児童福祉施設、障害児・者福祉施設、高齢者福祉施設、全250か所に対して行ったアンケート調査の結果（「福祉心理学研究」第5巻第1号、pp. 37-44）を見ても、心理的支援に対する要望が多いにもかかわらず、福祉現場における心理職の業務内容については十分理解されているとは言い難い。福祉心理学は、今日でもなお発展途上の分野であり、「福祉心理士とは何者か」「いったい何ができるのか」「どういったことに役立つのか」といった心理臨床家のアイデンティティに対する疑念が払拭しきれていない事実がある。

　福祉心理学を志すわれわれには、社会が福祉にではなく、福祉心理学に何を求めているのかを自覚し、「誰にとっての何のための福祉心理学」であるかを明確にする義務がある。それが本書の刊行目的である。具体的には本文を参照してほしい。福祉心理学の対象領域としては、子ども家庭福祉、障害者福祉、高齢者福祉を主要3領域として、医療、教育、司法、産業など多肢にわたっている。福祉ニーズのある一人ひとりの生きづらさを理解し、その人たちの心が「安らかにあること（well-being）」を心理学的に支えることを任務としている。それには科学的・客観的実証主義に基礎を置きながらも、それを超えた間主観的な「臨床の知」が重視される。福祉心理学の独自性もそこにある。

　世界に先駆けて少子高齢社会に突入し、福祉先進国となったわが国においては、もはや欧米の福祉モデルの直輸入では間に合わない。世界の動向には十分目配りしながらも、わが国における長い歴史の中で培われた精神文化的伝統を背景に、現在の日々の福祉心理臨床の実践活動を支える理論を構築し、技法として体系化した主体的な独自の福祉心理学の創出が期待されており、それを世界の福祉向上に向けて発信すべき責任を担っている。

　本書は、日本福祉心理学会で中心的に活躍されている一流の執筆陣による豊富な内容を持っており、現在における最も標準的な「福祉心理学」の教科書である。上述の社会的要請にも十分応えることができるものと自負している。

十 島 雍 蔵

◉ 目 次

はじめに　3

第Ⅰ部　福祉心理学の基礎

第1章　福祉心理学原理

1 福祉心理学原理　10
2 社会福祉と心理学　17
3 福祉心理学とは　19
4 福祉領域と近接領域　22

第2章　福祉心理学の歩み

1 福祉心理学の構築を目指して　24
2 福祉心理学研究とは　27
3 研究方法概論　29
4 近年の研究動向　33

第3章　福祉心理士会と福祉心理士

1 福祉心理士会　37
2 福祉心理士　41

第4章　福祉心理学的支援の基盤Ⅰ

1 実践への主眼　46
2 福祉心理学にかかわる意思決定支援　47
3 自立とその実態　57
4 発達理論　60
5 アタッチメント　63

第5章　福祉心理学的支援の基盤Ⅱ

1　福祉心理学的支援の基盤的理論　69
2　心理療法の概要　74
3　心理療法の各論Ⅰ　77
4　心理療法の各論Ⅱ　82
5　心理検査の概要　96

第Ⅱ部　各領域における福祉心理学的支援

第6章　子ども家庭福祉領域の心理学的支援

1　子ども家庭福祉における課題と法制度　112
2　乳児院・児童養護施設における心理学的支援　117
3　里親の心理学的支援　127
4　児童相談所一時保護所における心理学的支援　130
5　児童自立支援施設における心理学的支援　144
6　自立援助ホームにおける心理学的支援　149
7　保育所における心理学的支援　151
8　障害児福祉における心理学的支援　159

第7章　障害者福祉領域の心理学的支援

1　障害者福祉における課題と法制度　172
2　身体障害児（者）福祉における心理学的支援　182
3　知的障害者福祉における心理学的支援　191
4　精神保健福祉における心理学的支援　200

第8章　高齢者福祉領域の心理学的支援

1　高齢者福祉における課題と法制度　221
2　高齢者の心理学的支援　223
3　認知症支援の実際と知見「ユマニチュード」　231

第9章　地域福祉領域の心理学的支援

1　地域福祉における課題と法制度　　237
2　地域福祉課題を抱える人々の心理学的支援　　239
3　医療現場における心理学的支援　　262
4　コロナや災害等危機時における心理学的支援　　270

第10章　関係行政・機関

1　三権分立　　274
2　関係行政と機関①　教育機関である学校を起点とした連携・協力　　276
3　関係行政と機関②　矯正施設等　　288
4　関係行政と機関③　裁判所　　293

おわりに　　297

◇◇◇　一口メモ　◇◇◇
保育所に関する福祉心理学的知見　　158
ハローワーク、ジョブカフェ、サポステ　　182
障害年金について　　190
司法福祉に関する研究　　200
精神障害者の差別解消と心のバリアフリー　　216
司法面接　　272
「チーム学校」を展開していく上で必要なこと　　287
離婚裁判と親権　　295

第 I 部

福祉心理学の基礎

第1章 福祉心理学原理

■ 福祉心理学原理

〔1〕福祉心理学の理念、目標、役割

（1）理念：welfareとしての福祉とwell-beingとしての福祉

福祉心理学は、この世に命を授かったすべての人々が、その命を全うしようとする欲求を福祉ニーズとして受け止め、そのニーズに思いを致し、支援することに最も深くかかわる科学であり、福祉に貢献する心理学であることをまず理念的に深く理解する必要がある。

日本の社会福祉・社会保障の目標として意義づけられている日本国憲法第25条は、「すべて国民は、健康で文化的な最低限度の生活を営む権利を有する。国は、すべての生活局面について、社会福祉、社会保障及び公衆衛生の向上及び増進に努めなければならない。」と定めている。福祉の歴史をみると、貧困や障害等々の何らかのハンディキャップを抱える人々に対し、"健康で文化的な最低限度の生活"を営めるような基準に達するように保護や扶助を行う仕組みが主となっていた。これを保護・扶助（welfare）としての福祉と呼ぼう。しかし、福祉にはもう1つの重要な側面がある。それは、welfareを必要とする人々は言うまでもなく、すべての人々が"健康で文化的な生活"つまり、健幸（健康、幸福、自己実現）がより可能となるような生活を営めるように、実践や法制度を充実させる仕組みである。これを健幸（well-being）としての福祉と呼ぼう。福祉はwelfareとwell-beingのいずれをも欠いてはならない。

さらに福祉の理念として、その実践を担う"臨床的福祉"と法制度によって支えられる"制度的福祉"という側面があることを忘れてはならない。福祉心理学を臨床心理学の応用分野として理解することは重要である。臨床的福祉は、個々人の個性、特性を重視してその福祉ニーズ、スペシャルニーズ（〔1〕-（2）参照）に対応した最もふさわしい支援を図ることに非常な努力を注ぐ。この臨床的福祉の原理を"個別与件個別支援"と表現しよう。一方、福祉心理学ほど法制度が深く密接に結びついている心理学の分野は他に見られない。制度的福祉とは、その福祉ニーズ、とりわけ貧困や障害等々のスペシャルニーズを抱える人々に対し、多様な制度上のメニューを用意し、公平、平等に支援することに非常な努力を注ぐ。同一のあるいは共通の問題や状況が生じたとき、それに該当するすべての人がその支援を受けることができる。この制度的福祉の原理を"同一与件同一支援"と表現しよう。福祉は、この2つが車の両輪となって機能することが重要である。

以上を踏まえ、welfare及びwell-beingとしての福祉、並びに臨床的・制度的福祉を示したのが図1-1である。

図1-1　保護・扶助（welfare）としての福祉、健幸（well-being）としての福祉（作図：網野武博）

（2）目標：授かった命を全うしようとするニーズに寄り添う福祉

　この世に誕生後、私たち一人ひとりが授かった命は、この世にただ一人存在する人間としての尊厳性を持つ。その命は、連続的に間断なく生物的エネルギー、心理的エネルギーを発露し、それを全うしようとする。時々刻々、日々、月々、年々歳々、間断なくその命を全うしようとする営みは、生命を保持し、順応、適応の欲求を満たそうとする営みといえる。

　その基盤には、恒常的に生命の保持と順応、適応を図る"ホメオスタシス"、及び特にストレスへの対応を図る"アロスタシス"という生物エネルギーのメカニズムが機能し、さらに適応及びストレスへの対応を図る心理的エネルギーとしての"レジリエンス"のメカニズムが機能している[1]。ストレス対応能力の源泉となるアロスタシス、レジリエンスは、回復、修復する能力であるとともに、生物的順応、心理的適応に深くかかわる積極的な概念としても重視され、レジリエンスは近年臨床心理学分野においてもその活用が広がりつつある[2]。

　しかし、それをもってしても、順応、適応に不全を来し、生命の保持に支障を来し、不適応等が生じるとき、医療、福祉の支援が必要となる。その支援にあたって重要なことは、個々人の心理的欲求を確実に理解し、それを表1-1にある4つの要素における福祉ニーズとして受け止めることである[3]。

表1-1　ニーズの4つの要素

wantの要素	不足、欠乏、不均衡などの欠乏動機に基づくニーズ
wish、desireの要素	達成、成就などの達成動機、成長動機に基づくニーズ
demand、requirementの要素	不公平、不平等など、他者との関係における自らの不充足感が意識化された具体的欲求に基づくニーズ
necessity、needの要素	子どもの最善の利益の考慮、重度障害や難病へのケアなど、当事者の意識化の有無にかかわらず生物的、心理的、社会的な必然性と必要性を帯びて他者や、社会、国家等にその実行を求めているニーズ

1　McEwen, B. S. & Lasley, E.（2002）*The end of stress as we know it.* Joseph Henry Press. ＝星恵子監訳, 桜内篤子訳（2004）『ストレスに負けない脳──心と体を癒やすしくみを探る』早川書房.

2　石垣琢麿編（2017）「特集　レジリエンス」『臨床心理学』17（5）.

3　福祉ニーズの4つの要素については、網野武博（2001）「第10章　福祉心理学の構築に向けて」（庄司順一・西澤哲編『ソーシャルワーカーのための心理学』有斐閣）を引用加筆。

すべてのニーズは福祉ニーズとしての特徴を持つが、第4の要素necessity、needは、さらにスペシャルニーズとして臨床的福祉のみならず、制度的福祉にも深くかかわっている。ニーズの4つの要素は、個別的にあるいはまた統合的・総合的に対応がなされる必要がある。このように、授かった命を全うしようとする個々人のニーズを福祉ニーズとして適切に理解し、支援を図ることが福祉心理学の目標である。

（3）役割：人生における３つのライフ（生命、生活、人生）を支援する

　近年学術分野において、命（life）を日本語で生命、生活、人生の３つのライフで構成されるものとして理解する方向が進んでいる。図1-2にみるように、３つのライフには、それぞれ生命を全うしようとする欲求、暮らしを全うしようとする欲求、人間を全うしようとする欲求がある。福祉心理学では、それぞれあるいはその総体の充足を図るニーズへの支援を図ることが役割となる。特に福祉心理学の役割として、適応援助のみならず、不適応と呼ばれる行動（非社会的行動、反社会的行動など）もその個人にとっては生命を全うするための行動でもあることを深く理解認識し、その人のレジリエンスを支えることが重要である。

　３つのライフにはそれぞれの福祉の原則が重視され、それにふさわしいニーズへの対応が重要となる（表1-2参照）。

生命を全うしようとする欲求・・・・尊厳性の原則

暮らしを全うしようとする欲求・・・無差別平等の原則

人間を全うしようとする欲求・・・・自己実現の原則

図1-2　３つのライフと３つの原則

表1-2　３つのライフにおける福祉の原則

尊厳性の原則	「生命」に対しては、すべての人々が授かった命を全うしようとするニーズを最大限に尊重し、個人の生命と人間の尊厳を尊重し支援する意識と行動が求められる。
無差別平等の原則	「生活」に対しては、スティグマ、偏見、差別の意識と行動を排除し、個々人の生活にかかわるニーズの充足が公平、平等になされるように支援する意識と行動が求められる。特に、スペシャルニーズを抱える人々への深い理解と機会の平等、結果における平等への意識と行動が重視される。
自己実現の原則	「人生」に対しては、個々人が持つ自己実現の欲求に基づくニーズを尊重し、その個性と可能性を重視し支援する意識と行動が求められる。自己実現の欲求を理解する上で、個々人の個性、可能性を単にその時々の個別的主張や意志として受け止めるのみならず、マズローの「本来潜在的にもっているものを実現しようとする欲求」・「人がより自分自身であろうとし、なりうるすべてのものになろうとする欲求」に意識を注ぐ支援が重視される[4]。

4　WHO（世界保健機関）は、1998年の総会で、健康の定義に、従来の「完全な肉体的、精神的及び社会的健幸（well-being）の状態…」に加えてspiritual well-being（魂的健幸）の状態を加えようと提言した。人間の尊厳の確保や生活の質を考えるために必要で本質的なものを考えるためという理由であった。その際の魂（または霊性）spiritualityの定義は、以下のとおりである。
「自然界に物質的に存在するものではなく、人間の心にわき起こってきた観念の──とりわけ気高い観念の──一領域に属するものである」（山口昌也訳（1998）「『霊性』ととりくみはじめたWHO」『季刊仏教』第45号，190-198）。
　新定義に関する案は総会で見送られ、今日に至るまで改正されていない。しかし、この概念は健幸的福祉としてきわめて重要なものである。

〔2〕福祉心理学の貢献

（1）3つのライフへの妨げ

　古来、授かった命を全うし、3つのライフを遂げようとするとき、それを妨げる環境、またその時代、社会を反映してそれを妨げる環境が様々に押し寄せてきた。個々人のアロスタシス、レジリエンスのみではそれに適切に対応できない状況を概括すると、主として表1-3のようになる。

表1-3　3つのライフが脅かされる状況

「生命」を脅かされる状況	①望まれない妊娠・出産、中絶 ②間引き、嬰児殺、親子心中 ③虐待・ネグレクト、暴力、被虐待死、病死、事故死、殺戮、紛争、戦争
「生活」を脅かされる状況	①先天性ハンディキャップ ②環境性ハンディキャップ（身体的、心理的、社会的、経済的、魂的不健幸） ③QOL低下性ハンディキャップ（障害、難病、高齢化（frailty）等々）
「人生」を脅かされる状況	①被虐待、被支配・統制、従属関係 ②閉鎖・孤立 ③個性・自立・自己実現の不充足

（2）臨床的福祉と制度的福祉への貢献

　福祉心理学においては、〔1〕-（1）で述べた臨床的福祉と制度的福祉を視野に置いた実践が求められる。臨床心理学的視点を基盤とする臨床的福祉が何よりも必要不可欠であるが、児童、高齢者、障害等々の福祉分野における制度・政策は臨床的福祉のモデルや先駆的活動を参考とし適用や普及がなされてきたばかりではない。福祉臨床の実践活動は、福祉制度・政策の影響を受け進展してきた面も非常に多い。例えば、1947年に公布された児童福祉法が児童相談所に心理判定員（現在の児童心理司）を置くことを定めたことは、心理臨床の専門職の基盤を広げることに貢献してきた。今日、福祉臨床がかかわるほとんどの分野は法制度や公的システムと深くかかわっている。児童心理司は言うまでもなく、公認心理師、福祉心理士など福祉心理学を専門的基盤とする福祉専門職者は、福祉臨床に精通するとともに、制度的福祉にも精通しそれを活用する専門性が求められる。

〔3〕福祉マインド

（1）　他者の欲求と福祉ニーズを受容する心理的メカニズム

　あらためて福祉心理学における3つの原則の意義を深めるならば、それはこの世で唯一無二の個々人の生命の保持に専心し、人間の尊厳を尊び、福祉ニーズ、特にスペシャルニーズを抱えている人々に対する公平、平等な生活支援を図り、その個性、可能性を基盤とする自己実現の欲求に基づくニーズを尊重し支援することである。ヒューマンサービスを担う専門職者にとっては、それは専門性としての福祉マインドと深くかかわる。それを資質として高める上で重要なことは、「自己」と「他者」との相互性によって育まれる利他的意識と行動の心理的メカニズムを理解することである。

　これまでの人類における悠久の歴史をたどっていくと、福祉マインドの理念は、人間の本質を追究してきた宗教や思想の叡智の中に見出すことができる。その最も適切な例を示すと、キ

リスト教の新約聖書マタイ伝第7章12には、「何事も己の欲するところのものを他に施しなさい」という黄金律の愛の教えがある。この教義と逆の表現ながら全く同義の教え、つまり「己の欲せざるものを他に施すなかれ」という教義は、バビロニアのシャバト31-aや中国の孔子の教義である論語（顔淵：第12-2、衛霊公：第15-23）にみられる。そして、仏教におけるウダーナの自説教5-1の以下の教えに最もよくそれが具現化されている。

> 「こころしてあまねきところを探し求めたれど、おのれにまして愛しき者には逢わざりき。このおのれは、それぞれに他の人もかくのごとし。されば、己（おのれ）を愛する者は、人を害（そこな）うなかれ」

　ウダーナの教えは、誰もが持つ基本的欲求である本能的な自己愛を肯定することから出発している。この世に命を授かった人間の心理的エネルギーは、何よりも自分を愛さずにはいられないと認識するのである。福祉心理学的に理解するならば、それはまず自己の生存、適応、発達への欲求を自己のニーズとして自覚し、自己の利益をまず最善のものとして志向する。そのようなニーズを率直に認識すると、他者との豊かな心理的相互作用を経験しつつ高次のレベルまでの欲求の充足をより経験するほど、自己愛や自己の利益に走るこの自分自身を客体化することができる。これほどの強い自己愛、それは他人も全くそうであろう。他者もそうであれば、自己を愛することと他者を愛することとが連なるのであろうと考える。ここに、他者のwant等のニーズを包括的に受容する心理的メカニズムの典型をみることができる。

（2）〈ケア〉という意識と行動

　「自己」と「他者」との相互性によって育まれる自己愛と他者愛が協奏する心理的メカニズムの基本は何であろうか。それは、とりわけ他者愛の心理的メカニズムを専門的に活用するヒューマンサービスに深くかかわる福祉、看護、医療のありようを探るとき、その領域において頻繁に用いられる言葉が英語careから転じた“ケア”という言葉に結びつく。福祉におけるケアは養育、養護、保育、介護を意味し、保健、医療におけるケアは、看護、医療そのものあるいはそれに付随する様々な行為を意味している。つまり、守り助ける行為や配慮をいう。また、careという動詞を日本語に当てはめるとき、大切にする、注意する・用心する、心配する、特に意を配る、さらには関心を持つ、望む、好む等の意味やニュアンスで用いられている。careは、自らが関心を持つ者や対象に対する深い配慮、考慮をも意味する。

　エリクソン（Erikson, E. H.）は、人間の発達における8段階を説く中で、その各発達段階で獲得される価値的資質能力（virtue）を挙げている。その第7段階成人期において獲得される価値的資質能力が〈ケア〉である。エリクソンは、この言葉を用いた背景として、この段階における言葉の中で〈ケア〉は最も強力なものであり、肯定的な意味合いを持って、あることを「したがる」、あるものを「気づかう、大切にする」、保護や注意を必要とするものに「気をつける」、ものが破壊「しないように注意する」という意味で用いていると述べている[5]。

5　Evans, R. I.（1964）*Dialogue with Erik Erikson*. Praeger Publishers. ＝岡堂哲雄他訳（1981）『エリクソンは語る──アイデンティティの心理学』新曜社.
　なお、エリクソンの表現するvirtueは、“徳性”と訳されることが多いが、筆者はその意味するところは人間として何らかの主観的価値を身につける資質能力であると受け止めているので、価値的資質能力と訳した。

人間は、その生涯を通じて自己愛と他者愛を均衡よく育み、他者を肯定的に受け止めようとする態度、心づかい、気づかいを発露していくプロセスを通じて、ケアという資質能力を獲得していけるのだろう。

〔4〕福祉マインドを実践する心理

（1）愛としての福祉マインド

　以上の視点は、自己愛を単なる利己的愛として、他者愛を単なる利他的愛として捉えるのではなく、「自己」と「他者」の相互性の中で捉えることが重要であることを示している。それは、「自己」を肯定し受容し、「他者」を肯定し受容する意識と行動の発達に結びつく。愛について心理的に考察し、実践を探求する研究は多くみられる。これらの観点から捉えたとき、マズロー（Maslow, A. H.）の論点及びフロム（Fromm, E.）の考究は1つの示唆を与える[6,7]。

　マズローが欲求の第3水準で示す愛と所属の欲求における愛は、愛される欲求に限らず、愛することの欲求を重視している。「自己」と「他者」との関係でいうと、欲求の同一視あるいは2人の基本的欲求構造を一体化する共同化が、よい愛情関係の重要な側面であるとする。相手の欲求が自分自身の、また自分自身の欲求が相手のそれであるかのごとく感じ精神的目標に対して一単位となり、一自我となっているという[8]。

　マズローの理論は、フロムの愛の理論ときわめて関連が深いと考える。フロムは、自己への愛と他者への愛は「二者択一的なものではなく、すべて自己を愛することのできる人たちには他人を愛するという態度が見出されるだろう」と説く。そして愛を、人間における合一や一体感への欲求を基礎に置いて、祝祭的融合から得られる一時的一体感や集団への同調によって得られる偽装的一体感とは異なる第3の一体感つまり人間相互の一体化、他者との融合、それを愛と定義している。しかもそれは、受動的な愛としてではなく能動的な愛としてである[9]。

　自己の人間としての尊厳性、平等及び自己実現を受容し促進しようとする心理的メカニズムを自己愛として捉え、他者の人間としての尊厳性、平等及び自己実現を受容し促進しようとする心理的メカニズムを他者愛として捉えたい。そして福祉マインドの形成を、自己愛と他者愛の均衡のとれた発達過程として理解することにより、他者に対する保護・扶助とともに自らの及び他者のホールサムな自己実現を指向する健幸的福祉を展望することができる。

6　Maslow, A. H.（1971）*The farther reaches of human nature*. Viking Press. ＝上田吉一訳（1973）『人間性の最高価値』誠信書房.

7　①Maslow, A. H.（1954）*Motivation and Personality*. Harper & Brothers. ＝小口忠彦監訳（1971）『人間性の心理学』産業能率大学出版部.②Maslow, A. H.（1971）*The farther reaches of human nature*. Viking Press. ＝上田吉一訳（1973）『人間性の最高価値』誠信書房.③Fromm, E.（1947）*Man for himself*. Holt, Rinehart and Winston. ＝谷口隆之助・早坂泰次郎訳（1955）『人間における自由』東京創元社.

8　①Maslow, A. H.（1954）*Motivation and Personality*. Harper & Brothers. ＝小口忠彦監訳（1971）『人間性の心理学』産業能率大学出版部.②Maslow, A. H.（1971）The farther reaches of human nature. Viking Press. ＝上田吉一訳（1973）『人間性の最高価値』誠信書房.

9　Fromm, E.（1947）*Man for himself*. Holt, Rinehart and Winston. ＝谷口隆之助・早坂泰次郎訳（1955）『人間における自由』東京創元社.

（2）福祉マインドを実践に結びつける心理

　向社会的行動（prosocial behavior）や愛他的行動（altruistic behavior）に関する研究に貢献したアイゼンバーグ（Eisenberg, N.）は、向社会的・道徳的判断の発達段階を示し、第1段階（快楽主義的・自己焦点的指向）、第2段階（他者の要求に目を向けた指向）、第3段階（承認および対人的指向）、第4段階A（自己反省的な共感的指向）、第4段階B（他者を尊重する内面化への移行段階）を経て、その到達段階ともいえる第5段階を「自他の尊重が強く内面化された段階」とし、権利、義務、責任、平等などの意識が自我内に確立している状態として位置づけている[10]。それは、思いやりの心理や向社会性、愛他性の発達にみられる内発的動機づけの典型といえる。

　福祉心理学は、権利、義務、責任、平等などの意識と行動の解明に深く結びつく。中でも、権利、義務を意識しそれに沿った行動を解明することは、自己愛と他者愛の均衡の取れた心理の発達過程を明らかにする上で特に重要である[11]。

　以上に述べた利他的意識、権利、義務に関する心理（意識と行動）の発達には、表1-4に示すような5つの段階があるといえよう。

表1-4　利他的意識、権利・義務に関する心理（意識と行動）の発達の5段階

第1段階：欲求の価値とニーズの認識	「自己」と「他者」相互の間の多様な欲求充足と欲求不充足の体験による欲求の価値及びニーズの認識の段階である。欲求の価値の認識とは充足された欲求には価値があるという認識、ニーズの認識とはニーズを自己自身そして他者も必要としているという認識である。
第2段階：ハンディキャップの認識	「自己」と「他者」相互の間の有利対不利、優対劣、強対弱等々の様々な体験によって、自己の不利益あるいは他者の不利益について、その原因、経過、結果等を理解し、自己及び他者のハンディキャップを福祉ニーズとして認識する段階である。
第3段階：ハンディキャップの負荷	「他者」が不利、劣位、弱者としての状況がみられるとき、その欲求不充足に思いを致し、上述の（1）-（2）でふれた「他者」の第1～第3の欲求・ニーズを理解し、同情することによって、自己の欲求充足への抑制や分担、分与、寄付、支援、奉仕等によって自己にハンディキャップの負荷を課し、他者との平等・公平、他者の自己実現に貢献する段階である。
第4段階：利他的意識・行動Ⅰ	上述の（1）-（2）でふれた「他者」の第4の欲求・ニーズを理解し、共感することによって、内発的動機づけをもって向社会的、利他的意識・行動に至る段階である。福祉的には、おおむね受動的権利[11]の保障として機能することが多い。
第5段階：利他的意識・行動Ⅱ	上述の「他者」の第4の欲求・ニーズを理解し、さらに他者の自己実現の欲求をニーズとして理解し、受容、共感することによって、内発的動機づけをもって向社会的、利他的意識・行動に至る段階である。福祉的には、おおむね能動的権利[11]の保障として機能することが多い。

（網野 武博）

10　①Eisenberg, N.（1982）*The development of prosocial behavior*, Academic Press. ②Eisenberg, N. & Mussen, P. H.（1989）*The roots of prosocial behavior in children.* Cambridge University Press. ＝菊池彰夫・二宮克美共訳（1991）『思いやり行動の発達心理』金子書房 . なお、日本語訳は上述の原著及び訳本の日本語を参照にして表記した。

11　網野武博（2002）『児童福祉学──〈子ども主体〉への学際的アプローチ』中央法規出版 .
　筆者は、権利、義務、受動的権利、能動的権利の用語を、この文献で以下のように定義している。
　権利：「他者が自己のあるいは自己が他者のニーズを包括的に受容することによって成立する自己あるいは他者の権能（能力と資格）」
　義務：「他者が自己のあるいは自己が他者のニーズを包括的に受容することによって成立する他者の自己に対するあるいは自己の他者に対する拘束」
　受動的権利：「義務を負うべき者から保護や援助を受けることによって効力を持つ権利」
　能動的権利：「人間として主張し行使する自由を得ることによって効力を持つ権利」

❷ 社会福祉と心理学

〔1〕「社会福祉」について

第1節において、「福祉」という言葉の意味について述べられているが、わが国で日本国憲法に福祉という言葉が用いられるようになった背景として、次のことを押さえておく必要がある。現実的には、憲法ができた時代は、第2次世界大戦が終了し、病気やけがを負った軍人や戦災で親を亡くした孤児、夫を失った女性などが多く存在し、世の中には、幸せな状態からはほど遠い人たちがあふれていた。そこで、福祉実現のために、国・社会をあげて公共政策として推進していく必要性があり、日本国憲法を基盤に、社会福祉に関する法律である社会福祉事業法（のちに、社会福祉法）を中核として、社会的に弱い立場にある人、すなわち、児童、障害者、老人、女性など、あるいは、暴力、貧困、疾病などに苦しんでいる人たちを主たる対象として、身体障害者福祉法や児童福祉法などの法律が作られ、施行されていった。それによって、対象者への様々な福祉サービスが実施されるようになり、国民の福祉の向上に向けて前進が図られていったものである。このような内容のことを指して、一般的には社会福祉という。

福祉という言葉は、人々の幸せな心の状態や生活を作ることだが、実際には、様々な事由により、そのような状態にあることが難しい人々（社会的弱者）が存在するため、政策としての制度等を通じて、そのような人たちの福祉を実現していくことが必要である。それゆえ、実際上は、後者の社会的弱者といわれる人々を対象とした社会福祉の意味だと理解して捉えることが多い。つまり、福祉という場合、多くの場合、社会福祉のことを指し、広い意味での「幸せな生活」を理念としながらも、現実問題として、社会的弱者を中心に、社会制度としてすべての構成員に福祉を保障する仕組みとその実践だということができる。このとき、現実問題を解決する制度や実践のことを「実体概念的な社会福祉」と呼び、広い意味での幸せな生活を理念とする福祉の考え方のことを「理念・目的型の社会福祉」と呼ぶことがある。

社会福祉は、現実の現代社会の特徴や課題等とも深く関連しながら、柔軟に制度を変えていく必要がある。1960年代までに作られた社会福祉制度も、2000年前後には、少子高齢化の進展などを背景に、社会福祉基礎構造改革と呼ばれる一連の法改正が行われた。わが国の社会福祉施策は大きく転換してきているのだ。

ところで、社会福祉の重要な基本理念として、ウェルビーイングとノーマライゼーションが挙げられる（表1-5）。

〔2〕「心理学」について

心理学とは、人の心や意識に関する学問のことであるが、もともとは精神科学として、哲学などの影響を受けてから発生した。しかし、その後、自然科学の発展とともに、実験や観察などの手法が求められるようになり、内的な心や意識が反映すると考えられる行動などを主な研究対象とするようになって、行動科学として発展を遂げている。近年は特に、認知的傾向を重

第1章◉福祉心理学原理

17

表1-5　現在の社会福祉の基本理念

①**ウェルビーイング（well-being）**：福祉についての考え方として、最初にウェルフェア（welfare）について述べたが、実はこの言葉には、救貧的・慈恵的・恩恵的な保護を中心としたサービスに限定するという意味合いがある。これに対して近年の福祉の考え方としては、ウェルビーイング（well-being）へ重点が移行していきつつある（網野、2008）。welfareもwell-beingも日本語に訳するとどちらも「福祉」となるが、ウェルビーイングとしての福祉には、近年、人権に対する意識が高揚してきたことに基づいて、個人を権利主体として認め、より積極的に個人の権利を尊重し、自己実現を社会的に保障するという意味が込められている。自立支援の考え方とも関係が強く、社会福祉の理念を理解する上で、非常に重要な概念である。
②**ノーマライゼーション**：ノーマライゼーションとは、1950年代以降、北欧において活発になった考え方で、知的障害、精神障害のある人たちの生活が施設中心にあるのではなく、地域社会の中で暮らすことができる社会がノーマルであるとしたものである。これは、障害のある人たちを施設に隔離するという考え方ではなく、すべての人が同じ地域社会の一員として、人種や性別、様々な障害や家庭の状況などによって、差別や排除されることなく、あるがままの存在で受け入れられ、その人がその人らしく生きていくために必要な生活条件の整備などを通して社会や環境や仕組みを作りかえていくという共生社会を目指した考え方である。もともとは、障害者に対する福祉支援の過程で生まれた考え方だが、広く高齢者福祉や児童福祉領域でも用いられ、社会福祉を支える重要理念となっている。また、脱施設化、社会モデルへの転換、地域包括支援の考え方等にもつながっている。さらには、個人の意志を尊重しつつ、エンパワメントにより自立支援を促すという考え方とも関連が強い。

視する流れも強くなってきた。もちろん、人を対象とする以上、精神科学としての側面と、自然科学としての側面の両方が必要であり、その上で、心や行動についての規則性・法則性を探求する学問だということができるだろう。また、その中でも、臨床心理学については、特に不適応行動についての解明やその援助について、心理学的な観点からアプローチする学問だということができる。現代社会にあっては、後述するように、福祉と心理学の融合が非常に大きなテーマとなる。

〔3〕社会福祉の実践と心理学──「制度的福祉」と「臨床的福祉」の側面

①**「制度的福祉」**：社会福祉の実際としては、まず、福祉対象者（社会的弱者）に対して、課題の解決に向けて必要な福祉サービスを提供しなければならない。これは国や地方公共団体が法令や財源に基づいて、制度として行う福祉サービスであることから「制度的福祉」ともいわれる。制度的福祉は、実体としての社会福祉と捉えるとわかりやすい。援助対象や法的根拠から、子ども家庭福祉（児童福祉法）、母子・父子・寡婦福祉（母子及び、父子並びにおよび寡婦福祉法）、身体障害者福祉（身体障害者福祉法）、知的障害者福祉（知的障害者福祉法）、高齢者福祉（老人福祉法）、精神障害者福祉（精神保健及び精神障害者福祉に関する法律）、公的扶助（生活保護法）などに分けられる。提供される福祉サービスの内容としては、給付型サービス（現物給付や金銭の給付）、利用型サービス（地域住民が自主的・選択的に利用する）、通所型サービス（通所して必要な援助を受ける）、入所型サービス（入所して必要な援助を受ける）に分けられる。また、福祉サービスの供給場所から、在宅福祉サービス、施設福祉サービス、地域福祉サービスという形にも分けられる。わが国の福祉法制度体系は、きめ細かく整備された内容を持っており、制度的福祉の構成原理としては、同一条件下にある人は同一のサービスが公平・公正・平等に受けられることが原則である（「同一与件同一サービスの原理」という）（網野、1992）。

　しかしながら、基準の画一性のため、個人の実状に即した柔軟なサービスが提供できなかったり、あるいは真にサービスを必要としている人に必要なサービスを提供できなかったりという課題もあった。このようなことを踏まえて、特に、障害児・者の福祉においては、措置制度

からサービス利用者の意思を尊重するために支援費制度に移行するなど、柔軟な体制が取られるようになり、既存の法律の見直し、改正等により、時代の変化に即した対応が行われている[12]。

②「臨床的福祉」：一方で、福祉対象者本人とその家族・集団・地域社会等に対して「具体的な問題の解決」のための援助が求められる。すなわち、実践としての社会福祉である。この分野のことを「制度的福祉」に対応して「臨床的福祉」と呼ぶ。その際には、個々の対象者の実状を正しく理解し、それに即した様々な社会資源を活用することによって、弾力的で総合的なサービスを提供することが重要となる（「個別与件個別サービスの原理」という）。当然その際には、心理的なニーズ等にも十分配慮することが必要である。

　そのための実践方法としては、大きく2つに分けて考えることができる。1つ目は、福祉専門職が心理学の技術を取り入れながら援助における専門性を発揮することである。また2つ目としては、臨床心理学の専門職が社会福祉の領域でその専門性を発揮することである（十島，2004）。前者に関して、そのための専門的な方法が、社会福祉援助技術（ソーシャルワーク）であり、社会福祉士（ソーシャルワーカー）などの福祉の専門職が、個々の対象者の個性、特徴や実状に適合した社会資源と結びつけていくことによって、個人の社会生活機能の改善を図り、最適なQOL（生活の質）を提供していくことである。一方、後者については、公認心理師、臨床心理士、福祉心理士などの心理学の専門職が、社会福祉分野において心理学的援助を行っていくことである。

　この2つは重なり合う部分も多く、密接な関係があるが、あえて言うならば、前者の社会福祉援助技術においては、相談援助活動により、対象者の福祉ニーズを把握し、制度で定められた最適な社会資源と結びつけていくような支援を行っていくことに重点が置かれており、また、後者の心理学的援助においては、必要な社会資源を考慮しつつも、対象者の心理的ニーズ、例えば、不安や無気力等、主として情動や感情をベースにした課題の解決を目指しながら、心理アセスメントや心理ケアに重点を置いて支援を行っていくこととなる[13]。

❸　福祉心理学とは

〔1〕福祉心理学の定義

（1）福祉心理学の定義

　福祉心理学とは、「福祉に関する課題・問題を心理学的に研究する科学、あるいは福祉を必要とする人々に対して心理学的な技法を使って介入、支援を行っていく実践的学問」というこ

12　支援費制度は、2006年4月障害者自立支援法へ移行する前までの2003年4月からの制度、のちの障害者総合支援法（2013年4月より）。

13　ただし、この臨床的福祉に関しては、社会福祉の歴史的展開において、制度的福祉の整備とともに発展をしてきた経緯があるため、どちらかというと、より密接な関係を持つ社会福祉援助技術に重点が置かれて、例えば、バイスティック（Biestek, F. P.）の7原則なども比較的早くから確立された。一方で、後者の心理職による社会福祉現場の参画については、比較的最近になって増えてきたという背景があり、実践及び理論的な整理等もまだまだ不十分である。それを踏まえると、今後福祉心理士等が果たす役割としても、非常に大きく、かつ重要な領域だといえる。

とができる。福祉心理学は、これまで述べてきたように、児童、障害者、老人、女性など、あるいは、暴力、貧困、疾病などに苦しんでいる人たちを主たる対象とし、その支援の方法などについて心理学的にアプローチしていくことに関心が強い。このため、近接する領域としては、臨床心理学、発達心理学、児童心理学、障害児・者心理学、家族心理学、保育心理学、高齢者心理学、司法・犯罪心理学、産業心理学など、非常に多岐にわたる。このことから、今後の展開についての幅も広く、隣接心理学領域との学際的な分野にも着目しながら発展していくことが望まれる。

　ところで、これまでのwelfare及びwell-beingとしての福祉の捉え方から、狭義と広義の福祉心理学の視座を得られる。私たちが生きる現代社会は、以前に比べると、物質的には一定程度満たされるようになった中で、より内面的、心理的な心の豊かさを求めるという傾向が強くなっている。そのように考えると、現実的には、welfareという保護的な概念も必要であり欠くことができないが、それとあわせて、これからの私たちにとってはwell-beingの視座を常に持つことが重要だと考えられる。

（2）welfareからの狭義の福祉心理学

　社会福祉という概念を基本にするならば、福祉心理学の対象者としては、いわゆる社会的弱者と呼ばれる、児童、障害者、老人、女性など、あるいは、暴力、貧困、疾病等の影響を受けている人たちが主であり、特別な福祉ニーズを持つ要支援者だといえる。そして、支援のために、「制度的福祉」のシステムが整備されており、それに基づいて種々のサービスを提供することによって、幸せな状態へと導いていくこととなる。その際には、制度を個々の対象者に適切に提供するために、実践としての社会福祉が必要となる（「臨床的福祉」）。これらの点において心理学的な知見や技術を適用し、応用していく学問が福祉心理学である。つまり、福祉ニーズのある人への支援を行っていくために心理学を活用していく学問だということができる。

（3）well-beingからの広義の福祉心理学

　「福祉」という言葉の概念は、広く「人々の幸せな心の状態や生活」のことを指すならば、仮に主たる対象者が、福祉的サービスを必要とする人々であったとして、最低限の幸せの保障のための制度的な福祉システムによる支援だけでは十分とはいえないだろう。本来、人は、自己実現に向かって進んでいく存在であるという視点が必要になる。このような視点に立つならば、福祉心理学は、福祉的な支援を必要とする人々だけではなく、すべての人々をも対象とし、そのような人々における幸せな心の状態を願い、そのような心持ちで生活をすることを心理学的に解明したり、援助したりする学問だといえる。言い換えるならば、well-beingに向かうための心理学ということができる。網野（2004）は、福祉心理学を、well-beingを指向する心理学として位置づけてきた。また、平野（2009）は、福祉心理学の対象者は、広く生活者全体であるとし、その目的はすべての生活者が幸福に生きるための幸福感の形成を援助することであるとする。あるいは、宮原和・宮原英（2001）は、21世紀には、人間が安心して、安寧に、心豊かに暮らすことのできる社会の実現が望まれており、心豊かな人間の幸せを実現する心理

学のことを指しているとする。さらには、安藤（2003）も、同様に現代社会における幸せ追求の視点を強調している。

〔2〕福祉心理学の実践における特徴

（1）生活支援の重視

　福祉心理学では、福祉ニーズのある対象者に対して臨床心理学的援助を行っていこうとするものである。ただし、技法としては臨床心理学をベースにするが、対象者の特性から従来の臨床心理学的なアプローチとは変化していく必要がある。

　従来型援助の基本は、外来による相談型の方法を主体としており、相談意思のあるものが定期的に来談し、一対一が保証された空間で心理面接を受けるというものであった（個別心理療法の場合）。福祉ニーズのある対象者の場合は、この方法の適用では困難な場合が少なくない。例えば、被虐待児に対する入所施設での支援においては、まず、対象者における心理面での安定の前提となる生活場面での安全感・安心感の形成が不十分であり、相談意欲が乏しいことも少なくはない。このため、生活における心理支援等がより重要であり、従来の臨床心理学が適用してきた外来相談型の方法では対応が難しい。

　結果として、福祉心理学では、現在の社会福祉の考え方が利用者の主体性の尊重と変化し、診断主義（医学モデル）から環境を重視する生活モデルへ変化したことなども加わって、対象者の生活場面を重視し、生活場面でのアセスメントを行ったり、タイムリーな支援を行っていくことや、生活場面にかかわっている職員に対するコンサルテーションなどの支援を行い、生活場面での援助の質を高めていくことなどが非常に求められている。

（2）多職種連携・アウトリーチの必要性

　従来の臨床心理学的アプローチで重視してきた個別面接を中心とする方法は、ある意味、密室内で完結しようとする傾向があるという課題を抱えていた。これに対して、福祉心理学的なアプローチでは、生活支援を重視するため、例えば、入所型の施設であれば、その効果を高めるには心理職と生活担当職員（保育士等）が連携するなど、職場内での職種を超えた幅広い協働関係のもとに、いわゆる統合的なアプローチを行うことが必要である（大迫, 2014）。必要に応じて、対象者と関係する医療領域、教育領域をはじめとして、司法領域や産業領域との連携が求められることもある。さらには、生活支援を重視するならば、対象者や家族の生活が営まれる地域が持つ力も必要となる。それゆえに、当然、対象者の地域を含み、かかわりのある様々な専門家による多職種連携と、それらに基づく統合的なアプローチが必要だといえる。

　そう考えるならば、福祉心理学の実践においては、いわゆる待ちの姿勢ではなく、積極的に、自ら地域に飛び出し、対象者とのかかわりを求めたり、他の職種との連携を積極的に模索したりすることが必要である。いわゆるアウトリーチの姿勢が求められることも忘れてはならないといえる。

（大迫 秀樹）

❹ 福祉領域と近接領域

〔1〕福祉領域と制度

　先に、福祉心理学の役割は、生命、生活、人生とそれらにかかわる欲求やニーズに関与するとした。人は人生において、様々な経験をする。ときには事故や災害、病気や犯罪に見舞われて心や身体にダメージを受けることもある。支援が必要になった時に、安心して利用できる福祉サービスの仕組みつまり法制度が社会にできていることが大切である。

　福祉の法や制度はこれまで児童、障害児・者、高齢者、低所得者、母子、ひとり親、など対象者の特性によって別々に成り立ってきた経過がある。しかし近年では虐待やDV（配偶者間暴力）などの事象への対応を含め、制度間の乗り入れや地域での場の共有、職種や機関の連携も進められている。表1-6にて、各領域について簡易に説明する。

　2018年、臨床心理を専門とする国家資格である公認心理師が制度化された。福祉の現場で

表1-6　福祉領域と心理支援

①**子ども家庭福祉（児童福祉）の領域**：我が国の児童福祉法は第2次世界大戦後の1947（昭和22）年に制定された。戦争による戦災孤児の保護が最初の課題であったという。全国に児童相談所が設置され、子どもに関する養育、発達、障害、非行など様々な相談を受けている。社会情勢により、ある時代には非行、ある時代には不登校などがテーマとなった。児童相談所には児童福祉司や児童心理司が置かれているが、近年は子どもの虐待への対応が急増し、児童相談所の機能強化が叫ばれている。
　親からの虐待などにより家庭で育つことのできない18歳までの子どもは乳児院、児童養護施設、里親など「社会的養護」のもとで育てられる。虐待された子どもは愛着障害など心のケアが必要な場合も多く、施設職員や里親への支援も求められる。母子生活支援施設は母子が一緒に暮らせる唯一の児童福祉施設であるが、DVなどで母子ともに傷ついていることも多い。
　2016（平成28）年、児童福祉法は国連「児童の権利に関する条約」に謳われた「子どもの権利擁護」「子どもの最善の利益」などの理念を取り入れて大幅に改正された。虐待の予防のためにも、地域における子育てや子どもの健全育成への積極的支援が求められている。

②**障害者福祉の領域**：1950年代、デンマークの知的障害者の親たちからノーマライゼーションの主張が世界に伝わった。国連は1981年を国際障害者年とし、「完全参加と平等」のキャンペーンを掲げた。その後わが国でも障害者施策が見直され、2005年には障害者自立支援法により身体、知的、精神の3障害を一元化して福祉サービスが利用できるようになり、2012（平成24）年には障害者総合支援法に発展した。身体障害者手帳を持つ429万人（2016年）の7割以上が65歳以上であり、高齢者福祉領域とも重なる。
　障害を持つ子どもについては児童福祉法によるサービス（児童発達支援、放課後デイサービス、障害児入所施設や相談支援）がある。早期発見・早期療育が必要とされ、保健所の乳幼児・3歳児健診や療育の場で心理職が活動している。子どもに障害があると告知された親への支援も大切である。
　1995年に発達障害者支援法が施行され、発達障害（自閉スペクトラム症、学習障害、注意欠如多動症など）のある人々の特性や生きづらさへの支援が求められている。精神障害者福祉では入院から地域への移行のため、就労支援や地域生活支援、社会的偏見への対策が課題である（片岡, 2019）。

③**高齢者福祉の領域**：わが国の平均寿命は男女とも世界トップレベルの長寿となっている一方、少子化が進み2025年には65歳以上の高齢者が人口の30％を超えると予測されている。要介護認定者は644万人（2018年）という。長くなった人生の後期、認知症をはじめ心のケアが必要ではと思うが、今までのところ高齢者福祉サービスの中で心理支援が行われることは少ない。特別養護老人ホーム、老人保健施設、デイサービスなどでの要介護高齢者の心のケアやアセスメント、介護職員や家族のメンタルヘルスに心理支援が求められている。在宅生活が求められる状況では、地域福祉（権利擁護等）領域とのかかわりも深い。

④**地域福祉の領域**：共生社会が話題となり、市町村など地域でのコミュニティケアが求められる時代である。地域福祉の拠点は行政では福祉事務所や地域社会福祉協議会であり、低所得者への生活保護や自立支援を行っている。2015年、生活保護を受ける前に支援を始める生活困窮者自立支援制度が始まり、生活全般の相談や就労準備訓練、住居資金給付、貧困の世代間連鎖を予防する子どもの学習支援などが行われる。不登校からひきこもりになった人、ホームレス、ニートなどの背景を背負った人たちの相談支援も行われる。中高年のひきこもりは8050問題ともいわれ、対策が求められている（徳丸, 2018）。知的障害者も、遠隔地の施設から地域のグループホームに帰ってくる。

も心理職の配置が広がっている。したがってどの職場や機関に属していても、心理的支援を担うものとしての制度の理解や共通認識が必要となっている（片岡, 2018）。

〔2〕近接領域の福祉

　国が障害児の教育を義務化したのは1979年のことである。教育の現場では、各学校にスクールカウンセラーが配置された。不登校やいじめの相談など学校に係る問題への対応が主となっているが、子どもたち一人ひとりの背景には多様な家庭があり、不登校が父母間の不和やDV、虐待などによることも稀ではない。いじめの被害や加害が発達障害の特性に関連することもある。

　犯罪の刑期を終えて社会復帰する者に、貧困層の高齢者や障害を持つ人が増えているという。地域で生活の支援がなければ再犯となりかねない。また、少年院にいる少年たちの多くが被虐待経験者だという。司法領域では離婚での子どもの引き渡し場面に心理職の立ち会いが求められることもある。

　産業領域では、労働者のうつや自死、職場復帰の問題など、職場のメンタルヘルスが大きな課題となっている。また障害者の雇用に関する就労定着支援の課題もある。

　医療保健領域は、福祉とは常に協働が求められる領域である。障害者総合支援法により、精神障害者を含めた3障害が福祉の対象となった。医療的ケア児への支援も医療との連携が欠かせない。医療やケースワーク、教育や産業の現場など、人々の福祉に係る近接領域との連携が今後とも求められる。

（片岡 玲子）

〈参考文献〉
◆社会福祉と心理学／福祉心理学とは
網野武博（1992）「福祉心理臨床とは何か　Ⅲ　臨床的福祉」網野武博・乾吉佑・飯長喜一郎編『心理臨床プラクティス（6）　福祉心理臨床』星和書店, 8-10.
網野武博（2004）「健幸としての福祉（well-being）を指向する心理学」『福祉心理学研究』1（1）, 2-6.
網野武博（2008）「制度的福祉への福祉心理学の貢献」『福祉心理学研究』6（1）, 6-9.
安藤治（2003）『福祉心理学のこころみ──トランスパーソナル・アプローチからの展望』ミネルヴァ書房.
平野信喜・坂原明（2009）『福祉心理学入門──幸せを育てる心理学』田研出版.
宮原和子・宮原英種（2001）『福祉心理学を愉しむ』ナカニシヤ出版.
大迫秀樹（2014）「被虐待児に対する入所施設での福祉心理学的援助──非行傾向を呈するようになった小学生男児とその家族への統合的なアプローチ」『福祉心理学研究』11（1）, 59-70.
十島雍蔵編著（2004）『福祉心理臨床学』ナカニシヤ出版.

◆福祉領域と近接領域
片岡玲子（2018）「総論：生活を支える心理支援」中島健一編『公認心理師の基礎と実践17　福祉心理学』遠見書房, 23-32.
片岡玲子（2019）「障害児・者の福祉」片岡玲子・米田弘枝編著『公認心理師分野別テキスト②　福祉分野──理論と支援の展開』創元社, 30-40.
徳丸享（2018）「ひきこもり・自殺予防の心理支援の実際」中島健一編『福祉心理学』遠見書房, 140-152.

第2章 福祉心理学の歩み

❶ 福祉心理学の構築を目指して

　福祉心理学は新しく創設された学問である。応用心理学の1つとして認知され始めたが、確固とした学問として確立されるまでにはまだまだ多くの時間を要する段階にある。その一方で、多様な課題を抱える現代社会にあって、心の問題に対応できる心理職への期待から2015（平成27）年に公認心理師法が公布され、その養成カリキュラムに福祉心理学の学修が位置づけられている。福祉心理学は学問としての構築を目指すとともに、とりわけ福祉現場での課題に応えられる貢献が期待されている。福祉心理学の構築に向けた歩みは、公認心理師資格制度が始まる前から進められていた。2003（平成15）年には福祉心理学会が創設され、創設にあたり福祉、医療、教育などの様々な分野から200名近くの人々が集まった。多様な経験や考えを背景に持つ人々の集まりであったが、福祉への心理学の貢献に期待する思いは共通して強いものがあった。

〔1〕福祉心理学構築に向けた歩み

（1）社会福祉の歩みと福祉心理学に対する期待

　福祉心理学への期待は、こころの問題や、心理的な支援を必要とする社会福祉の現場が抱えた新たな課題や動向に関係している。1970年代以前の社会福祉の歩みは、戦争により疲弊した社会からの復興を目指したものであり、生活基盤にかかわる法律が次々に整備されていった。親を失った児童や、障害者、生活困窮者などが施設に保護される施設福祉の充実が図られていく時代であった。やがて、高齢化社会の到来が近づき「福祉元年」（1973年）の言葉が政治のスローガンとなり、高齢者福祉のあり方や年金問題など、人々は「福祉」に対してより強く関心を持つようになった。特定の対象者だけでなく、すべての人々に関係する社会全体の課題として社会福祉が考えられようになった。また、「豊かさとは何か」が問われ始め、物質的な充足だけでは得られない心の豊かさに対する関心が高まっていく。

　バブルがはじけた1990年代になると、低経済成長のもと少子高齢化や家族の変容が進み、社会福祉構造改革などの福祉政策の転換が推進されていった。福祉サービス提供のあり方が措置制度から契約制度に変わり、利用者自身による選択、決定を尊重する個別支援の充実がより重要なものとなっていく。また、施設福祉から身近な地域での生活を実現する地域福祉の推進が謳われ、より身近な地域社会での安寧な暮らしを具現化するための個別支援の充実が課題となった。さらに、特定の福祉対象者に対する社会的支援だけでなく、すべての人々に対するヒューマンサービスの充実を重視し、一人ひとりのウェルビーイングの実現に向けたサービスとして心理的な支援やこころのケアに対する関心が持たれるようになっていった。

こうした社会福祉の動向の中、福祉心理学の概念や言葉が使われ始めていく。「福祉心理学という概念は一般的にはないが、社会福祉の分野において、対人サービスや問題解決などの過程で心理学が基礎科学または隣接科学の一つとして果たす役割は大きい」（白石, 1993）とする論考が出てきた。またそれよりも前に、臨床心理学を福祉心理学として規定し、福祉ニーズのある人々に対する心理的・行動的問題解決の必要性があるとの指摘（戸川, 1971）は、様々な福祉の現場で働く人々による相談支援やカウンセリングなどの実践によって具体化され蓄積されていた。

（2）ソーシャルワークにかかわる国家資格養成制度と関係学科の新設

　社会福祉の新たな動向にあわせて、専門職の養成が1980年代後半から進められていく。ソーシャルワークに関係した社会福祉士、精神保健福祉士をはじめケアの現場やリハビリテーション分野で活躍する介護福祉士、理学療法士、作業療法士などの養成が大学等で始まった。1990年代に入ると心理学の学修を核にして福祉分野の人材養成も始まり、「福祉心理学科」あるいは同様な名称の学科が新設されていく。これらの養成教育にかかわり、福祉心理学のタイトルのついた著書も出版された。『福祉臨床心理学』の著者である十島雍蔵（2004）は、福祉現場に通暁する立場から「処遇の実践において、臨床心理学の知見が十分に活用されているとはいえない状況にあること、逆に臨床心理学自身が学ぶべき多くのものが福祉の実践にある」とし、福祉現場における心理学の必要性と、学問として福祉心理学が構築されることの重要性を指摘している。

〔2〕日本福祉心理学会の歩み

（1）日本福祉心理学会の創設

　新しい世紀を迎えた2000年代になると、福祉現場への心理学による貢献がますます期待されるようになり、福祉心理学の将来にわたる学問の発展を考え、学会の発足を急ぐ機運が出てきた。当時、東京成徳大学人文学部福祉心理学科長であった岡田明が中心となって日本福祉心理学会が2003（平成15）年6月に創設された。会則には「本会はわが国における福祉心理に関する科学的研究と実践の進歩発展を図ることを目的とする」（第2章　目的と事業　第3条）と目的が記されている。

　また、創立の年から毎年開催されてきた学会大会に関する情報から学会の歩みを知ることができる。第1回目の学会大会要項には、大会委員長の学会創設への思いが記されている。

　「福祉の問題は、社会福祉機関のみではなく、医療や教育の場でも生じています。そして、多くの問題は人と人の関係の中から生まれてきます。したがいまして、かかる問題の解決には広い意味での心理学的アプローチが不可欠です。しかし、この問題の解決には心理学の専門家だけでは対応しきれません。福祉の現場では、社会福祉士、精神保健福祉士、介護福祉士、生活指導員、保育士、児童相談員、その他さまざまな職種の方が仕事に携わっています。この学会には、心理学専門の方以外に、こういった現場の方々に参加して頂き、日常起こっている問題についてまとめて発表して頂くことを期待しています」（長畑, 2003）

表2-1　福祉心理学会大会の歩み　大会テーマ　（会場）

```
2002年10月　学会設立準備委員会発足
2003年 4月　学会設立記念講演会「心の育ちを考える」（吉川武彦先生）
2003年 6月　日本福祉心理学会設立大会「実践と研究の連携」（東京成徳短期大学）
2004年 6月　第2回大会「研究と実践の協働」（東京成徳大学院）
2005年 7月　第3回大会「現代社会と福祉心理」（筑波大学）
2006年 7月　第4回大会「21世紀の福祉―新しい価値の創造」（第一福祉大学）
2007年 7月　第5回大会「実践科学としての福祉心理学を求めて」（日本福祉大学）
2008年 7月　第6回大会「ウェルビーイングと福祉心理学」（東京成徳大学）
2009年 7月　第7回大会「福祉と心理のクロスロード　子どもから高齢者まで」（鹿児島国際大学）
 ＊2009年7月　福祉心理士制度が始まる
2010年 7月　第8回大会「福祉心理学の普及と進化」（筑波大学）
2011年 7月　第9回大会「人と人を結びつける福祉心理学」（聖カタリナ大学）
 ＊2012年6月　日本心理学諸学会連合に加盟
2012年 8月　第10回大会「いま福祉心理学に求められるもの」（東京成徳大学）
2013年 7月　第11回大会「支援の質の向上に貢献する福祉心理学」（西南学院大学）
2014年12月　第12回大会「少子・高齢社会の福祉を拓く」（東京家政大学）
2015年10月　第13回大会「ひとの生涯発達と福祉心理学との関わりを考える」（東京福祉大学）
2016年 7月　第14回大会「日本における乳幼児保育・教育・福祉を展望する」（筑波大学）
2017年 7月　第15回大会「福祉現場の『実践』と『理論・研究』をつなぐ福祉心理学」（九州女子大学）
2018年12月　第16回大会「『関係』を問う福祉心理学」（静岡大学）
2019年11月　第17回大会「ひとの一生を支える福祉心理学」（東京家政大学）
2020年12月　第18回大会「いまこそ　福祉心理学と―あらたな心観（こころみ）―」（帝京平成大学）
```

　引用が長くなったが、研究生活だけでなく、医療現場で医師として実践を続けられてきたからこそ語られる福祉心理学への期待が記されている。

　学会誌『福祉心理学研究』からも、その時々の会員の思いや考えを知ることができる。創刊号の巻頭言には「幸福感や安寧感への関心が高まっているこの時をとらえて、福祉の面への心理学的アプローチを図り、福祉心理学の創設と発展を期して、日本福祉心理学会を発足させました」（岡田, 2004）と学会創設の思いが語られている。

（2）　日本心理学諸学会連合への加盟と福祉心理士の創設

　日本福祉心理学会は創設からまだ20年にも満たない学会であるが、創立5年目に日本学術会議協力学術研究団体として指定された。また、2012（平成24）年には、日本心理学諸学会連合に加盟が認められた。このように福祉心理学会が心理学を基盤とする学会として認知されてきたことは名誉なことであり、今後もより充実した学会活動を継続していくことが求められている。

　さらに、学会発足当時から議論してきたことに、福祉心理学を福祉現場で活かす資格制度の創設が課題として考えられ、2009（平成21）年に学会が認定する福祉心理士制度を発足させた。このように実践活動を通じての福祉心理学の構築と発展に力を入れ、現在約500名の会員を抱えるまでになった。

〔3〕福祉心理学の構築に向けた今後の課題

　これまで福祉心理学の構築に向けた歩みを大まかにみてきたが、様々な課題を抱える現代社会において福祉心理学は今後どのような貢献を果たしていけるであろうか。網野は学会創設期に福祉心理学の構築に向けての特集論文に、「健幸としての福祉（well-being）を志向する心理学」（網野, 2004）を発表し、今後の課題を指摘している。これらをまとめると次のようにな

る。今日においても引き続き学会の課題としてあることが確かめられる。

①福祉心理学は他の応用心理学と違って、まだ明確に確立されていない。
②福祉の世界に対して、心理学的な関心やアプローチは臨床心理学的原理や技法が採り入れられ
　ている以外にはほとんど見られない。
③心理学と福祉の連携や学問的寄与は不十分である。
④福祉の理念や実践、制度等を視野に置いた研究というよりも、福祉分野で活用されている心理
　学的な知見の説明にすぎない。
⑤福祉心理学という独立した領域への志向はまだ少ない。

　同様な指摘として佐藤は、教育心理学と対比して、「教育の分野に比べると福祉の分野の心
理学的研究はかなり遅れをとっている。著者や研究論文の数もかなり少ない」と述べている
（佐藤, 2004）。いずれも学会設立当時の指摘であるが、一方でこれまでの学会活動を通じて培
われ蓄積されてきた研究や実践の中には、日本の各地で根を下ろした優れた取り組みがある。
例えば厳しい生活状況に置かれがちな行動障害者やその家族に対するネットワーク構築による
持続的かつ重層的な支援は、他の地区の実践にも参考になる貴重な実践である（野口, 2011）。
今後、こうした福祉心理学を志向した研究と実践の協働が各地で地道に展開されていくことが
課題であろう。

（中山 哲志）

② 福祉心理学研究とは

〔1〕福祉心理学研究の科学方法論

　人間には生きる権利があり、幸せを追求する権利がある。このことは当然ながら、高齢者、
障害者、児童等、いわゆる福祉サービスの利用者や、その人たちとともに暮らす家族、福祉
サービスの担い手にも当てはまる。人々が福祉的ニーズを持った時、施設、病院、学校、職場、
家庭といった、社会のあらゆる生活の場においてどのような感情を抱き、どのような人間関係
を構築し、どのような考えが生まれるのかを分析し、快適な日常生活を送るための最善の方法
を科学的に明らかにすることが福祉心理学研究の目的である（岡田, 2009）。したがって、福
祉心理学研究とは、福祉に関する問題を心理学的かつ、科学的に研究する心理学の研究分野の
1つといえる（佐藤, 2004）。
　研究に科学性が問われるのは、心理学に限らず、多くの分野に共通している。ここでいう科
学とは、実験や観察等のデータに基づき、ある命題に関する結論を導き出す一連の手続きを指
す。岡田（1995）は福祉研究の方法論を、外的準拠枠（external frame of reference）に基づくも
の、内的準拠枠（internal frame of reference）に基づくもの、共感的方法に基づくものとして、
表2-2のように3つに大別している。
　このように、福祉心理学研究は対象者の真の心の声や行動に迫り、それらの影響を明らかに
するとともに、必要に応じ介入効果の確認を行う。福祉心理学研究の現場においては、高度な

表2-2　福祉研究の方法論の分類

外的準拠枠	既存の分析視点や理論としての立場で、対象の外側から事象・心理を理解しようとする認知の枠組みのことである。具体的には、事例研究などに用いられる観察法や実験法、調査研究の手法である質問紙法、面接法などが挙げられる。
内的準拠枠	研究対象となる個人・集団の生活や活動を研究者が一緒に体験し、研究者自身も含めた感情や行動の変化をデータとして分析・解釈する研究手法の枠組みである。岡田（1995）は「被験者と全く一体化するもの」と表現している。具体的には、アクションリサーチ（action research）が挙げられる。
共感的方法	研究者が、対象者に接し、共感的態度を保ちながらも、対象者（集団）に一体化はせず、研究対象となる個人・集団の生活や行動をデータとして抽出し、考察していく研究手法の枠組みである。具体的には、参与観察が挙げられる。

援助技術やスキルとともに実践が重んじられる。よって、福祉心理学研究は実践と科学性の中で構成されるという特徴を持つ。

〔2〕福祉心理学研究の領域

福祉心理学研究の領域は、福祉、心理のみならず、教育、医療、保健、看護にまで及び、非常に学際的である。佐藤（2004）は、福祉心理学の研究領域を表2-3に示したように9つに区分している。本項では、2002～2019年に発刊された『福祉心理学研究』の掲載論文73部を佐藤（2004）による福祉心理学研究領域に分類し、得られた結果から福祉心理学研究の特徴を述べる。

表2-3　福祉心理学の研究領域（佐藤（2004）に依拠して作成）

研究領域	論文数
1．児童、障害者、寡婦、高齢者など福祉的対応を必要とする人たちの心理的問題	36
2．ケース・ワーカー、指導員・介護員など福祉活動に携わる人たちの心理的問題	12
3．福祉的対応を必要とする人たちの家族の心理	3
4．福祉的対応を必要とする人たち、その家族、福祉業務に従事する人たちの間の人間関係に関する心理学的問題	1
5．ケースワーク、グループワークなどの内容・方法に関する心理学的研究（特に、カウンセリングや心理療法など）	14
6．福祉機器や福祉施設（一般家庭を含めて）などの物理的条件、物理的環境に関する心理的影響など	1
7．福祉評価に関する問題（援助活動、施設、設備など）	2
8．一般社会の福祉に関する意識、法律制度などの心理的影響など	4
9．福祉に貢献した人達に関する心理学的研究	0
合計論文数	73

『福祉心理学研究』では、福祉的対応を必要とする人たちや、福祉活動に携わる人たちの心理的問題を扱う研究が多くなされてきた。分類結果をみると、直接、福祉的対応を必要としている人のみならず、その家族、支援者、その他、日常的に福祉サービスを利用しない個人や集団など、社会を構成するすべての人が福祉心理学の研究対象であることがわかる。加えて、ケースワークの内容や方法といったテーマも多く取り上げられており、福祉の実践方法が、科学的に追究され発展しつつあることがうかがえる。

〔3〕福祉心理学研究を行う際の留意点

社会福祉の「対象」となる問題を抱えた利用者は、しばしば「標準」家族や「標準」の職業、

「標準」の住居からはかけ離れた状態で生活していることが少なくないし、特殊な病気や障害を抱えている場合がある（岩田, 2006）。こうした“「標準」からかけ離れた状態”は、対象者にとって話しづらく、第三者に聞かれたくない内容かもしれない。したがって、福祉心理学領域の研究を行う際は、研究の基本理念と倫理に細心の注意が必要であることを改めて留意していただきたい。

（三枝 里江）

③　研究方法概論

　人類の福祉に役立つことを目指して人間のこころを理解する、という心理学の最終目標（鹿取, 1996）の達成には、当然質の高い研究が求められる。その、研究の質の根拠として論文に記されるのが、妥当性（validity）や信頼性（reliability）、転用可能性（transferability）等である。こうした、研究の質の根拠として何を示すべきかは、研究方法によって異なる。

　研究の方法（method）とは、データ収集・分析の具体的な戦略や手続きとして、サンプリング、分析、結果の解釈方法などを含むものであり、研究目的と、これに基づいて選択された方法論（methodology）全体によって決まる（抱井, 2015）。岡田（2010）は、福祉心理学研究には未開発な方法論に果敢に迫る意欲と情熱も重要であるとしつつ、社会科学の伝統的な方法論も活用すべきであるとしている。実際、『福祉心理学研究』の論文の主たる研究法は、調査研究、事例研究、文献研究であり、これらは社会科学に広く用いられている。本項ではこれらの研究方法について、福祉心理学の視点を交えて紹介する。

〔1〕調査研究法

　対象者に質問を投げかけてデータを得る調査研究法は、質問紙やインタビューといった“質問の投げかけ方”や、数値や言語といった“データの性質”により細分化される。これらの細分化された調査方法は、研究目的に基づいて選択される。例えば、ある集団の大多数に共通する一般的傾向を知りたい場合、“質問紙調査”により得た“量的データを統計的に解析”する方法が合理的である。また、特定の少数の対象者に特徴的な心の状態を、多面的、多層的に理解したい場合は、“インタビュー”等を介して、その多面性や多層性をなるべく保った“質的データ”を得て、意味内容を分析していく。これらは、量的研究、質的研究と呼び分けられているが、実証研究の基本的なロジックという点で本来それほど明確に区別できるものではない（佐藤, 2008）。

　こうした複雑さを持つ調査研究法の実施プロセスの特徴は、質問項目作成、データ収集法、そして分析方法にある（表2-4）。

（大部 令絵）

〔2〕事例研究

（1）事例研究法とは

　対象を1つの、あるいは少数の事例を正確に記述・分析し、そこから得られた知見を相似す

表2-4 調査研究法の実施プロセスにおける特徴

	量的調査	質的調査
質問項目	質問紙の項目は、研究目的に応じた内容であることはもとより、回答者に理解しやすく、答えやすい文言や構成を検討し、あいまいな表現や回答バイアス等を避ける必要がある（ワーディング）。また、不要な質問の削除は、対象者から得る個人情報を最低限にとどめるとともに、対象者の負担軽減にもつながる。	文章を記入する形式の質問紙の場合、選択肢から回答を選ぶ形式の質問紙と同様の点（研究目的との適合性、ワーディング、質問量等）に注意が必要である。インタビューの場合は、質問の流れや回答の制限等について事前に検討し、インタビューガイドを作成する必要がある。
質問紙調査のデータ収集法	質問紙のデータ収集法としては、郵送法、留め置き法（質問紙を一定期間預け、後に回収する）、集合法等がある。これらは、質問"紙"が前提であるが、近年ではWeb調査も行われている。Web調査は質問紙の印刷と配布、回収後の保管・廃棄が不要であり、回答収集やデータの集計が簡便になる（豊田, 2015）。さらに、紙媒体の読み書きに困難のある対象者がPC等を介して回答しやすくなる点も、福祉心理学研究としては特筆すべき点であろう。	インタビューにおいては、環境への配慮が重要となる。研究目的によっては、本来他者に知られたくないプライベートな内容を尋ねる場合もあるため、会話が第三者の耳に入らない安心感や、対象者の病気や障害等に配慮した場の選定が必要である。
分析方法※	主に、検定や相関分析といった統計解析法が用いられる。	社会現象の自然な状態をできるだけこわさないように、その意味を理解し説明しようとする探求（Merriam, 1998）が重視される。具体的には、修正版グラウンデッド・セオリー等が用いられる。

※分析（analysis）とは、考察（discussion）の材料を得る手段である。例えば、大学入試の平均点や、インタビュー記録といった、記述（description）のみでは、考察は生じない。調査研究における分析方法は、データの性質に対応する。

る他の事例への適応を目的とし、理論的一般化を目指す事例研究は、事象の個別性を尊重していく研究法である（渡辺, 2014）。その多くは、臨床や実践現場で用いられている。

　事例研究は、データ収集や分析の仕方の体系化が不十分で限界があるため、「有効性」や「実用性」の方が、臨床的基準として優先されるという面がある（山本, 2001）。とはいうものの、事例研究法が科学であるためには、評価基準を明確にして、一般性を抽出するための工夫が求められる（下山, 2000）。

　事例研究の注意点として、①研究の必要性を見極めること、②対象に関連するデータを多面的に収集すること、③データ収集の際には、社会生態学的視座に立ち、個人の内的な心理状態や行動の特徴、それらに起因すると考えられる情報も集めることが挙げられる。

　データの収集には、半構造化面接（あらかじめ定められた質問と自由回答等）や参与観察（研究対象者に関与し観察する等）、日記（文字の内容やその比較）などの質的技法が用いられ、それらを組み合わせる場合もある。データや記録の分析には、グラウンデッド・セオリー（収集した会話の逐語化とそれらのカテゴリー生成による関連性の理論化等）など、質的研究法の方法論や技法が用いられる。

（2）単一事例研究法（single case experimental design）

　単一事例研究法は、行動分析学において独自に開発された研究法である。単一の事例や複数の事例対象に、指導や援助等の計画がなされた介入を行うことによって、変容しようとした標的行動に、期待した変化が起きたかどうかを明らかにすることを目的としている（園山, 2007）。

　園山（2010）は、「単一事例研究法」の有効性として、次の4点を挙げている。すなわち、

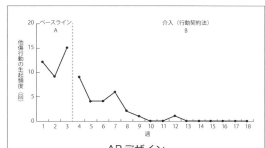

ABデザイン
（仮想データによる他傷行動に対する行動契約法の適用）

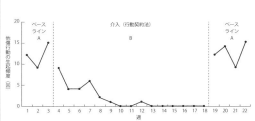

ABA反転デザイン
（仮想データによる他傷行動に対する行動契約法の適用）

最も基本的な単一事例研究法である。A（ベースライン期）とB（介入期）のデータを比較するもので、福祉心理学研究・実践においては、適用性が高くエビデンスが得やすいものの、介入効果の検証力の証明がしにくいという弱点を持つ。

AとBを2回繰り返し、介入効果を検証する。ただし、対象の行動によっては、倫理的にゆるされない場合（自傷行為等）や、介入を中止しても元に戻らない場合（自転車に乗ることや泳ぐこと等）があるので、実践への適用には注意が必要である。

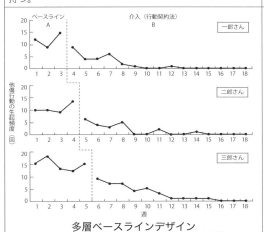

多層ベースラインデザイン
（仮想データによる他傷行動に対する行動契約法の適用）

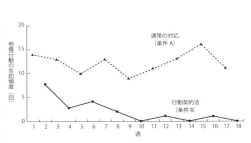

操作交代デザイン
（仮想データによる他傷行動に対する行動契約法の適用）

ABデザインを基本とし、複数の行動に対して、時期をずらして介入を行う。ABデザイン、ABA反転デザインの欠点を補い、かつ介入の効果が確認できることから、検証力、適用可能性の期待が高い。

ベースラインセッションと介入セッションを交互に行う方法である。ベースライン期の設定が必要ないこと、効果の確認が早いことが利点として挙げられる。

図2-1 「単一事例研究法」の代表的なデザイン（園山, 2010）

①単一の事例や少数の事例に活用できる。②介入・支援によって、標的行動に期待した変化が起きたかどうかを検証できる。③標的行動の変化に実施した介入・支援以外の変数が関与する可能性をできるだけ排除するデザインがある。④実施した介入・支援の有効性を検証できる。そして、これらの有効性から、この研究法の実践場面への適用性や、知見が実践のエビデンス（科学的根拠）となり得ることを示している。

　「単一事例研究法」の代表的なデザインとして、図2-1の4種が挙げられる（園山, 2010）[1]。

1　近年では、データ収集と分析の手法を明確にした系統的事例研究（岩壁, 2013）が注目されている。系統的事例研究について、野田（2014）は、①リサーチクエスチョンが明確に設定され、単なる事例報告でないこと、②一定の原則に従い、質的データと量的データの両方が収集され分析されていることの2点を挙げている。

表2-5 文献レビューと文献研究法

文献レビュー（review articles）：文献レビュー（研究レビューともいう）は、先行研究をまとめたものであり、先行研究の問題や問題点を明確にする上で有用な研究法である。文献レビューには2つの形態があり、論文の一部として構成するもの、つまり、研究のテーマについて関連する先行研究を調べ、情報をまとめていくものと、文献レビューの結果が独立した論文と同等な形で発表されるものがある。後者を特に、レビュー論文という（平岡, 2006）。 　レビュー論文には、①研究目的が明記されること、②文献の選択基準が明確であること、③選択した文献の質が厳密に検討されること、④選択した文献の研究結果の要約が示されること、⑤根拠に基づいた結論が提示されることの5点が必要条件となる（谷口, 2018）。レビュー論文の例として、井出（2007）は、児童養護施設で展開している心理職の活動について文献的検討を行っている。その結果、児童養護施設の心理職による5つの活動の展開が明らかにされ、心理職が多様な活動を行うための視点の展開が見出された。なお、レビュー論文は、一般的には「総説」、心理学の学術雑誌では、論文種別の「展望」で掲載されている場合もある。 　近年では、手続きの厳密さおよび客観性が保証されたメタ分析（meta-analysis）の重要性が強調されている（岡田, 2018）。メタ分析とは、複数の先行研究を収集し、統計的手法により結果を導き出す方法で、系統的レビュー（systematic review）ともいわれる（山田・井上, 2012）。
文献研究法：文献資料のみで事象の意味を究明する研究法を、文献研究法という。文献研究法は、ある問題、あるいは人物の実態やその変化を、時間の経過の中で明らかにする縦断的方法と、文化などの比較を通じて、全体像を明らかにする横断的方法がある（中村, 2009）。文献研究法で使用する主な文献は「一次資料」と呼ばれ、同テーマについての先行研究等の「二次資料」とは異なり、記録や報告書、日記、メモ等、直接得られたデータを指す。対象者と直接かかわる心理職や福祉職にとって、実践そのものが生のデータであり、文献検索で得られた「二次資料」よりも貴重な資料になり得る（木原, 2010）。

〔3〕文献研究

　文献研究には大きく分けて、表2-5のように、文献レビュー、文献研究法という2つのタイプがある。文献研究を行う場合、収集する文献の種類や研究テーマにかかわらず、大学等の図書館や、国立国会図書館等の施設の活用は不可欠であろう。OPACや施設のデータベースを使い、研究目的に対応したキーワードを用いて文献検索をかけていく。得られた基本となる文献から「芋づる式」に関連論文をたどる方法もある。また、大学図書館HPにおいて、文献検索や情報収集に役立つリンク先一覧を備えていることも多く、そのリンクを介して、大学等が契約した電子ジャーナルを閲覧できる場合もある。Web上の文献検索データベースは、文献のPDFデータ等の閲覧・収集にも活用できる。和文の学術文献を検索可能なデータベースの代表的なものとして、CiNii Articlesや、利便性が高いGoogle Scholar、J-STAGE、メディカルオンライン、医中誌Web等がある。英語の論文のデータベースとしては、Google ScholarやPubmed、PsycINFOがある。

　なお、文献は一貫性を持って収集しなければ、研究対象の全体像が描けない部分的な情報にとどまってしまう。そのため、体系性を持つこと、特定の偏りを防ぐために多角的、体系的、多元的に行うことが重要である。また、Web上で公開された情報は誰もが気軽に閲覧することが可能である反面、削除や修正が容易にできるという性質を持つため、研究に利用する際は注意が必要である。文献の出典の確認や、そこから得た情報を図書館で確認するなどして、信頼できるデータを得るとともに、引用文献等にインターネット情報を使用した際はURL等に加えて"最終閲覧日"を記載することも重要である。

（三枝 里江）

4 近年の研究動向

〔1〕 "Inter-professional Work（IPW）" と "Inter-professional Education（IPE）"

"少子高齢化"、"ケア人材の確保" など、領域横断的に扱われる社会問題の研究に、近年、"IPW"、"IPE" というキーワードが使われるようになった。これらは英国発祥の概念であり、"多職種連携実践（教育）"、"専門職連携実践（教育）"、"多職種協働（教育）" など、和訳には若干の揺れがある。professional は "職種" と訳されることが多いが、有資格者に限らず、地域のボランティアや、障害者など自らの生活ニーズに向き合う当事者等を含めた "専門的熟達者" というより広範な意味を持つ。このことを受け、IPW について「複数の領域の専門職者（住民や当事者も含む）が、それぞれの技術と知識を提供しあい、相互に作用しつつ、共通の目標の達成を患者・利用者とともに目指す協働した活動」（埼玉県立大学編, 2009）のように、具体的に連携対象を示す定義も存在する。IPW・IPE は、2000 年頃から日本においても徐々に注目され始め、その後に厚生労働省が掲げた "地域包括ケアシステム" とも相まって、保健医療福祉領域を中心に研究キーワードとして多用されるようになった。

社会問題の解決において、連携はあくまで手段であり、目的ではない。しかし、連携の理論やノウハウは、生活課題の解決や、医療事故、虐待事件の再発防止等に対して有効なものとして研究が進められている。具体的には、IPW・IPE に求められる行動（attitude）や能力（competency）の検討（Buring et al., 2009）、それらに対する評価尺度の開発（大部ほか, 2017）、福祉現場実践の検討（若林, 2018）等が行われている。

〔2〕 研究法に関する国際ガイドライン

先述の IPW・IPE や地域包括ケアシステムなどの領域横断的なトピックスを扱う際は、先行研究を他領域に見出すことも珍しくない。しかし同時に、たとえ同じ名前の研究法であったとしても、各領域独自の専門用語や慣習化された手続きが相互理解されていないために、結果として領域間で研究知見を共有しづらい、という問題も生じてきた。

現在では様々な研究法に対し、複数領域の専門家が協働して作成した国際ガイドラインが存在する。こうしたガイドラインは、領域間で研究成果の共有を容易にするだけでなく、研究論文に最低限必要な項目を提案し、論文の評価や質の向上にも寄与している。

〔3〕 "統計改革" と、それを支えるデジタルツールの開発・発展

国際的な研究ガイドラインにおける、統計解析に関連した項目のうち、効果量、信頼区間、項目反応理論などは、"心理学における統計改革" により重視されるようになった。1990 年代から続くこの "改革" は、帰無仮説検定をめぐる長年の議論に端を発する（大久保・岡田, 2012）。

帰無仮説検定とは、帰無仮説と対立仮説を立て、統計検定量と分布を決め、有意水準 α から棄却域を定めて、統計検定量がその棄却域に当てはまるか否か採択する仮説を決定する検定方法である。帰無仮説検定は有意水準という明確な基準と実験結果の解釈等に必要な 2 値的な判

表2-6　国際的な研究ガイドラインの例

国際基準	概要
PRISMA	The Preferred Reporting Items for Systematic Reviews and Meta-analyses Statement 量的研究のシステマティックレビューに関するチェックリスト。 http://www.prisma-statement.org/
ENTREQ	The Enhancing transparency in reporting the synthesis of qualitative research Statement 質的研究のシステマティックレビューに関するチェックリスト。 　(Tong, Flemming, McInnes, et al. 2012)
MOOSE	Meta-analyses of Observational Studies in Epidemiology 観察研究のシステマティックレビューに用いられるチェックリスト。 　(Stroup, Berlin, Morton, et al. 2000)
COSMIN	Consensus-based Standards for the selection of health Measurement Instruments 健康関連の患者報告アウトカムの測定尺度開発のためのチェックリスト。 https://www.cosmin.nl/
COREQ	Consolidated criteria for reporting qualitative research インタビューやフォーカスグループといった質的研究の統合基準チェックリスト。 　(Tong, Sainsbury, & Craig, 2007)
SRQR	Standards for Reporting Qualitative Research 質的研究報告の内容・構成に関するチェックリスト。 　(O'Brien, Harris, Beckman, et al. 2014)

断を提供するという利点により、幅広い分野で主流となったが、同時に、論理、解釈、手続きの点から批判がなされてきた。結果として、2009年のAPA Publication Manual 第6版には、「結果の意味を最も完全な形で伝えるには、効果量、信頼区間、それらに伴うさらなる記述などの付加的な報告要素が必要なことをAPAは強く主張している。（中略）妥当な効果量や信頼区間について、すべての検証された仮説推定を完全に報告することは、APA発行の学術誌では必須の要件である」と記された。

　わが国においても、効果量や信頼区間といった指標は研究報告に必須となりつつある。例えば、『心理学研究』の執筆・投稿の手引きの2015年改訂版には、「研究結果の重要性を評価できるよう効果量とその信頼区間も示す。（中略）必要に応じて尺度に依存しない標準化された効果量の指標（Cohen の d や標準化回帰係数等）を示す」と定められた。

　こうした"統計改革"の一因としては、統計ソフトの普及・発展が挙げられる。2019年時点で学術論文における統計ソフト使用数の第1位はSPSS、次いで第2位はRである（Muenchen, 2019）。IBM社のSPSSは1968年に最初の本格的な統計パッケージとして誕生し、国産機に移植されると瞬く間にコンピュータによる情報処理を大衆化させた（山本, 1994）。対して、Rは1990年代に開発された、オープンソースのフリーソフトである。SPSSの直感的に使用しやすい仕様に対し、Rはソースコードを書かなければならないなどの使いづらさはある。しかし、"統計改革"のように新たな指標が求められる研究の潮流に対し、世界中の研究者が時代のニーズに応じてパッケージを開発・共有することができるというRの使用メリットは大きい。その他、近年はHAD（清水, 2016）やExametrica（Shojima, 2012）、KH-Coder（樋口, 2014）など日本人研究者が開発したソフトもあり、テキストマイニングや項目反応理論など新たな分析法に手が届きやすくなった。

　以上のような研究および研究法の発展は、言うまでもなく、インターネットの普及によるところが大きい。研究にあたっては最新情報を確認・整理し、適切なリソースを選択・活用することが、今後ますます必要となるであろう。　　　　　　　　　　　　　　　（大部 令絵）

〈参考文献〉

◆福祉心理学の構築を目指して

網野武博（2004）「健幸としての福祉（well-being）を指向する心理学」『福祉心理学研究』1（1）.

平野信喜・坂原明（2009）『福祉心理学入門――幸せを育てる心理学』田研出版.

宮原和子・宮原英種（2001）『福祉心理学を愉しむ』ナカニシヤ出版.

長畑正道（2003）「日本福祉心理学会第1回大会の開催にあたって」日本福祉心理学会大会発表抄録集.

野口幸弘（2011）「ネットワーク構築による行動障害への協働支援体制」『福祉心理学研究』8（1）.

岡田明（2004）「『福祉心理学研究』創刊に寄せて」『福祉心理学研究』1（1）.

佐藤泰正（2004）「福祉心理学の成立過程について」『福祉心理学研究』1（1）.

白石大介（1993）「福祉心理学」京極高宜監修『現代福祉学レキシコン』雄山閣出版.

戸川行男（1971）『臨床心理学論考』金子書房.

十島雍蔵編著（2004）『福祉心理臨床学』ナカニシヤ出版.

◆福祉心理学研究

American Psychological Association（2009）*Publication Manual of the American Psychological Association, Sixth Edition.* American Psychological Association, Washington, D. C.（前田樹海・江藤裕之・田中建彦訳（2011）『APA論文作成マニュアル第2版』医学書院）

Buring, S. M., Bhushan, A., Broeseker, A., Conway, S., Duncan-Hewitt, W., Hansen, L. & Westberg, S.（2009）Interprofessional education: definitions, student competencies, and guidelines for implementation. *American Journal of Pharmaceutical Education*, 73（4）, 59.

樋口耕一（2014）『社会調査のための計量テキスト分析――内容分析の継承と発展を目指して』ナカニシヤ出版.

平岡公一（2006）「先人に学ぶ――研究レビューの進め方とレビュー論文の書き方」岩田正美・小林良二・中谷陽明・稲葉昭英編『社会福祉研究法――現実世界に迫る14レッスン』有斐閣アルマ, 31-56.

井出智博（2007）「児童養護施設における心理職の多様な活動の展開に関する文献的検討」『福祉心理学研究』4（1）, 44-53.

岩壁茂（2013）「臨床心理学における研究の多様性と科学性――事例研究を超えて」『臨床心理学』13（3）, 313-318.

岩田正美（2006）「第1部 Lesson1 なぜ, 研究をするのか」岩田正美・小林良二・中谷陽明・稲葉昭英編（2006）『社会福祉研究法――現実世界に迫る14レッスン』有斐閣アルマ.

抱井尚子（2015）『混合研究法入門――質と量による統合のアート』医学書院.

鹿取廣人（1996）「第1部 第1章 心理学の視点」鹿取廣人・杉本敏夫編（1996）『心理学』東京大学出版会.

木原活信（2010）「ソーシャルワークにおける研究法の意義と文献検索の方法」ソーシャルワーク研究所監修, 北川清一・佐藤豊道編『ソーシャルワークの研究法――実践の科学化と理論化をめざして』相川書房, 59-73.

Merriam, S. B.（1998）*Qualitative Research and Case Study Applications in Education,* Jossey-Bass.（堀薫夫・久保真人・成島美弥訳（2004）『質的調査法入門 教育における調査法とケース・スタディ』ミネルヴァ書房）

Muenchen, R. A.（2019）The popularity of data science software. http://r4stats.com/articles/popularity/（最終閲覧日：2019年9月18日）

中村満紀男（2009）「文献研究法」前川久男・園山繁樹編『障害科学研究法』明石書店, 165-189.

日本心理学会（2015）『日本心理学会 執筆・投稿の手引き』（2015年改訂版）日本心理学会.

野田亜由美（2014）「研究法としての事例研究――系統的事例研究という視点から」『お茶の水女子大学心理臨床相談センター紀要』= *Bulletin of Centre of Clinical Psychology & Counseling at Ochanomizu University*,（16）, 45-56.

O'Brien, B. C., Harris, I. B., Beckman, T. J., Reed, D. A. & Cook, D. A.（2014）Standards for reporting qualitative research: a synthesis of recommendations. *Academic Medicine*, 89（9）, 1245–1251.

大久保街亜・岡田謙介（2012）『伝えるための心理統計――効果量・信頼区間・検定力』勁草書房.

大部令絵・川俣実・柴﨑智美・萱場一則・細谷治（2017）「大学生における地域基盤型専門職連携教育自己評価

尺度の開発——関東地方三大学における横断・縦断データより」『日本健康教育学会誌』25（3），168-179.

岡田明（1995）「福祉心理学の方法論」『福祉心理学入門』学芸図書出版，12-20.

岡田明（2009）「福祉心理学とは何か」『福祉心理学——援助を必要とする人のために』ブレーン出版，1-9.

岡田明（2010）「福祉心理学の方法論をめぐって」『福祉心理学研究』6（1），13-16.

岡田涼（2018）「研究レビュー」村井潤一郎・藤川麗編『公認心理師の基礎と実践4　心理学研究法』遠見書房，169-182.

埼玉県立大学編（2009）『IPWを学ぶ——利用者中心の保健医療福祉連携』中央法規出版.

佐藤郁哉（2008）『質的データ分析法——原理・方法・実践』新曜社.

佐藤泰正（2004）「福祉心理学の成立過程について」『福祉心理学研究』1（1），7-10.

下山晴彦（2000）「事例研究」下山晴彦編『臨床心理学研究の技法』福村出版，86-92.

清水裕士（2016）「フリーの統計分析ソフトHAD——機能の紹介と統計学習・教育，研究実践における利用方法の提案」『メディア・情報・コミュニケーション研究』1，59-73.

Shojima, K.（2012）Exametrila: Freeware for item analysis. *International Association for Computerized Adaptive Testing* 2012, 20.

園山繁樹（2007）「事例研究法」前川久男・園山繁樹編『障害科学研究法』明石書店，118-138.

園山繁樹（2010）「福祉心理研究における単一事例研究の活用」『福祉心理学研究』6，36-42.

Stroup, D. F., Berlin, J. A., Morton, S. C., Olkin, I., Williamson, G. D., Rennie, D., Moher, D., Becker, B. J., Sipe, T. A. & Thacker, S. B.（2000）Meta-analysis of observational studies in epidemiology: a proposal for reporting. Meta-analysis of Observational Studies in Epidemiology（MOOSE）group. *JAMA.* 283（15），2008-2012.

谷口明子（2018）「文献レビュー」能智正博編『質的心理学辞典』新曜社，280.

Tong, A., Flemming, K., McInnes, E., Oliver, S., & Craig, J.（2012）Enhancing transparency in reporting the synthesis of qualitative research: ENTREQ. *BMC Medical Research Methodology*, 12, 181.

Tong, A., Sainsbury, P., & Craig, J.（2007）Consolidated criteria for reporting qualitative research（COREQ）: a 32-item checklist for interviews and focus groups. *International Journal of Qualitative Health Care*, 19（6），349-357.

豊田秀樹編著（2015）『紙を使わないアンケート調査入門——卒業論文・高校生にも使える』東京図書.

若林亮（2018）「多職種協働の検討——児童養護施設の事例を通して」『福祉心理学研究』15，71-76.

渡辺直登（2014）「個別性の中から普遍性を見つける——事例研究」大野木裕明・渡辺直登編『改訂新版心理研究法』放送大学教育振興会，163-177.

山田剛史・井上俊哉編（2012）『メタ分析入門——心理・教育研究の系統的レビューのために』東京大学出版会，1-24.

山本力（2001）「心理臨床実践と事例研究」山本力・鶴田和美編『心理臨床家のための「事例研究」の進め方』北大路書房，2-13.

山本嘉一郎（1994）「日本においてSPSSの果たした役割」『日本計算機統計学会シンポジウム論文集』9，147-157.

第**3**章　福祉心理士会と福祉心理士

1　福祉心理士会

〔1〕福祉心理士会とは

　福祉心理士会は、福祉心理士資格を取得している者の集まりであり、2013年に結成された。そして、福祉心理士会は福祉心理に関する科学的研究、並びに、相談・支援の専門性の向上を図ることを主な目的とした団体である。

　福祉心理士資格は2008年に創設され、福祉心理士とは、「日本福祉心理学会の認定資格であり、福祉サービスを利用する人のアセスメントを行ったり、サービス利用者やその家族、そして、福祉サービスを提供する場で働く職員の福祉心理相談・支援を行ったりする上で専門家として求められる基礎的学力と技能を修得していると本学会が認定した人」のことである。

　つまり、福祉心理士会とは、福祉心理に関する相談・支援を必要とする人のニーズに沿って、相談・支援・援助をする専門家の団体である。以下に、福祉心理士会の歴史について記述する。

〔2〕福祉心理士会の歴史

（1）福祉心理士資格創設の経緯

　福祉心理士資格の創設は、日本福祉心理学会の設立総会（2003年6月）において、提案され、承認された。福祉心理士資格の創設に向けての準備・検討は、研究推進委員会が担うこととなった。そこで、研究推進委員会において、福祉心理士資格についてのシンポジウムの開催が計画された。日本福祉心理学会第2回大会（2004年）のシンポジウムにおいて、「福祉心理の専門性と資格制度」というテーマでシンポジウムが開催された。知的障害、身体障害、高齢者、援助技術の各分野の専門家からの話題提供がなされた。そして、日本福祉心理学会第3回大会（2005年）では、第2回大会でのシンポジストの分野と異なる専門家（生活保護、精神障害、知的障害児教育、相談機関）による話題提供がなされた。「福祉に関連する現場における支援の専門性とその養成——福祉心理士（仮称）の資格化に向けて」というテーマであった。その後、研究推進委員会の中で、福祉心理士資格の創設についての話し合いが、継続して行われていた。つまり、①福祉心理士資格についての共通理解をしていくためには、もっと時間をかけて検討をする必要があるのでは、②種々の心理系資格や社会福祉資格の検討も行った上、討議する必要があるのでは等々の意見が出され、継続して話し合いが行われていた。一方、2006年10月、常任理事会において、早急に福祉心理士資格の創設をした方がよいのではという意見が提案された。また、同時期、理事会においても同様の提案が提出された。このように、常任理事会や理事会において、福祉心理士資格の早期創設に関して議論が行われるようになった。

その結果、福祉心理士資格検討委員会が設置され、臨床心理士、学校心理士などの心理学関係資格や社会福祉士、精神保健福祉士などの社会福祉関係資格も参考にして、福祉心理士資格の制度の原案作成が行われた。福祉心理士資格検討委員会において、福祉心理士資格について検討・整理された主な内容は、表3-1のような事項である。

表3-1　福祉心理士資格の概要

①**福祉心理士の相談・支援の対象者**：福祉心理士の相談・支援の対象者は、主に福祉サービスを利用する人を含む福祉的課題を抱える人である。具体的には、乳幼児、児童、青年、成人、高齢者、障害者等である。
②**相談・支援の内容**：福祉心理士の主な相談・支援内容は、子育て、社会的養護、不登校、引きこもり、介護など子ども問題、青年問題、高齢者問題、障害児者問題等であり、子ども・青年・成人の心理、社会福祉、保育、教育、医療、産業、司法等の分野・領域が関係している。こうしたことから、福祉心理に関する相談・支援は、上記の分野・領域の知識、技術、態度（倫理）の修得が必要かつ重要である。
③**福祉心理士資格の要件**：福祉心理士の相談・支援の主な対象者、並びに、主な相談・支援の内容から、心理学、教育学、社会福祉学、医学等を修得しておくことが望まれる。そこで、具体的に、福祉心理士資格の修得科目（カリキュラム）は、基礎科目（心理学、社会福祉学、福祉心理学：2科目4単位以上）、心理学関係科目（臨床心理学、心理査定法、カウンセリング、心理療法、児童心理、障害者の心理、高齢者の心理：4科目8単位を含み、14単位以上）、社会福祉学関係科目（相談援助もしくは精神保健福祉援助技術の2単位を含み、14単位以上）が、資格要件の基準となっている。そして、日本福祉心理学会に所属していることが、福祉心理士の要件である。
④**資格の更新制度**：福祉心理士資格取得者の専門性の向上を考慮すると、資格の更新制度は重要であり、5年ごとに資格の更新を行う制度を採用している。

（3）福祉心理士資格認定委員会と福祉心理士会の設立

福祉心理士資格検討委員会において、福祉心理士資格認定制度の原案が検討・作成され、その後、福祉心理士資格認定委員会が設置された。福祉心理士資格認定制度規則に則り、福祉心理士資格の認定審査が開始され、数年後、福祉心理士資格の取得者数が100名を超えた。そこで、有資格者の交流・連携、並びに、福祉心理士の専門性向上を図るため、福祉心理士会が2013年9月に結成された。

福祉心理士会が結成されるまで、福祉心理士資格取得者に直接携わってきたのは、福祉心理士資格認定委員会である。福祉心理士資格認定委員会が、福祉心理士資格創設（2008年；制度開始2009年）以降、福祉心理士資格取得者の専門性向上等々の課題について検討を行ってきた。

福祉心理士会が設立され、2019年10月現在、7年目になる。福祉心理士資格を取得すると、同時に、福祉心理士会に入会する規則になっている。福祉心理士会の会員数は、現在（2019年6月）、200名近くとなっている。

福祉心理士会の組織は、会長、副会長、幹事で構成されている。福祉心理士会総会は日本福祉心理学会全国大会時に開催され、幹事会は年に数回開催されている。また、支部を結成することが可能で、現在、北海道、東北、関東、関西、九州の各支部が結成されている。各支部においても、研修会・講演会等が開催されている。

そして、会員相互のコミュニケーションと専門性の向上のために、福祉心理士会ニューズレターが発行されている。その内容は、「福祉心理士とは」、「福祉関係機関等の活動や職務」、「福祉心理学とは」、「会員紹介」などであり、会員相互の理解の一助となっている。

〔3〕福祉心理士養成課程

福祉心理士の養成は、福祉心理士資格認定委員会において資格審査が実施され、福祉心理士

の養成が行われている。福祉心理士資格は、大学を卒業した者を基準とした資格であるが、短期大学や専門学校においても、指定科目を修得した者は、福祉心理士資格の取得ができるようにという要望が出されてきた。こうした経緯から、「准福祉心理士資格」が2016年に創設された。また、福祉心理士資格の指定科目が教育課程に編成されている4年制大学の学生は、卒業時、学生個人が申請する方法ではなく、学部、あるいは、学科において一括して申請する方法の要望が出されてきた。こうした経緯から、「福祉心理士・准福祉心理士養成教育機関制度」が創設された。表3-2に、「福祉心理士養成制度」、「准福祉心理士養成制度」、「福祉心理士・准福祉心理士養成教育機関制度」について記述する。なお、2021年度以降、保育士にかかわる科目も含め、資格要件となる科目の変更を検討している。

表3-2　福祉心理士養成制度

福祉心理士養成制度
福祉心理士資格の主な申請者は、①学部を卒業した者、②3年以上福祉機関や施設に勤務している者、③福祉心理学関連科目を担当している教員等であり、資格申請者の多くは、学部を卒業した者である。また、福祉心理士の相談・支援の主な対象は、福祉サービスを利用する人とその家族であることから、福祉に関心のある多くの関係者に福祉心理士資格を取得してもらう必要がある。そこで、具体的に、次の6つの資格取得の類型を用意している。資格取得申請者が希望する類型で申請を行い、各類型資格要件に基づき書類審査が行われる。その結果、福祉心理学会が福祉心理士資格の認定を行っている。資格申請手引きは毎年、福祉心理士資格認定委員会において検討されている。そして、その都度、資格申請手引きは改訂されている。
①**A類型**：この類型は福祉系、心理系学科の卒業生を想定している。 ❶基礎科目（心理学、福祉心理学、社会福祉学）のうち、2科目について、各2単位以上履修していること。 ❷心理学関係科目（臨床心理学、心理検査法、カウンセリング、心理療法、児童心理、障害者の心理、高齢者の心理）のうち、4科目8単位を含み、合計14単位以上を履修していること。 ❸社会福祉学関係科目（相談援助、もしくは精神保健福祉援助技術）の2単位を含み、合計14単位以上を履修していること。以上の要件を満たし、合計32単位以上を履修しているものを対象としている。
②**B類型**：3年以上福祉関連機関・施設で勤務している人。短大、専門学校の卒業生を想定している。「心理学」、「福祉心理学もしくは臨床心理学」、「社会福祉学」、「心理検査法」、「カウンセリングもしくは心理療法」、「児童心理学もしくは障害者の心理もしくは高齢者の心理」、「社会福祉援助技術」の7科目について各2単位以上を修得したものを対象としている。
③**C類型**：5年以上福祉関連機関・施設で勤務している人。福祉等の職場における中堅職員や管理職を対象にしている。福祉心理等の関連のケース報告の提出が必要な要件とされている。
④**D類型**：福祉心理学関連科目を教えている大学の教員。福祉心理学関連科目の担当経験が3年以上あり、関連する研究業績を5編以上有するものとしている。
⑤**E類型**：A類型に準ずる（図3-1参照）。
⑥**F類型**：准福祉心理士養成制度を踏まえる（下記参照）。
准福祉心理士養成制度
福祉心理士資格は2008年に創設され、福祉心理士の養成が行われてきたが、心理・福祉系のコースを設置している短期大学や専門学校から、福祉心理士資格の指定科目を修得した学生に資格が出せないかという要望があった。しかし、福祉心理士資格は大学卒業という基準であることから、福祉心理士資格認定委員会での検討の結果、准福祉心理士資格の創設という原案が提案され、2016年3月、准福祉心理士養成制度が設立された。 　准福祉心理士資格は、短期大学、並びに、専門学校において、福祉心理士資格要件と同様、基礎科目（心理学、社会福祉学、福祉心理学：2科目4単位以上）、心理学関係科目（臨床心理学、心理査定法、カウンセリング、心理療法、児童心理、障害者の心理、高齢者の心理：4科目8単位を含み、14単位以上）、社会福祉学関係科目（相談援助もしくは精神保健福祉援助技術の2単位を含み、14単位以上）を修得し卒業・修了することが、資格要件である。また、日本福祉心理学会に入会することが条件である。短期大学、並びに、専門学校卒業後、1年、あるいは、2年以上福祉施設等で実務経験をすると、福祉心理士資格取得申請が可能となる（F類型）。
福祉心理士・准福祉心理士養成教育機関制度
福祉心理士資格の指定科目が教育課程に編成されている学校は、卒業時、福祉心理士・准福祉心理士資格の取得を希望する学生が複数いることから、個人による申請ではなく、学部、あるいは、学科において一括申請による方法の要望が出されてきた。こうした経緯から、福祉心理士・准福祉心理士養成教育機関制度が2016年4月に創設された。養成教育機関とは、学校教育法に基づく教育機関のことであり、福祉心理士資格の指定科目が教育課程に編成されている学校のことである。そして、福祉心理士資格を有する資格認定委員（常勤教員）がいる学校のことである。福祉心理士・准福祉心理士養成教育機関の学校は、現在、4校が登録され、福祉心理士・准福祉心理士の養成が行われている。

A類型	B類型	C類型	D類型	E類型	F類型
日本福祉心理学会入会手続き（会員登録）					
大学卒業・大学院修了	専門学校・短期大学・大学・大学院卒業・修了	社会福祉施設等実務経験5年以上	大学等で福祉心理学関連の授業科目の担当経験が3年以上あり、関連する著書・論文等の研究業績を5編以上有するもの	学部在学者3年次以上	専門学校・短期大学卒業
	社会福祉施設等実務経験3年以上				「准福祉心理士」資格申請
					合格
				「（仮）福祉心理士」資格申請	認定登録 ※准福祉心理士資格登録証明書(IDカード発行)
「福祉心理士」資格申請	「福祉心理士」資格申請	「福祉心理士」資格申請	「福祉心理士」資格申請	合格	「准福祉心理士」資格取得
合格	合格	合格	合格	福祉心理士（仮認定登録）	社会福祉施設等実務経験 ※2年制は2年以上、3年制は1年以上
認定登録	認定登録	認定登録	認定登録	大学卒業	指定の書類提出
				卒業証明書提出	認定登録
				認定登録	
「福祉心理士」「准福祉心理士」資格取得 資格認定証・資格登録証明書(IDカード)発行					

図3-1　福祉心理士資格の取得方法
出所：日本福祉心理学会HP「2019年度　福祉心理士　資格申請の手引き」

〔4〕福祉心理士会の課題と展望

　現在、福祉心理士会としての目標を達成するために、検討・整理していく必要がある重要課題は、「福祉心理士の専門性の探究と向上」、「福祉心理士養成課程の検討」、そして、「今後の福祉心理士会の活動」等である。表3-3に、これらの課題と展望について記述する。

表3-3　福祉心理士会の課題と展望

福祉心理士の専門性の探究と向上について
①福祉心理の捉え方（定義）：福祉心理の捉え方（定義）の明確化は、福祉心理士資格創設の当時からの課題である。福祉心理の一般化（明確化）の1つの方法として、福祉心理士資格を創設し、福祉心理に関する臨床的研究（事例研究：福祉心理相談・支援の対象と内容）の積み上げを行い、そして、理論的、実験的研究の成果との整合性を検討・考察することにより、福祉心理の捉え方は一般化（明確化）されていくと考えられる。そこで、福祉心理に関する臨床的、理論的、実験的研究の一層の活性化と継続研究が望まれる。
②相談・支援を必要とする人のニーズの理解と把握：知的障害児の場合、特に子どものニーズを理解することが難しい、あるいは、子どもを理解することに多くの時間を要する場合がある。子どもは、わからないもの（理解しよう）として取り組むことが重要であり、縦断的研究の蓄積を行い、子ども（相談・支援を必要とする人）のニーズの理解と把握について探究していく必要がある。
③相談・支援技術の向上：相談・支援を必要とする対象者に合わせて、支援の方法を考慮していくことが重要である。そこで、福祉心理に関する相談・支援の臨床的研究の蓄積を通して、自立、自己実現、受容、共感、相談・支援、自己覚知等々について検討を行い、整理をしていく必要がある。また、事例検討を通して、福祉心理士一人ひとりの相談・支援技術の習得・向上を図っていくことが望まれる。

④**ケースマネジャーとしての位置づけ**：福祉心理の相談・支援内容は、生活や環境から発生してくることが多く、ライフステージを踏まえた対応が必要となる。そこで、福祉心理士は、ケースマネジャーとしての位置づけを検討・研究していく必要がある。

福祉心理士養成課程について

①**福祉心理士の養成カリキュラム（指定科目）**：福祉心理士資格の指定科目は、心理学（人の理解）と社会福祉学（ケアワーク、ソーシャルワーク）の科目（制度的・形式的側面）を中心に編成されている。福祉心理士の専門性向上の観点（本質的・実質的側面）から、福祉心理士会においても指定科目の精選とその内容についての提案を行っていく必要がある。

②**福祉心理士資格の更新制度**：福祉心理士資格は、現在、5年間で10ポイント以上の基準（資格認定委員会基準）で資格更新がなされている。福祉心理士の専門性向上の観点から、資格更新のポイントとその内容について、継続して検討していく必要がある。

③**福祉心理士の資格取得における試験制度**：福祉心理士の資格取得における試験制度の導入については、福祉心理士資格創設当時から検討されていた。福祉心理士の専門性向上という観点から、資格取得試験の内容と方法についても、今後、継続して検討していくことが大切である。

（宮本 文雄）

❷ 福祉心理士

〔1〕福祉心理士とは

（1）福祉心理士の定義

　福祉心理士とは日本福祉心理学会が認定する資格である。福祉的課題を抱えている人に対して心理上の相談にのったり心理的支援をしたりする専門家として、社会福祉学及び心理学の基礎学力と技能を修得していると、本学会が認定した人のことである。

（2）福祉心理士の業務

　福祉心理士は、福祉サービスを利用する人を含む福祉的課題を抱える人へ福祉心理学的支援を行う。また、福祉心理学的支援を行うための研究活動を行う。

　福祉心理学的支援では、対象者の心理的課題の程度に応じて心理学的手法やソーシャルワーク的手法の双方を取り入れた支援が欠かせない。福祉的課題は個人的課題にとどまらず社会と密接に関与しているため、支援対象者の心の問題にのみ焦点を当てても解決が難しいことも多いからである。また、福祉的課題を抱える個人は心理的課題を抱えていることも多いからである。

　研究活動については、福祉的課題を抱える人の心理解明や理論の確立といった基礎的研究と支援方法の確立といった応用研究がある。これらの研究には、心理学的研究方法[1]と社会学的研究方法[2]の双方を活用することになる。

　福祉心理士は福祉的課題を抱えている人に対して心理的支援を行うため、主に社会福祉の現場で活躍することができる。この福祉現場にはどんな職場があるのか見ていこう。

　社会福祉や社会保障制度の対象者は、対象者の特性に応じて高齢者及び障害者、児童、ひとり親家庭、生計困窮者、更生保護対象者、医療患者等に分類することができる。その他、地域には、これらの対象者の範疇には入らない福祉的課題を抱えている人たちがいる。地域におけ

1　実験研究法や観察法、質問紙法、面接法、事例研究、検査法などがある。

2　実験研究法や観察法、社会調査（サーベイ）、面接法、事例研究などがある。

表3-4　社会福祉事業等が実践される主な施設・機関

支援対象者	施設・機関
高齢者	養護老人ホーム、特別養護老人ホーム、軽費老人ホーム、老人居宅介護等事業所、（看護）小規模多機能型居宅介護事業所、グループホーム、老人デイサービスセンター、老人福祉センター、老人介護支援センター、地域包括支援センター　など
障害者	障害者支援施設（就労支援事業所含む）、障害福祉サービス事業所、相談支援事業所、地域活動支援センター、福祉ホーム、身体障害者福祉センター、身体障害者更生相談所、知的障害者更生相談所、発達障害者支援センター、ハローワーク（障害者就職相談）　など
児童	乳児院、母子生活支援施設、児童養護施設、障害児入所施設、児童心理治療施設、児童自立支援施設、障害児通所支援事業所、障害児相談支援事業所、児童デイサービス、子育て短期支援事業所、ファミリーホーム、ファミリーサポートセンター、助産施設、保育所、認定こども園、児童厚生施設、児童家庭支援センター、児童相談所　など
ひとり親家庭	母子・父子福祉施設　など
生活困窮者	福祉事務所、救護施設、更生施設、就労訓練事業所、宿所提供施設、自立支援センター　など
更生保護対象者	更生保護施設　など
医療患者	病院（医療相談室）
その他	婦人保護施設、隣保事業所、社会福祉協議会、都道府県・市町村の担当部署、自治会・町内会（民生委員・児童委員）、学校など

る福祉関係者等によって支援を必要とする人たちである。支援対象者別の福祉現場を、表3-4に示した。

（3）支援の対象
①社会福祉概念と対象

　支援は福祉的課題・問題の解決を目的として行われる。福祉という言葉は、言葉そのものとして「しあわせ」を意味する。しかし、福祉という言葉が使用されるときには、「社会福祉」という概念で使用されている。したがって、福祉的課題とは、社会福祉としての課題を意味する。

　この「社会福祉」という概念には、狭義から広義まで5段階の意味があり（富樫、2018）、1つの定義として定まっていない。最も狭い意味で使われる第1段階は、生活上の困難を抱えている社会的弱者、いわゆる経済的な生活困窮者や障害者、高齢者などに対する制度・施策等を意味する。第2段階は、第1段階の概念に社会保障制度や福祉関連施策を含んだ広い概念を意味する[3]。社会保険制度や公衆衛生などを含むので、国民一般に対する制度・施策等を意味する。第3段階では第2段階の概念に教育や雇用、住宅など社会政策を含み、第4段階では、実態的な施策・制度にとどまらず国民一人ひとりが幸福な状態となる理想社会という理念的な概念を指す。したがって、第3段階においても第4段階においても、国民一般を対象にした概念である。最も広義の第5段階では、制度・政策とは無関係な、また実存する一人ひとりを対象にするのではなく国民全体や社会全体という集合体の幸福や繁栄を意味する。

　このように広狭ある「社会福祉」という概念だが、これら概念の中のどの段階の福祉的課題を支援領域とするのかといえば、第4段階までとするのが妥当だろう。第4段階の概念では理

3　わが国における社会保障制度と社会福祉の関係は、社会保障審議会による「社会保障制度に関する勧告」が踏襲されていて、社会保障制度の中に社会福祉が含まれるという関係にある（社会保障審議会（1950）「社会保障制度に関する勧告」）。

念的社会福祉を指すが、第3段階までの実態的な社会福祉は第4段階の理念的福祉観が理想的な目標として策定されるものである。第4段階の理念的社会福祉の枠組みなくして第3段階までの実態的な社会福祉や社会保障制度はないので、第3段階までの概念は第4段階を根底にしている。第5段階では、実存の個人に依拠しない抽象的社会を指しているため、支援領域から除外すべきだろう。したがって、第5段階概念における福祉的課題は除外すべきだろう。

②福祉サービスの対象者

戦後間もなくの時代に体系化された社会福祉では、制度の対象者は生活上の困難を抱えた社会的弱者であった。1980年代以降の福祉改革によって福祉の「普遍主義」化が進むと、社会福祉の対象者が一般の国民へと転換されていった。現在では、社会福祉と社会保障制度の区別が曖昧になり、社会福祉の対象者は一般の国民へと拡大されている。

一方、福祉心理士の支援対象者は主として福祉的課題を抱えている人である。多くの場合、福祉サービス利用者やその家族、福祉サービスの提供施設で働く職員など、福祉サービス利用者とその関係者を対象とするが、それ以外の福祉的課題を抱えている人も対象とする。福祉的課題を抱えている人が必ずしも福祉サービス利用者とは限らないからである。

福祉サービス利用は、利用を望む者誰もが利用できるわけではない。福祉サービスを利用するには、利用するという申請行為と申請後になされる審査によって、利用するための要件を備えていることが必要とされる。例えば高齢者福祉分野の介護保険制度を利用するためには、介護保険制度利用の申請後、介護認定審査で要支援1もしくは2の認定か要介護1～5の認定を受けなければならない。「非該当」の認定を受けると、サービス利用はできないのである。

このように、福祉的課題を抱えていても福祉サービスを受けられないこともある。そもそもサービス利用を考えない人もいるだろうし、現存の福祉サービスの範疇には収まりきらない福祉的課題もある。そのため、福祉心理士は、福祉サービス利用者やその周辺の人たちに限らず広く福祉にかかわる課題を抱えている人たちをも支援の対象にする。

〔2〕福祉心理士と公認心理師

（1）公認心理師とは

2018年度に国家資格としての心理職が初めて誕生した。それが公認心理師である。それまでも心理職の資格は存在していたが、それらは主に心理学系学会などが認定する民間の資格である。

公認心理師は名称独占の資格であり、公認心理師以外の者が「公認心理師」を名乗ることは禁じられている。業務独占の資格ではないため心理的支援は公認心理師以外の者でも行うことができる。しかし、今後は心理的支援を担う職種の採用要件とされていくことが予想される。

公認心理師の業務は、①心理的支援対象者の心理状態の観察と分析、②心理的支援対象者への支援、③心理的支援対象者の関係者への支援、④心の健康に関する教育及び情報の提供である（公認心理師法第2条）。

（2）福祉心理士と公認心理師の関係

　公認心理師は心理的支援を必要とする者を対象にしている。一方、福祉心理士は福祉的課題を持つ者を対象にする。したがって、公認心理師は、主として“生きづらさ”を感じている人を対象とし、個人的内面の課題解決を支援する。福祉心理士は、福祉的課題を抱えて“生活のしづらさ”を感じている人（周囲との軋轢のある人を含む）を対象とし、個人的内面の課題解決の支援をとおして、生活上の福祉的課題解決を支援する。

　このように、両者は個人的内面の課題解決への支援という点では一致するところがあるが、課題が持つ性質や課題に対する視座が異なる。公認心理師が対象とする課題は、生きづらさという対象者の個人的内面に重きをおいた課題であるが、福祉心理士が対象とする課題は、生活のしづらさという社会性を含んだ個人的内面にかかわる課題である。そのため、課題に対する福祉心理士の視座は、個人だけでなく個人と社会とのかかわりをも視野に入れることになる。

　ところで、福祉的課題を抱える人を支援する専門職に社会福祉士がある。社会福祉士は、支援対象者と環境の調整によって支援対象者の生活課題の解決やエンパワメントの向上を支援する[4]。これら、福祉心理士と公認心理師、社会福祉士は支援対象者や支援方法に共通点があるが、支援対象事象に相違点もある。それぞれの関係性を整理したのが、図3-2である。

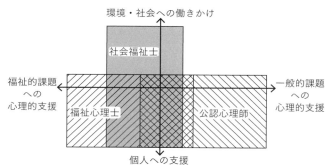

図3-2　対人支援における福祉心理士と公認心理師、社会福祉士の支援

〔3〕福祉心理士としての倫理

　福祉心理士は、支援対象者の生活や心理に立ち入って支援を行わなければならない。そのため、福祉心理士には、厳しい倫理規範が求められる。最も基本的な倫理規範は、すべての人に対する人権尊重である。支援対象者の周りにいる人々も含めて、すべての人々は人権を尊重される権利を有している。

　人権の尊重を基本にした、主な行動規範を以下に挙げる。

①支援対象者本位の支援

　支援を行う際は、支援対象者の立場に立つなど支援対象者を中心にした支援を行わなければならない。自己決定や自己選択の尊重と生活様式等の尊重である。

4　社会福祉士が実践する臨床支援方法をソーシャルワークという。このソーシャルワークについて、リッチモンド（1922）は「ソーシャル・ケース・ワークは人間と社会環境との間を個別に、意識的に調整することを通してパーソナリティを発達させる諸過程からなり立っている」と定義している（リッチモンド（Richmond, 1922：小松訳, 1991））。国際ソーシャルワーカー連盟による定義は次の通り。「ソーシャルワークは、社会変革と社会開発、社会的結束、および人々のエンパワメントと解放を促進する、実践に基づいた専門職であり学問である。社会正義、人権、集団的責任、および多様性尊重の諸原理は、ソーシャルワークの中核をなす。ソーシャルワークの理論、社会科学、人文学、および地域・民族固有の知を基盤として、ソーシャルワークは、生活課題に取り組みウェルビーイングを高めるよう、人々やさまざまな構造に働きかける。この定義は、各国および世界の各地域で展開してもよい」（公益社団法人日本社会福祉士会「公益社団法人日本社会福祉士会の倫理綱領」）。

②支援対象者の利益の最優先

　支援を行う際は、自身の利益のために支援対象者を利用してはいけない。支援対象者の利益を最大限尊重して、支援を行わなければならない。

③個人情報保護と守秘義務

　支援に際しては支援対象者の個人情報を知ることになるので、原則として本人の同意なしに個人情報を漏洩してはならない。

④研鑽

　常に最善の支援を行えるよう、常に自己研鑽に励まなければならない。

⑤信用失墜行為の禁止

　福祉心理士は、その立場を利用した信用失墜行為をしてはならない。

（富樫 ひとみ）

〈参考文献〉

◆福祉心理士会

網野武博（2004）「健幸としての福祉（well-being）を指向する心理学」『福祉心理学研究』1（1），2-6.

網野武博（2011）「保育相談支援の意義と心理学的課題」『福祉心理学研究』8（1），1-5.

安藤治（2006）「福祉心理学の現代的意義──自己知覚と思いやりをめぐって」『福祉心理学研究』3（1），17-23.

宮本文雄（2010）「『福祉心理士』資格制度について：2008年度版」『福祉心理学研究』7（1），4-7.

日本福祉心理学会福祉心理士資格認定委員会（2008）「2008年度福祉心理士 資格申請の手引き及び申請書」.

日本福祉心理学事務局（2004）「会報」『福祉心理学研究』1（1），75-85.

日本福祉心理学事務局（2005）「会報」『福祉心理学研究』2（1），81-92.

日本福祉心理学事務局（2006）「会報」『福祉心理学研究』3（1），100-110.

日本福祉心理学事務局（2007）「会報」『福祉心理学研究』4（1），95-99.

日本福祉心理学事務局（2008）「会報」『福祉心理学研究』5（1），79-84.

日本福祉心理学事務局（2010）「会報」『福祉心理学研究』6（1），66-72.

岡田明（2004）「福祉心理学に対する6つの提言」『福祉心理学研究』1（1），20-24.

◆福祉心理士

一般社団法人日本教育心理学会HP「日本教育心理学会倫理綱領」. https://www.edupsych.jp/wp-content/uploads/2017/04/17e4b9e63684c2ed437dfcc3ef5b9474.pdf（2019.10.2閲覧）

一般社団法人日本臨床心理士会HP「一般社団法人日本臨床心理士会倫理綱領」. http://www.jsccp.jp/about/pdf/sta_5_rinrikoryo0904.pdf（2019.10.2閲覧）

北島英治・副田あけみ・髙橋重宏・渡部律子編（2002）『社会福祉基礎シリーズ② ソーシャルワークの実践の基礎理論』有斐閣.

公益社団法人日本社会福祉士会HP「公益社団法人日本社会福祉士会の倫理綱領」. https://www.jacsw.or.jp/01_csw/05_rinrikoryo/files/rinri_kodo.pdf（2019.10.2閲覧）

寺田貴美代（2005）「『広義の社会福祉』に関する概念整理」清和大学短期大学部紀要33, 33-45.

富樫ひとみ（2018）「福祉心理学の定義と研究領域」茨城キリスト教大学紀要52, 83-91.

日本福祉心理学会HP「2019年度 福祉心理士 資格申請の手引き」. https://janphs.jp/wp-content/uploads/2019/05/2019_fukushi_tebiki.pdf（2019.9.30閲覧）

日本福祉心理学会HP「日本福祉心理学会 倫理規定」. https://janphs.jp/wp-content/uploads/2019/05/2016_rinrikitei.pdf（2019.10.2閲覧）

日本福祉心理学会HP「日本福祉心理学会 倫理綱領」. https://janphs.jp/wp-content/uploads/2019/05/2016_rinrikoryo.pdf（2019.10.2閲覧）

第4章 福祉心理学的支援の基盤 I

▮1 実践への主眼

　現在、社会福祉にかかわる支援において主眼となる視点に"自立"がある。児童であろうが、障害者であろうが、困窮者であろうが、法制度の施行に伴い1つの方向性として自立が求められているのである。心理学的支援を担う専門職としては、この"自立"が示す意味やそれに伴う（合理的）配慮の視点、さらに自己決定できない状態にある方々において、その意思決定（支援）をするとはどのようなことなのかの理解の視点は不可欠である。これらの視点がなければ、人工知能領域の精緻な心理検査を行うロボット以下の専門職になってしまいかねない。つまり、自立や意思決定の視点は、倫理遵守と同様に福祉心理学的支援者が持つべき基盤的事項なのである。

　例えば、自己決定のできない知的障害や認知症を持つ方（精神上の障害により判断能力を欠くとして、家庭裁判所から後見開始の審判を受けた人である成年被後見人）が成年後見制度を利用し、成年後見人にその意思決定を担ってもらう場合であっても、成年後見人が個人で被後見人の選択を決定していくのではなく、被後見人のこれまでの経緯や生き方などを踏まえて"本人であればどう選択するか"本人の視点から選択（成年後見制度では協議を踏まえて選択）することが求められている。これは意思を尊重し、かつ、その心身の状態及び生活の状況に配慮するという"身上配慮義務"（民法第858条）を重んじる専門職のあり方である。そして、チームの一員として協議によりクライエント（以下CLとする）の意思決定に参画していくという近年の意思決定支援のありようは、福祉心理学を基盤とする専門職の1つの立ち位置といえる。これにかかわり、福祉心理学を基盤とする支援者がCLの過去の生活歴を理解するのは、いま意思表明ができないCLの声を聴くためであることは言うまでもない。

　相手の立場に立とうとするということは、心理職にとって当たり前の事柄であるが、福祉領域では、上記のように自己決定が難しい方とのかかわりからも従来の心理職以上に相手の立場に立つことが求められる。そうなるとこのような方々へのアプローチは持続的well-beingの向上がなくてはだめであるという経済的効果のような因果関係に重きを置く見方だけでは太刀打ちできなくなる。一瞬一瞬でもwell-beingを向上（思考や行動の肯定的変容）できるか、または現状のwell-beingをいかに保持できるかという見方も尊重され得るのである。

　また対話方法はときに直接的な言語を介した方法でないこともある。そのため、支援者として繊細にCLやその環境の心理模様を捉える必要がある。多様性尊重の福祉領域らしく、多様な自己決定の尊重のあり方が求められるのである。とりわけ、社会福祉分野では社会的養護や自立支援のため、施設での生活が主であるCLもおり、単純な個別的支援の範疇に収まらない特殊性がある。CL本人だけでなく環境への理解も求められる。このとき、発達段階の異なるCLが同時期・同所に複数存在することもあり、基本となる発達視点（発達理論）は高度な専門性

の根拠の1つとなり得る。なお自立支援は単純な支援（物質的な支援や就労支援）があればよいのではなく、対象者の過去から今までの歩みを踏まえた自立支援になることが求められる[1]。

（米川 和雄）

❷ 福祉心理学にかかわる意思決定支援

〔1〕意思決定支援の意義——なぜ今、意思決定支援か

　私たちは、人生や生活の中で、自分らしい意思決定をしながら主体的に生きる権利を有する。高齢者や障害者が「地域で安心して暮らす」ための権利を実現するためには、虐待などの権利侵害を受けないだけでなく、自分で自分らしい暮らしのあり方を選択できることが重要である。

　しかし、実際には、本人の意思に基づく支援よりも、家族等や支援事業所の都合などにより、本人以外の者が本人にとって必要だと判断し、日常のサービスが提供されていることも少なくない。この背景には、高齢者や障害者、特に認知症の人や知的障害のある人には判断できる能力や意思がなく意思決定ができないのだという、私たちの意識の中に存在する間違った先入観がある。

　「どのような障害があろうとも、人にはみな意思があり、支援さえあれば意思決定ができる」が基盤である。本人は意思決定ができないから周囲の支援者が代わりに決めるのではなく、本人が意思を決定し表明できるように必要な支援をしていく。意思決定に困難がある人の主体性が保障されるためには、私たちの社会の中に「意思決定支援」の理念と基本原則が位置づき定着していくことが必要であり、そのための法制化と実効性のある体制整備が求められている。

　ところで、意思決定支援にかかわる現行成年後見制度は、2000年の改正により、判断不十分者に対して包括的代理権による財産管理や身上監護の保護を目的として、虐待や消費者被害からの予防・救済のための役割を果たしてきた一方で、「後見」「保佐」「補助」類型の代理決定の仕組みが本人の意思に反し、あるいは本人の意思決定の支援とは遠い状態で生活を余儀なくされる事態が報告されており、障害者を権利の主体とした考え方への転換が本人の判断能力を補うためとされる成年後見制度に対しても迫られている。

〔2〕「意思決定支援」についての国際的潮流

（1）障害者権利条約の要請

　障害者権利条約（国連2006年採択；日本では2014年1月20日批准）では、他者が代理決定するのではなく、本人自らが必要な支援を受けながら意思決定できるようにすることがより強く要請されている。同条約は、「全ての障害者によるあらゆる人権及び基本的自由の完全かつ平等な享有」を促進・保障すること並びに「障害者の固有の尊厳の尊重」を促進することを目

1　生活保護における自立支援プログラムの自立の定義では、就労による"経済的自立"、自分の健康や生活管理を行う"日常生活自立"、社会的つながりを持つ"社会生活自立"がある。ケースワーカーのすすめる自立支援プログラム（生活保護法第27条の2）の活用を被保護者が拒んでも生活保護を外す等の不利益変更はできないという解釈になっており、"支援"が対象者尊重の意味を持っている。参照：池谷秀登（2020）『生活保護ケースワーカーのあなたへ』全国社会福祉協議会．

的とし（第1条）、その「一般原則」として、「固有の尊厳、個人の自律（自ら選択する自由を含む。）及び個人の自立の尊重」を掲げている。これは、障害者が「人生の主体であること」、つまり、すべての基本的人権の主体であることを確認するものである。

（2）イギリス意思決定能力法の諸原則

　国連における障害者権利条約の採択と相前後して、意思決定支援の理念を重視する制度の動きが諸外国で見られた。イギリスでは、2005年に意思決定能力法（the Mental Capacity Act 2005、以下、MCA）が成立し、わが国の意思決定支援の実践にも大きく影響を与えてきた[2]。意思決定に困難を抱える人々の人権保障としての「どんな人にも意思決定が存在すること」、「そのために支援者は可能な限りのエンパワメントをし続けること」を理念にして法制度の必要性が提唱された。ここでの「意思決定能力」とは、当該決定をすべきときにその時点で意思決定ができる能力を指し、他者が本人に代わって意思決定や代行をすることは、本質的に本人領域への侵襲と捉え、本人自らの意思決定を最大限に支援することを求めている（エンパワメントの優先）。

　MCAとは、身上監護（日常生活の事項など広い範囲）において自分自身で決定する権利と、不利益から保護救済される権利とのバランスをとることを目的とした行動指針（code of practice）であり、表4-1の原則などのように支援実践方法・考え方が明示されている。

　近年では、代理決定が前提となる「ベスト・インタレストの原則」は本人中心主義に反するため原則に入れることに疑義があるとした指摘もある。いずれにしても重要なことは、本人の意思がわかりにくい人であっても、ICT技術を含めて理解しようとすれば、どんな人にでも意思決定能力があることがわかってくることから、意思があることを将来にわたり「信じ続ける」という支援者の基本姿勢である。

表4-1　意思決定能力法における５つの原則

【意思決定能力存在推定の原則】 　認知症や知的障害など障害があることだけで、全般にあたって能力がないと判断してはならない。言葉の表出が見られず障害が重い人であっても、意思決定の能力を有すると推定されなければならない。
【意思決定支援を尽くすエンパワメント原則】 　代理や代行ではなく、本人が自ら意思決定できるように、様々な支援を優先させなければならない。本人の意思決定を助けるあらゆる実行可能な支援方法を尽くすことが重要である。
【不合理的意思決定が意思決定不存在と判断されない原則】 　単に賢明ではない判断をするという理由のみによって意思決定ができないと見なされてはならない。時に愚行があっても、すべて意思決定能力がないと判断してはならない。
【ベスト・インタレストの原則】 　意思決定能力がないと評価された本人に代わって行為をなし、意思決定するにあたっては、本人のベストインタレスト（最善の利益）に適するように行わなければならない。代理や代行が認められる場合であっても、周囲の客観的判断を押しつけてはならない。
【必要最小限の原則】 　代理や代行が認められる場合であっても、本人の権利や行動の自由を制限する程度がより少なくてすむような選択肢が他にないか、よく考えなければならない。本人への介入は必要最小限でなければならない。

2　イギリスにおけるMCAの理念は、わが国の「障害福祉サービス等の提供に係る意思決定支援ガイドライン」（表4-2）にも反映されている。

〔3〕厚生労働省「障害福祉サービス等の提供に係る意思決定支援ガイドライン」

　表4-2のガイドラインでは意思決定支援の定義を「意思決定に困難を抱える障害者が、日常生活や社会生活等に関して自分自身がしたい（と思う）意思が反映された生活を送ること」とし、障害者総合支援法に基づき福祉サービス支援者の責務としている[3]。特に、意思決定の領域として「生活の領域」「人生の領域」「生命の領域」を例示し、それぞれの領域の意思決定の具体例を示すとともに、領域における合理的配慮の重要性を指摘している。

表4-2　「障害福祉サービス等の提供に係る意思決定支援ガイドライン」（厚生労働省, 2017）概要

【意思決定能力存在推定の原則】
1　意思決定支援の定義
　意思決定支援とは、知的障害や精神障害（発達障害を含む）等で意思決定に困難を抱える障害者が、日常生活や社会生活等に関して自分自身がしたい（と思う）意思が反映された生活を送ることが可能となるように、障害者を支援する者（以下「支援者」という。）が行う支援の行為及び仕組みをいう。
2　意思決定を構成する要素
　(1) 障害者の態様（好み、望み、意向、障害の特性等）
　(2) 意思決定の内容（領域）
　　①生活の領域（食事、更衣、移動、排泄、整容、入浴、余暇、社会参加等）
　　②人生の領域（住む場所、働く場の選択、結婚、障害福祉サービスの利用等）
　　③生命の領域（健康上の事項、医療措置等）
　(3) 人的・社会的・物理的環境等（関係者が、本人の意思を尊重しようとする態度で接しているか、慣れ親しんだ場所か等）
3　意思決定支援における合理的配慮
　(1) 本人の年齢、障害の態様、特性、意向、心情、信念、好みや価値観、過去から現在の生活様式等に配慮する。
　(2) 意思決定支援を行うにあたっては、内容についてよく説明し、結果を含めて情報を伝え、あらゆる可能性を考慮する。
　(3) 本人の日常生活、人生及び生命に関する領域等意思決定支援の内容に配慮する。
　(4) 本人が自ら参加し主体的に関与できる環境をできる限り整える。
　(5) 家族、友人、支援者、法的後見人等の見解に加え、第三者の客観的な判断が可能となる仕組みを構築する。
4　意思決定支援における留意点
　(1) 意思決定と情報
　・決定を行うに当たって必要な情報を、本人が十分理解し、保持し、比較し、実際の決定に活用できるよう提供すること。
　・本人が自己の意思決定を表出、表現できるよう支援すること。
　・本人が表明した意思をサービス提供者等に伝えること。
　・本人の意思だと思われるものを代弁すること。
　(2) 情報提供の留意点
　・本人への情報提供については、支援者の態度・方法・技術によって大きく異なることを理解すること。
　・できるだけ解りやすい方法、手段にて情報を伝える（手話、伝達装置、絵文字、コミュニケーションカード、スケジュール等含む）。
　・情報提供に関しては、ステップを踏んで確認しながら行う。
　・予測される副次的出来事（リスクも含む）について伝える。
　・決定の結果についての責任を伝える。
　(3) 意思決定支援における最善の利益の判断
　・事案について、複数の決定によるメリットとデメリットを可能な限り挙げて相互に比較検討して結論を導くこと。
　・事案の決定について、どちらか1つということでなく2つを融合して1つ高い段階において決定を図っていくこと。
　・本人にとって、自由の制限がより少ない方法を選択すること。

　意思決定支援の枠組みは、意思決定支援責任者の配置、意思決定支援会議の開催、意思決定の結果を反映したサービス等利用計画・個別支援計画（意思決定支援計画）の作成とサービス

3　このほか、厚生労働省では、「認知症の人の日常生活・社会生活における意思決定支援ガイドライン」を提示している（2018年）。例えば、適切又は都度の情報提供等による本人が意思を形成することの支援（意思形成支援）、本人のペースや適宜の選択に合わせる等の本人が意思を表明することの支援（意思表明支援）、自発的に形成され、表明された本人の意思を、意思決定支援チームが、多職種で協働して、利用可能な社会資源等を用いて、日常生活・社会生活のあり方に反映させる等の本人が意思を実現するための支援（意思実現支援）が提示されている。

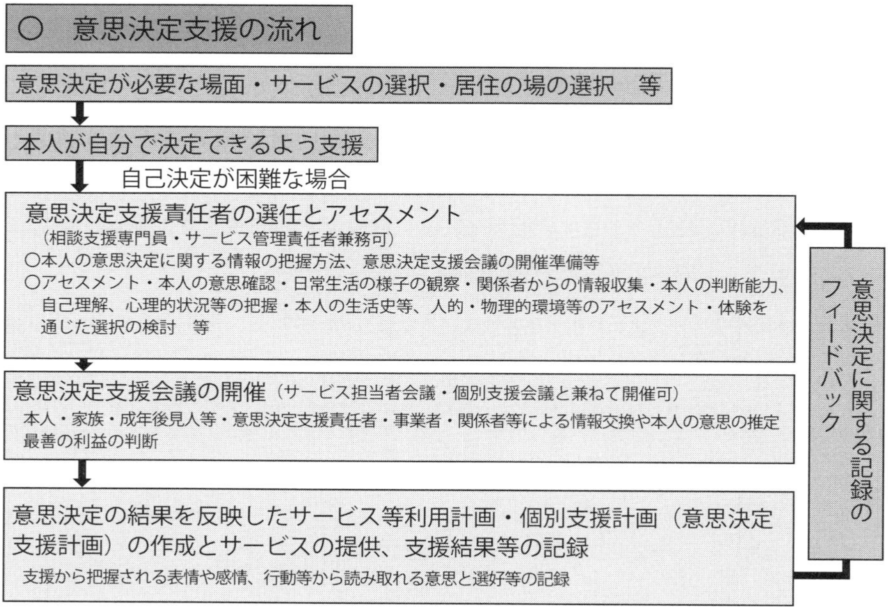

○ **意思決定支援の流れ**

意思決定が必要な場面・サービスの選択・居住の場の選択　等

↓

本人が自分で決定できるよう支援
　　自己決定が困難な場合

↓

意思決定支援責任者の選任とアセスメント
（相談支援専門員・サービス管理責任者兼務可）
○本人の意思決定に関する情報の把握方法、意思決定支援会議の開催準備等
○アセスメント・本人の意思確認・日常生活の様子の観察・関係者からの情報収集・本人の判断能力、
　自己理解、心理的状況等の把握・本人の生活史等、人的・物理的環境等のアセスメント・体験を
　通じた選択の検討　等

↓

意思決定支援会議の開催（サービス担当者会議・個別支援会議と兼ねて開催可）
本人・家族・成年後見人等・意思決定支援責任者・事業者・関係者等による情報交換や本人の意思の推定
最善の利益の判断

↓

意思決定の結果を反映したサービス等利用計画・個別支援計画（意思決定支援計画）の作成とサービスの提供、支援結果等の記録
支援から把握される表情や感情、行動等から読み取れる意思と選好等の記録

意思決定に関する記録のフィードバック

図4-1　意思決定支援の仕組み

の提供、モニタリングと評価・見直しの5つの要素から構成される。このようにして作成されたサービス等利用計画・個別支援計画（意思決定支援計画）に基づき、日頃から本人の生活にかかわる事業者の職員が、すべての生活場面の中で意思決定に配慮しながらサービス提供を行うこととなる（図4-1）。

〔4〕福祉心理としての意思決定支援の実践

意思決定のプロセスは、意思決定を下支えする十分な体験や経験（決定する経験）があり、決定に必要な情報の入手・理解（統合）・保持・比較・活用がなされ、決定した意思が表出できるまでが含まれる。

ここでは、このようなプロセスを進ませるために福祉心理学的援助者として意思決定支援を実践していくにあたり、具体的に配慮すべきこととして「意思決定支援における3つの条件と機能的視点」「意思決定の場と環境整備」「意思決定支援のための情報提供の方法」「意思決定のプロセスと合理的配慮」を取り上げていく。

（1）意思決定支援における3つの条件と機能的視点

障害のある人にとって十分な意思決定支援がなされるためには、少なくとも表4-3の条件が準備されていなければならない。意思決定を確実に、あるいは妥当性をもって実現するためには、意思決定そのものを支援するシステムが必要である。

次に意思決定能力の判定方法として機能的アプローチ（目的論的）の視点が必要である。固定的なものでなく変動するものと捉える。「あることが決められない」からといって「他のことも決められない」わけではなく、そのときその場面での意思決定を重要とし、また状況によ

表4-3　意思決定支援の３つの条件

【第1の条件】何かを決定するときに、対象としての選択肢が十分に存在しなければならない。意思決定とは必然的に選択を伴う行為であり、選択の余地がない状態では、決定する意味がない。障害のある人が意思決定する際の対象となる内容（暮らしの場や福祉サービス、就労などの社会的参加の場など）が充実していることが不可欠である。
【第2の条件】意思決定にあたり、十分な情報が提供されなければならない。説明される情報や関連する環境の意味が理解できなければ、選択することや決定することが困難となる。
【第3の条件】もしひとりで意思決定をすることが困難である場合は、本人の意思や利益を実質的にサポートできる支援者の働きが適切に保障されることである（サポーティブ意思決定支援）。自分の意見などを言い表すことが困難になっている人が多いので、本人の気持ちに寄り添い、本人が自分の考えを主張し、その実現に力を出せるように支援することが必要である。

っては一時的な意識低下（眠い、疲れたなど）が起こることもあり得るとする視点である。なお後者のような場合は時間を置いて再度、環境設定や意思決定の検討を行う。

（2）意思決定の場と環境整備

　本人の意向に沿った意思決定支援を行う場は、大きく分けると、①生活の場（食事や人との付き合いなど日常の暮らしの中の意思決定）、②人生設計の場（暮らす場、働く場など、中期的な人生の選択にかかわる場）、③命にかかわる場（入院や手術の承諾などの場）に分けて考えることができる。また、図4-2に示すように、①暮らす、②働く、③楽しむ、④健康を守る、⑤家族を支える、⑥人や社会とつながる、⑦お金を管理する、⑧福祉制度を利用する、などの8つの領域でも多様な意思決定がある。

　意思決定支援の場は、本人にとって落ち着いて、冷静に考えられる場であることが大事である。そのためには、自分がわからないことをていねいに説明してくれる人がいることや、支援者だけでなくピア（友達）など自分の気持ちをわかってくれる人がいること、いろいろな質問ができる雰囲気があり、どんなに説明を受けても、わからないときは「わからない」といえる雰囲気を本人と支援者が共同して環境整備をしておくことが求められる。その上で、最後は自分で自分のことを決めると思えるのである。

（3）意思決定支援のための情報提供の方法

　意思決定する対象に対して、本人が理解しやすいように工夫して情報が提供されなければならない。支援者が配慮すべき情報提供の視点は以下のとおりである。
①選択肢は複数提供されているか。本人が選択しやすいように視覚情報や表出方法などが工夫されているか。関連する情報について理解できるか（意味、特質、結果・影響など）。複数の情報を比較することができるか。次の機会まで記憶を保持できるか。
②意思決定や選択を検討する時間帯は本人にとってベストな時間帯（午前中、午後など本人にとって落ち着く時間帯）が設定されているか。1人か家族・スタッフと一緒か（本人にとって話しやすい状況はなにかを配慮しているか）。
③利益だけでなく不利益（リスク）も説明しているか。本人の見通し（結果推測力）の検討がなされているか。イエスだけでなくノーの意思を伝達することができるか。
　このような視点を持ちながら、意思決定のどの側面に問題があるのか、困難があるのかを見分け、時には、場面を区切って細分化して段階的に考える（構造化）ことが求められる。

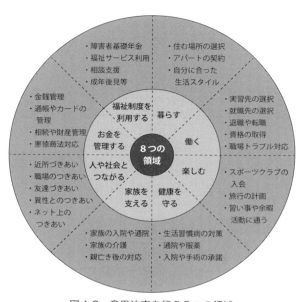

図4-2　意思決定を行う8つの領域
出所：志賀利一他（2016）『見てわかる意思決定と意思決定支援』ジアース教育新社をもとに作成

（4）意思決定における合理的配慮

　意思決定のステージ（場面）に着目した支援の目標設定や目標を達成するための意思決定プロセスに基づいた支援を具体化するためには「合理的配慮」は欠かせない。つまり、一人ひとりにとってわかりやすい環境調整（意思を決めるのに考えやすい落ち着いた環境）やツール（絵カードやタブレット等の手段）、それを活用できるシステム（手順書等の手立て）の提供が必要である。コミュニケーションの支援（伝える・伝わる学習と喜びの提供）も、この合理的配慮に含まれることを理解し、取り組むことが支援者の責務といえる。

　また一人ひとりにとってどんな合理的配慮がいいかを考えていくには、特性（それぞれの強みや能力、好きなもの等）を知ることが大前提となる。「意思決定支援」とは「特性の理解」と「合理的配慮」をベースとしたパッケージ支援ともいえる。

　図4-3は、食事の選択で活用している絵カード（視覚情報）の一例である（トーキングマットという）[4]。言葉の表出が難しい人や言葉はあっても意思を表出しにくい人などとコミュニケーション等に支障がある人に対するコミュニケーション支援の視覚教材である。自宅での過ごし方、外出先の過ごし方、セルフケア、仕事、お金の使い方、医療に関することなど様々なテーマが設けられている。こうした支援ツールを活用することは適切な合理的配慮につながる。

〔5〕意思決定支援の自己チェック

　このような意思決定支援の取り組みを進める上で、常に念頭においておきたい自己チェックを表4-4に示した。本人の意思に沿った意思決定支援は、日常の実践の積み重ねにある。それ

4　一般社団法人日本意思決定支援ネットワーク（SDM-Japan）では、意思決定支援ツール「トーキングマット」を用いた支援策の実践を進めている。

図4-3　食事の選択のための視覚支援ツール（例：朝・昼・晩）

表4-4　支援者のための意思決定支援11か条

①意思決定支援に必要な情報を、本人が理解しやすい形や方法で提示しているか？
②選択肢がある場合、その選択肢ごとにきちんとその選択肢の情報を伝えているか？
③本人と支援者の間には、信頼感と安心感が構築されているか？
④本人が、モチベーションをもっていることを確認しているか？
⑤本人が意思決定をするために、十分な時間を与えているか？
⑥本人の意思の表出を五感のすべてを使って受け取ろうとしているか？
⑦その支援は本人の一番理解しやすい時期・環境下で行われたか？
⑧失敗を許す支援になっているか？
⑨やり直しができることを本人にも伝え、それを前提として支援しているか？
⑩本人の意思実現に対し、協力的支援になっているか？
⑪失敗したときに、支援者としてどうしたらよいかを考えた上で支援をしているか？

出所：NPO法人PandA-J　大門・明石塾「意思決定支援11か条」

ぞれの項目をセルフチェックしながら、福祉心理学的援助者としての意思決定支援スキルを向上させることを期待したい。

〔6〕津久井やまゆり園事件と神奈川県による意思決定支援の背景

（1）津久井やまゆり園事件

2016年7月26日、神奈川県立障害者支援施設である津久井やまゆり園において、元職員により19人のかけがえのない尊い命が奪われるという痛ましい事件が起きた。この事件が私たち社会に提起した問題は2つあった。

ひとつは「障害の重い人は意思がない。生きている価値がない」という元職員の歪んだ障害者観である。これはまさに「意思決定支援」の大原則である「意思決定能力推定の原則」にかかる基盤の議論である。どんなに重いと言われる障害者にも意思はあり、支援者が「エンパワメント原則」により、一人ひとりの意思に気づき支援し続けることの重要性を示す。あらためてMCAの基本的な趣旨を、全国の障害当事者や支援関係者が確認する大きな機会となった。

もうひとつの問題は、160人定員の大規模施設である津久井やまゆり園の再建築問題であった。近年の福祉は、言うまでもなく地域生活支援がコア指針である。大規模施設から地域のグループホームや一人暮らしへと、全国各地で地域移行支援が進んできている。時代に逆行するかのような大規模施設再建築に対し、全国から疑義や反対意見が相次いだ。「障害のある人がどこで誰と暮らしたいと思うかは、本人を中心に意思決定の支援がなされるべきだ」「暮らしの場は、地域の中に多様にあるべきだ」という指摘である。

そこで県は、津久井やまゆり園再生基本構想部会を立ち上げ、大規模施設の再建築でなく、

地域支援に根差した小規模多機能事業所を複数設置すること、および、あらためて意思決定支援を基軸とした再生構想を策定し（2017年 10月）、県の施策として取り組みはじめた。事件によって傷ついた利用者一人ひとりの尊厳にむけて、それぞれに存在には尊重されるべき意思があるという意思決定支援の真の実現に向けた組織的な取り組みである。

（2）津久井やまゆり園利用者に係る意思決定支援の取り組み

　神奈川県による「津久井やまゆり園利用者の意思決定支援の流れ」は、国の意思決定支援ガイドラインをもとに図4-4のように組織された。ただし、津久井やまゆり園利用者に係る取り組みには、新施設整備に伴い、仮居住先から転居する必要があり、それまでに利用者の意思決定を中期的に行うという作業課題が設定された。県は今後、他の県立施設にも意思決定支援の

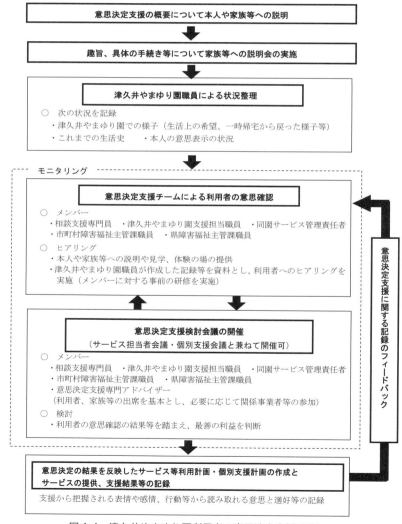

図4-4　津久井やまゆり園利用者の意思決定支援の流れ
出所：神奈川県「津久井やまゆり園利用者意思決定支援実施要領」

仕組みを広げていく計画を持った。以下では、特に大事な視点を中心に意思決定支援の仕組みを述べる。

①意思決定支援に対する基本的な考え方としてのストレングス視点

　津久井やまゆり園意思決定支援チームにおいては、意思決定支援の第一の目標として「利用者の意思の確認や意思及び選好を推定する」ことを念頭に支援を行った。利用者一人ひとりについて、これまでの生活環境や人間関係、好きなもの苦手なもの、あるいは日常生活におけるイエス、ノーなどの意思表示の状況等の基礎的な情報を整理することがまずは重要である。これをもとに意思のアセスメントが円滑に行われるからである。

　このためには、サービスを提供している事業所や支援者が、日々の状況の中で、本人のストレングス（強み、得意なこと）に対して意識的に注目し記録をしていく必要がある。支援者の記載する記録の中には、忙しさもあって、困った行動や問題行動だけの記述が目立つ記録もあるが、意思決定支援の実践のためには、支援者がより意識的に、本人がどんな場面で笑顔が出たか、どんな状況のときに他者に関心を持ち、能動的になったか、などの環境調整や本人の言語的・非言語的コミュニケーションの実態を掘り起こす姿勢が大事になってくる。より効果的な意思決定支援につながることが多いからである。結果として、これらの情報を「意思決定支援にかかる個別の支援計画」にまとめていく。

②意思決定支援はチーム支援

　意思決定支援チームは、利用者にかかわる支援者による多職種連携で行う（表4-5）。各機関が得ている情報を共有することにより、本人のアセスメントがより多様な視点から可能となる。また、利用者本人の望む生活について意見を交換し、本人が意思を表出しやすい環境の設定、絵カードの活用など、利用者本人とのコミュニケーション手段の工夫や配慮等についても併せて検討する。このような作業プロセスを通して、利用者をより深く理解する作業プロセスこそが大事である。もちろん、支援者や家族と視点を共有し、意思決定支援に活用することも重要である。

表4-5　意思決定支援チームの役割と業務

チームメンバー	役割と業務
相談支援専門員（チーム責任者）	本人が利用する障害福祉サービスの内容を定めるサービス等利用計画の作成者であり、サービス内容の決定に最も深くかかわる者として、支援チームを主宰し、通常のケアマネジメント業務に加えて、支援チームのマネジメントを行う。 なお、セルフプランの場合は、サービス管理責任者がチーム責任者の役割を担うこととするが、相談支援専門員によるサービス等利用計画の導入を働きかけることが適切である。
支援担当職員	利用者の支援を担当している職員として、利用者の様子について報告するとともに、支援担当職員としての意見を述べる。
サービス管理責任者	現に利用者が利用している事業所において、利用者の障害福祉サービスに係る個別支援計画を作成している職員として、利用者の様子や家族の状況等を踏まえた支援の考え方について説明するとともに、サービス管理責任者としての意見を述べる。
市町村障害福祉主管課職員	利用者に係る障害福祉サービスの支給決定を行う機関として、担当のケースワーカー等が参加する。
県障害福祉主管課職員	意思決定支援の取り組みを統括する立場として、利用者の意思決定支援が適切に行われているかを確認する。

③暮らしの場の意思決定支援には「本人が体験すること」を重要視

　津久井やまゆり園利用者の意思決定支援には、「どこで暮らしたいか」「誰と暮らしたいか」の選択がひとつのテーマであった。しかし、多くの利用者は地域で暮らす経験が少ない場合が多いことから、暮らしの場を選択するにあたり、グループホーム等の見学、体験や、より具体的に地域での生活をイメージするための見学を柔軟に設定して対応する必要があった。また家族の不安へも配慮し家族への説明と体験の場の提供も同時に行っていった。

　このとき、利用者から、障害者支援施設の外で暮らしてみたい、生活してみたいという意向が示された場合に対応できるよう、地域のグループホームや生活介護事業所等、障害者支援施設以外で利用できる可能性がある社会資源の情報を収集し、協力や連携をして準備をしていった。さらにフォーマルな支援だけでなく、近隣で顔がつながっているインフォーマルな協力を得られる事業所などの可能性等について、情報を持ち寄り支援チームで事前に検討していた。なお意思決定支援を進めていく上では、住まいや活動の場の見学や体験に加え、日常の買い物など、外出等の余暇活動の中で生活の幅を広げることを視点に置くことも重要である。

④利用者本人への意思の確認ヒアリングと尊重

　利用者本人に意思を確認するヒアリングを行う場合は、本人にとって落ち着く環境で行うこと、言葉以外の手段を使って分かりやすい説明をすること、本人の意見を否定しないことなど、本人が可能な限り主体的に参加できるような、場面調整の配慮が必要である。

　時には、生活場面の中で、日々、利用者と接し信頼関係が築けている職員が聞き取るなどの工夫をする必要もある。また、一度意思を表示したとしても、利用者によって心身の状況や、環境の変化により意思が変化することもよくある。これを否定せず継続的にヒアリングを続けていく必要がある。

⑤地域移行支援の事例

　意思決定支援の向かうところは、利用者本人が地域の中で、多様な社会的資源を活用し、本人と家族が生き生きと楽しみを感じられる暮らしの設計である。そのため、地域生活移行の希望が示された場合は、安心して暮らすことができるよう、バックアップ支援体制整備などの支援に取り組むことが重要である。ここでは、グループホームの事例を挙げる。

　Aさん、40代男性。知的障害と自閉スペクトラム症。入所施設での暮らしが長く、パニックになると自傷他害の行為もあり、支援困難な重度の利用者であるとされてきた。発語はあまりない。部屋で1人で過ごすことが多かった。

　意思決定支援の取り組みの中で、グループホームでの暮らしを体験した。事前に何度か、保護者と一緒に見学に出かけ、個室や風呂場、ダイニングなどの環境を見て慣れる期間を取った。グループホームの近所のコンビニにも事前に買い物に出かけたり、レストランで食事をしたりする経験をしたので、暮らす場とともに楽しみがあることも本人は理解したようだった。

　保護者は初めての1人での生活に不安があり、無理であればすぐに戻すつもりで見守った。グループホームでの宿泊に出発する当日、本人は着替えなどのバックを自分でもち、保護者を振り返ることもなく鼻歌まじりに支援者の車に乗っていった。施設の中でパニックになり暴れて部屋に閉じこもる彼とは全く表情が違っていた。

　3日間の宿泊体験も無事に終わり家に戻った。今後も本人と支援者、保護者がそれぞれに情報を交換し合いながら、これからのグループホームでの安定した継続的な暮らしを進めていきたいと話した。もし、途中で無理があれば自宅とグループホームを行き来することも想定している。本人は自宅に戻ってからも、コンビニで好きな飲み物を選ぶ楽しみを実践している。保護者は、「今までは、一緒に旅行に行って宿に泊まるなんて、考えてもみなかったが、彼の表情と行動を見ていると、近い将来、家族でどこか温泉にでも行けるかなと楽しみになってきた」と笑顔で話していた。

（堀江 まゆみ）

❸ 自立とその実態

　一般に、自立とは「他の援助や支配を受けず、自分でできること」といった含みがあり、身体的自立、自己決定（判断）の自立、経済的自立等、様々な側面から語られる。しかし実のところ、誰であれ、現代社会において"自分の力"だけで出来ることなどほとんどないと言ってよい。このことは、食料の調達やライフラインの供給・維持ひとつとっても、いかに多くの他者の支えが必要かを考えればわかる。ゆえに、自立というものは「社会や他者から孤立した状態ではあり得ず」、「障害者や高齢者、女性であろうとなかろうと、むしろ社会からの一定の支援とエンパワメント、協働、啓発、医療的措置があってはじめて成り立つものである」（河野, 2013）といえる。「実は膨大なものに依存しているのに、『私は何にも依存していない』と感じられる状態こそが"自立"といわれる状態」（熊谷, 2012）であるとも考えられる。確かに、少数の何か（家族や施設など）のみに依存先（サポート資源）が限定されると、生殺与奪がそれ次第といったような支配−被支配に近い関係に陥りかねない。ゆえに、「自立を目指すなら、むしろ依存先を増やさないといけない」ということになる。

　本項では基本的にこのような自立の観点に立ち、児童入所施設の現状に立脚しながら自立支援とその始まりについて述べる。

〔1〕 施設における自立、および自立支援

（1）児童養護施設における自立支援

　児童養護施設は基本的には18歳までの子どもを養育する施設である。そのため、そこでの「自立支援」は、狭義には、18歳での退所後に自活できるための直接的な支援を指すことが多い。近年では、担当職員と子どもとの関係を軸とした従来の支援だけでなく、施設退所の「出口」付近からアフターフォローを中心に担う「自立支援コーディネーター」が配置され、稼働しているところもある。また、援助資源についてはずいぶん進展が見られている。

　例えば、進学や進路支援の面では中学生の塾の費用が支弁されるようになり、自治体によっては退所時に自動車免許取得のための費用が出るようにもなった。施設出身者向けの奨学金制度（対象学部が限られている場合もあるが）を整備する大学も増えている。

　退所後支援を標榜する民間団体も複数立ち上がっており、中高生を対象とした金銭管理や「職業に就くこと」等についての出張授業、職場体験（インターン）の提案、就職先の紹介（マッチング等のアセスメントも含む）など、具体的で実際的な事業が進んでいる。また、施設退所後に各種資格取得の希望を持った場合の金銭的支援や、生活相談や居場所提供など生活面、精神面での支援も、地域によって差はあるものの、広がりを見せつつある。

（2）施設における自立支援をめぐる課題

　前項のように、「自立」を支援する各種制度や費用は、全体としては底上げがなされているといえるであろう。にもかかわらず、児童養護施設退所者の生活実態は不安定になることがし

ばしばで、生活困窮に陥りがちである。同世代の若者と比べて有業率が高い一方、高い生活保護受給率（調査対象となった各自治体の20代の受給率平均の約19倍）、そしてその誘因としての高い高校中退率（社会全体の高校中退率の約10倍）や低い大学等進学率（調査対象となった各自治体平均の1/4 ～ 1/12）が見られる（永野, 2015）。「自立」をめぐる不安定さは同世代の平均的な状況に比べ、大きいと言わざるを得ない。

　上記のような支援の充実は、「やる気があって、知力があって、しかしお金がない」子どもには有用である。だが、虐待をはじめ、発達早期からの不適切な養育環境にさらされてきた昨今の児童養護施設入所児においては、しばしばそれ以前に損なわれているものがある。

　それは、「自分と他者を信頼し、よりよい生を周囲の助力を得ながらつかもうとする力」とでもいえるものである。この力は「よりよく生きよう。自分はそれを望んでもよく、そしてそれは自分の努力次第で可能なのだ」という暗黙裡の信念に支えられている。これが希薄な子は、傍目には恵まれているとさえ見える支援の数々がザルを抜けるように素通りし、実を結びにくい。施設適応が良い子どもが自立できるとは限らない。施設生活には問題なく適応していた子より、入所中は無断外出や職員への激しい反発などで手を焼かせてきたような子の方が、むしろ退所後の「自立」状態がよい場合もある（むろん施設適応が悪ければ必ずよく自立できるというわけではない）。要は、大人の制止を振り切ってまで行きたいところ、やりたいこと、会いたい人などを持っているかであり、その意欲やエネルギーがあるかが大きな差となる。したがって、それらをどのように育むかが実は自立支援の重要課題と考えられる。

（3）自立支援はいつから始まるか

　「自分と他者を信頼し、よりよい生を周囲の助力を得ながらつかもうとする力」を育むことを自立支援の重要課題としたとき、それはいつから始まるのかと考えると、やはり人生のスタート時点から、となる。この力を育むことは、本質的には乳幼児期の心理発達の課題である。したがって、そのような発達早期の心理的課題を意識したケアが児童養護施設における自立支援の重要な基礎になるといえる。

　もちろん、児童養護施設に限らず、どのような施設業種であれ、「乳幼児期の心理発達課題」は時計をさかのぼってすっかり果たせるようなものではない。しかし、日々の平凡な、繰り返しに満ちた身体的、生活的なケアを丁寧に積み重ねることこそが「自分と他者を信頼し、よりよい生を周囲の助力を得ながらつかもうとする力」を育む土台となることは、やはりどのような施設業種であれ変わらないだろう。その土台に立って、様々なサポート機関や支援者となるべく多くの実効性あるつながりを作る――依存先を増やす――ことが施設における自立支援の基本的な眼目と考えられる。

（内海 新祐）

〔2〕施設における社会的自立支援

（1）児童入所施設の状況と求められる自立支援の質的変化

　昨今の地域福祉の進展の中で、施設種別を問わず児童入所施設に期待される役割は社会的養

護機能が中心となっている。例えば、福祉型障害児入所施設（旧法における知的障害児施設等）においても2000年代あたりからこの傾向は顕著になってきており、児童の状態像は本人の障害に加えて児童虐待や家族の課題の影響が重なり、発達的な課題は大きく変化している。重度の知的障害児は減少している一方、発達障害や愛着のトラブル等を抱えており、参加の困難、自己像の歪み等を持つ児童が増えており、「関係性の課題」が大きな支援テーマとなっていることが挙げられる。つまり、このような発達の課題の中で、求められる「自立支援」とは、これまでの生活技能の獲得ばかりでなく関係性の獲得支援も求められ、関係を営む主体となる自己像の獲得支援というようなものになる。

このような子どもたちは、①他者への信頼や受容感、自己への肯定感に欠ける。②意思、行動決定の主体性に欠け、他者依存、他罰傾向、状況依存傾向が顕著等の状態像を示している。これらは他者とのかかわりを営む基盤となる、相手の行動や情動、意図等を読み取るスキルや自己の行動や情動、欲求調整の課題等によって起こるものが多い。これらのスキルの獲得段階において養育者との間に愛着関係、愛着行動の形成が適切に行われなかったり、本人の特性に起因する初期関係の構築困難等の初期の対人関係スキルの獲得不全が影響を及ぼしている側面も大きい。

（2）関係性を紡ぎ、社会化を支援するのは「生活」

入所施設はそこで営まれる生活そのものを手立てとして発達支援を行うものである。施設の日常生活は憲法に規定された生存権に基づく個の生存の保障＝基本的かつ根源的な権利擁護であるが、衣食住で表現される日常生活はもの、ことを挟んだ操作や交換、共同等具体的な行為で成り立っている。

操作や共同行為を挟んで子どもは職員や仲間との間に共同注意や共感的なやりとりを繰り広げ、相手が意図を持っていること、相手とのやりとりは互いに補い合う方向性で構築される等の三項関係の基盤を知り、日常生活動作の獲得をめぐる身体的な介助やスキンシップ等を通じた援助関係、弛緩の経験は愛着行動の形成の土台になっていく。日常生活動作や遊びを誰とどのように行うか、相手の庇護と共生を求め、分離を志し再接近し、相手を表象として保持していくことが愛着の確立につながる。

さらには、施設生活は小集団で営まれることが基盤になるが、参加の方法、日常生活のマネジメントの方法、集団内での行動の方法、他者とのコミュニケーションの方法は明示されていることが基礎となる。そのことを土台として個のニーズに沿って行動し、参加の中で直面するやりとりや行動情動の揺れや欲求不満場面、葛藤場面をどのように処理していくか等も具体的な生活動作、生活行為、生活史の中で学びとることになる。

〔3〕施設における「社会的自立支援」の臨床的な枠組み

生活そのものが手立てであるといっても、児童のあらわれは多様であり、行動化も顕著である。したがって、意図性を持った働きかけと環境設定が行われている。多様な子ども像にアプローチする入所施設の支援は日々の支援の中で再検討・再構築されており、児童心理治療施設

等では、日常生活療法、総合環境療法というような名称で呼ばれている。ここでは表4-6にて、社会的自立支援の4つの枠組みを紹介する。

表4-6　施設における「社会的自立支援」の臨床的な枠組み

（1）生活環境の構造化及び特性に応じた生活環境の設定：生活環境の構造化や設定は生活の基盤として重要である。刺激や参加の調整、「何をどうすればよいか」が明確になっていることは発達障害特性への支援の土台である。具体的には、①スケジュールの明確化、②視覚的支援や時間の構造化、③個の特性や児童の組み合わせに配慮した環境調整、空間、集団編成、④個室（落ち着ける空間、事物に包まれている）や静的環境の保障が挙げられる。①スケジュールの明確化では、食事、入浴、睡眠が決まった時間に提供されることが含まれる。これは、マズローの一次的欲求と二次的欲求にかかわる「安堵」の保障であり、虐待からの回復にとっては基準点となる。
（2）規範の明確化：曖昧さを排除し、生活のルールを明示し対応の統一化を図ることも欠かせない。傷ついてきた子どもたちも傷つけ合う傾向にあり、生活の基準として安心と安全を打ち出していくこと、曖昧さが理解しにくい発達障害特性に対して行動の仕方を明示することは必要不可欠である。勿論、ルールの根源は社会的規範や法律でなければならない。また、やがては児童も規範や生活のしかたに関与する。集団のよき一員として参加する。集団の構成員を包み込むことも社会化にとって必要な視点である。
（3）言語的なスキル獲得と自己理解への援助、関係性の発達支援：逸脱等を含め行動の調整を支えるのは、対話や共同行為を通して育った関係、並びに対話を通して自己を振り返り、行動について検討することばである。前者は、共同による共感的生活を推進し、かつ援助を求める態度の育成にかかわる。後者は、振り返りを重視することで、自己を理解し、行動を選択するための考えることば、内言となることばを育てていくことにかかわる。結果として、行動、情動、欲求の調整、自己理解の促進につながる。常にニーズをききとり、意思決定、自己決定の尊重は援助者側の前提となる。
（4）地域移行のポイント——自己決定とチーム支援、地域連携：18歳を迎える児童は施設を出て、地域に移行する。重要なのは、児童自身が行先過ごし方を自己決定することである。自己決定は生活の中での選択・意思決定の積み重ねに加えて、自己の強みや課題、家族状況、ライフストーリー等の多面的な自己理解を土台にしてなされる必要がある。そして、児童の選択を実現するために施設内チームとともに児童相談所、市町村等の行政機関、学校、企業、福祉事業所等地域資源・関係機関等ともチームを組んだ連携を行い、地域移行への足場づくりを行う必要がある。家族関係に課題がある児童が地域生活するための制度的経済的ハードルはまだ高い。以上のような事項は、どの領域においても同様であろう。

（薬科 知行）

④　発達理論

〔1〕発達とは何か

　発達は「生命が環境との相互交渉を通して様々に機能や構造を分化・統合し、機能的により有能に、構造的により複雑な存在になっていくこと」（Werner, H, 1935）である（竹下, 2009）。人は非常に未熟な状態で誕生し、長い期間をかけて成熟していく。その発達には段階があり、段階によって異なる発達課題がある。発達の変化に対応していくため、その支援も構造的に複雑になる必要がある。そこで、（1）認知発達理論、（2）分離・個体化理論、（3）キャリア発達の理論の視点から、人の認知発達過程や、子どもと母親の共生から分離して人格形成の基礎となる個体化への過程、働くことへの発達について概説する。

〔2〕発達心理学的理論

（1）認知発達理論

　ピアジェ（Piaget, J.）は、認知機能の発達には4つの段階があり、段階に伴って思考の質的な変化が生じるという「認知発達理論」を示している（表4-7）。

表4-7　ピアジェの認知能力の発達段階

段階		年齢	特徴
第1段階	感覚・運動的知能の段階	誕生〜2歳	対象物の永続性
第2段階	前操作的知能の段階	2歳〜7歳	中心化、自己中心性
第3段階	具体的操作的知能の段階	7歳〜11歳	保存の概念
第4段階	形式的操作的知能の段階	11歳以上	変数の分離

①感覚・運動的知能の段階
　生後2歳くらいまでのシンボル（言語や記号）の使用を伴わない知的活動を特徴とする最初段階である。感覚運動期には、6つの段階（❶反射の行使→❷第1次循環反応→❸第2次循環反応→❹第2次循環反応の協応→❺第3次循環反応→❻心的表象の発現）がある。
　この段階では、見たり聞いたり触ったりといった感覚と運動を結合させることによって、外界を知ったり問題を解決したりする。そして、テーブルの上の皿を端まで持って行くなど、外界の物に働きかけ、様々な事物・事象を試しはじめる（大山・宮埜・市原ほか、2019）。また手段と目的との関係を明確に捉え、行動を起こす前にあらかじめ目標を思い浮かべることができるようになる（前田、2004）といった、スキーマを組み合わせて、時間的な順序性を経験する。さらに、対象が知覚的には存在しなくなっても、それを移動させないかぎりはそこに存在し続けるという「対象の永続性」を生後10か月頃に獲得する（公認心理師試験対策室、2019）。

②前操作的知能の段階
　対象物が目の前になくても、シンボル（言語や記号）や象徴的機能を基盤とした知的活動ができるようになるとごっこ遊び（見立て遊び・象微遊び）が頻繁にみられる。しかし、具体物の見え方・捉え方に影響され、論理的思考が十分に行われず、自己と他者・外界といった主観と客観が未分化化であり、事物を1つの次元で捉える「中心化」の傾向がある。
　また、視覚的な印象による影響が強く、見る場所によって違う見え方となっても、自分と異なる場所にいる人も同じような見え方をしていると捉えるなど、6〜7歳以前の子どもの思考の特徴として、自己中心的で他者の視点を理解することが困難な「自己中心性」がある（大山・宮埜・市原ほか、2019）。

③具体的操作的知能の段階
　具体的な対象物や出来事について論理的に思考することが可能となる（大山・宮埜・市原、2019）。また、自分とは異なる視点からものごとを考えることができる「脱中心化」がみられる。さらに、対象をいくつかの特徴について分類することができ、それらを大きさなど1つの次元によって並べることが可能となる（大山・宮埜・市原、2019）。見かけに惑わされず論理的な思考で考えることができ、数量や重さ体積は、見た目の変化にかかわらず一定であるという「保存の概念」を獲得する。

④形式的操作的知能の段階
　具体的な現実世界にあることだけでなく、抽象的な次元や言葉での論理的思考が可能になるため、仮説を立てて、系統的に検証することができる。また、将来の問題や観念的な問題にも対処できるようになるため、「もし〜なら〜となるはず」という可能性の世界について、順序立てて検討するといった秩序立った思考や推理もできるようになる。そして、自分を多面的に理解でき、対象を主体的に把握し、反省や印象を表現できるようになる（大山・宮埜・市原、2019）。

（2）分離・個体化理論（separation-individuation theory）

　マーラー（Mahler, Margaret Scheonberger）は、1959年からニューヨークで健常な母子を対象にした厖大なビデオフィルムによる実証的研究によって、新生児が36か月かけて母親から自立していく過程の「分離・個体化理論」を示した（田島、2016）。

　ヒトは、生理的早産で生まれ大人に依存しながら成長していく。新生児は、母親に全面的に依存しながら、共生的な生活の営みによって発達する（竹下、2009）。つまり、ヒトは「生物的誕生」後に、母親との十分な共生関係の中で絶対的な信頼を経験しながら育つ。また、運動能力を獲得しながら「個体の心理的誕生」として、母親からの分化を始める（内野、2005）。

　この子どもが母親との共生的融合から脱出する一連の過程は「分離」と呼ばれ、「自他未分化な新生児から分離不安への対処を習得する幼児までの心的発達」といわれる。また乳児自身が持つ個体的な性格を確立させる「個体化」とは、「現実を認識する認知などの自我機能、運動、言語能力などを含めた神経的発達」といわれる。この「心的発達の分離」と「神経的発達の個体化」の双方が段階的に絡みあって、幼児が健康に発達するというのがマーラーの考え方である（表4-8）（田島, 2016, Mahler, 1952）。

表4-8　分離・個体化の展開と特徴

月齢	発達期	発達段階	特徴
0か月	誕生		
1～2か月	未分化期	分離個体化期	乳児には自己と外界の区別がなく、自分の心的世界にしか関心を向けることができない。
3～4か月		正常な共生段階	母子には自己と母親の境界線は存在せず、乳児は身体精神的融合の感覚に覆われている。
5～8か月	分離個体化期	分化段階	自分と母親の違いを認識し最終的に母親以外の他人に「人見知り不安」を示しはじめる。
9～14か月		練習段階	探索行動や他児への関心も認められるようになるが、母親と離れて不安や寂しさが強くなると再び、母親に戻って情緒的エネルギー補給を行ってもらう。
15～24か月		最接近段階	母親からの分離意識がさらに高まるが、完全に分離すると分離不安が強まる両価的な感情になる。いったん飛び出したが、また情緒的エネルギー補給基地である母親にしがみつくという「再接近」行動が頻繁に認められる。
24～36か月		個体化段階	母親からの分離が成立し母親と短時間であれば分離していても情緒的に耐えられる個体化の能力が確立する。
36か月～	情緒的恒常性の確立期		

出所：田島・岩立・長崎編（2016）pp. 121-123

（3）キャリア発達

①キャリアとは

　キャリアとは、「個人が職業上たどっていく経歴」（梅澤, 2001）というように、働くことと個人のかかわりのあり方を指す。ただ、キャリアの概念は、「職業」「職務」「職歴」等の多義性があり、「人間が働くという行動」や「個人が長年にわたって積み重ねた働く体験の連続」（Arthur, Hall & Lawrence, 1989）のように1つの定義に集約ができていない。ただ、①個人と環境（時代）との相互関係の結果、②時間的流れ、③空間的広がり、④個別性という4つの共通要素が相互に関連しているのである（渡辺, 2020）。

　わが国では、中央教育審議会が「今後の学校におけるキャリア教育・職業教育の在り方について（答申）」（2011）の中で次のような定義を示した（中央教育審議会, 2011, p. 15）。

> 人は、他者や社会とのかかわりの中で、職業人、家庭人、地域社会の一員等、様々な役割を担いながら生きている。これらの役割は、生涯という時間的な流れの中で変化しつつ積み重なり、つながっていくものである。また、このような役割の中には、所属する集団や組織から与えられたものや日常生活の中で特に意識せず習慣的に行っているものもあるが、人はこれらを含めた様々な役割の関係や価値を自ら判断し、取捨選択や創造を重ねながら取り組んでいる。
> 人は、このような自分の役割を果たして活動すること、つまり「働くこと」を通して、人や社会にかかわることになり、そのかかわり方の違いが「自分らしい生き方」となっていくものである。
> このように、人が、生涯の中で様々な役割を果たす過程で、自らの役割の価値や自分と役割との関係を見いだしていく連なりや積み重ねが、「キャリア」の意味するところである。

②キャリア発達とは

　人は、様々な役割を担いながら「自分らしさ」を発揮することで、段階をおってキャリア発達が進む。その過程をキャリア発達と呼び、わが国では「社会の中で自分の役割を果たしながら、自分らしい生き方を実現していく過程」（中央教育審議会, 2011）と定義している。文部科学省（2011）は、キャリア教育の必要性と意義についてまとめ、学校教育の段階に即した

表4-9　小学校・中学校・高等学校におけるキャリア発達

		就学前
小学生	進路の探索・選択にかかる基盤形成の時期	・自己及び他者への積極的関心の形成・発展 ・身のまわりの仕事や環境への関心・意欲の向上 ・夢や希望、憧れる自己のイメージの獲得 ・勤労を重んじ目標に向かって努力する態度の形成
中学生	現実的探索と暫定的選択の時期	・肯定的自己理解と自己有用感の獲得 ・興味・関心等に基づく勤労観・職業観の形成 ・進路計画の立案と暫定的選択 ・生き方や進路に関する現実的探索
高校生	現実的探索・試行と社会的移行準備の時期	・自己理解の深化と自己受容 ・選択基準としての勤労観・職業観の確立 ・将来設計の立案と社会的移行の準備 ・進路の現実吟味と試行的参加
		大学・専門学校・社会人

出所：文部科学省（2011）p. 27

キャリア発達を示した（表4-9）。

　このように、段階を経てキャリアは発達するため、キャリア行動を理解するために4つの代表的なアプローチがある（渡辺, 2020）。これらのように、代表的なアプローチが今日のキャリア発達を支える理論へと統合されていく。

　1つめは、「特性論からのアプローチ」である。これは、個人特性と仕事特性の適合に焦点を当て、キャリア行動を理解している。このアプローチは、個人が自分自身並びに職業に対する「客観的理解を深める」のに役立つ。2つめは、「精神力動からのアプローチ」である。欲求や動因、無意識に焦点を当て、幼少期の体験などが職業選択や職業行動を「因果論的に解明する」のに役立つ。3つめは、「学習論アプローチ」である。キャリアにおける意思決定の要因に学習経験の影響を重視して、職業行動の獲得について「実践的に理解する」ことに役立つ。4つめは、「発達論アプローチ」である。生涯のキャリア発達の解明に焦点を当て、生涯を段階分けし各段階の危機や課題、それに「対処するため」の必要な事柄を理解することに役立つ。

（有村 玲香）

５　アタッチメント

〔1〕アタッチメントとは

　われわれヒトの乳児は出生してしばらく、自らの力で移動したり、食べ物を口に運んだりすることができない。つまり、自分の力だけでは生きていくことができない状態で生まれてくるため、生物学者のPortmann（1951 = 1961）はヒトの誕生を「生理的早産」と表現した。こうした状態にある乳児が生きていくためには周囲からの養育が不可欠であるが、様々な研究からおとなが一方的に養育を提供するのではなく、乳児からの働きかけや乳児が持つ特性がおとなからの養育を引き出し、相互作用として養育が行われるようになっていくことがわかってきている。例えば、乳児を胸の前に抱き上げたとき、その子がじっと見つめ微笑んだとしたら、私

① ストレンジャー用　子ども用オモチャ　母親用
実験者が母子を室内に案内，母親は子どもを抱いて入室。実験者は母親に子どもを降ろす位置を指示して退室。(30秒)

② 母親はいすに座り，子どもはオモチャで遊んでいる。(3分)

③ ストレンジャーが入室。母親とストレンジャーはそれぞれのいすに座る。(3分)

④ 1回目の母子分離。母親は退室。ストレンジャーは遊んでいる子どもにやや近づき，はたらきかける。(3分)

⑤ 1回目の母子再会。母親が入室。ストレンジャーは退室。(3分)

⑥ 2回目の母子分離。母親も退室。子どもはひとり残される。(3分)

⑦ ストレンジャーが入室。子どもを慰める。(3分)

⑧ 2回目の母子再会。母親が入室しストレンジャーは退室。(3分)

図4-5　ストレンジ・シチュエーションの8場面
出所：繁多（1987）『愛着の発達——母と子の心の結びつき』p. 79

たちは微笑み返したり、語り掛けたりしてあやすだろう。あるいは、近くで寝ていた乳児が突然泣き声をあげたとき、私たちは乳児が何か不快なことを訴えていると考え、授乳したり、抱き上げたりすることで、乳児が泣き止み、機嫌がよくなるように働きかけるだろう。このように養育は、養育者が一方的に提供するというよりも、養育者と乳児との相互作用で積み重ねられていくものである。

こうした相互作用を経験する中で、生後3か月くらいになると乳児は徐々に日常的にかかわる養育者に対して、他の人々に見せるのとは異なった様子を見せるようになる。機嫌が良いときには普段からよくかかわってくれる養育者に対して微笑んだり、手を伸ばしたりし、機嫌が悪く、泣いているときには他の人がかかわるときよりも、その養育者がかかわったときの方が泣き止みやすくなる。このように乳児は、発達過程で特定の養育者との間に特別な関係を築いていく。

Bowlby（1969）はこうした養育者と乳児との間に築かれる情緒的な絆を「アタッチメント」と表現している。アタッチメントは日本語では愛着と表現されることもあるが、日常的に用いられる愛着という言葉がどちらかというとその対象に対する愛情を強調するのに対して、Bowlbyはアタッチ（Attach）という語意の通り、身体的、心理的な近接性を強調しており、数井・遠藤（2005）は「個体がある危機的状況に接し、あるいはまた、そうした危機を予知し、恐れや不安の情動が強く喚起されたときに、特定の他個体への近接を通して、主観的な安全の感覚を回復・維持しようとする傾性」であると説明している。アタッチメントは未熟な状態で生まれてくる乳児が養育者と近接することによって生存を維持するために機能し、その後の発達を支える土台となる非常に重要な役割を担っている。

〔2〕アタッチメントのタイプ

Ainsworthら（1978）はアタッチメントの個人差を研究するためにストレンジ・シチュエーション法（Strange Situation Procedure；SSP）を考案した。SSPでは実験的に子ども（12〜24か月）が養育者と分離と再会を経験する状況を作り、子どもが養育者に対してどのような反応（アタッチメント行動）を示すかについての評価を行う（図4-5）。その結果から得られた知見

表4-10　各アタッチメントタイプの行動特徴と養育者のかかわり方

	ストレンジ・シチュエーションにおける子どもの行動特徴	養育者の日常のかかわり方
Aタイプ（回避型）	養育者との分離に際し、泣いたり混乱を示すということがほとんどない。再会時には、養育者から目をそらしたり、明らかに養育者を避けようとしたりする行動が見られる。養育者が抱っこしようとしても子どもの方から抱きつくことはなく、養育者が抱っこするのをやめることに対して抵抗を示したりはしない。養育者を安全基地として（養育者と玩具などの間を行きつ戻りつしながら）実験室内の探索を行うことがあまり見られない（養育者とはかかわりなく行動することが相対的に多い）。	全般的に子どもの働きかけに拒否的にふるまうことが多く、他のタイプの養育者と比較して、子どもと対面しても微笑むことや身体接触をすることが少ない。子どもが苦痛を示していたりすると、かえってそれを嫌がり、子どもを遠ざけてしまうような場合もある。また、子どもの行動を強く統制しようとする働きかけが多く見られる。
Bタイプ（安定型）	分離時に多少の泣きや混乱を示すが、養育者との再会時には積極的に身体接触を求め、容易に静穏化する。実験全般にわたって養育者や実験者に肯定的感情や態度を見せることが多く、養育者との分離時にも実験者からの慰めを受け入れることができる。また、養育者を安全基地として、積極的に探索活動を行うことができる。	子どもの欲求や状態の変化などに相対的に敏感であり、子どもに対して過剰あるいは無理な働きかけをすることが少ない。また、子どもとの相互交渉は、全般的に調和的かつ円滑であり、遊びや身体接触を楽しんでいる様子が随所にうかがえる。
Cタイプ（アンビヴァレント型）	分離時に非常に強い不安や混乱を示す。再会時には養育者に身体接触を求めていくが、その一方で怒りながら養育者を激しくたたいたりする（近接と怒りに満ちた抵抗という両価的な側面が認められる）。全般的に行動が不安定で随所に用心深い態度が見られ、養育者を安全基地として、安心して探索活動を行うことがあまりできない（養育者に執拗にくっついていようとすることが相対的に多い）。	子どもが送出してくる各種アタッチメントのシグナルに対する敏感さが相対的に低く、子どもの行動や感情状態を適切に調整することがやや不得手である。子どもとの間で肯定的な相互交渉を持つことも少なくはないが、それは子どもの欲求に応じたものというよりも養育者の気分や都合に合わせたものであることが相対的に多い。結果的に、子どもが同じことをしても、それに対する反応が一貫性を欠くとか、応答のタイミングが微妙にずれるといったことが多くなる。
Dタイプ（無秩序・無方向型）	近接と回避という本来ならば両立しない行動が同時的に（例えば顔をそむけながら養育者に近づこうとする）あるいは継時的に（例えば養育者にしがみついたかと思うとすぐに床に倒れ込んだりする）見られる。また、不自然でぎこちない動きを示したり、タイミングのずれた場違いな行動や表情を見せたりする。さらに、突然すくんでしまったりうつろな表情を浮かべつつじっと固まって動かなくなってしまったりするようなことがある。総じてどこへ行きたいのか、何をしたいのかが読みとりづらい。時折、養育者の存在におびえているような素振りを見せることがあり、むしろ初めて出会う実験者等により自然で親しげな態度を取るようなことも少なくない。	Dタイプの子どもの養育者の特質に関する証左はまだ必ずしも多くはないが、Dタイプが被虐待児や抑うつなど感情障害の親を持つ子どもに多く認められることから以下のような養育者像が推察されている。（多くはトラウマ体験など心理的に未解決の問題を抱え）精神的に不安定なところがあり、突発的に表情や声あるいは言動一般に変調を来し、パニックに陥るようなことがある。言い換えれば子どもをひどくおびえさせるような行動を示すことが相対的に多く、時に、通常一般では考えられないような（虐待行為を含めた）不適切な養育を施すこともある。その一方で、通常はおとなしく、子どもに粗暴なふるまいを示すこともほとんどないが、ストレスに対してきわめて脆弱で無力感に浸りやすく、情緒的に引きこもりやすい養育者像も想定されている。

出所：数井・遠藤（2007）『アタッチメントと臨床領域』p. 22

により、アタッチメントのタイプは回避型（Aタイプ）、安定型（Bタイプ）、アンビバレント型（Cタイプ）、無秩序・無方向型（Dタイプ）の4つに分類された（表4-10）。

　それぞれのタイプの出現割合は文化的な影響を受けるため、わが国では欧米に比べてCタイプが多く、Aタイプが少ないことが示されている（Takahashi, 1986）。こうしたことからA〜Cタイプはいずれも養育者と子どもとの間に安定して存在するアタッチメントのパターンが示されており、子どもの側から見ると養育者の姿は一貫したものに見えるために、安定型とされるBタイプのみが適応的であるということではなく、組織化されたアタッチメントとしてそれなりに適応的な側面が含まれているとみることもできる（Green & Goldwyn, 2002）。一方で近年、これら3つのタイプのいずれにも分類することができないタイプとして見出された無秩

序・無方向型（Dタイプ）は、養育者の行動に一貫性が乏しく、子どもが予測不可能な経験を強いられるような組織化されていない不適応的なアタッチメントであり（Main & Solomon, 1990）、虐待を経験している子どもたちの多くが無秩序・無方向型を示すとされている。

〔3〕アタッチメントを基盤としたその後の発達

　アタッチメントは乳児期だけではなく、その後の発達全般に影響を与えることになる。ここでは乳児期から幼児期にかけての発達課題に沿って考えてみよう。

　アタッチメントが機能している養育者と子どもの関係では、子どもの不安や不快が高まったとき、アタッチメント対象である養育者は子どもにとっての避難場所として機能する。例えば、見知らぬ人に遭遇したことによって強い不安が喚起された子どもは泣きながら養育者に駆け寄り、養育者は子どもを抱き上げるだろう。その結果、子どもは養育者の腕の中で心地よい感覚を回復し（外発的情動調整）、しばらくすると養育者のもとから離れ、再び周囲の探索に出かけることができるだろう（探索行動）。このようにアタッチメントが機能している場合、子どもは強い不安に襲われても養育者が心地よい感覚を回復させてくれるという感覚を持ちながら探索行動を行うことができるため、探索行動の範囲は徐々に拡大していく。

　しかし、不安や不快を感じても心地よい感覚を回復させてくれる安全基地を持たない、つまりアタッチメントが機能していない養育者と子どもの関係では、子どもはできるだけ不安や不快に襲われることがないように探索行動に対して消極的になったり、不安や不快が喚起されてもそれを無視したりするため、探索行動の範囲が広がりにくくなってしまったり、自分の気持ちに鈍感になってしまったりする。

　ここで、外発的情動調整とは他者の力を借りて行う情動調整であり、情動調整機能が未熟な年齢にある子どもたちは、主に養育者の力を借りて外発的情動調整をする経験を積み重ねることで、徐々に自らが行う情動調整である内発的情動調整を獲得していくことになる。また、探索行動は子どもたちが周囲の物事に興味を持ち、実際に触れたりすることを通して確かめたり、理解しようとしたりする行動であり、こうした自発的な行動は児童期以降の学習の基盤になるとされている。内発的情動調整や自発性を獲得していくことはいずれも幼児期前期から後期にかけての発達課題として位置づけられるものであり、アタッチメントはそうした幼児期以降の発達課題の達成を支える基盤として機能するものでもある。

〔4〕児童虐待とアタッチメント

　児童虐待の詳細については別稿に譲るが、身体的虐待や心理的虐待、性的虐待のように、本来、心地よい感覚を回復させてくれるはずの養育者が積極的に子どもに不安や不快を喚起させるような存在となってしまう場合、子どもは養育者に対して近づくべき存在か、遠ざかるべき存在かについての混乱を経験することになる。また、ネグレクトのように、養育者が安全基地として機能しない場合、子どもは生きていくうえで重要な支えを失ってしまうことになる。このように、児童虐待はアタッチメントの形成に強く否定的な影響を与え、子どもの生存やその後の発達に困難をもたらすものとなる。

社会的養護の現場では虐待を受けて施設や里親家庭で暮らしている子どもの保護者自身も、自らの子ども時代に虐待を受け施設や里親家庭で暮らした経験を持っているというケースに出会うことが少なくない。こうした児童虐待の世代間連鎖もアタッチメントの視点から理解することが可能である。例えば、養育者から繰り返し暴力を経験してきた人は"他者は言うことを聞かせるために暴力を振るう"、あるいは"自分は周囲から罰せられる存在だ"というような他者や自己に対するイメージを持つようになっていくのに対して、養育者から認められる経験を重ねてきた人は"周囲の人は自分を認めてくれる"、"自分は周囲から認められるような存在だ"というような他者、自己に対するイメージを持つようになっていくだろう。こうした他者や自己に対するイメージはその人が全く別の場面で人とかかわろうとするときにも、"罰を与えられないように言うことを聞いておこう"、あるいは"周囲の人は耳を傾けてくれるから積極的に自分の意見を言おう"というようにその人の振る舞いに影響を与えることになる。このように私たちは、過去の経験から内在化させた他者と自己に対する心的イメージをその後の対人関係で作業モデル（内的作業モデル；internal working model：IWM）として用いている（Bowlby, 1973）。つまり、子どもの頃に自らが経験したアタッチメント対象との関係性は作業モデルとして内在化され、自らが親となったときの子どもとの関係を含め、その後の様々な人間関係で再現されるのである。

　しかし、児童虐待を経験したすべての人がおとなになったときに虐待の加害者になるわけではない。様々な困難を経験しながらも親として望ましい養育を行っている人もいるし、社会的養護や保育・教育の現場で専門職として子どもの支援に従事している人もいる。児童虐待の発生には虐待者のIWMだけではなく周囲の理解やサポートなど様々な個人的、環境的要因が影響している。また、IWMは友人や支援者など、養育者以外との関係の中で変化していくような可塑性を持つために、児童虐待の経験により否定的なIWMを獲得しながらも、その後の対人関係の中で肯定的なIWMへと変化することもある。アタッチメントの視点から児童虐待を経験した子どもの支援を考えるとき、彼らのIWMが修正されるような関係性をどのようにして提供していくのかということを考えていくことが必要である。

（井出　智博）

〈参考文献〉
◆自立とその実態
河野哲也（2013）「考察とまとめ」庄司洋子・菅沼隆・河東田博・河野哲也編『自立と福祉——制度・臨床への学際的アプローチ』現代書館, 377.
熊谷晋一郎（2012）インタビュー「自立は、依存先を増やすこと　希望は、絶望を分かち合うこと」『TOKYO人権』第56号, 公益財団法人東京都人権啓発センター. https://www.tokyo-jinken.or.jp/publication/tj_56_interview.html（2019年9月閲覧）
永野咲（2015）「施設退所後の生活実態を捉える」『世界の児童と母性』79, 47-51.

◆発達理論
Arthur, M. B., Hall, D. T & Lawrence, B. S.（1989）Generating new directions in career theory: The case for a transdisciplinary approach. In Arthur, M. B., Hall, D. T & Lawrence, B. S.（Eds.）*Handbook of Career Theory.*

Cambridge, England: Cambridge University Press, 7-25.

中央教育審議会（2011）「今後の学校におけるキャリア教育・職業教育の在り方について（答申）」. https://www.mext.go.jp/component/b_menu/shingi/toushin/__icsFiles/afieldfile/2011/02/01/1301878_1_1.pdf（2020.5.31閲覧）

公認心理師試験対策室編（2019）『公認心理師必携キーワード』学研メディカル秀潤社, 159.

前田明（2001）「太陽が笑っている」川島一夫編著『図でよむ心理学　発達〔改訂版〕』福村出版, 68.

Mahler, M. S., Pine, F. & Bergman, A. (1975) *The psychological Birth of the Human Infant.* Basic Books, Inc.（高橋雅士・織田正美・浜畑紀訳（1985）『乳幼児の心理的誕生――母子共生と個体化』黎明書房, 10-11）

文部科学省（2004）「キャリア教育の推進に関する総合的調査研究協力者会議報告書――児童生徒一人一人の勤労観，職業観を育てるために」. http://www.mext.go.jp/b_menu/shingi/chousa/shotou/023/toushin/04012801/002/010.pdf（2010.10.7閲覧）

文部科学省（2011）『中学校キャリア教育の手引き』教育出版, 27.

向田久美子（2010）「自分をとりまく世界の認識　認知の発達」繁多進監修, 向田久美子・石井正子編著『新乳幼児発達心理学――もっと子どもがわかる好きになる』福村出版, 33-40.

大山正・宮埜壽夫・市原茂ほか（2019）『2019年版試験出題基準に対応　出題基準の全24項目をわかりやすく解説。合格に必要な基礎知識がよくわかる　公認心理師合格テキスト』誠文堂新光社, 130-133.

田島信元・岩立志津夫・長崎勤編（2016）『新・発達心理学ハンドブック』福村出版, 121-123.

竹下研三（2009）『人間発達学――ヒトはどう育つのか』中央法規出版, 8, 57, 100-104.

内野悌司（2005）「神経症・心身症」大石史博・西川隆蔵・中村義行編『発達臨床心理学ハンドブック』ナカニシヤ出版, 128.

梅澤正（2001）『職業とキャリア――人生の豊かさとは』学文社, 185.

渡辺光枝子（2020）『新版　キャリアの心理学〔第2版〕――キャリア支援への発達的アプローチ』ナカニシヤ出版, 1-31.

◆アタッチメント

Ainsworth, M. D. S., Bleher, M. C., Waters, E. & Wall, S. (1978) *Patterns or Attachment: A Psychological Study or the Strange Situation.* Hillsdale, NJ: Erlbaum.

Bowlby, J. (1969) *Attachment and Loss, Vol. 1: Attachment.* Basic Books, New York.（黒田実郎・大羽蓁・岡田洋子・黒田聖一訳（1991）『Ⅰ　愛着行動　母子関係の理論（1）新版』岩崎学術出版社）

Bowlby, J. (1973) *Attachment and Loss, Vol. 2: Separation.* Basic Books, New York.（黒田実郎・岡田洋子・吉田恒子訳（1995）Ⅱ　分離不安　母子関係の理論（2）新版』岩崎学術出版社）

Green, J. & Goldwyn, R. (2002) Annotation: attachment disorganisation and psychopathology: new findings in attachment research and their potential implications for developmental psychopathology in childhood. *Journal of Child Psychology and Psychiatry* 43 (7), 835–846.

数井みゆき・遠藤利彦編著（2005）『アタッチメント――生涯にわたる絆』ミネルヴァ書房.

数井みゆき・遠藤利彦（2007）『アタッチメントと臨床領域』ミネルヴァ書房.

Main, M. & Solomon, J. (1990) Procedures for identifying infants as disorganized/disoriented during the Ainsworth Strange Situation, In Greenberg, M. T., Cicchetti, D., & Cummings, E. M. (Eds.) *Attachment in the Preschool Years: Theory, Research, and Intervention.* University of Chicago Press, Chicago, 121-160.

Portmann, A. (1951) *Biologische Fragmente zu einer Lehre vom Menschen.* Schwabe, Basel.（高木正孝訳（1961）『人間はどこまで動物か――新しい人間像のために』岩波書店）

繁多進（1987）『愛着の発達――母と子の心の結びつき』大日本図書.

Takahashi, K. (1986) Examining the strange-situation procedure with Japanese mothers and 12-month-old infants. *Developmental Psychology,* 22 (2), 265-270.

第5章 福祉心理学的支援の基盤Ⅱ

1 福祉心理学的支援の基盤的理論

〔1〕福祉心理アセスメント

　福祉心理学的支援においては、アセスメントなしで単にカウンセリングをしてほしいという依頼によりカウンセリングを行うという形式だけでは支援の継続が困難なことがある。例えば、そもそもカウンセリング対象者が予約時に来談しないことがあり得るからである。そのような依頼が来たときには、臨床的福祉性や福祉マインドを踏まえて、支援の対象者の環境、つまり依頼者（対象者と異なる場合もある）を含めた環境でさえ温かくしていくwell-fareからwell-beingを推進しようとする姿勢が求められる。ここでいう福祉心理学的支援には、アセスメント、プランニング、アプローチ、モニタリング、エバリュエーション（評価）、ターミネーション（終結）が包含される。

　そこで、福祉心理学的支援におけるアセスメントの視点、つまり福祉心理アセスメントの視点が求められるのである。福祉心理アセスメントは、臨床心理学的な様々な心理検査等を用いることがあるがその応用領域の専門職性としては、"福祉的状況・状態"への理解の専門性とそれにかかわる"社会福祉制度"への理解の専門性が挙げられる。そして前者の専門性に関連してクライエントの複数性が挙げられる（表5-1）。

表5-1　福祉心理アセスメントの応用領域の専門職性

"福祉的状況・状態"への理解の専門性について、困窮状態で継続的な子育てへの気力がわかない目の前の母親は、カウンセリングと経済的支援のどちらが心理的well-beingの高まりがあるかを理解しようとする姿勢があること、さらに表面的な経済的困窮を捉えるのではなく、経済的困窮を導いている要因（母親の発達的課題や子育ての困難性）並びにそのために導かれている心理的状態（例えば、自己否定感や無気力）を理解していく点にある。制度的福祉のニーズが支え得る点をなんでも心理的アプローチで支えようとしない専門職観ともいえよう。
"社会福祉制度"への理解の専門性について、ときに生活保護の受給が可能な場合であっても生活保護を受け入れようとしない家庭がある。そのようなときに生活保護以外の経済的支援にどのようなものがあるか等の理解があることで、経済不安に対する支援というよりも、本来の母親や子どもが目指す人生を支援するwell-beingを指向する福祉心理学らしい支援となり得る。
クライエントの複数性の理解 　1人のクライエントを支援することから、多問題を抱える家族がその背後にいることがある。だからこそ、「チーム福祉」としての連携技能は前提になるといえる。但し、チーム福祉をもってしても5名を超える子どもたち、その家族がいるようなときには、一時的にマンパワーの限界を超えることがある。 　このとき、福祉心理学的支援における「クライエントは誰か」という点は大いに悩ましい点である。単に個人を中心に支援すればよいというレベルで済むものではない福祉領域での課題である。マンパワーの限界がある場合、家族の中で最も弱者となる者が支援対象となるだろうが家族全体のwell-beingの維持・増進は大きな方向性として忘れてはならない。なお、所属組織の対象や限界を捉えながらもwell-beingを高めるために限界を超えていく制度的働きかけも必要になることがある。

〔2〕生物・心理・社会モデル

　福祉心理アセスメントをよりわかりやすくモデル化しているものに生物・心理・社会モデル（Bio-Psycho-Social Model：以下、BPSモデル）がある。BPSモデルでは、チーム福祉等、相互の専門性を"保持する意義"や"分業する意義"をわかりやすくしてくれる。これは、医師であるエンゲルが生物学的な視点だけでなく、心理学的な視点や社会学的な視点も持つ必要性があるとして枠組みを提供したモデルである（Engel, 1977）。

　近年のチーム医療の視点とも大いにかかわり合い、生物学的視点は医学モデルの医師、心理学的視点は心理学モデルの心理士、社会学的視点は社会福祉学モデルの社会福祉士等ソーシャルワーカーが相互に取り組む意義を示す視点を持つ。ただし、必ずしも福祉隣接領域にチーム医療としての動きが毎回取れる現場ばかりではない。それぞれの領域の専門的視点を最低限確保しながらの心理学的支援の提供をすることになる場合がある。

　このとき、BPSの視点を理解するために多くの福祉機関で活用される基盤となる方法に「ジェノグラム」と「エコマップ」がある。ジェノグラムは、家族における関係性や状況を図式するものである（図5-1参照）。三世代から見た家族ルールや文化的背景、遺伝性等は大いに家族の実態を理解するのに役立つ。エコマップはそれを外部機関等との関係性まで広げたものである（図5-2参照）。

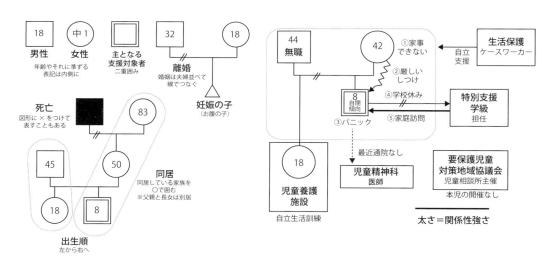

図5-1　ジェノグラムの基本図式　　　　　図5-2　S-Sエコマップの図式

　ジェノグラムの記載方法はマクゴールドリックら（2018）が記す方法を推奨する。しかし、実際的には各機関での違いがあることから最低限の一致以外は説明しながら状況を理解できるようにする方法、つまり"他者が一目でわかる記載方法"が推奨される。

　また一般に社会福祉援助、とりわけソーシャルワークで活用されるのがエコマップである。福祉心理学的支援では福祉制度全体を捉えた効果的な支援計画立案が求められるためエコマップの理解は重要である。例えば、スクールカウンセラー、病院の心理士、児童養護施設（児童

相談所一時保護所）の心理士、独立型の心理士、または福祉心理学的支援を行う専門職等がどの立場でどのような支援を担っているか、重複している点はあるか等、単一の個人による効果的な支援を検討するだけでなく、それぞれの限界を踏まえた効果的な連携を検討することも重要である。

　エンゲルのモデルはB-P-Sのそれぞれの視点を持つ支援が必要であるという枠組みを与えているが、具体的なアセスメントやアプローチ方法を示すものではない。この点については、それぞれの機関ごとにアセスメント書式やその方法の違いがあるため、本項においてどのようなアセスメント書式やアプローチ方法が固定的にベストであるかを言及することはない。しかし、どのようなアセスメントを行っていてもそのアセスメント情報を解釈しアプローチの方向性を検討しうる専門性の必要性は言及できる。

〔3〕BPS-Sモデルにおけるアセスメント・アプローチ

　従来のBPSモデルでは、S（Sociology）は社会関係における環境的な社会資源の意味合いのほうが強い。しかしBPS-SモデルのSでは、個人要因と環境要因のSを分類し"S-S"とし、より個人と環境との相互作用を捉えやすいようにしている。前者は"目に見える"個人の行動としてのS（社会性：Social SkillsまたはSociality）、そして後者は個人の環境（周囲の人々や物事、制度等）となる社会資源としてのS（Social ResourceまたはSociety）とに分類する（図5-3参照）。

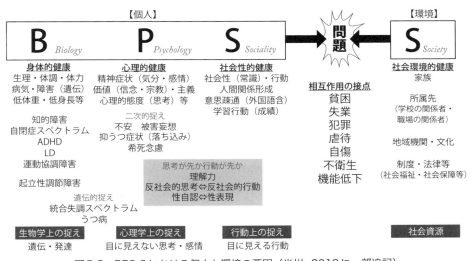

図5-3　BPS-Sにおける個人と環境の要因（米川, 2019に一部追記）

　このとき、分類しにくい内容に精神症状がある。目に見えない事項はBまたはPに分類されるが、Bの場合はなんらかの診断や測定による同定をしやすい身体的健康にかかわる事項（病気・障害等）である。一方、心理的健康にかかわる事項（思考・信念・気分・感情等）ならばPとなるが、遺伝的要因が関与するようなもともとの病的体質（器質性）からの精神症状であればB寄りとなり、環境的要因が関与するような刺激（虐待・パワハラ等）による二次的な精神症状であればP寄りとなる。

表5-2　BPS-Sアセスメント表

BSPP アセスメント表		バイオ 身体（生理・体調・病気・障害・食事：生物的事項）	サイコ 精神（症状・心理的態度・価値・宗教・性理解力：目に見えない事項）	ソーシャル 社会性（常識的振る舞い・行動力：目に見える事項）
個人	ミクロ 対象者	軽度知的障害（療育手帳所持B2判定）	・感情的に不安定なことが多い ※母親との関係性が影響している可能性あり	・感情が安定しているときは学習や活動に取り組むことができる ・今学期から休みが多くなり、このままだと30日を超える可能性がある ・成績は固定級では普通 ・運動は苦手
環境	メゾ 家族　母	母：子どものことや仕事の負担にて体調悪い ※母方祖母も精神的に落ち込みが強かったらしい	母：子どものできないことをやってあげなくてはならないことが負担であり、そのことで家事まで手が回らないと思っている。かつて夫から母への批難は子どもの面倒が原因と思っている	母：だるくて動けない。自分の疲労感の訴えが強い 家：寝込む。食事作れない 外：周囲と合わせてにこやかであるが家庭内では感情を子どもにぶつけるのではないかとのことで、一度、児相通告された歴あり 仕事：仕事は飲食店でパートをしていた ※母が特別支援学校中学部卒業との話も以前の担任の記録より
	エクソ 関係機関 地域関係者	精神科：以前は母が通院していたとのこと 生活保護課：ケースワーカーが月1回自立支援の相談でかかわる		
	マクロ 地域・制度			児童手当等：手続きは子育て支援課の母担当

　次に、Pか個人のSかを分類する場合にわかりづらい事項に理解力等の抽象的事項がある。そもそも器質的に理解ができないのであればB、自分の信条的に理解したくないのであればPよりとなる。その結果として、目に見える社会的健康にかかわる事項（つまり行動）がSとなる。例えば、反社会的な思考はP、反社会的行動は個人のSとなる。このとき、反社会的な思考を執着的に持ってしまう要因に器質的な要因が関与しているかもしれないというBを捉えていくことにもなる。医師の関与が難しい場合（関与したときでさえも）、Bは推定的な解釈となり得るため、継続的な同定を踏まえた推定をしていく必要がある。間違えてはいけないのは"障害の同定のため"でなく、"well-beingを高めるため"の障壁とは何かの推定に重きがある点である。

　表5-2は、対象者（ミクロ）と関係者（メゾ・エクソ）・制度（マクロ）の状態や関係をBPS-Sで捉えるアセスメント表である。福祉心理学的支援を行う機関におけるアセスメント用紙をこれにせよというものでなく、この表の視点を活かして各職場におけるアセスメント情報の連関性を推定していく見方を得るというものである。先のエコマップ等だけの解釈で悪循環の連関性を捉え、新たな社会資源や支援の手立てを定めていくことが難しい場合、詳細なアセスメント情報を切り出し、方針を立てていくことに活用する補助的ツールである。

　記載方法は、ミクロとなるクライエントを1人決め、その家族、所属する学校や職場の関係者や支援内容（メゾ：日々関与する直接支援者等）、地域における間接的な支援機関（エクソ：定期的にまたは必要であれば関与する間接的支援者等）、担当者が人的支援としてかかわらない各種制度や地域情報（マクロ）を記載していく。このとき、対象者や家族のBPSをどの機関が支えているかを矢印で示すことで、支援の狭間がわかるようにもなる。

　社会福祉援助に焦点を置けば、表5-2のメゾ〜マクロにおける社会保障・社会福祉の制度（つまり環境側のS）から支援やサービスにつながっているかを捉える。制度（環境のS）につなぐことで、課題は軽減しているか、ニーズは満たしているか等well-beingが得られているか

表5-3　ミクロ-メゾの連関性

BSPP アセスメント表	バイオ 身体（生理・体調・病気・障害・食事：生物的事項）	サイコ 精神（症状・心理的態度・価値・宗教・性理解力：目に見えない事項）	ソーシャル 社会性（常識的振る舞い・行動力：目に見える事項）
個人 ミクロ 対象者	軽度知的障害（療育手帳所持B2判定）	・感情的に不安定なことが多い	・感情が安定しているときは学習や活動に取り組むことができる ・今学期から休みが多くなり、このままだと30日を超える可能性がある ・成績は固定級では普通 ・運動は苦手
環境 メゾ 家族　母	母：子どものことや仕事の負担にて体調悪い ※母方祖母も精神的に落ち込みが強かったらしい	母：子どものできないことをやってあげなくてはならないことが負担であり、そのことで家事まで手が回らないと思っている。かつて夫から母への批難は子どもの面倒が原因と思っている	母：だるくて動けない。自分の疲労感の訴えが強い 家：寝込む。食事作れない 外：周囲と合わせてにこやかであるが家庭内では感情を子どもにぶつけるのではないかとのことで、一度、児相通告された歴あり 仕事：仕事は飲食店でパートをしていた ※母が特別支援学校中学部卒業との話も以前の担任の記録より

という心理的視点を含めたアセスメントとなる。

　表5-2の事例では、生活保護を受給していることから、離婚しているにもかかわらず同居していることへの対応を福祉事務所のケースワーカーが行ってくれている可能性がある。もし生活保護受給のない困窮世帯であれば、離婚後、児童扶養手当を受給することが可能であるが、事実婚的に同居者がいる場合、同居者の年収が低くても所得確認をしないことにより児童扶養手当の受給が得られなくなり、子どもの社会性的健康の支えが一部なくなるという認識も必要である。それが心理的健康や身体的健康にネガティブな影響を与える可能性もある。つまり、何らかの社会的アプローチが被支援者への身体的・心理的・社会性的健康にどのような相互作用を与えているかを捉えていく必要があるのである。

　表5-3より、母親の家事のできなさが子どもの不登校への要因の1つであるならば、子どもだけでなく母親へのSやその要因のPへの支援を検討することが必要となる。例えば、母親の"できなさ"への自己否定感を減らすこともひとつである。

　ここで、支援対象者を見るミクロレベルのみに焦点を置けば、短絡的に①障害⇒感情不安定⇒不登校、または②障害⇒運動できない⇒不登校という因果関係を初任者であれば見立ててしまうこともあるだろう。しかし、対象者だけでなく家族を含めた環境に目を向ければ、母子関係が現在の子どもの心理や社会性にまで関与していることが推定できる。さらに父親や所属先の学校との関係にまで視点を広げることで、より広範囲な個人のBPSとの連関性を理解することにつながるだろう。

　このようにBPS-Sで捉えていく重要性として、単に個人の性格や器質性という個人要因だけで問題や課題が出ているのではなく、環境的なSの要因が大きく関与しながらも個人のB・P・Sと連関し出ていることを捉えられる点、並びにB・P・S・Sのどこにアプローチしていくかを具体的に検討できる点が挙げられる。結果、これらを支援者一人が担うことは難しいことから、他の心理学領域以上に多様な専門職と連携が前提にある点や社会福祉制度活用を含む福祉心理学的支援をどのように行っていくかを検討する点が、そのアセスメントとアプローチの特徴として挙げられる。

（米川 和雄）

② 心理療法の概要

〔1〕心理療法における関係性の作り方

　どのような心理療法を行うにしても、基本となるのはクライエント（以下CLとする）との信頼関係である。これが形成されないところでは、心理療法の効果は期待できない。信頼関係とは、CLが援助者に対して自分の心にある大切な話をしてもきちんと援助者が聞いてくれて、弱い自分や嫌な自分を表出しても、自分のことをひとりの人間として認め、卑下されることや拒否されることがないだろうという感覚を持てることが基本である。この関係をもとに、対等な人間関係を形成していくことが望まれるのである。CLの主体性を尊重しながら、一緒にCLの生き方を考えていくことになるのであるが、このような関係を持続していくためには、援助者が謙虚な姿勢でCLと接しながら、その生き方の頑張りに敬意を払うことが重要になってくる。その為にはCLとの関係において共感が必要になる。

　心理・教育・看護などの分野で共感という言葉がよく出てくるのであるが、心理療法においても共感的態度が重要になってくる。共感とは、言葉や知識だけで成立するものではなく、相手の心情を納得することができる心的活動である。臨床の場面で説明するならば、CLの話の内容を理解するだけではなく、CL自身のありようを体験的に感じ取ることといえるのではなかろうか。そこでは、CLと援助者は違う人間であるがゆえに、全く同じ体験をすることはかなわない。つまり、体験におけるずれを感じることになるのであるが、このずれの意味や背景を一緒に考えていくことで、CLの問題が明らかになっていくのである。また、CL自身をありのままに受け入れようとすることも必要な態度のひとつである。CLの感情や行動に対し、社会的価値観や道徳的評価のみを通して判断するのではなく、CL自身のありのままの状態を認めていく姿勢こそが大切になるのである。

（1）心理療法の目的

　河合（1994）は、心理療法の目的を次のように述べている。「心理療法とは、悩みや問題の解決のために来談した人に対して、専門的訓練を受けた者が、主として心理的な接近法によって、可能な限り来談者の全存在に対する配慮をもちつつ、来談者が人生の過程を発見的に歩むのを援助することである」。ここから考えられることは、心理療法はCLの人生そのものにかかわり、人間としての存在をテーマにしているものであるということである。あまりにも広大な土壌を想定していることになるが、現実的にはその一部を切り取って心理療法が行われていると考えることができるであろう。

　CL一人ひとりは、それぞれに様々な生活環境を持っていることから、心理療法におけるかかわりは多様な領域にまたがることになるのは仕方のないことであり、時には環境調整が必要になったり、生きている主体としての身体への援助が求められることもある。このような過程を経ながら、CLにとっての適切な、生きていくための道を見つけていくことになるのである。

この道は、何ら方策のないまま歩めばよいものではない。ある程度、一般的な常識を持ち、状況によっていろいろなことを考えながら歩まなければならない道を指している。つまり、それぞれの個性のもと、創造的な自己実現のステップを刻んでいく人生の道のことなのである。

（2）心理療法における変容

心理療法で、「治る」とはどういうことかが話題になることがある。援助者が治しているのか、CLが治るのかという問題である。基本的な点から言えば、CLの自己治癒力が一番の原動力になって変容が起こることは間違いがないことである。この自己治癒力を高め、いかに機能させていくかが、心理療法ということになる。

（3）援助者の役割

面接場面でCLと援助者のやりとりを見てみると、下手をするとCLは情報を提供する人で、援助者は情報を収集し考える人というような構造になりがちである。しかし、求められるのはCLと援助者の関係を維持しつつ、CLの自主性が尊重されるような聴き方をいかに続けられるかということである。CLと援助者の会話は、はたから見ると一見日常的会話と変哲のないようではあるが、その実、普通の会話と微妙に違っており、援助者の細心の注意が払われているのである。援助者はCLの語る波瀾万丈な生き方での出来事に注目しているのではなく、そのような出来事に巻き込まれざるをえない経験までして、一体どのような心の問いかけを感じているのかに耳を傾けることになるのである。時には、CLと援助者の関係から、行動化（アクティング・アウト acting out）が生じることがある。援助者はCLの心の内側での変化を起こす器としての役割を持つことにもなるので、的確な受け止め方と対応が求められることになる。

〔2〕心理療法における技法

心理療法の代表的なものには、精神分析的心理療法、クライエント中心療法、行動療法・認知行動療法、絵画療法、箱庭療法、遊戯療法、家族療法などなど、実に多くの言語的・非言語的技法がある。そこで、具体的な技法の説明の前に、技法の意義について考えておきたい。

（1）技法の意義

心理療法の技法で最も重要なものは、CLと援助者の関係性にある。かかわりを通して、その関係を深めていくことに意義を認めることができるのであるが、現代社会は、科学的方法に価値を見出しやすい特徴を持っているがゆえに、どうしても技術によって、問題解決ができるものだと多くの人は信じている。その考えは、心理療法においても同じである。実際的なよい方法があれば、何をおいても使いたいのは山々なのだが、人間関係こそが心理療法の生命線であることに変わりはない。技術というものは、基本的に人間が何か関係を持たない物体としての対象（例えば機械など）を操作するときに有効であり、儀式もある意味でマニュアル通りに進められるという点では、神を対象にしているが技術に近いのかもしれない。心理療法は、この技術と儀式の中間に位置し、両者を行き来しているようなものと考えることができそうであ

表5-4　心理療法における技法

	関係	方法	基礎	作用	結果	限界
儀式	人と神	決定	ドグマ （共時性）	受動 （帰依）	不確定 （奇跡）	無し
技法	人と人	ある 程度の 自由度				
技術	人と物	決定	理論 （因果律）	能動 （操作）	確実	明確な 限界

る（表5-4）。多くの心理療法は、技法の点線の間の部分に入ることになる。認知行動療法などはどちらかといえば、技術とかなり近いところに位置していると考えられる。

（2）技法の分類と選び方

　心理療法には多くの技法があるため、どれを選べばよいか迷うところである。援助者が技法をしっかりと身につけており、心理療法を適切に使用することができることが前提にあり、その他の技法にもある程度精通していることが求められる。時にはその他の技法を補助的に使用することができるくらいのものにしておくことが重要である。

　技法を中心に考えてみると、技法が特定の学派とつながっている場合が見られる。自由連想法はフロイト（Sigmund Freud）の精神分析学派と実存分析で使われ、ユング（Carl Gustav Jung）の分析心理学派は能動的想像（active imagination）の技法を使用する。森田療法や行動療法なども、それぞれ特有の技法を持ち合わせている。一方、描画療法や遊戯療法などは、いろいろな学派で行うことが可能な特徴を持っていることになる。

　まず、たくさんある技法を意識と無意識の位置関係の視点から見ることもできる。カウンセリングなどは対面的話し合いのやりとりであるため、意識的かかわりが強くなる。しかし、カウンセリングにしても、援助者の対応でCLの心の動きのレベルは変化していくことになるので無意識的な動きが起こっていることになる。さらに自由連想法や夢分析、イメージ療法などは、言語を用いていても、無意識的なかかわりの方が強いものである。

　次に、言語というカテゴリーで分けると、言語的か非言語的かで見ることができる。非言語的技法としては、描画、箱庭、粘土、ぬりえなどの表現や遊び的要素を用いる技法がある。これらは、療法の過程において創造的活動が大きく影響していると考えられ、それが変容につながっているものと考えられるのである。

　さらに、心と身体という分類方法で見ることもできる。身体を使った技法としてあげられるのは、森田療法や心理劇などである。箱庭療法も、ある意味砂をいじるということから身体的意味を持つものと考えられる。ゲシュタルト療法や集団療法などの一部もこれに分類できるのであるが、瞑想などを取り入れているマインドフルネス（mindfulness）などは、身体を動かすという意味合いとは違って、身体性の問題（心身一如）から考えることができる技法である。

　別な分類方法として、ユングによる内向−外向の軸に分けて考えてみることもでき、この場合におい

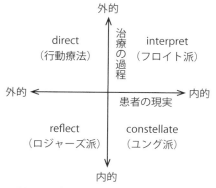

図5-4　心理療法における学派の相違

ては、縦軸が治療の過程になり、横軸を患者の現実とみなすことができる。(図5-4)

　河合(1994)によれば、患者の現実における、実際の行動や人間関係、症状を扱うのが外的であり、患者の夢や連想などを扱うのが内的ということになる。治療の過程から考えると、患者が外的にどれほど適応しているか、外的世界での症状の表出の有無などを問う場合が外的であり、自己実現の状況や内面での十分に機能する人間を考えていくときは内的ということになる。

　例えば、治療の過程も患者の現実も外的なこととして扱うのが行動療法であり、行動の変容をはかるため、指示を的確に出すことが技法の中心となる。患者の現実としては対面の話し合いの中で外的行動について話されるが、治療の過程では、患者の内的成長に焦点が当てられるのがロジャーズ派ということになる。このため、援助者がCLの感情を反射し、内省できるようにすることが技法の中心になる。一方、患者の現実として自由連想や夢を取り扱い、治療の過程は外的な行動の変化に焦点を置くのがフロイト派ということになる。解釈が技法の中心になるのである。ユング派は、患者の現実、治療の過程の両方とも内的なものとして取り扱うことになる。布置や配置を意味するコンステレーション(constellation)[1]をとりあつかうことが、技法の1つとして重要になるのである。

3 心理療法の各論 I

〔1〕心理療法の歴史

　心理療法は数限りなくありすべての療法を取り上げることには無理があるため、代表的な心理療法に限って説明を行うことにする。代表的心理療法をその特徴から分類すると、個人分析療法、行動療法、人間性心理学の3つに大別できる。表5-5では、心理療法がどのような歴史をたどって今に至るのかについて、時間的流れに沿って、行動療法、ゲシュタルト療法、精神分析療法、ヒューマニスティック心理学の順に説明を行っている。表5-6では、代表的心理療法の個人分析療法、行動療法、人間性心理学の特徴に関して比較を行っている。ここでは、個人分析療法と人間性心理学について説明を行うことにする。行動療法については行動療法原理、応用行動分析、認知行動療法の対象と方法を参照していただきたい。

〔2〕精神分析的心理療法

　フロイトが創始した精神分析理論に基づく心理療法が、精神分析的心理療法である。精神分析療法は元来、患者を長椅子の一種であるカウチに横たわらせ、週4〜5日をかけながら、自由連想法や夢分析を行うものである。そこから表出したものに対して治療者は分析や解釈を加えることになる。多くの時間と労力が割かれ、経済的にも多額の料金が発生するため、近年は週1、2回椅子に座った対面法で行われる精神分析的心理療法が多く使われるようになっている。

1　コンステレーションとはもともとは星座を意味しており、一見無関係に並んでいる(配置・布置されている)ものが、イメージをふくらますことにより白鳥や小熊に見えるように、偶然に配置されているとしか思えない数々の出来事が、つないでみると全体的な意味のあるひとつの世界としてあらわれてくることをいう。

精神分析療法も精神分析的心理療法も援助者がCLと向き合う基本的姿勢は、受け身性や中立性を厳守しながら、連想の背後にある無意識の中身を解釈していくことであり、それらを通してCLの問題を意識レベルにまで顕在化させ、症状を軽減、消失させることを目的としている。

　精神分析理論では、人間の行動にかかわっている意識の部分はごく一部であり、多くが無意識の影響を受けていると考える。人は生きる過程において、様々な葛藤や不安、衝動性、抑えた怒りなどを無意識の中に蓄えていくことになる。これら無意識の中にある意味を、言葉を通して意識化し、自覚することで、症状の軽減を図ることができるのである。フロイトは精神構造を、意識、前意識、無意識の3領域に分け、これらがお互いに関連しながら機能していると考えた。後に心的装置として、快感原則と本能が支配する無意識としてのイドと、規範やルール、良心などを伝える超自我とが、影響し合いながら現実原則による適応機能を発揮する意識の自我を形成していると考えるようになった。

表5-5　心理療法の歴史

（1）行動療法の歴史（1874年〜） 　アメリカのシカゴ大学で心理学を学んだワトソン（Watson, J. B.）は、心理学を行動から研究するという姿勢を打ち出し、それを行動主義（behaviorism）と命名した。このワトソンの古典的行動主義はその後、反射の現象を用いて心的現象を説明しようとしたパブロフ（Ivan Petrovich Pavlov）らに引き継がれる。1930年代になると、学習を中心課題とした新行動主義が登場してくる。操作主義を取り入れることにより行動主義はさらなる発展をみることになる。そのような流れの中、オペラント条件づけの研究者であるスキナー（Skinner, B. F.）などが行動療法につなげていくことになるのである。
（2）ゲシュタルト心理学の歴史（1880年〜） 　ゲシュタルト療法は、精神科医のパールズ（Perls, F.）により提唱された考え方である。ゲシュタルトとは、ドイツ語で「形」や「まとまり」、「全体」などを意味している。ゲシュタルト療法は自己や自己の欲求を「形」にして表現し未完結のものを「完結」へと導き、「全体」として「まとまり」のあるものへと「統合」していくことを目的としている。 　マイノング（Alexius Meinong Ritter van Handschuchsheim）の知覚現象の考え方は、知覚を構成している要素だけでは全体を説明することができないことから、知覚現象をまとまりのある全体としての性質から捉えることを総体と名づけ重要視したのである。この考え方は、ルビンの杯で有名な図と地の統合などにつながっていくことになる。 　トポロジー心理学とは、レヴィン（Lewin, K. Z.）の理論で、行動を起こすべての条件は、その瞬間における生活空間に含まれていると考え、その生活空間の構造をトポロジー（何らかの形を連続変形しても保たれる性質）の概念で記述しようとした。また、レヴィンはゲシュタルト心理学を集団行動にも応用し、集団内における個人の行動は、その集団のもつ性質や構成員等のよって影響を受けると考え、グループ・ダイナミックス（集団力動）の考え方を生み出した。
（3）精神分析の歴史（1900年〜） 　精神分析の創始者であるフロイトは、当初パリのシャルコー（Jean-Martin Charcot）のもとで、ヒステリー患者の催眠療法を行っていたが、19世紀末にブロイアー（Josef Breuer）との共同研究で、ヒステリーの原因は性的幻想の抑圧であるという考えに至ったところから精神分析が始まることになる。催眠に代わるものとして自由連想法を開発し、夢も影響を与えていると気づくことになる。その後、フロイトは自我論を展開していくことになる。フロイトからの分派としては、人間は自己の劣等感を補償しようという意志をもって他者に優越しようとする自我の要求を重視したアドラー（Alfred Adler）の個人心理学がある。さらには、分析心理学を創始したユング（Carl Gustav Jung）がいる。 　フロイト以降、基本的にフロイトの考えを継承する多くの分析家により精神分析は発展することになる。自我と防衛機制の関係を展開させたアンナ・フロイト（Anna Freud）、乳幼児の母子コミュニケーションの観察より自我機能の発達に貢献したマーラー（Margaret Scheonberger Mahler）、分析治療におけるCLと援助者の相互作用や、人と社会との関係に重きを置いた対人関係論のホーナイ（Karen Horney）、フロム＝ライヒマン（Frieda Fromm-Reichmann）、サリヴァン（Harry Stack Sullivan）、フロム（Erich Seligmann Fromm）等がいる。さらには、自己愛の転移現象を研究した自己心理学のコフート（Heinz Kohut）や乳児の主観的世界観を探索したメラニー・クライン（Melanie Klein）、移行対象理論を展開したウィニコット（Donald Woods Winnicott）や愛着行為研究のボウルビィ（John Bowlby）など、そうそうたる人たちが名を連ねている。
（4）ヒューマニスティック心理学の歴史（1960年〜） 　ヒューマニスティック心理学は人間性心理学とも訳されており、マズロー（Abraham Harold Maslow）は「第三勢力」と名づけている。ヒューマニスティック心理学は、人間の本性への問いかけに、実存主義といわれる個別で主体的存在としての人間に重きを置いている。ハイデッガー（Martin Heidegger）やサルトル（Jean-Paul Charles Aymard Sartre）などの哲学をベースにし、ビスワンガー（Ludwig Binswanger）、フランクル（Viktor Emil Frankl）、メイ（Rollo May）等が精神医学や心理学の中に取り入れている。マズローは自己実現の考え方を前面に押し出し、欲求階層説を提示している。もう一人、自己実現の理論を展開したのがロジャーズ（Carl Ransom Rogers）であり、クライエント中心療法の中で無条件の肯定的配慮を考えている。

枠としての治療構造には、外的なものと内的なものの2つがある。外的なものとしては、場所の設定があり、面接室の広さや光の入り具合、机や椅子などの家具の配置や装飾品の好みなどが挙げられる。また、時間の設定としては、面接時の曜日や時間などが挙げられる。その他料金の設定なども外的な治療構造に含まれる。内的なものとしては、CLが安心して内面を話せるように、面接の方法や進め方についての丁寧な説明が必要になる。しっかりと治療契約を結び、目標をどこに置くかの確認を行うことがなされる。この一連の作業を共同で行うことにより、治療同盟が成立することになるのである。

表5-6　心理療法に対する精神分析的、行動主義的、および人間学的実存的なアプローチの比較

問題	精神分析	行動療法	人間学的実存的心理療法
基本的人間性	生物学的本能（基本的には性的本能と攻撃的本能）が即座に解放を求め、人間を社会的現実との葛藤に陥れる。	他の動物と同じように、人間にも、生得的にあるのは学習能力だけである。その能力はあらゆる種に共通な同一の基本原理に従って発展する。	人間は自由意志・選択力および目的をもっている。人間は自己決定と自己実現の能力をもっている。
正常な人間の発達	順次に来る発達的危機と心理・性的諸段階で葛藤を解決することを通して成長する。同一化と内面化を通して、より成熟した自己統制と性格構造が生まれる。	順応行動は強化と模倣を通して学習される。	生まれ落ちた時から独自の自己体系が発達する。個人は彼独自の知覚、感情等の様式を発展させる。
精神病理の本質	病理は、不十分な葛藤の解決と初期の発達への固着の表れである。それが極端に強い衝動と（あるいは）弱い統制力を後に残す。症状は部分的適応または代償的満足、不安への防衛的反応である。	症状的行動は不順応行動を誤って学習したことに由来する。症状が問題である。「基底にある疾病」というものはない。	否定的な自己と潜勢的な望ましい自己との間に不一致が存在する。個人は満足と自尊心を得るために過度に他者に依存する。無目的感と無意味感が存在する。
治療目的	心理・性的成熟、強化された自我機能、抑圧された無意識的な衝動に支配されることが軽減する。	不適応行動を抑制するか置き換えることによって症状的行動を低減する。	人間的潜勢力を解放し覚知を拡大することによって自己決定と真実性と統合を促す。
治療者の役割	根底にある葛藤と抵抗を探し出す探究者。転移反応を促進するために距離をとり、中性的・非指示的である。	患者が古い行動を学習解除し、そして（あるいは）新しい行動を学習するのを援助する訓練者。強化の統制が重要。治療者－患者の関係にはほとんど関心をもたない。	患者と真に出会い、経験を共有する、1人の真正な人間。患者の成長への潜勢力を促進させる。転移はあまり重視しない。あるいはほとんど考慮しない。専門的訓練や形式的な知識よりも、人間的な誠実さと共感が評価される。
必要な資格と技術	理論と監督実習に関する高度な訓練。多くの技法的専門知識。逆転移の危険を回避するためにしっかりした自己認識をもたねばならない。	第1に学習理論の知識。第2にパーソナリティ理論と精神病理の理解。自己認識には関心なし。実際の介入は非専門的な助手でもできる。	専門的訓練や形式的な知識よりも、人間的な誠実さと共感が評価される。
時間的志向	過去の葛藤と抑圧された感情を発見し解釈することを志向。それらを現在の状況の照明の中で吟味する。	過去の歴史や病因論にはほとんど、あるいは全く関心なし。現在の行動が検討され治療される。	現在の現象的経験の焦点を当てる。今、ここのこと。
無意識的素材の役割	古典的精神分析では基本的なもの。新フロイト派と自我心理学者はそれほど重視しない。全体的に、大きな概念的重要性をもっている。	無意識的過程には関心なし。実際には意識的領域にある主観的経験にも関心なし。主観的経験は非科学的として回避される。	認める人もいるが、重点は意識的経験にある。
重視される心理的領域	行動と感情、空想と認知、運動行動や治療外の行動には最少限の関心。	行動および観察可能な感情と行為。治療室外の行為を重視。	知覚・意味・価値、ある人たちにとっては感覚的および運動的過程。
洞察の役割	中心的。ただし、知的理解ではなく、「修正的情緒経験」のなかで現れてくるもの。	無関係そして（または）不必要。	

出所：コーチン著，村瀬孝雄監訳（1980）『現代臨床心理学』弘文堂

表5-7　精神分析的アプローチ

1.　心的葛藤の意識化
2.　治療は、治療契約と作業同盟のもとで行われる
3.　転移・抵抗の分析が中心
4.　中立的・受け身的な治療者の態度と方法
5.　対話的自己洞察法と解釈技法

精神分析的心理療法が進んでいくと、CLは援助者に対して、攻撃的になったり、依存的になり甘えてきたり、心の中の葛藤を強めることにもなる。過去の満たされなかった思いが援助者に向けられ、治療的退行が起こるのである。このようにCLから援助者に向けられた感情のことを転移と呼ぶ。援助者を理想化したり、援助者に肯定的な感情を抱く転移を陽性転移という。一方、CLが援助者に助けを求めても、現実的満足を与える行動をとってくれないということに気づかされることから、満たされない思いに苛立ち、援助者に怒りや恨みを抱くようになったりするものを陰性転移と呼ぶ。また、治療場面ではCLの沈黙が増えたり、行動を通して反応を出したりすることがある。これが抵抗というものである。援助者はCLが表出する転移と抵抗を繰り返し解釈し、治療を進めていくことになる。

　面接ではCLの話に深い関心と敬意を払いながら耳を傾けることが重要になるわけだが、これが受け身的態度というものである。もうひとつ援助者は中立的な態度に徹することが求められる。援助者自身の価値観や偏見から自由でなければならない。とはいっても、援助者も人間である以上中立的であり続けることは困難である。CLが出す感情に援助者の感情も揺れ動くことになる。これが逆転移というものである。このことを援助者は十分に意識しておく必要がある。

　精神分析理論においては、現実よりもCLの心的現実を聴きながら、明確化や直面化をうながし、解釈していくことになるが、このようなプロセスを繰り返しながら、CLの内省が進み、自己理解が深まることで症状の軽減化が起こってくるのである（精神分析的アプローチ、表5-7参照）。

〔3〕クライエント中心療法

　クライエント中心療法の創始者は、アメリカの心理学者のロジャーズである。何が悩みの根幹にあるのかを真に知っているのはCL自身であり、心理療法が貢献できるのは、CLが自分らしさを取り戻し、自己決定が可能になるようにすることであり、この意味からクライエント中心という言葉が使われている。ロジャーズはCLの心理的緊張は、個人の特性や価値観といった自己概念と、個人の感覚をもとにした体験との不一致の結果起きると考えた。感覚的体験が歪曲されて自身の一部だと認知されているものや、体験が自己概念と矛盾しているがゆえに意識化されていないものなど、様々なものが想定されている。クライエント中心療法は、この不一致状態に陥った自己概念と経験とを一致させることにある。矛盾・対立の関係にあった感情と自己概念を統合することで、CLは心理的緊張から解放され、ありのままの自分を受け入れることができ、自己実現が促進されることになるのである。そのために、ロジャーズが重視したのはCLと援助者の関係である。

　援助者には、CLと向き合うとき、純粋性、無条件の肯定的配慮、共感的理解の3つの態度が求められることになる。援助者とCLとの関係で、援助者がいつでも一致した態度で接することが純粋性である。援助者はCLの話から様々な思いを抱くことになるが、自分の感情を否定せずありのままに受け入れ、それを言葉にしてCLに返すことが純粋性につながると考えられる。

　2つめの無条件の肯定的配慮とは、CLを一個人として尊重することである。心理療法では、

CLと異なる意見や価値観もCLの一側面として尊重し、受け止めていくことが必要である。そして、共感的理解とは、CLの混乱や怒り、恐れなどを援助者が自分自身のことのように感じることである。CLの気持ちを想像したとき、援助者の気持ちと決して同じではないかもしれないが、CL理解にはつながるものがある。このように、共感的理解とは、CLの気持ちに寄り添いながらも、巻き込まれることなく客観的にCLを理解する姿勢を示しているのである。CLが自分の感情に気づくために、クライエント中心療法の技法として反射がある。CLの感情や態度をそのまま受け止め、返していく方法である。感情の明確化では、CLが感じてはいるがまだ言葉になっていない感情を明らかにしていく方法である。援助者の役割は、CLが自分と向き合える空間や意識を作り出すことにある。そのことに、援助者の人間性が深くかかわっていることを忘れてはならない。

〔4〕その他の心理療法

その他の心理療法について簡単にふれておくことにする。

①家族療法

家族療法では、家族をひとまとまりの単位として捉え、治療や援助を行う。特に家族を構成しているメンバー間の相互作用に注目しながら、結びつきの状況や問題形成、その維持などに積極的に働きかけていく療法である。家族療法の技法については表5-8に掲載したとおりである。

表5-8　家族療法の代表的な技法

援助関係形成のための技法
ジョイニング：家族システムに参入するため、援助者が家族の会話スタイルや交流パターンを受け入れ自分を溶け込ませる。伴走（トラッキング）・調節（アコモデーション）・模倣（マイムシス）によって促進される。
多方面への肩入れ：他の家族が見ている前でメンバー一人ひとりに順次共感的理解を示してゆくことで、特定の誰か一人に偏らない、全員から等距離にある関係を築く方法。
援助的変化を促すための技法
フレーミング：「事実」は変えずに、それがおかれている文脈（フレーム）や意味づけを変えたり拡げたりすることで、そのことが問題にもたらしている影響力を変化させる方法。
逆説処方：改善しよう・解決しようとして行った行為が問題の持続や悪化に力を貸してしまう例は少なくない。悪循環を断つために援助者が現状を続けたりもっと強化するように勧める等、家族にとって本来好ましくないと思われる状況を続けるよう求める逆説的な指示を与えること。
外在化：問題をあたかも自分に内在する属性と考え、自己内対話を発展させた状態を変化させるため、問題が与えている影響について質問する等によってそれを客体化し、問題に影響されない自己の主体性を取り戻すこと。

②芸術療法

非言語的アプローチ方法として、絵画療法や箱庭療法などがある。無意識からもたらされるイメージに対し言語を使用しないで表現する心理療法である。絵画療法では、自由画と課題画に分かれることになる。課題画では、スクイグル法[2]や交互色彩分割法[3]、コラージュ療法[4]などがある。

2　スクイグル法（squiggle method）は、ドナルド・ウィニコット（Winnicott, D.）が提唱したもので、治療者とCLが相互になぐり描きをして見えたものを絵にして表現する技法である。

3　交互色彩分割法は、治療者とCLが1枚の画用紙にサインペンでお互いに線を何本か自由に描き分割された部分に交互に色を塗っていき、退行化をしながら情緒的表出を行うものである。

4　コラージュとはフランス語で「貼り付ける」という意味があり、気になった雑誌の部分を切り取って、いくつかの切り抜きを1枚の用紙に貼り付けていくものである。

箱庭療法は、ローエンフェルトの世界技法から発展した技法で、砂の入った砂箱（57cm×72cm×7cm）に様々なミニチュアを置いていくことで作品が出来上がることになる。そのプロセスに援助者が母性的にかかわることで、CLの内的変化が起こることになる。

③遊戯療法

　遊戯療法は遊びを介した心理療法で、アンナ・フロイトやメラニー・クラインらが児童に対して行っていた治療法である。ままごとやボール遊びなど様々な遊びを通して、CLである子どもの心が開かれていくことになる。

④内観療法・森田療法

　内観療法も森田療法も日本で開発された心理療法である。内観療法は、吉本伊信が創始した、日本独自の自己修養法に基づく心理療法であり、身調べと称して「してもらったこと」「して返したこと」「迷惑をかけたこと」について考えることをするものである。森田療法は、自己保存の欲望が強く、自己内省的な性格を持つ神経症の方の治療法として森田正馬によって考案されたものである。

⑤集団療法

　複数のメンバーが一堂に会し、様々な人間関係を体験しながら、一人ひとりが抱える心理的葛藤や人生における課題、対人関係の問題などに集団として解決を図っていくのが集団療法である。
　たくさんの心理療法があるため、技法の選択においては、CLの全体状況を十分に考慮し、他の方法を組み合わせて利用する統合的視点が求められることになる。

（渡部 純夫）

４ 心理療法の各論 II

〔1〕行動療法の原理

　行動療法とは、学習理論に基づく人の行動変容の手法である。ウォルピは、行動療法は不適切な行動を変容する目的で、実験上確認された学習諸原理を適用し、不適切な行動を減弱・除去するとともに、適応行動を触発・強化する方法であると定義している（小野, 2007）。つまり行動療法は、学習理論または条件づけの理論を基礎としているが、臨床的にはその適用領域を必ずしも学習理論のみに限定してはいない。行動療法は、個人または同一の問題を有する集団の行動や思考等を変容する一手法である。各対象の問題とされる行動を除去して適応行動に置きかえることに重点を置く（内山, 1973）。

（1）古典的条件づけ

　行動療法の原理となるものは、学習理論としての条件づけの理論である。条件づけの基本的

な構成要素は刺激（stimulus）と反応（response）で、無条件刺激（unconditioned stimulus）、条件刺激（conditioned response）、無条件反応（unconditioned response）、条件反応（conditioned response）が挙げられる。無条件刺激は無条件反応を生起する刺激、また、条件刺激は時間的・空間的に無条件刺激と接近して提示されることにとって自然には生起しない反応（条件反応）を生起させる刺激である。

犬にベルの音という刺激を聞かせても、単に顔をベルの方に向けるとか、首をかしげる程度の反応があるにすぎない。しかし、空腹な犬にベルの音を与えて数秒

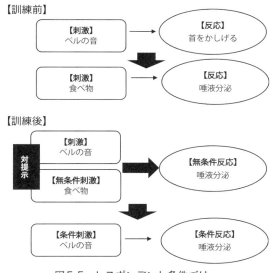

図5-5　レスポンデント条件づけ

後食べ物を与えると、犬はこの食べ物によって当然のことながら唾液分泌反射を生起する。パブロフは、このようにしてベルの音と食べ物を一対として反復的に与えていると、やがて犬はベルの音を聞かされただけで、食物を与えられる前でも唾液分泌反射を生起することを発見した（内山, 1973）。つまり当初の無関係であったベルの音と唾液分泌とが結びつくようになる。

このように、パブロフは、2つの刺激を生体に同時に提示した場合、反応はそのうち片方の刺激に対してのみ行われることを発見した。例えば、食べ物のにおいとベルの音を同時に与えると唾液分泌反応のみが生起する。それは、この場合、におい刺激が音刺激よりも強いからである。しかし、両刺激を同時に何度も与えると、弱い刺激（音）も反応（唾液分泌）を生起するようになる。パブロフはこのような条件操作によって予知可能な結果が得られることを認め、この種の刺激と反応との結合を古典的条件づけと称した（内山, 1973）。

例えば、部活動を行っているときに体育館で指導者の大きな怒鳴り声を聞いて、心拍数が上がり、身体が震える症状が出たとする。このことが繰り返されると、その後、体育館に入っただけで同様の症状が出たり、体育館に近づいたりしただけで症状が誘発されたりする。この場合の無条件刺激は指導者の怒鳴り声、無条件反応は心拍数が上がり身体が震えることである。そして、対提示されてきた体育館という場所が条件刺激となり、条件反応となる心拍数の上昇、身体の震えを誘発し、条件づけられたこととなる。

一方、ベルの音によって唾液の分泌が誘発されるようになった犬に対して、ベルの音のみを聞かせ続けると、やがてベルの音に対して唾液分泌が誘発されなくなる。つまり条件づけが成立した後に、無条件刺激を呈示せずに条件刺激のみを呈示し続けると、やがて条件反応は起こらなくなる。これは、条件刺激であるベルの音が呈示されても、その後何も起こらないことの信号となり、唾液分泌という条件反応を抑制する条件づけが成立する。このように、条件刺激のみを呈示し続ける手続きを消去という。

行動療法では、拮抗条件づけとして、古典的条件づけを適用している。問題とする反応を誘発す

る刺激に接近し、非意図的または反意図的反応と該当する刺激との連合を図る。これを拮抗条件づけという。例えば、不安反応と相容れない強い反応を、不安発生時の手がかりとして共存して生起させることが可能となれば、その相容れない反応をこれらの手がかりに付与させ、これによって不安反応を減弱または除去するものである。例えば、子どもの苦手な犬に対する恐怖反応（泣きわめく等）を、安心できる大人の存在によって除去するといったことがあげられる。

古典的条件づけに基づく行動療法の手法として、フラッディング（flooding）や系統的脱感作法が挙げられる。フラッディングとは、CLに十分な時間、十分な強度の恐怖刺激を体験させる方法である。CLは、恐怖刺激と体験した場面だと最初は強い不安反応を示すが、時間の経過に伴い消去のメカニズムによって不安レベルが徐々に減少していく。例えば、ハトに恐怖を示すCLに対してハトがいる所に長時間いさせる。その際、セラピストも一緒に同じところにいるようにする。最初は、CLは強い不安反応を示すが、時間が経つにつれて不安反応は軽減し、ハトといても不安を感じないようになる。ハトに突かれるとか追いかけられるという無条件刺激と対にしないでハトという条件刺激を長時間呈示することで、ハトという条件刺激は不安や恐怖という条件反応を誘発しなくなるという効果を示すものである。

系統的脱感作法とは、生活に支障をきたすほどの恐怖症を示すCLがリラクゼーションをしながら恐怖をもたらす刺激場面をイメージするものである。不安や恐怖をもたらす場面をあらかじめリストアップした階層表を作成し、セラピストがその階層表に基づき不安の小さい場面から徐々に不安の大きい場面をイメージするように教示する。CLがその場面をイメージしながらリラックスした状態を作り出すことで、恐怖反応の軽減を可能にするものである。例えば、チョウが苦手なCLに対して、リラックスした状態で5メートル離れたところのチョウを見ている場面をイメージするようセラピストが話しかける。CLがこの場面をイメージし、リラックスした状態を維持できたら、今度はセラピストが3メートル離れたところにいるチョウを見ている場面をイメージするよう伝える。ここでもCLがリラックスした状態を維持できれば、セラピストはさらにチョウに近づいた場面をイメージするよう伝える。CLが不安や恐怖を誘発する刺激をイメージしてもリラックスした状態を維持できることが重要となる。このように、リラクゼーション反応によって不安や恐怖の反応が制止されるプロセスを反応制止という。系統的脱感作法では、CLはリラクゼーションの方法を習得しておくこと、セラピストはCLと話し合い、不安や恐怖を誘発する刺激の階層表を作成すること、CLはリラクゼーションの方法をとりながら、セラピストが階層表に基づいてイメージするように教示した場面を思い浮かべることがポイントとなる（Miltenberger, 2001）。

（2）オペラント条件づけ

スキナーは、生体の反応が何らかの結果（consequence）をもたらすことに注目し、反応を引き起こす刺激が何であるかということよりも、結果が反応に及ぼす影響を究明する重要性を説いた（内山, 1973）。つまり、生体の反応はその周囲の世界が何らかの形で変化しなければ発生しないということを、次の実験で明らかにした。

スキナーの実験において、レバーを押すたびに餌が与えられる装置で、空腹のネズミはレバーを

押すことを容易に学習する。しかし、餌が与えられなくなると、レバーを押すことは急速に消失する。最初は、ネズミが偶発的にレバーに寄りかかりレバーを押したということで、この反応を誘発した明確な刺激は定まりがたいが、レバーを押すことによって餌が与えられる結果が伴うと、そのレバーを押す反応は増えていく。一方、レバーを押しても餌が与えられなくなると、レバーを押すことは徐々に減り、消失する。スキナーはこの実験において、動物の反応がその環境に重要な形で働いていることを観察した。つまり、動物の反応が生じた後、生体のこれまでの環境に存在しなかった餌が呈示されたということが、生体の反応が環境に重要な形で操作しているとし、スキナーはこの反応をオペラントと称した（内山, 1973）。このように、反応とその前後の環境の変化との相互作用によって、生体の反応が多様に変化していく過程をオペラント条件づけという。

　行動することで生じた何らかの変化（という結果）によって、その行動自体が起こりやすくなったり、維持されたりすることを強化という。ここで生じた変化とは、行動する前までになかったものが出現したり、増加したりすること、または、行動する前まで存在していたものが消失したり、減少するといった変化を指す。例えば、人に挨拶をすると挨拶が返ってきたので、それから他人に挨拶をするようになるとすれば、これは、挨拶するという行動をすることで、それまでになかった他人の挨拶という反応が出現したという変化がもたらされて、その後も挨拶をすることが起こりやすくなったということである。この時の、挨拶することで出現した他人の挨拶という反応は好子とされる。この好子が行動の後に出現することで、その行動が起こりやすくなったり、維持されたりすることを正の強化（好子出現による強化；行動→好子出現（正）→行動の"強化"）という。また、汚れたテーブルをあるスプレーを使って拭くと汚れがとれたので、その後も汚れたテーブルを拭くときはそのスプレーを使って拭くようになったとすれば、これは、そのスプレーを使ってテーブルを拭くという行動をすることで、これまで存在していた汚れが消失したという変化がもたらされて、その後もそのスプレーを使って拭くことが起こりやすくなったということである。この時の、あるスプレーでテーブルを拭くことで消失した汚れは嫌子とされる。この嫌子が行動の後に消失することで、その行動が起こりやすくなったり、維持されたりすることを負の強化（嫌子消失による強化；行動→嫌子消失（負）→行動の"強化"）という。

　一方、行動することで生じた何らかの変化（という結果）によって、その行動自体が起こりにくくなったり、しなくなったりすることを弱化という。ここで生じた変化は、強化と同様に行動する前までになかったものが出現したり、増加したりすること、または、行動する前まで存在していたものが消失したり、減少するといった変化を指す。例えば、学校の廊下を走ると教師から大きな声で叱責を受けたため、それから学校の廊下を走らなくなる（歩く）とすれば、これは、走るという行動をすることで、それまでになかった教師の大きな声による叱責が出現したという変化が伴い、その後走ることが起こりにくくなったということである。この時の、走ることで出現した教師による大きな声の叱責は嫌子とされる。この嫌子が行動の後に出現することで、その行動が起こりにくくなったり、しなくなったりすることを正の弱化（嫌子出現による弱化；行動→嫌子出現（正）→行動の"弱化"）という。また、サッカーの試合で対戦チームの選手に対して危険なプレーをしてレッドカードを提示されて退場処分を受けたため、

表5-9　オペラント条件づけの４つの随伴性

	出現・増加	消失・減少
好子	正の強化 （好子出現による強化）	負の弱化 （好子消失による弱化）
嫌子	正の弱化 （嫌子出現による弱化）	負の強化 （嫌子消失による強化）

その後はサッカーの試合で対戦チームの選手に危険な行動をしないようになったとすれば、これは、対戦チームの選手に危険なことをするという行動をすることで、これまで存在していた試合に出られる機会が消失したという変化が伴い、その後サッカーの試合で対戦チームの選手に危険なことをすることが起こりにくくなったということである。この時の、試合の出場機会は好子とされる。この好子が危険な行動の後に消失することで、その行動が起こりにくくなったり、しなくなったりすることを負の弱化（好子消失による弱化：行動→好子消失（負）→行動の"弱化"）という。

　これらの４つの随伴性をまとめたものを表5-9に示す。上記に述べた、行動した後に出現または増加したり、消失または減少したりして、行動を起こしやすくするものを強化子という。出現または増加することで行動を強化するものを正の強化子（または好子）、一方消失または減少することで行動を強化するものを負の強化子（または嫌子）という。強化子には、刺激や物だけでなく何らかの行動をする機会や他者からの賞賛や叱責、法律によって用いられる権利等が挙げられる。行動が生じてもその前後で何も変化が生じないこともある。このような場合だと、それまで起こしていた行動を起こさなくなってしまう。これを消去という。例えば、冗談を言うといつも笑って反応してくれた友人が、冗談を言っても笑ってくれなくなると、冗談を言わなくなってしまう。このように、それまである行動の生起に随伴され続けてきた強化子が伴わなくなってしまうと、その行動はやがて生起しなくなってしまう。しかし、強化されてきた行動が消去されはじめると、一時的にその行動が激しく生じることがある。これを消去バーストという。例えば、子どもがこれまでスーパーで何か欲しいものを母親にねだると買ってもらえていたが、子どもが欲しいものをねだっても母親が買わずにいたとすると、子どもはねだるどころか、大きな声で泣いたり、叫んだりするようになってしまう。こうしたバーストした反応が過ぎると、やがて激しい反応も生じなくなっていく。

　また、私たちは生活の中で何らかの刺激を手がかりにして行動することがある。例えば、人の指示や時計、標識や記号等を手がかりに行動を起こすことがある。信号が青だと横断歩道を渡るが、信号が赤だと止まる。自分の名前が呼ばれると返事をする。すると名前を呼んだ他者から反応が返ってくる。しかし、人の名前を呼ばれても自分自身は返事をしない。なぜなら、返事をしても自分に反応は返ってこないからだ。このように、行動の随伴性を経験することで、その手がかりによって行動を起こしたり、起こさなかったりと変化する。これを刺激性制御という。

　三項随伴性とは、特定の状況や手がかりをきっかけに、行動を生じ、その結果何らかの変化がもたらされるという行動成立の枠組みを示したものである（吉野, 2007）。図5-6に示す。先に述べた返事をする時の手がかりは、音声による自分の名前である。このような手がかりのことを弁別刺激（またはSD）という。一方、返事をしないでいる（返事をすることが消去されている）時に提示されている音声による他人の名前をS⊿（エス・デルタ）という。

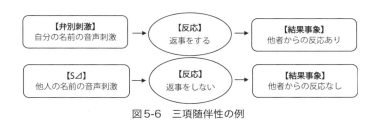

図5-6　三項随伴性の例

〔2〕応用行動分析

　行動分析学（Behavior Analysis）は、1930年代にアメリカの心理学者B・F・スキナーによって創始された（大河内, 2007）心理学の一体系である。オペラント条件づけが起点とされている。行動分析学では、行動の見方に関して「徹底的行動主義」という考え方を基盤にしている。徹底的行動主義による行動の考え方は、①自然科学的方法によって行動を観察、分析、検証すること、②行動は、外見的な身体の動きのみならず、言語行動や複雑な身体内の高次の精神活動（思考や意識等）を含む人間や動物にできるあらゆる活動を分析対象とすること、③行動の原因として、心や意思、自己といった仮説構成体を想定しないこと、④行動は、進化のプロセスで淘汰されてきた遺伝的な要素と、個体の成長過程での経験的な要素によって決定されると考えること、⑤行動のプロセスは、操作的なもの、およびその効果を含めて機能的に定義されること（服巻・島宗, 2008）、といったことが踏まえられている。また、行動分析学では、行動に影響を及ぼす原因として、①身体の構造や働きといった遺伝的要因、②生まれてから現在までの環境との相互作用で作られてきた行動パターンといった過去の経験、③現在の行動を決定する現在の環境を挙げている。

　徹底的行動主義を土台として、行動の原因を行動と環境変数との関係から解明し、行動の法則を発見する基礎科学を実験的行動分析学という一方で、社会的、臨床的な問題を基礎科学で発見された法則に基づき解決していく応用科学を応用行動分析学という。応用行動分析学は、学校教育や特別支援教育、スポーツのコーチング、組織マネジメント、医療や福祉等様々な領域において成果を挙げている（服巻・島宗, 2008）。

　応用行動分析学の特徴として、①対象者の生活改善において重要な行動に関して行動の法則を適用することによって解決を図ること、②問題解決の目標として、行動に焦点を当てたアプローチを行うこと、③科学的な研究を通して行動と環境との関数関係を解明すること、④行動変容のための手続きを正確に定義すること、⑤行動変容のための手続きは行動の法則に基づき記述すること、⑥変容する行動は対象者によって優先性の高いものであり、行動変容のための手続きは効率的で負担が低いものとすること、⑦できるだけ多くの人に多様な場面で適用できる手続きを開発すること（Bear, Wolf, Risley, 1968）、が挙げられる。

　応用行動分析における主な技法として、行動形成（シェイピング）、行動連鎖（チェイニング）等がある。まず、行動形成（シェイピング）とは、それまで生起したことのない標的とする行動を段階的に形成していくことである。例えば、補助輪なしの自転車をこぐ行動を標的行動とするならば、それまで補助輪付きの自転車をこぐことができていたとしても、補助輪を外

すとバランスが保てず、自転車をこぐことは困難である。そこで、はじめは、バランスが保てない中でも、足で地面を蹴って両手でハンドルを持ち、バランスをとりながら前に進もうとするだろう。それから、徐々に両足をペダルに乗せることができ、その後、ペダルに乗せた足でペダルを操作し、その操作を続けることで前進する距離が長くなり、いずれ補助輪なしの自転車を安定してこぐことができるようになる。

　行動形成のポイントは、まず、標的行動に近い、対象者自身ができる行動（近似行動）を見出し、それを活かす（Miltenberger, 2001）。前述の自転車をこぐことでいえば、足で地面を蹴る行動のことである。次に、近似行動から、理想とする標的行動が起こるまでに小さな段階（スモールステップ）を設定し、徐々にレベルを上げていく。そして、上の段階の行動を目指す際には、その段階の行動だけを強化し、それ以外の行動はどれも強化しない手続きをとる。この手続きを分化強化という。これらのポイントを重視して手続きを進めると、標的行動が形成され、生起するようになる。ただ、行動形成で段階が上がる行動を求められると、対象者自身では起こせないこともある。そのような場合に、未形成の行動を起こしやすいようにする手助けや支援のことをプロンプトという。プロンプトには、言葉でわかりやすくヒントを出す言語プロンプト、標的行動を促す手がかりを指さし等で視覚的に明確に示す指さしプロンプト、標的行動を実際にやって見せるモデルプロンプト、標的行動が起きやすいように対象者の身体を誘導する身体プロンプトといった種類がある。標的行動が生起しない場合には、これらのどのプロンプトがあれば生起できるのかを見極め、必要なプロンプトが定まったら、徐々にプロンプトをしなくても対象者自身で起こせるようにしていく必要がある。このように標的行動を生起するために必要なプロンプトを段階的に除去し、最終的にはプロンプトを受けなくても対象者自身で標的行動を起こせるようにしていく手続きを、プロンプト・フェイデングという。

　日常生活スキルや学習スキルには、単一の行動だけでなく、複数の行動の工程をこなす必要のあるスキルもある。例えば、靴を履くことや手を洗うこと、算数の筆算を解くことや文章問題を解くことも、複数の行動の工程を遂行する必要がある。このような複雑な行動工程が習得できない場合には、課題分析および行動連鎖といった技法が適用される。課題分析とは、複数の行動から成り立っている一連の工程を1つの行動（単位行動）に分けることをいう。例えば、ズボンを穿く行動だと、①ズボンを持つ、②右足を通す、③左足を通す、④ズボンを腰まで上げる、⑤上着をズボンに入れる、⑥ファスナーを閉める、⑦ボタンを留めるといった、7つの単位行動に課題分析することができる。そして、各単位行動が対象者自身で生起できるのか、どの程度のプロンプトが必要であるのかを事前に把握する。そして、複数の行動工程のうちの単位行動を1つずつつなげていき、一連の工程の連鎖を形成して、円滑に遂行できるようにする手続きを行動連鎖（チェイニング）という。行動連鎖の方法には、最初の単位行動から最後の単位行動に向けて徐々に連鎖できるようにする順行チェイニング（例えば、前述の①ズボンを持つことから形成し、②右足を通す、③左足に通す、と連鎖できるようにすること）、最後の単位行動から最初の単位行動に向けて徐々に連鎖できるようにする逆行チェイニング（例えば、前述の⑦ズボンのボタンを留めることから形成し、⑥ファスナーを閉める、⑤上着をズボンに入れる、と連鎖できるようにすること）、プロンプトが必要なすべての単位行動にプロンプトを呈示し、徐々にフェ

イディングさせていく全課題提示法がある。中でも、逆行チェイニングは、最後の単位行動を対象者自身で行うことができることで、複雑な行動工程を完了したことを味わうことができ、達成感が得られやすく、行動連鎖の習得に効果的であるとされる。また、全課題提示法では、対象者が文字の理解が可能である場合、各単位行動を順に文字や写真や絵などの視覚手掛かりを用いた手順表（課題分析表）にして示す方法としても活用できる。

これらの技法を活用しながら、対象者の日常生活の行動変容を目指して問題解決を図る1つの方法として応用行動分析は活用される。応用行動分析を支援手法として活用する際には、支援効果を確実に評価して支援を遂行することが求められる。確実に支援を評価するためには、①対象者の標的行動を具体的に定義すること、②支援者の支援手続きとして、先行子操作、結果操作、プロンプトを具体的に立案すること、③標的行動の生起状況を記録すること、④標的行動の達成基準を設定し評価すること、が必要である。③標的行動を記録する方法としては、対象者の標的行動を支援時間中ずっと観察し、標的行動が生起するたびに行動の頻度、持続時間、強度、潜時等を記録事項として記録する連続記録法と、対象者が行った標的行動の結果産出された産物を記録する産物記録法がある（Miltenberger, 2001）。例えば、取り組んだ作業の製品数や、回答し正解した問題数等があげられる。その他にも、特定の時間間隔の間に標的行動が生起したかどうかを記録するインターバル法記録法や各インターバルの一部分だけ観察・記録するタイムサンプル記録法もある（Miltenberger, 2001）。④標的行動の達成基準の設定については、標的行動の生起頻度や持続性の視点で、1回の支援セッションにおいて標的行動が全試行（全場面）中のどれくらいの確率で生起したのか、高頻度（高確率）で標的行動の生起が確認できた支援セッションが何回持続したら達成とするかを具体的に設定する必要がある。例えば、1回の支援セッションにおいて全標的試行（標的場面）中の80％の生起率を3回の支援セッションで維持できたら達成とみなすというように、高頻度の標的行動がある一定の期間維持できたことが確認できる達成基準を設定し、評価することが重要である。

（倉光 晃子）

〔3〕認知行動療法

（1）認知行動療法の系

認知行動療法は、人の生活において客観的に測定できるものとしての行動や思考の検討を重視し、表5-10のように3つに大別される。

（2）クライエントとセラピスト関係の構築

認知行動療法におけるCLとセラピストの関係構築は、CLとセラピストの「協同実証主義」という考え方が重視されている。神村（2014）は、CLとは、自分自身が抱える「困難や症状」について個別的な事情をよく知っている「専門家」であるが、その一般的な対処方法については「門外漢」である。そこで、一般的な対処法についての専門家であるセラピストがコンサルタントとしてかかわる（図5-8）と説明する。また、セラピストは常にCLとの相互作用を分析しながら、柔軟に自らの行動（働きかけ）を変えていくという、機能的な視点をもって認知

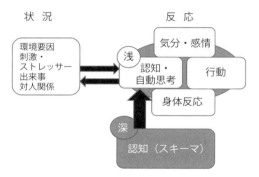

図5-7　認知療法系CBTの基本モデル（伊藤, 2016）

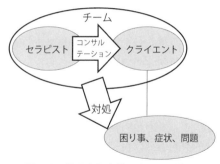

図5-8　協同実証主義における関係

表5-10　認知行動療法の系

（1）行動療法系（第1世代　1950～60年代以降）

　スキナー心理学からはじまる学習理論・行動分析に基づく行動変容のアプローチである行動療法から発展した認知行動療法である（詳しくは、本節の〔1〕行動療法の原理、〔2〕応用行動分析を参照）。
　技法としては、レスポンデント条件づけ、オペラント条件づけ、モデリング、行動リハーサル（ロールプレイ）、問題解決療法、行動活性化、自己主張訓練（アサーティブ・トレーニング）、リラクセーション、暴露法（エクスポージャー法）、社会技能訓練（ソーシャルスキル・トレーニング：SST）などが挙げられる。

（2）認知療法系（第2世代　1970年代以降）

　うつ病治療の臨床実践から生まれ、思考内容を主に取り扱う認知療法から発展した認知行動療法である。認知療法は、アーロン・ベックがうつ病の治療実践の実証研究を行い体系化した。伊藤（2016）によれば、認知療法の基本モデルは図5-7のように相互作用モデルでもあり循環モデルでもある。状況と個人は相互的・循環的に作用し合い、個人の「今・ここ」での体験も、便宜上、認知（自動思考）、気分・感情、身体反応、行動に分けた場合でも、それらは相互的・循環的に作用し合っている。自動思考という浅いレベルの認知の背景に「スキーマ」と呼ばれるその人なりの深い思い、価値観、マイルールのようなものを想定し、クライエントの抱える問題を循環的に整理し、理解する。次に悪循環を解消するために直接的なコーピングを工夫することで悪循環が解消されることをクライエント自身が体験する。
　技法としては、認知的概念化、心理教育、認知再構成法、問題解決法、イメージ技法、エクスポージャー、行動実験、リラクセーション、アサーティブ・トレーニング、SSTなどを行う。

（3）マインドフルネス系（第3世代　2000年代以降）

　行動療法と認知療法の双方を含んで成り立つ理論で、認知の「機能」を変えることに視点を持つ認知行動療法が注目されるようになった。第3世代はマインドフルネスに代表され、マインドフルネス認知療法（MBCT）、アクセプタンス＆コミットメント・セラピー（ACT）（Hayes et al., 武藤他訳, 2014）、弁証法的行動療法（DBT）、メタ認知療法（MCT）、行動活性化療法（BA）、動機づけ面接（MI）（原井, 2012）などを包含して多様となっている。
　ここではマインドフルネスを紹介する。マインドフルネスは「今ここでの経験に、評価や判断を加えることなく意図的に注意を向けることで得られる気づき」（Kabat-Zinn, 春木訳, 2007）と定義されている。マインドフルネス認知療法は、マインドフルネスストレス低減法（MBSR）より発展したもので、これは仏教で行われる瞑想からエッセンスを取り出し慢性疼痛患者の8週間のグループへの治療として始まった。マインドフルネス認知療法は、うつ病の再発の予防にかかわる脆弱性の理解が、プログラム構成のベースである。また、「心のモード」の重要性を統合する形で、「すること」モード[1]と「あること」モード[2]を区別して、うつ病の悪化につながる「自動操縦で駆り立てられる」モードと、マインドフルに"今ここ"を直接的、即時的、親和的に体験する」モードを定式化（熊野, 2012）する。英国の国立医療技術評価機構（NICE, 2003）は、うつ病の再発予防に効果的な治療法としてマインドフルネス認知療法を推奨している。この適用範囲は、不安、ストレス対処行動、慢性疾患の心身症状軽減などに広がっている。
　MBCTの各セッションの主要テーマ、中心となる内容、実習するマインドフルネス・エクササイズ（越川, 2013）については表5-11を参照。

※1「すること」モード　何か目的を実現するために問題解決的に考え、それに基づいて行動している時のことを指しており、通常の生活でほとんどの場合このモードにある（熊野, 2012）。
※2「あることモード」　マインドフルネス瞑想をしている時の体験について述べたもの。自分の中に浮かんでくる思考や感情に気づきながらも反応せず、ただそこにいるという状態（熊野, 2012）。

行動療法を実践していくことが重要（大月, 2019）であると考えられている。
　CLとセラピストの関係について、CLは自分が回復した要因をどのように捉えているか、ランバート（2001）は図5-9のように示した。この研究結果によれば、治療外要因が40％であり、治療でのCLとセラピストの関係性が30％、介入技法・モデルの要因は全体の15％、期待とプ

表5-11　マインドフルネス認知療法（MBCT）

セッション	主要テーマ	中心となる内容	マインドフルネス・エクササイズ
1	自動的に反応していることに気づく	マインドフルネスという注意の向け方が体験の質を変化させることに気づく	レーズン・エクササイズ※1、ボディスキャン※2
2	練習がうまくいかないときの反応	ものごとへの価値判断を伴った解釈が悪循環の引き金になることを示す	ボディスキャン、思考と感情のエクササイズ
3	心が彷徨うことへの対応	分析的・知的な方法とは異なるストレスとの関係の取り方を学ぶ	5分間のただ「見る」「聞く」練習、3分間呼吸空間法、マインドフル・ストレッチ、マインドフル・ウォーキング※3
4	執着と嫌悪を受け流すこと	執着と嫌悪がストレスを生み出していることを知る	5分間のただ「見る」「聞く」練習、40分間の坐瞑想、3分間呼吸空間法
5	経験との異なるかかわり方	あらゆることに気づきを向けることを実習する　受容について学ぶ	40分間の坐瞑想、3分間呼吸空間法　40分間の坐瞑想、3分間呼吸空間法
6	思考との異なるかかわり方	（思考としての思考）との付き合い方を実習する	40分間の坐瞑想、3分間呼吸空間法、気分思考、今までとは違う見方のエクササイズ
7	自分を大切にすること	活動と気分の関係を検討する　再発の兆候に気づく　嬉しい感じ、うまくいった感じを味わえる活動リストを作成する	40分間の坐瞑想、3分間呼吸空間法あるいはマインドフル・ウォーキング
8	これからに活かす	マインドフルネスの実習の継続に必要なことを検討する	ボディスキャン

※1　レーズン・エクササイズ　マインドフルネスの導入のレーズンを食べるエクササイズであり、実践そのものや実践についてのフィードバックから習得する（越川, 2007）。
※2　ボディスキャン　身体の様々な部位に意識的に注意を移し、そうしたときに何が起こるかという気づきを促す（越川, 2007）。
※3　マインドフル・ウォーキング　毎日の歩行を、身体感覚にもっと気づくようになるためのマインドフルネスの練習として用いる。自分が歩いていることを意識し、かつ感じながら歩く（越川, 2007）。
出所：シーガルほか著, 越川監訳（2007）『マインドフルネス認知療法』に一部加筆

ラセボ効果が15％である。セラピストは介入技法やそのモデルに着目しがちであるものの、CLにとってはセラピストとの関係性が大きいことに留意したい。

　林（2013）は、認知行動療法のプロセスとして関係性の構築の重要性について整理しており、認知行動療法実施前に学ぶべき内容として以下を示した。CLが認知行動療法へ積極的に参加したいと思えるような関係性を構築することは、セラピストの重要な技術であろう。

図5-9　クライエントが捉える回復要因

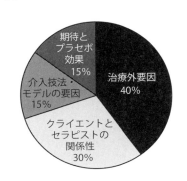

　　第1にクライエント中心療法の基本原則（共感的理解の
　　　大切さ）
　　第2に関係性を構築するための面接技術（マイクロカウ
　　　ンセリング：①かかわり行動、②クライエント観察技法、③質問、④励まし、言い換え、要約、
　　　⑤感情の反映）
　　第3に動機づけ面接法（CLの変化に対する理解・配慮・対応：①共感を示す、②矛盾を広げる、
　　　③抵抗を転用する、④自己効力感を支える）の技術を紹介している。

（3）医療分野の認知行動療法の適用の対象と技法について

　ここでは特に医療分野について取り上げる。まず保険診療の「認知療法・認知行動療法」について説明する。次にチーム医療での認知行動療法の活用、そしてこの分野での対象と介入技法について説明する。

表5-12　うつ病の保険診療「認知療法・認知行動療法」における流れ（大野, 2010）

ステージ	セッション	目的	アジェンダ	使用ツール・配布物
1	1-2	症例を理解する 心理教育と動機づけ 認知療法へsocialization	症状・経過・発達歴などの問診 うつ病、認知モデル、治療構造の心理教育	うつ病とは 認知行動療法とは
2	3-4	症例の概念化 治療目標の設定 患者を活性化する	患者の期待を含めて、治療目標について話し合う 活動スケジュール表など	問題リスト 活動記録表
3	5-6	気分・自動思考の同定	3つのコラム	コラム表 〜考えを切り替えましょう
4	7-12	自動思考の検証	コラム法 （オプション：人間関係を改善する） （オプション：問題解決）	バランス思考のコツ 認知の偏りとは 人間関係モジュール 問題解決モジュール
5	13-14	スキーマの同定	コラム法継続 スキーマについての話し合い	「心の法則」とは 心の法則リスト
6	15-16	終結と再発予防	治療の振り返り 再発予防 ブースター・セッションの準備 治療期間延長について決定する	治療を終了するにあたって

①保険診療の「認知療法・認知行動療法」

　日本では、「認知療法・認知行動療法」をマニュアルに準拠して行った結果、うつ病、不安障害、複雑性悲嘆、パーソナリティ障害への有効性、そして対人関係療法の摂食障害への有効性が示された。このことから、2010年4月に保険診療で、うつ病に対して一定条件のもとで「認知療法・認知行動療法」が算定されるようになった。表5-12では、うつ病の保険診療「認知療法・認知行動療法」における流れ（大野, 2010）を示した。

　保険診療の「認知療法・認知行動療法」の適用範囲（全国保険医団体連合会, 2018）が広がっており、厚生労働省ホームページ「心の健康」に、うつ病、強迫性障害（強迫症）、社交不安障害（社交不安症）、パニック障害（パニック症）、PTSD（心的外傷後ストレス障害）の対象のマニュアルが掲載されている。また、神経性過食症に対する認知行動療法（国立研究開発法人国立精神・神経医療センター, 2017）も算定可能になった。

②チーム医療

　心理学的支援の重要性は、精神科のみならず身体科医療の様々な方面で着目されており、チーム医療で認知行動療法の視点を持ち活動している心理職がいる。心理職がかかわるチーム医療の例は、精神科リエゾン、救急、認知症、HIV、遺伝、周産期母子、不妊治療、移植医療、緩和ケア、糖尿病、リハビリテーションなど多岐にわたる。

　これらのチーム医療の例のうち精神科リエゾンチームは、精神科専門職チームが身体科医師や看護師、他の医療者と協働するコンサルテーション活動を行う。一般病棟におけるせん妄や抑うつ、精神疾患、自殺企図などの精神症状のある患者に、早期に精神科専門医療を提供する。症状の緩和や治療が円滑に進むよう、精神科医、看護師、薬剤師、作業療法士、精神保健福祉士、公認心理師などの多職種が連携して、症状の評価や診療方針の決定のためのカンファレン

ス、治療結果の評価を行う。

　身体疾患患者の心理社会的アプローチ（鈴木編著, 2008）には、①精神医学的問題に対する評価と介入の支援、②生活習慣や受療行動の改善に関する支援、③医療チームへのコンサルテーション支援が挙げられる。患者と家族が疾病とどう付き合ったらよいか、経験する苦痛から生じる抑うつや不安などの精神症状の経験、治療への動機づけ、クオリティオブライフ（QOL）の視点を持つことなどにおいて、認知行動療法を活用する可能性がある。認知行動療法を導入する場合は、チーム医療の多職種の共通理解の上で、患者には心理療法以外の治療法を含めてトータルのメリットやデメリットを説明する。患者が納得して意思決定できるよう、「根拠：その治療が有効で安全とする理由」、「価値観：患者が解決したいことや望むこと」、「資源：利用できる費用・時間・労力」（厚生労働省, 2019）と治療者の技術・経験を含む専門性を統合してよりよい医療を目指して支援することが大切とされている。

　コンサルテーションに認知行動療法を活かすには、機能的行動アセスメントから悪循環や相互作用を分析し提案する。医療者に対しては、燃えつき予防のためにストレスマネジメントの心理教育やマインドフルネスを取り入れ、医療者との会話でさりげなく認知再構成法を使う（市倉ほか, 2013）という役割も、医療チームにとって重要である。

③対象と介入技法

　医療分野での認知行動療法の適用の主な対象と介入技法の例を、表5-13に示す。

　表5-13に挙げた以外にも、医療では双極性障害、適応障害・ストレス、強迫関連症候群、特定の恐怖症、依存症・嗜癖、トゥレット症候群・チック、小児期発症流暢症（吃音）、反抗挑発症、高次脳機能障害、過敏性腸症候群、プライマリケアなどの様々な疾患で適用がなされている。

　また集団認知行動療法（秋山ほか監修, 2008）は、医療機関では精神科ショート・ケアや精神科デイ・ケアなどの中で、心理職や看護師、作業療法士などのチームワークにより実践されている。対象は、うつ病、強迫性障害、社交不安障害、発達障害、ひきこもり、薬物依存、性加害、親子関係、予防や復帰支援、本人向け、女性限定、家族向けなどがある。なお医療以外でも、保健機関、自助援助機関、民間回復施設、私設相談室などで集団認知行動療法が行われている。

④福祉分野をはじめとした多分野での適用と技法

　認知行動療法は、前に挙げた医療分野以外も、福祉、教育、保健、司法、災害支援、産業などの分野の機関において取り入れられ行われる。表5-14に、分野別に特色のある技法（日本認知・行動療法学会編, 2019）を挙げておく。特に福祉や教育の分野では、多くの介入技法が取り入れられていることがわかる。

　これらの技法は、いずれも対面でのアプローチを前提としているが、インターネットやビデオ会議システムを用いた方法、スマートフォンのアプリを用いたセルフヘルプのトレーニングツールがあり、認知行動療法へのアクセスのしやすさを工夫する取り組みが行われている。

表5-13　医療分野での認知行動療法の主な対象と介入技法の例

対象	特に対象のある場合とその介入技法の例
うつ病	心理教育、セルフモニタリング、活動スケジュールと行動活性化、問題解決技法、認知再構成法、再発予防、SST、スキーマ療法、マインドフルネス、ACT、認知行動分析システム精神療法（CBASP）、MI
強迫性障害	心理教育、エクスポージャー法、暴露反応妨害法、セルフコントロール、ACT、MI
社交不安障害	心理教育、認知再構成法、注意トレーニング、行動実験、身体感覚エクスポージャー、マインドフルネス、ACT
パニック障害	心理教育、認知再構成法、注意トレーニング、行動実験、身体感覚エクスポージャー、マインドフルネス、ACT
心的外傷後ストレス障害・複雑性悲嘆	認知処理療法（CPT）、TS－CBT：エクスポージャー法、認知再構成法、ストレス免疫訓練、心理教育 EMDR：眼球運動による脱感作と再処理 感情と対人関係調整のスキルトレーニング・ナラティブセラピー（STAIR-NT） 複雑性悲嘆療法（CGT）：PE、MI、対人関係療法が修正して用いられる。：心理教育、悲嘆のモニタリング、個人の目標、想像再訪問、状況再訪問、思い出と写真、想像上の会話 子ども；トラウマフォーカスト認知行動療法（TF-CBT）：トラウマの心理教育、養育スキル、リラクセーション、感情表出と調整、認知再構成、認知コーピング
境界性パーソナリティ障害	弁証法的行動療法（BDT）：承認戦略、問題解決戦略、弁証法的戦略、マインドフルネス、苦痛耐性・感情調節・対人関係保持スキルトレーニング スキーマ療法：治療的再養育法
摂食障害	神経性やせ症；心理教育、家族介入、入院での行動制限療法、マインドフルネス、MI 神経性過食症；刺激統制、食行動修正、強化CBT（CBT-E）、MB-EAT ガイデッドセルフヘルプ：心理教育、症状モニタリング
睡眠障害	CBT-I：睡眠教育、心理教育、睡眠スケジュール法（刺激制御法・睡眠制限法）、筋弛緩法、セルフモニタリング、認知再構成法
統合失調症	暴力・自殺のリスクアセスメント、強固な治療関係の構築、コンパッションマインド・トレーニング、セルフモニタリング、ストレスマネジメント 陰性症状；トークンエコノミー、SST、生活スキル訓練、自己教示訓練、問題解決技法 陽性症状；CBT-p：協同的実証主義、認知再構成法、行動実験
慢性疼痛	疼痛に関する教育、漸進的筋弛緩法と視覚イメージ法、認知再構成法、ストレスマネジメント、怒りの管理（アサーティブ・トレーニング）、睡眠管理法、マインドフルネス、ACT
生活習慣病（糖尿病など）	セルフモニタリング、再発予防訓練（リラプス・プリベンション）、うつ病との併発のためのアドヒアランス向上（CBT-AD）、ACT、MI
緩和ケア	心理教育、リラクセーション、漸進的弛緩法、がんの恐怖に対するコーピング（問題解決療法、認知再構成法）、注意訓練、ストレスマネジメント訓練、マインドフルネス

出所：日本認知・行動療法学会（2019）『認知行動療法事典』

表5-14　分野別に特色のある技法

分野	特に対象のある場合とその介入技法の例
福祉	（1）子ども 児童相談所通所、一時保護所；心理教育、トラウマケア；TF-CBT、親子相互交流療法（PCIT）、CAREプログラム、コモンセンスペアレンティング、トリプルP、ペアレントトレーニング 乳児院、里親、児童養護施設、情緒障害児施設、児童自立支援施設；心理教育、主張訓練、ソーシャルスキルトレーニング、トラウマケア；TF-CBT、子どもと養育者向けAF-CBT（家族のための代替案） 保育園、放課後児童クラブ；行動コンサルテーション、行動観察、機能的行動アセスメント （2）青年 ひきこもり家族；コミュニティ強化と家族訓練（CRAFT）：SST、機能分析ほか5STEP （3）障害児者 ①子ども（個人のスキルを伸ばす視点） 療育・放課後デイサービス；応用行動分析、モデリング、フリーオペラント法、親への心理教育、行動コンサルテーション、機能的行動アセスメント、ペアレントトレーニング（行動理論による／ACTによる） 認知トレーニング法；注意訓練、SST、刺激統制、リマインドによる行動マネジメント ADHD；サマートリートメントプログラム ②思春期以降（環境を調節する視点） 自己管理、環境調整、他者からのサポート

	マインドフルネス：少人数、個別形式の付加、メタファーの代わりに視覚教材、認知再構成法などの介入省略、障害特性に焦点を当てたマインドフルネス・エクササイズの追加 ASD併存の不安コントロールとしての暴露法、暴露反応妨害法、コミュニケーションスキル、特性理解心理教育 就労；SST、問題解決訓練、セルフモニタリング、環境調整、刺激統制、知的障害のセルフマネジメント 強度行動障害；TEACCHプログラム、トイレットトレーニング、固定時間スケジュール、絵カード交換式コミュニケーションシステムによる代替行動形成、ポジティブ行動支援、非随伴性強化、機能的行動アセスメント ピアサポート（仲間関係、きょうだい）；仲間媒介法、仲間へのソーシャルスキル、予防的・集団的な介入プログラム
	（4）高齢者 認知症；行動活性化療法、ポジティブ行動支援（PBS）、認知症の行動・心理症状（BPSD）への分化強化、非随伴性強化 家族介護者；行動コンサルテーション、ストレスマネジメントプログラム（リラクセーション、不眠のCBT）、心理教育、認知再構成法、アサーティブ・トレーニング、行動活性化、マインドフルネス、ACT、複雑性悲嘆治療（CGT） 介護職員；応用行動分析、機能的行動アセスメントの研修、ケース検討会
教育	ストレスマネジメント：リラクセーション技法（呼吸法、筋弛緩法、自律訓練法）、認知的評価の理解と変容、コーピング、SST、アサーティブ・トレーニング、抑うつ予防教育、問題解決療法プログラム、マインドフルネス 教師；行動コンサルテーション：ケース検討会議での問題行動や適応行動の明確化と機能分析、心理教育、認知再構成法、ティーチャートレーニング：応用行動分析、行動を「好ましい行動」「見逃す行動」「許しがたい行動」に分ける、強化と消去、指示の出し方、トークンエコノミー TCIT：教師のライブコーチング 自閉症スペクトラム症児への個別試行支援法：サローズとグラープナーの体系化（プロンプト＆フェイディング、時間遅延法、モデリング、行動形成、行動連鎖化、正の強化、役割交替、ビデオモデリング、社会ストーリー、社会的ルールの討議、現実場面でのプロンプト、行動スクリプト） 日常生活の中での発達を促す日常環境発達行動支援法：ドーソン他のカリキュラムEDSM 自閉症幼児への介入法：JASPER（環境設定、模倣とモデリング、プレイ・ルーティン、対人コミュニケーションの促進、遊びの拡大、協同注意や要求行動を引き出す） 怒り・攻撃；問題が発生する前の一次予防的な介入としての問題解決療法（問題の定式化、解決策の案出、意思決定、解決策の実行と評価） 自殺予防：CBT－SP（自殺関連行動に関する連鎖分析、自殺関連行動を惹起する要因への対処、将来のストレスフルな出来事に対する対処） いじめ：いじめや暴力に競合する反応の形成、いじめられている本人の行動のレベルを上げ対決しうる行動を形成、自発的行動すべて強化、行動実験、抵抗するレパートリー形成、強化操作、認知再構成法 いじめ予防：学級単位のSST、相互に認め合うスキル形成、教師から生徒に正の強化 不登校：包括的アプローチ（支援関係の設定、個別の支援計画の設定、再登校支援計画の作成と実施、再登校以降の支援計画の設定、登校行動活性化支援の実施） 大学；ADHDコーチング、心理教育、目標設定
保健	発達障害早期発見：親子教室での心理教育、モデリング、行動形成、正の強化 児童虐待予防、早期発見：セルフモニタリング、リラクセーション、心理教育 生活習慣病予防：セルフモニタリング、上手な目標設定、行動遂行のための環境調整や動機づけの向上、自己強化とトラブルシューティング
司法	被害者支援：被害者感情、ソーシャルサポート、トラウマケア 少年司法：青年の破壊行動への包括的な治療法；里親ケアによる多元的療法、マルチシステミックセラピー、家族療法の組み合わせ 少年鑑別所・少年院・刑事施設・保護観察所：薬物依存、性犯罪、暴力などの問題に応じたプログラム 性加害再犯防止：適応行動の拡大（グッド・ライブズ・モデル）、性加害行動の消去（リラプス・プリベンション）、嫌悪療法、集団認知行動療法　ACT、マインドフルネス　MI
災害支援	心理的応急処置（PFA）：支援者に対するセルフケアとしてのストレスマネジメント、心理教育 サイコロジカルリカバリースキル（SPR）：アセスメントと課題形成、行動活性化、認知再体制化、不安マネジメント、ソーシャルサポートの充実、問題解決法 外傷体験に対する介入は、表5-13の対象の心的外傷後ストレス障害を参照のこと
産業	従業員支援プログラム（EAP）、就労支援、リワークプログラム：予防教育、心理教育、セルフモニタリング、リラクセーション、行動活性化、認知再構成法、コミュニケーションの研修、問題解決療法（問題の明確化、メリットとデメリットの整理）、マインドフルネス、ACTを用いたストレスマネジメント

出所：日本認知・行動療法学会（2019）『認知行動療法事典』

第5章 ● 福祉心理学的支援の基盤Ⅱ

⑤留意点

　これまで見てきたように、認知行動療法は実証研究が盛んに行われ発展してきた。これからも様々な分野に応用範囲を広げ、新しい介入技法を取り込みながら躍進を続けるであろう。医療の他、福祉・教育分野などにおいても認知行動療法は多くの方法が実践されて注目されていることを示した。一方で、認知行動療法の技法による介入が適用とならない状態の事例、ドロップアウトの事例も存在する。技法を行うことができるセラピスト不足の問題もある。CLの福祉的視点からは、他のアプローチもあわせて検討し対応する、適切にリファーするなどの必要もあることに留意したい。

（田中　周子）

⑤　心理検査の概要

〔1〕心理検査の基本的考え方

（1）心理検査とは何か

　心理検査は、人間性の解明のために生み出された心理学的技法ということができる。19世紀末キャッテル（Cattel, J.）が精神検査という言葉を使用し、1905年にビネー（Alfred Binet）が世界で初めてとなる知能検査を発表して以来、今日に至るまで多くの心理検査が開発されてきた。歴史をひも解くと、1921年には、投映法としてロールシャッハ・テストが考案され、1935年には、マレー（Murray, H. A.）とモーガン（Morgan, C. D.）によりTAT（主題統覚検査）が「空想研究法」として発表され、1940年にはMMPIが発表されるなど輝かしい歴史がある一方、1960年代には、知能指数や偏差値などに対する批判が、心理学者や一般の人々から上がったりもした。いろいろな時代の変遷を経て、医学モデルに準拠した心理診断よりも、人としての人間性の成長と健全性を重視する健康モデルに準拠した心理診断が行われるようになったのである。そして、人間性の正常・異常や健康・健康障害等に関する科学的研究が促進され、客観的基準がますます求められている。しかし、一方では被験者が持つ潜在的能力にも目を向けていく必要があり、あくまでも個人の尊厳と成長を重視した考えのもとに、心理検査が活用されなくてはならないのである。

　心理検査法には、発達検査、知能検査、パーソナリティ検査、神経心理学的検査、適性検査、記銘力検査など様々なものがある。パーソナリティ検査には質問紙法、作業検査法、描画法、投映法などがある。それぞれの検査法には特徴があり、質問紙法と投映法の特徴をまとめると（表5-15）のようになる。この比較から見てみると、質問紙法の特徴として、集団での実施がしやすいこと、時間があまりかからず実施や評価ができること、検査者の主観が入りにくいことなどが挙げられる。かたや投映法では、被験者が反応を様々な形で表出しやすいことや、比較的無意識的なレベルの情報が多面的に得られやすいなどの点が特徴として挙げられる。

　心理検査の特徴を活かしながら、心理臨床の場ではアセスメントを行っていくことになるのである。そこで重要なのは、心理検査の信頼性や妥当性（表5-16）がしっかりと担保されて

表5-15　質問紙法と投映法の特徴（小俣，2013）

	質問紙法	投　映　法
検査の意図	伝わりやすいので、反応の歪曲が起こる。	伝わりにく。曖昧。
反応の自由度	低い。多くは決まった答えを選ぶ。	高い。さまざまな反応が可能。
検査時間	比較的短い。	比較的長い。
測定の範囲	意識的レベルのもの。	より無意識的・多面的な情報が得られる。
知的能力	言語能力に依存する。	依存しづらい。
実施対象	集団での実施がしやすい。	集団での実施が困難。
結果の分析	より客観的な判定が可能。	検査者の主観が入りやすい。
採点や解釈	比較的容易であり、短時間で行える。	熟練を要し、時間がかかる。

表5-16　心理検査の科学的要件

要件	内容
信頼性	物差しの「歪み」が小さいこと
妥当性	測りたいものを測っていること
客観性	だれがやっても同じ結果が出ること
標準化（統計）	母集団の平均値と分数（分布）がわかっていること
標準化（手続き）	だれでも同じように実施できること

おり、測定しようとしているものが確実にはかられていなければならない。

（2）心理検査における注意点

　被験者の臨床的理解は、共感的な関係のもと被験者の個別的主観性を重視して行われなければならない。面接法で被験者から得られる情報は、主訴、来談動機、成育歴、現病歴や家族関係など、被験者や家族が直面している問題がほとんどであり、被験者の全体像から見て部分的であり、不明瞭な点も少なくないことから、面接によるものとは違った角度からの情報収集を行い、被験者の全体性や構造的理解につなげていくことが必要である。このような意味から、被験者との面接の初期の段階で心理検査が行われることになる。心理検査を行うことで、心理診断や臨床的見地からの被験者理解が深まり、臨床的援助への見立てや心理療法的処遇の方向づけが可能になるのである。また、被験者の状態像に変化が見られたときや終結の判断、退院が可能かどうかの判定のために活用されることがある。

（3）心理検査を行うときの基本的態度

　心理検査を行うのは、被験者の利益や福祉のためであることを忘れてはならない。臨床の場で行われる心理検査は、被験者の全体性を知るための有効な手段であるとともに、援助に役立つものでなければならない。かつ、被験者にできる限り負担を強いないものでなければならない。これは臨床を行うときの基本原則であり、病院における主治医からの心理検査でのアセスメントを依頼された場合でも同じである。

（4）実施目的の説明

　心理検査を何のために行うのか、その目的に十分に応えることができるものであるのかを吟

味した上で、どの心理検査を選べばよいのかを決めなければならない。

　心理的援助を行うとき、被験者のことで不明な点や疑問に思うこと、わからないことなどに出くわすことになる。それぞれの疑問に答えるために、心理検査の実施目的や種類などが自ずと決まってくるのである。

　そして、心理検査を行った結果が、その後の処遇に活かされなくては何の意味もないということを、しっかり認識した対応が求められるのである。被験者は、心理検査を受けることで、自分の内面が丸裸にされるのではないかという警戒感を持つことになる。それを和らげるためにも、検査実施の目的を十分に説明し、不安を取り除くことが重要である。検査を行う際には、被験者が安心できる環境整備に努め、留意点を守りながら実施しなくてはならない。無理強いすることは決して許されない。

（5）職業倫理の順守

　心理検査を実施する者（検査者）は、その検査を行うことにより、どんなことが明らかになり、検査がどこに焦点を当てたものであるのか、どのような構成になっているのか、そこから得られる結果はどのような基準や枠組みを持ち、いかなる意味を提供しているのか、といったことに対して熟知していることが求められる。各検査法の特徴を把握した上で、検査方法についても十分習熟していなければならないのである。

　心理検査は万能ではないため、その限界や問題点、被験者の心理や応答時の行動観察等についても理解しておく必要がある。得られる結果が十分に活用できるという見通しのもと、正規のルールに従って実施するものでなければならないのである。

　そのためにも、検査者は自ら被験者体験をしておくとよいと考えられる。どんなに簡単だと思われる検査でも、検査を受けるときには、緊張や不安がわいてくるものである。被験者のこのような感情について体験を通して、十分理解しておくことが望ましいのである。また、被験者のプライバシーの保護と守秘義務に関しても、注意が払われなければならない。検査というものは、それだけで被験者を客体化し、被験者の心に侵襲するものであるがゆえに、その影響について十分な配慮を行わなければならないのである。

（6）所見のまとめ方

　所見を書くときの注意点としては、実際のデータを正確に掌握したうえで、被験者の人間としての全体像がわかるようにまとめる必要がある。被験者にとって有益な面が見出せる所見にすることが大切である。また、他職種の専門家が見てもわかるように、簡潔に記述することが求められるのである。

　被験者に結果について説明する際は、被験者が受け止めやすい表現を用いて説明をすることが重要である。そして、被験者の今後にプラスになるような、理解しやすい言葉を使用することを意識することが大切である。

〔2〕心理検査の種類

（1）心理検査の種類

　様々な心理検査は、一般的には測定の目標と方法により整理されることが多い。心理検査を種類別に大きく分けると、能力検査と性格検査の2つに分かれることになる。能力検査は、測定するポイントの違いにより、「発達検査」、「知能検査」、「適性検査・学力検査・その他」に分類される。一方、パーソナリティ検査（性格検査）は方法・手段により「質問紙法」、「作業検査法」「描画法」「投映法」などに分かれることになる。

（2）発達検査

　親が子どもに向けるまなざしは、愛情に満ちたものであり、子どもの健やかな成長を願うものでもある。子どもが寝返りをしたといっては喜び、つかまり立ちができたといっては幸せな気持ちになる。反面、よその子と比較して、言葉が遅いのではないかと心配したりする。時には深刻な悩みとして抱えることもある。

　発達検査は、乳幼児一般の平均的な発達を標準に、全身の運動機能や手指の巧緻性、生活習慣や社会性、言葉の理解や表出などについて、幅広い領域を網羅できるように作られているものが多い。検査によっては、発達の指標である発達指数（DQ: Developmental Quotient）を算出できるものもある。生涯発達において、乳幼児期は個人差の最も少ない時期であり、かつ成長のスピードが著しい時期でもある。発達検査は、乳幼児の障害を早期に発見し援助するため行われるものである。

　発達検査を行うにあたっては、テスト法と観察法の2つがある。

①テスト法と観察法

　テスト法の特徴は、乳幼児に直接検査を行う方法である。利点としては、乳幼児の発達の状況を直接観察できることである。問題点としては、導入や施行の難しさが挙げられる。テスト法では、MCCベビーテストなどがその例である。

　観察法は、乳幼児の様子を観察することでその行動様式を見ていくものである。観察法の多くは、質問紙を用いており、質問項目にできるかできないかを記入してもらうものである。母親やその子のことをよく知っている人に記入してもらう場合と、問診形式で質問し、評定者が判定する場合もある。観察法の利点は、子どもがいなくても母親の記入だけで評価ができる点にある。しかし、母親の情報の正確さにゆだねられるため注意が必要である。

②代表的な発達検査

　代表的な乳幼児の発達検査を加藤（2010）のまとめたものから見ていく（表5-17）。

　デンバー式発達スクーリング検査は、1986年フランケンバーグ（Frankenburg, W. K.）とドッヅ（Dodds, J. B.）によって作成され、上田礼子によって標準化されたものである。「個人-社会」「微細運動-適応」「言語」「粗大運動」の4領域を測定することができる。

表5-17　代表的な発達検査（加藤，2010）

検査名	作成者	適用年齢範囲
乳幼児精神発達診断法	津守真・稲毛数子	0歳〜7歳
MCCベビーテスト	キャッテル（Cattell, P.）	2か月〜30か月
幼児総合発達診断検査	辰見敏夫・余語正一郎	3歳〜6歳
ゲゼル式発達診断検査	ノブロック（Knobloch, H.）	4週〜36か月
ミュンヘン機能的発達診断法	ヘルブルッケ（Hellbrugge, T.F.）	新生児〜12か月
MN式発達スクリーニングテスト	向井幸生	6か月〜6歳
新版K式発達検査	嶋津峯真　他	3か月〜14歳
デンバー式発達スクリーニング検査	フランケンバーグ（Frankenburg, W.K.）とドッヅ（Dodds, J.B.）	0か月〜6歳
遠城寺式乳幼児分析的発達診断検査	遠城寺宗徳	0か月〜4歳7か月
ブラゼルトン新生児行動評価法	ブランゼルトン（Brazelton, T.B.）	3日〜1か月
乳幼児発達スケール（KIDS）	三宅和夫　他	1か月〜6歳11か月

　乳幼児精神発達診断法（津守・稲毛式）などは、子どもの現状を養育者と面接しながらチェックしていく。対象は0歳から7歳までで、「運動」「探索・操作」「社会」「食事・排泄・生活習慣」「理解・言語」の5領域について評価する発達検査である。

（3）知能検査

　知能検査で測定するものは知能ということになるが、知能の定義には様々な考え方があり、広範な概念が含まれている。知能指数（IQ: Intelligence Quotient）は知能検査の結果を表すひとつの指標であり、知能の程度を精神年齢と生活年齢の比で表したものである。知能検査で測定できるものは、今までに獲得してきた能力であり、生まれながらの能力ではない。個人の潜在能力や創造性などを測定することもかなわない。

　知能検査の検査形態としては、個別式知能検査と集団式知能検査に分かれる。個別式知能検査は検査者と被験者が1対1で行うものである。被験者が観察しやすく、時間制限がないのが特徴である。一方、集団式知能検査は、1人の検査者が多くの被験者を対象に行う検査である。決められた時間でどれだけの課題をこなせるのかを見る時間制限法が用いられやすい。

①ビネー式知能検査

　フランスのビネー（Alfred Binet）により考案された知能検査であり、日本では田中ビネー知能検査と鈴木ビネー知能検査が有名である。

田中ビネー知能検査は、1947年に田中寛一によって作成されたものである。時代の流れの中、何回か改訂され現在は田中ビネー知能検査Vが使われている。この検査の特徴としては、2歳から13歳までは今までと同じようにIQ算出を行うが、14歳以上は偏差値IQを算出することになっていることである。14歳以上では、「結晶性領域」「流動性領域」「記憶領域」「論理的推理領域」の4分野で、偏差値IQを算出することができる。

　鈴木ビネー知能検査は、1948年に鈴木治太郎によって作成された「実際的個別知能検査法」である。

表5-18　知能検査（加藤，2010に一部加筆）

集団式知能検査		
テスト名	適用範囲	検査時間
TK式田中AB式知能検査 （高学年用）	小学校4年〜6年	約50分
SMIT中学校学年別知能検査	中学校1年〜3年	約45分
新訂京大NX15一知能検査	15歳以上の高校生	約50分
TK式幼児用田中B式知能検査	4歳〜6歳	約30分
個別式知能検査		
テスト名	適用範囲	検査時間
田中ビネー知能検査V （TK式ビネーV）	2歳〜成人	30分〜1時間
改訂版鈴木ビネー知能検査	2歳〜18歳11か月	30分〜1時間
WPPSI（ウイプシ）	3歳10か月〜7歳1か月	1時間前後
WISC-IV（ウイスクIV）	5歳〜16歳11か月	1時間前後
WAIS-III（ウェイスIII）	16歳〜89歳	1時間前後

②ウェクスラー式知能検査

　1936年に作成されたウェクスラー・ベルビュー知能検査が前身であり、1949年に児童用としてWISCが、1955年には成人用としてWAISが、1967年には就学前幼児用のWPPSIが作成されている。現在は改訂を重ねWISC-IV、WAIS-IIIとして広く使われている。ウェクスラー検査は、能力別の下位検査を組み合わせたものとして作られており、「言語性検査」と「動作性検査」から構成されている。2010年版のWISC-IVでは、15の下位検査からなり、全体的な指標である全検査IQと言語理解指標、知覚推理指標、ワーキングメモリー指標、処理速度指標の4指標得点を算出することになる。指標間の差を求めるディスクレパンシーの分析、個人内の強い能力弱い能力の判定、7つのプロセス分析を通して被験者の知的側面を総合的にアセスメントできる特徴を持っている。

③その他の知能検査

　その他の知能検査としてK-ABC心理・教育アセスメントバッテリー（Kaufman Assessment Battery for Children）がある。この検査では、知的活動を認知処理過程と知識・技能の習得度から評価を行っている。認知処理過程を継時処理と同時処理の視点から分析するものであり、適用年齢は2歳6か月から12歳11か月である。子どもの学習指導方針などに活用されている。また、グッドイナフ人物画知能検査（DAM: Draw-a-Man Test）やITPA言語学習能力検査など多くの知能検査がある。

（4）パーソナリティ検査（性格検査）

　パーソナリティとは、さしずめその人らしさということになるかと思われる。パーソナリティ検査を通して、その人の思考、感情、認知、行動などを把握することにより、臨床心理学的な援助の基盤ができることになる。ただし、その人らしさとは性格だけでなく、知的機能や創造性、独自性などたくさんのものが含まれており、パーソナリティ検査でわかることは一部にすぎないことをしっかりと認識しておく必要がある。

表5-19　代表的な質問紙法性格検査（加藤，2010）

検査名	質問数	適用年齢	検査時間
YG性格検査	120（学童用96）	小学校3年〜成人	30分〜40分
TEG（エゴグラム）	60	特定されていない	15分〜30分
MPI	80	16歳以上	約1時間
CMI	男211　女213	14歳以上の成人	約30分
TPI	500	16歳以上	40分〜1時間
MMPI新日本版	500	16歳以上	約1時間

①質問紙法

　パーソナリティを評価するための質問紙法（questionnaire）は人格目録法（personality inventory）ともいうが、自己報告による人格の特性構造を測定するものである。質問紙法は、あらかじめ用意された質問に被験者が回答する方法であり、被験者は、質問に対して「はい・いいえ・どちらでもない」から自分に合うものを選んで答えることになる。複数の回答を数量化し、被験者の特性が他者と比べて高いのか低いのかを見ていくことになる。質問紙法の利点は、何といっても結果の整理が簡単で客観的な判定がしやすいところにある。反面、被験者が自分のことをよく見せたいと思えば、解答を歪めることも可能であることから、質問紙法では被験者が意識している自分や見せようとしている自分が表出していると考えることができる。

②矢田部ギルフォード性格検査法（Y-G性格検査）

　代表的な質問紙法の1つである、矢田部ギルフォード性格検査法は、アメリカのギルフォード検査をモデルにして、矢田部達郎が考案した検査法である。各下位尺度がそれぞれ10問ずつ全部で120問の質問項目からなっている。下位尺度は「抑うつ性」「回帰性傾向」「劣等感」「神経質」「客観性」「協調性」「攻撃性」「一般活動性」「のんきさ」「思考的外向」「支配性」「社会的外向」の12尺度である。回答方法は、「はい、いいえ、どちらでもない」のいずれかに○をつける。各尺度のプロフィールから、「平均型」「不安定積極型」「安定消極型」「安定積極型」「不安定消極型」の5つの類型に判定され、パーソナリティを把握することができる。成人用、小学生用、中学生用、高校生用がある。

③エゴグラム（Egogram）

　交流分析の理論に基づき、人格を大きく3つの自我状態に分けている。親の自我と子どもの自我がそれぞれ2つずつに分かれ、全部で5つに分類される。それぞれの自我に分配された心的エネルギーの量を視覚化したものがエゴグラムである。成人用と児童用とがあり、東大式、名古屋大式などがある。

④MMPI：ミネソタ多面式人格目録（Minnesota Multiphasic Personality Inventory）

　MMPIは医学的診断を目的に作られた検査法であるが、パーソナリティ検査として発展した経緯がある。「心気症」「抑うつ」「ヒステリー」「パラノイア」などの精神病理の傾向や社会的内向性などの10個の臨床尺度から、多面的なパーソナリティを把握することができる検査で

ある。MMPIは自分のことをよく見せようと作為したり、でたらめに答えられないように、偏った受検態度をチェックするための4つの妥当性尺度が初めて導入された検査でもある。検査は合計550の質問項目からなっている。回答は「あてはまる・あてはまらない」で行い、尺度の粗点が標準得点に換算されることで、個々の尺度に関しての解釈が行われることになる。特にT得点の高い順に2個から3個の尺度を並べたコード・タイプに重きを置いて解釈が行われることになる。

⑤CMI：コーネル・メディカル・インデックス（Cornell Medical Index）

被験者の心身両面の自覚症状を短い時間で把握するためのスクリーニング検査である。身体的自覚症状144項目（A. 見と耳、B. 呼吸　器系、C. 心臓脈管系、D. 消化器系、E. 筋肉骨格系、F. 皮膚、G. 神経系、H. 泌尿生殖系、I. 疲労度、J. 疾病頻度、K. 既往症、L. 習慣）についてと、精神的自覚症状（M. 不適応、N. 抑うつ、O. 不安、P. 過敏、Q. 怒り、R. 緊張）についての51項目、計195項目で構成されている。

⑥うつ性自己評価尺度（SDS: Self-rating Depression Scale）

20項目からなり4段階評定によるもので、ベック抑うつ質問票（BDI-Ⅱ：Beck Inventory-Second Edition）も4段階評定であるが、同じくそれぞれの項目ごとに4段階に対応した文章が例示されていて、自分の気持ちに合うものを選択するものである。

その他にもたくさんの質問紙法検査があるが、主立ったものをいくつか挙げ説明を行ったにすぎない。他の質問紙法検査も機会を見つけて学習してほしいと思う。

（5）作業検査法

代表的作業検査法である内田クレペリン検査は、横幅60センチほどの紙に1桁の数字がたくさん書かれており、被験者は横に並んでいる2つの数字を足算し、その答えを書き込んでいくことになる。このような作業を合図とともに、1分ごとに行を替えながら前半15分、5分の休憩をはさんで、後半15分を行う検査である。結果は、全体の作業量と作業曲線から「定型」「非定形」に分類して解釈が行われる。この検査では「定形」と比べて、偏りがどの程度見られるかということで、知的側面や作業処理能力、変化への対応力、情緒の安定性などについて解釈することができる。解釈において「非定形」には様々なパターンがあり、判定には熟練が必要である。

（6）投映法（投影法：Projective Technique）

投映法（投影法）とは、曖昧な刺激を提示し、そこから得られた反応様式を分析することにより、被験者の心の内面を探るための検査法である。インクのしみを見せて何に見えるかを尋ねたり、絵を見せて物語を作ってもらったりと、刺激に対して自由な反応を求めるものが多い。被験者にしてみれば、どのような検査かわかりにくいため防衛的態度が取りにくいことになる。反応を詳細に分析することにより、被験者の意識している部分はもちろん、気づいていないよ

表5-20　代表的な投影法性格検査（加藤, 2010）

テスト名	適用範囲	検査時間
ロールシャッハ・テスト	幼児〜高齢者	およそ1時間程度
TAT（絵画統画検査）	児童〜成人	1時間〜2時間程度
描画法	幼児〜高齢者	30分程度
SCT（文章完成法）	小学生〜成人	30分〜1時間程度
PFスタディ	児童〜成人	30分〜1時間程度

うな無意識の部分までアセスメントできるという特色を持っている。多くの投映法は個別式であり、被験者の反応を検査者が聞き取り記録するものである。検査に要する時間も質問紙法性格検査に比べて長くかかり、一度にたくさんのデータを取ることがかなわないものである。また、検査の実施方法、分析や整理の仕方、結果の解釈など格段に難しさがある。検査に習熟しているだけではなく、心理学に関する幅広い知識が求められることになる。

①ロールシャッハ・テスト（Rorschach Test）

　ロールシャッハ・テストは、スイスのヘルマン・ロールシャッハ（Rorschach, H.）によって開発された投映法性格検査である。インクのしみからできた、あいまいな模様の図版が10枚あり、それらが何に見えたかの反応を分析し、パーソナリティを理解する検査である。それぞれの10枚の図版は、色や形に特徴があり、順番に提示していかなければならない。検査は、何に見えたかを答える自由反応段階、見たものの説明を求められる質問段階、さらに必要に応じて行われる限界吟味段階からなっている。それぞれの反応は記号化され、反応数や比率などから数量的に検討される形式分析と、一つひとつの反応の過程を追う継起分析とに分かれる。両方の分析法を合わせて、被験者の意識的・無意識的側面を総合的に把握することができる。ロールシャッハ・テストの優れている点は、パーソナリティについて外界とのかかわり方や精神力動、防衛機制などに関する多くの情報を提供してくれることにあり、被験者の個性だけでなく病態水準も推測できるのである。

②TAT（Thematic Apperception Test：主題統覚検査）

　TATはマレー（Murray, H. A.）とその共同研究者が1943年に完成させたものである。31枚の刺激のあいまいな絵を見せて、物語を作る検査である。創始者のマレーは20枚の絵を使うが、臨床的には状況や被験者に合わせて10枚〜15枚ほどを使うことになる。「それぞれの絵について、これ以前にはどのようなことがあり、今何が起こっているのか、人々は何を感じ考えているのか。そしてこれからどのようになるのかお話しください」という教示を与えて実施する。解釈においては、物語の登場人物は被験者自身であることを前提に、登場人物の感受性、悩みの内容、そこで起こる出来事、物語の結末などから被験者のパーソナリティを理解していくことになる。TATは、マレーの欲求圧力理論に基づく検査であり、人間の行動を決定する要因として、個人の内的欲求と環境からの圧力を想定している。TATには、児童用のCAT（Children's Apperception Test）、高齢者用のSAT（Senior Apperception Test）がある。

③文章完成法テスト（SCT:Sentence Completion Test）

　文章完成法テストは、文章の最初に単語ないし未完成の短文を、刺激として与え、そこから連想したことを続けて記入し文章を完成する検査である。表現力、筆跡、文章量などから、知的側面や情緒面の安定性、精神活動の状況などを理解することができる。「私は…」という問が20問続くTST（Twenty Statements Test：20答法）が文章完成法テストの特徴の1つでもある。精研式文章完成法テストでは、文章から被験者の過去から現在、未来の自己像、家族を含めた対人関係、不安や価値観などの情報が得られる。精研式文章完成法テストには、小学生用、中学生用がある。文章完成法テストは、書き込む過程でフィードバックが起こるため、比較的意識に近いパーソナリティを測定することになる。また、個性のない一般論や理想像の記述に終わることも時々見受けられる。

④P-Fスタディ（Picture-Frustration Study）

　ローゼンツァイク（Rozenzweig, S）によって考案された検査法であり、検査用紙に、表情などが省略された線画の人物と台詞が印刷されている。24の場面が描かれており、すべての場面でフラストレーション（欲求不満）が生じていて、自分に非がないフラストレーション状態（自我阻害場面）と、自分に非があり他者から非難されているフラストレーション状態（超自我阻害場面）の2つに分けられている。

　被験者の反応は、フラストレーションの生じた責任をどこに求めるか（他罰・自罰・無罰）、どのように主張するのか（障害優位型・自我防衛型・要求固執型）の組み合わせにより記号化され、数量化される。それを、平均値や標準偏差と比較しながら、被験者の傾向、特徴を理解することができる。P-Fスタディには児童用（4歳〜14歳）、青年用（12歳〜20歳）、成人用（15歳以上）がある。

⑤描画テスト

　絵を描かせる検査をすべてまとめて描画テストと呼んでいる。実のなる木を1本描くバウムテストや、性格検査としての人物画テスト（DAP: Draw-a-Person Test）、家族画や動的家族画、家・木・人を描くHTP法、それらを1枚の用紙に描くS-HTP、川・山・田といったアイテムで風景を構成し、彩色する風景構成法など、たくさんの描画テストがある。解釈として、サイズ・筆圧・陰影・修正などを見る形式的分析と、「何を描き、何を描かなかったのか」の内容分析から、自己評価、精神的エネルギー、外界とのかかわり方の情報が得られることになる。さらに、描画後に絵の説明を求め、被験者の現在や現実をどうのように反映しているのか、過去や未来、理想を描いたのかなどの質問（PDI: Post Drawing Interrogation）を行うことにより、より深い理解につながることになる。主な投影描画法を（表5-21）に示しておく。

（7）テストバッテリー

　それぞれの検査で測りえることは、被験者の一側面にすぎない。1人の人間を多面的・総合的に理解しようとしたとき、1つの検査からのみの情報だけでは、とても十分なものとは言い

えない。検査者は被験者の問題や悩みについて、様々な仮説を立てながら、それを検証できる心理検査を組み合わせることが求められることになる。つまり適切なテストバッテリーを組むことが必要になってくるのである。テストバッテリーは、「検査目的」「検査対象」「検査者の習熟度」「時間や料金などの現実的条件」などによって決まってくる。

　例えば、上のような条件のもと、知的問題を見るための知能検査、外界とのかかわりと感情面の特徴を知るためのロールシャッハ・テストなどを組み合わせることにより、被験者の多くの面が理解できるようになるのである。一般的なパーソナリティ検査においては、意識レベルの質問紙法検査と投映法のような無意識に近いレベルの検査を組み合わせることが多い。心理検査の結果はあくまでも資料でしかない。被験者の援助につながるフィードバックが行われてこそ真価を発揮するのである。

　最後に投映法の検査構造（表5-22）の比較と、心理検査の種類をまとめたもの（表5-23）を載せておくことにする。テストバッテリーを組むときの目安として活用できるものと思われる。

表5-21　主な投影描画法

検査名	教示	用意するもの	分析
バウム・テスト	「実のなる木を一本描いてください」（実のなる木を描いてください）	A4（B5）の白紙、柔らかい鉛筆、消しゴム	全体的印象、形式分析、内容分析、空間象徴解釈
動的家族画法（KFD）	「家族で何かしているところを描いてください」	A4（四つ切り画用紙）、鉛筆と消しゴム、またはクレヨン	全体的印象、人物像の特徴（表現、活動位置など）、対人関係
合同動的家族画法（CKFD）	「家族全員で話し合って家族が何かしているところを描いてください」	四つ切り画用紙、各自選択した1色のクレヨン	動的家族画における解釈に加えて、描画過程の分析、家族の誰がどの部分を描いたかの分析
人物画法	「ひとりの人間を描いてください」（1枚目を描画後2枚目に、1枚目とは異なる性の人物を描いてもらう）	A4、HB程度の鉛筆と消しゴム	全体的印象、形式分析、内容分析　人物画法にはグッドイナフ人物画法（DAM）もあり、これは知的発達の評価を主目的とする。
HTP法	1「できるだけ上手に家を描いてください」 2「できるだけ上手に木を描いてください」 3「できるだけ上手に人物を描いてください」	B5の白紙3枚、HB程度の鉛筆と消しゴム （1枚の白紙に3つの描画を行う1枚法（統合HTP）や人物画を反対の性も描いてもらう方法（HTPP）もある）	各描画ごとの全体的印象、形式分析、内容分析、家屋画には家庭内の人間関係、樹木画には基本的自己像（無意義）、人物画には現実の自己像が投影される。

表5-22　投影法の検査構造（深津，2004　慶應義塾大学医学部精神神経科心理研究室）

		ロールシャッハ・テスト	TAT	描画法	SCT	P-F
刺激素材の特性		非言語刺激			言語刺激	
		無意味なインクのしみ	人物後半曖昧	白紙	単語と和文	具体的状況
検査状況	施行場所	検査室			検査室とは限らない	
	反応形式	口頭で述べる		絵を描く	文章を書く	台詞
	検査関係者	自由／質問	原則として自由・少し質問有り		教示だけで1人で記入	
	対人関係	質問段階多	＞	中位	＞	少ない
	時間	測定される			測定されない	
被験者の反応コントロール		困難	比較的可能	困難	可能	

表5-23　心理検査の種類

形式	検査名	概要と特徴	適用範囲	所要時間
質問紙法	矢田部ギルフォード性格検査（YG）	・ギルフォード（Guilford, J. P.）が考案した性格検査を参考に谷田部達郎らが作成した質問紙である。 ・6因子12尺度（下記参照）によって性格特性を明らかにする。 　1. 抑うつ性　2. 回帰性傾向　3. 劣等感　4. 神経質 　5. 客観性　6. 協調性　7. 攻撃性　8. 一般的活動性 　9. のんきさ　10. 思考的外交性　11. 支配性 　12. 社会的外交性 ・各尺度10問、計120問（小学用のみ96問）から構成される。 ・受験者に応じて「小学用」、「中学用」、「高校用」、「一般・大学用」を使い分けることができる。 ・信頼性が高く、産業・臨床・教育場面などで広く活用される。	小学生以上	約30分
質問紙法	モーズレイ性格検査（MPI：Maudsley Personality Inventory）	・アイゼンク（Eysenck, H.J.）により考案された性格検査である。 ・2つの性格特性（下記参照）を同時に測定できる。 　1. 外向性（extraversion）―内向性（introversion） 　2. 神経症的傾向（neurotlcism） ・80項目から構成されており、回答の信頼性を検証する虚偽発見尺度（L尺度）20項目が含まれている。 ・複数の国で翻訳されている国際的な性格検査であり、基礎研究・臨床・産業場面など、幅広く活用できる。	16歳以上の文字を読める者	約20～30分
質問紙法	エゴグラム（Egogram）	・交流分析理論（10章参照）に基づいてデュセイ（Dusay, J.M.）が考案した。 ・5つの自我状態（下記参照）を量的に表現することで性格特徴を把握し、自己理解に役立てることができる。 　1. CP　2. NP　3. A　4. FC　5. AC ・質問紙法のエゴグラムが多種作成されているが、「新版TEGⅡ」が医療機関はもとより企業研修や学校教育など幅広く活用されている。	15歳以上	約15分
質問紙法	NEO-PI-R（Revised NEO Personality Inventory）	・5因子人格検査として有名なNEO-PI-Rの日本標準化版である。 ・5つの次元（下記参照）から測定するが、この5次元はさらに6つの下位次元で構成されており、より詳細な人格のプロフィールを測定できる。 　N：神経症傾向、E：外向性、O；開放性、A：調和性、C：誠実性 ・全240項目から構成されており、60項目からなる短縮版（NEO FFI）も用意されている。 ・「大学生用」と「成人用（21歳以上）」があり、青年期から老年期までの幅広い年齢層に実施可能である。 ・発達研究や老人研究など様々な目的で利用できる。	18歳以上	約30～40分
質問紙法	SDS（Self-rating Depression Scale、うつ性自己評価尺度）	・ツァン（Zung, W. W. K.）によって開発されたうつ性自己評価尺度である。 ・質問項目は20項目と少なく、簡易な検査である。 ・質問項目には、「憂うつ」「不眠」「食欲や将来の希望の有無」「充実感」などが含まれている。 ・精神保健のためのスクリーニング検査などに利用されており、医療機関等でよく用いられている。	18歳以上	約10～15分
質問紙法	CMI健康調査票（Cornell Medical Index）	・ブロードマン（Brodman, K.）らによって考案された検査で、身体的・精神的自覚症状を幅広く把握する質問紙である。 ・12区分の身体的項目と6区分の精神的項目（下記参照）についての質問から構成されている。 ○身体的項目 　1. 目と耳　2. 呼吸器系　3. 心臓脈管系　4. 消化器系 　5. 筋肉骨格系　6. 皮膚　7. 神経系　8. 泌尿生殖器系 　9. 疲労度　10. 疾病頻度　11. 既往症　12. 習慣 ○精神的項目 　1. 不適応　2. 抑うつ　3. 不安　4. 過激　5. 怒り 　6. 緊張 ・質問項目は男性は211項目、女性は213項目となっている。 ・職場や学校などの健康管理のスクリーニングに利用されており、情緒障害の評価にも用いられる。	14歳以上	約15～20分

形式	検査名	概要と特徴	適用範囲	所要時間
質問紙法	日本版GHQ 精神健康調査票 （The General Health Questionnaire）	・ゴールドバーグ（Goldberg, D.P.）によって開発された質問紙である。 ・神経症者の症状把握、評価及び発見に有効なスクリーニングテストである。 ・60項目から構成されているオリジナル版（GHQ60）のほかに、3種類の短縮版（30項目、28項目、12項目）がある。 ・実施が簡便、かつ採点も容易で、適用範囲も広いことから、企業・学校・医療機関（内科、精神科など）で利用されている。 ・国際比較研究が可能である。	12歳以上	約5～10分
質問紙法	新版STAI状態─特性不安検査 （State-Trait Anxiety Inventory-JYZ）	・スピルバーガー（Spielberger, C.D.）によって開発された、不安を測定する質問紙である。 ・「状態不安」と「特性不安」の2尺度から構成されており、質問項目は各20項目、計40項目で構成されている。 ・英語版「STAI（Form Y）」を改良したもので、日本の文化的要因が考慮されている。	18歳以上	約25分
質問紙法	POMS 2 日本語版 （Profile Of Mood States 2nd Edition）	・マックネア（McNair, D.M.）らによって開発された、気分状態を評価する質問紙である。 ・7つの尺度（下記参照）と、ネガティブな気分を総合的に表す「TMD得点」から、所定の時間枠における気分状態を把握する。 　　1. 怒り─敵意　2. 混乱─当惑　3. 抑うつ─落ち込み 　　4. 疲労─無気力　5. 緊張─不安　6. 活気─活力　7. 友好 ・成人用、青少年用があり、それぞれ全項目版（成人用65項目：青少年用60項目）と短縮版（成人用35項目：青少年用35項目）が用意されている。 ・定期的に実施して継時的変化を評価できるため、職場ではストレスマネジメントや社員のメンタルヘルスケアに使用される。 ・医療機関や教育機関、スポーツ、リラクゼーションなど、幅広い分野で使用されている。	13歳以上	約10～15分
投影法	精研式文章完成法テスト （SCT： Sentence Completion Test）	・短い刺激文を提示し、その後に思いつくことを自由に記述させて文章を完成させる検査である。 ・パーソナリティの全体的な把握が可能である。 ・スコアリングは行わず、「環境」「身体」「能力」「性格」「指向」などの要因や筆跡などから総合的に評価する。 ・検査用紙は「小学生用（刺激文50問）・中学生用（刺激文50問）」、「高校・成人用（刺激文60問）」の3種類がある。 ・個人の性格特徴を幅広く把握でき、医療、企業、教育現場等で使用されている。	小学生以上	約40～60分
投影法	絵画欲求不満検査 （Picture Frustration study、PFスタディ）	・ローゼンツヴァイク（Rosenzweig, S）によって考案された。 ・欲求不満状況を示した絵画への反応傾向に基づいて、パーソナリティを把握する投影法検査である。 ・各場面は「自我阻害場面」と「超自我阻害場面」とに分かれ、ランダムに混ざっている。 ・反応は下記の「型」と「方向」に基づき、11種類の評価因子に分類される。 ○アグレッションの型 　　1. 障害優位　2. 自我防衛　3. 要求固執 ○アグレッションの方向 　　1. 他責的　2. 自責的　3. 無責的 ・検査には、「児童用」「青年用」「成人用」の3種類がある。	6歳以上	約20分
投影法	絵画統覚検査 （TAT： Thematic Apperception Test）	・マレー（Murray, H.A.）らによって考案された。 ・マレーの欲求圧力理論を基盤とし、主として人物の登場する図版を用いながらパーソナリティを把握しようとする検査である。 ・カードに描かれた絵画から空想して物語を作ってもらい、結果を分析する。 ・CAT（Children's Apperception Test、児童版）など、様々な図版が開発されている。	5歳以上	約50～60分
投影法	ロールシャッハ・テスト （Rorschach Test）	・ロールシャッハ（Rorschach, H.）により考案された。 ・インクのしみを見せて何に見えるかを述べてもらう、投影法の検査である。 ・パーソナリティや思考過程などの評価に活用されている。 ・集団用の検査もある。	幼児以上	約30～120分

形式	検査名	概要と特徴	適用範囲	所要時間
投影法	バウムテスト（Baumtest、樹木画テスト）	・コッホ（Koch, C.）が考案した、木の絵を描いてもらう描画法の検査である。 ・空間象徴理論に基づき、描いてもらった樹木を分析することで、その人の人格的特徴やパーソナリティを把握する。 ・受検者の負担が少なく、実施が簡単である。	幼児以上	約3～20分
投影法	風景構成法	・中井久夫が考案した方法で、絵画療法（芸術療法）の一技法である。 ・決まっているアイテム（川や山など）を決まった順序で描き、1つの風景として仕上げる。 ・描画内容の象徴的意味などから人格を把握しようとする検査である。	年齢を選ばない。絵を描ける人なら可能	約15分～30分
作業検査法	内田クレペリン作業検査	・クレペリン（Kreapelin, E.）が創案、内田勇三郎が開発した。 ・簡単な一桁の足し算を連続して行い、その作業結果を分析してパーソナリティを査定する検査である。 ・検査用紙は、「標準（中学～成人用）」「児童型（小学校用）」「幼児型（就学時前幼児用）」の3種類がある。 ・集団にも個別にも実施可能である。 ・運転免許試験場や学校現場、企業の採用試験など幅広く利用されている。	幼児以上	約60分（練習含む）

（渡部 純夫）

〈参考文献〉

◆福祉心理学的支援の基盤的理論

Engel, G. L.（1977）The Need for a New Medical Model: A Challenge for Biomedicine. *Science*, 196（4286），129-136.

米川和雄（2019）「第5章　II　生物・心理・社会モデルからのアセスメントの視点」『ソーシャルワークの理論と実践の基盤』編集委員会編『ソーシャルワークの理論と実践の基盤』へるす出版，118-122.

◆心理療法の概要

乾吉佑（2009）『思春期・青年期の精神分析的アプローチ——出会いと心理臨床』遠見書房.

乾吉佑・氏原寛・亀口憲治・成田善弘・東山紘久・山中康裕編（2005）『心理療法ハンドブック』創元社.

河合隼雄（1994）『河合隼雄著作集3　心理療法』岩波書店.

川瀬正裕・松本真理子・松本英夫（1996）『心とかかわる臨床心理——基礎・実際・方法』ナカニシヤ出版.

S. J. コーチン著，村瀬孝雄監訳(1980)『現代臨床心理学——クリニックとコミュニティにおける介入の原理』弘文堂.

日本家族心理学会編（2003）『家族カウンセリングの新展開　日本家族心理学会編家族心理学年報21』金子書房.

小俣和義編著（2013）『こころのケアの基本——初学者のための心理臨床』北樹出版.

サトウタツヤ・高砂美樹（2003）『流れを読む心理学史——世界と日本の心理学』有斐閣.

下山晴彦編（2003）『よくわかる臨床心理学』ミネルヴァ書房.

鑪幹八郎・名島潤慈編著（2000）『心理臨床家の手引　新版』誠信書房.

◆行動療法の原理／応用行動分析

Bear, D. M., Wolf, M. M., & Risley, T. R.（1968）Some current dimensions of applied behavior analysis. *Journal of Applied Behavior Analysis*, 1, 91-17.

服巻繁・島宗理（2008）『改訂版　対人支援の行動分析学——看護・福祉・教育職をめざす人のABA入門』ふくろう出版.

Miltenberger, R. G.（2001）*Behavior Modification: Principles and Procedures, Second Edition.* Wadsworth/Thomson Learning.（園山繁樹・野呂文行・渡部匡隆・大石幸二訳（2006）『行動変容法入門』二瓶社）

小野昌彦・奥田健次・柘植雅義編（2007）『行動療法を生かした支援の実際——発達障害・不登校の事例に学ぶ』東洋館出版社.

大河内浩人（2007）「第1部　解説編　1　行動分析の基礎知識——本書を理解するために」大河内浩人・武藤崇編著『行動分析　心理療法プリマーズ——心理療法を学ぶ心理療法がわかる心理療法入門』ミネルヴァ書房.

内山喜久雄・高野清純編（1973）『講座心理療法第2巻　行動療法の理論と技術』日本文化科学社.

吉野俊彦（2007）「第1部　解説編　2　随伴性制御——結果によってその後の行動は決まってくる」大河内・武藤編著, 前掲書.

◆認知行動療法

秋山剛・大野裕監修（2008）『うつ病の集団認知行動療法』医学映像教育センター.

市倉加奈子・鈴木伸一（2013）「医療場面への適用——認知行動療法を知る」『臨床心理学』13（2）, 227-233.

伊藤絵美（2016）「認知療法系CBTの理論とモデル」『臨床心理学』16（4）, 385-388.

大野裕（2010）「認知療法・認知行動療法の日本での現状と診療報酬への収載」『週刊医学界新聞』第2880号.

大月友（2019）「認知行動療法におけるセラピスト-クライエント関係」日本認知・行動療法学会編『認知行動療法事典』丸善出版, 6-7.

原井宏明（2012）『方法としての動機づけ面接——面接によって人と関わるすべての人のために』岩崎学術出版社.

Hayes, S. C., Strosahl, K. D. & Wilson, K. G.（2012）*Acceptance and Commitment Therapy, Second Edition.*（武藤崇・三田村仰・大月友監訳（2014）『アクセプタンス＆コミットメント・セラピー（ACT）第2版』星和書店）

林潤一郎（2014）「認知行動療法のプロセス（1）関係性構築と面接技術の基礎」下山晴彦・神村栄一編著『認知行動療法』放送大学教育振興会, 43-58.

Kabat-Zinn, J.（1990）*Full Catastrophe Living: Using the Wisdom of Your Body and Mind to Face Stress, Pain, and Illness.* Piatkus.（春木豊訳（2007）『マインドフルネスストレス低減法』北大路書房）

神村栄一（2014）「認知行動療法の基本技法（1）」下山晴彦・神村栄一編著『認知行動療法』放送大学教育振興会, 73-89.

熊野宏昭（2012）『新世代の認知行動療法』日本評論社.

国立研究開発法人国立精神・神経医療センター（2017）「摂食障害に対する認知行動療法CBT-E簡易マニュアル」. https://www.ncnp.go.jp/nimh/shinshin/edcenter/pdf/cbt_manual.pdf（2019.9閲覧）

越川房子（2013）「マインドフルネスとMBCT」『臨床心理学』13（2）, 196-201.

厚生労働省『「統合医療」に』係る情報発信等推進事業「統合医療」情報発信サイト. http://www.ejim.ncgg.go.jp/public/hint2/c03.html（2019.9閲覧）

厚生労働省HP「心の健康」. https://www.mhlw.go.jp/stf/seisakunitsuite/bunya/hukushi_kaigo/shougaishahukushi/kokoro/index.html（2019.9閲覧）

Lambert, M. J. & Barley, D. E.（2001）Research summary on the therapeutic relationship and psychotherapy outcome. *Psychotherapy: Theory, Research, Practice, Training*, 38（4）, 357-361.

National Institute For Health and Clinical Excellence: NICE（2003-）Clinical Guidelines.

日本認知・行動療法学会編（2019）『認知行動療法事典』丸善出版.

Segal, Z. V. et al.（2002）*Mindfulness-Based Cognitive Therapy for Depression: A New Approach to Preventing Relapese.* Guilford Press.（越川房子監訳（2007）『マインドフルネス認知療法——うつを予防する新しいアプローチ』北大路書房）

鈴木伸一編著（2008）『医療心理学の新展開——チーム医療に活かす心理学の最前線』北大路書房.

全国保険医団体連合会（2018）『保険診療の手引』.

◆心理検査の概要

深津千賀子（2004）「SCT（文章完成法）」岡部祥平ほか『投映法の見方・考え方』財団法人明治安田こころの健康財団.

加藤伸司・山口利勝編著（2010）『心理学理論と心理的支援』ミネルヴァ書房.

川瀬正裕・松本真理子・松本英夫（1996）『心とかかわる臨床心理——基礎・実際・方法』ナカニシヤ出版.

日本産業カウンセラー協会編（2018）『産業カウンセラー養成講座テキストⅠ』日本産業カウンセラー協会.

野島和彦編著（1995）『臨床心理学への招待』ミネルヴァ書房.

小俣和義編著（2013）『こころのケアの基本——初学者のための心理臨床』北樹出版.

第Ⅱ部

各領域における
福祉心理学的支援

第6章 子ども家庭福祉領域の心理学的支援

1 子ども家庭福祉における課題と法制度

〔1〕子どもの定義

　この章では子どもを対象とした福祉領域について紹介するが、ここではまず子どもとは誰を指すのかを確認しておきたい。表6-1は、国内の法律等に示された子どもの定義である。法律等によって対象となる子どもの年齢が異なるが、本章では児童福祉法における18歳未満の「児童」を念頭に置きながら話を進めたい。

表6-1　法律等における子どもの定義

法律の名称	呼称等		年齢区分
児童福祉法	児童		18歳未満の者
		乳児	1歳未満の者
		幼児	1歳から小学校就学の始期に達するまでの者
		少年	小学校就学の始期から18歳に達するまでの者
少年法	少年		20歳未満の者
刑法	刑事責任年齢		満14歳
学校教育法	学齢児童		満6歳に達した日の翌日以後における最初の学年の初めから、満12歳に達した日の属する学年の終わりまでの者
	学齢生徒		小学校の、義務教育学校の前期又は特別支援学校の小学部の課程を修了した日の翌日以後における最初の学年の初めから、満15歳に達した日の属する学年の終わりまでの者
労働基準法	年少者		18歳未満の者
	児童		15歳に達した日以後の最初の3月31日が終了するまでの者
児童の権利に関する条約	児童		18歳未満の者

出所：内閣府（2019）『令和元年版　子供・若者白書』（全体版）p. 288より一部抜粋

〔2〕社会的養護

（1）社会的養護とは

　社会的養護とは児童虐待やネグレクトの他、保護者の就労、死亡や行方不明、精神疾患など、何らかの事情によって家族と暮らすことが困難な状況にある子どもたちを公的な責任で保護、養育するとともに、そうした家庭への支援を行うことである。社会的養護は乳児院や児童養護施設などの児童福祉施設（以下、施設）で提供されるような施設養護と、里親家庭などによる家庭養護の2つに大別され、家族と暮らすことが困難だと判断された子どもはそうした施設や里親家庭で生活することになる（表6-2、6-3）。しかし、彼らはその後、ずっと施設や里親家庭で暮らすのではなく、可能な限り家族との交流を続け、状況が整えば家庭に戻って生活することを目指すことになる。このように、一時的に子どもが施設や里親家庭で暮らし、その後、

表6-2　施設の種別と概要

	乳児院	児童養護施設	児童心理治療施設	児童自立支援施設	母子生活支援施設	自立援助ホーム
対象児童	乳児（特に必要な場合は、幼児を含む）	保護者のない児童、虐待されている児童その他環境上養護を要する児童（特に必要な場合は、乳児を含む）	軽度の情緒障害を有する児童	不良行為をなし、又はなすおそれのある児童及び家庭環境その他の環境上の理由により生活指導等を要する児童	配偶者のない女子又はこれに準ずる事情にある女子及びその者の監護すべき児童	義務教育を終了した児童であって、児童養護施設等を退所した児童等
施設数	144か所	612か所	51か所	58か所	221か所	193か所
定員	3,906人	31,494人	1,992人	3,464人	4,562世帯	1.255人
現員	2,760人	24,539人	1,370人	1,201人	3,367世帯 児童5,626人	662人
職員総数	5,226人	19,239人	1,456人	1,799人	2,075人	885人

このほか、小規模グループケア1,936か所、地域小規模児童養護施設456か所
※乳児院・児童養護施設・児童心理治療施設・母子生活支援施設の施設数・定員・現員は福祉行政報告例から家庭福祉課にて作成（2020年3月末現在）
※児童自立支援施設・自立援助ホームの施設数・定員・現員、小規模グループケア、地域小規模児童養護施設のか所数は家庭福祉課調べ（2019年10月1日現在）
※職員数（自立援助ホームを除く）は社会福祉施設等調査（2019年10月1日現在）
※自立援助ホームの職員数は家庭福祉課調べ（2020年3月1日現在）
※児童自立支援施設は国立2施設を含む
出所：厚生労働省（2021）「社会的養育の推進に向けて」https://www.mhlw.go.jp/content/000784817.pdf

表6-3　里親家庭とファミリーホームの概要

里親 家庭における養育を里親に委託	登録里親数	委託里親数	委託児童数	ファミリーホーム	養育者の住居において家庭養護を行う（定員5～6名）	
	13,485世帯	4,609世帯	5,832人			
養育里親	11,047世帯	3,627世帯	4,456人		委託児童数	417か所
専門里親	716世帯	188世帯	215人			
養子縁組里親	5,053世帯	351世帯	344人		委託児童数	1,660か所
親族里親	618世帯	576世帯	817人			

里親数、委託児童数は福祉行政報告例（2020年3月末現在）
出所：厚生労働省（2021）「社会的養育の推進に向けて」https://www.mhlw.go.jp/content/000784817.pdf

家庭での暮らしを再開することを家族再統合というが、社会的養護が担う重要な役割は、子どもの保護や養育（自立支援を含む）と家族再統合に向けた支援にある。

　児童養護施設で暮らす子どもの入所理由の推移をみると、以前は父母の離婚や行方不明などが主たる理由であったのに対して、近年は虐待やネグレクトを理由とした入所が増加していることがわかる（図6-1）。また以下に紹介するように、児童相談所における児童虐待相談対応の件数も年を追うごとに増加しており、社会的養護の領域では児童虐待問題への対応が重大なテーマとなっている。

（2）契約と措置

　施設など福祉的サービスを提供する側と子どもや親、家族など利用する側が契約に基づいて利用する形態を契約制度というが、社会的養護児童は行政機関の職権でその必要性を判断し、福祉的サービスの内容や提供する機関を決定する措置制度によって施設や里親家庭で暮らすことが決定されている。社会的養護で措置制度が採用されている背景には、親や家族との合意形成の困難さなどのために契約制度を適用することが適当でないという事情がある。

　虐待の通告があると、児童相談所では児童福祉司による社会診断や児童心理司による心理診

第6章●子ども家庭福祉領域の心理学的支援

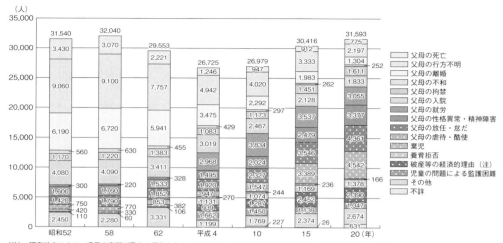

図6-1　養護問題発生理由別児童数（児童養護施設）
出所：内閣府（2012）『平成24年版　子供・若者白書』p. 48（https://www8.cao.go.jp/youth/whitepaper/h24honpenpdf/index_pdf.html）

断、一時保護所における行動観察などを通して、施設や里親家庭への措置、もしくは通所指導など在宅による支援を実施するかの判断が行われ、家庭での養育が困難だと判断された場合に施設や里親家庭に措置され、子どもたちの新たな生活が始まることになる。結果的に子どもは、自らの意思に反して施設や里親家庭で暮らすことになったり、施設や里親家庭で暮らす理由を十分に理解していなかったりする場合もある。近年、子どもの意見を取り入れた措置を進めることの重要性も指摘されるようになりつつあるが、社会的養護児童に対して心理学的支援を行う場合には、こうした背景を十分に理解しておく必要がある。

〔3〕子ども家庭福祉にかかわる法制度

　1989年、第44回国連総会において子どもの基本的人権を国際的に保障するために定められた条約である児童の権利に関する条約（子どもの権利条約）が採択された。1994年に批准して以降、わが国では子どもの権利条約に基づく様々な取り組みが行われてきた。そうした子ども家庭福祉領域における取り組みの根幹をなすのが児童福祉法である。児童福祉法では国や地方公共団体の責務、児童相談所などの関連する事業を実施する機関、児童福祉司や保育士などの専門職、要保護児童や障害児への支援のあり方など、子ども家庭福祉に関する基本的な原則が定められており、改定を重ねた現行の児童福祉法では、子どもの権利条約に沿って子どもが権利の主体であり、児童の最善の利益のために国民、保護者、国・地方公共団体が児童の福祉を保証する責任を負うことが明示されている。

　また、2000年には児童虐待の防止等に関する法律（児童虐待防止法）が施行されて児童虐待防止や介入への取り組みが整備されてきた他、『子ども虐待防止の手引き』、『子ども虐待対応の手引き』など児童虐待の防止や介入の方針が示され、2015年には児童相談所全国共通ダイヤル（189）が設置された。さらに2016年の児童福祉法改正に基づき、妊娠・出産・子育て

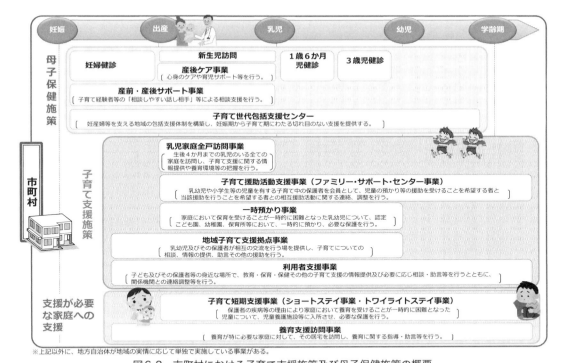

図6-2　市町村における子育て支援施策及び母子保健施策の概要

出所：第3回市区町村の支援業務のあり方に関する検討WG（2016）参考資料1「市区町村における子育て支援施策及び母子保健施策の概要」（https://www.mhlw.go.jp/file/05-Shingikai-11901000-Koyoukintoujidoukateikyoku-Soumuka/0001.pdf）

に関するリスクの有無にかかわらず予防的な視点を中心としすべての妊産婦・乳幼児等を対象として支援を提供する子育て世代包括支援センターの設置や、子育ての孤立を防ぐことを目的として生後4か月までの乳児がいるすべての家庭を市町村から指定を受けた訪問者が訪問する乳児家庭全戸訪問事業（こんにちは赤ちゃん事業）の実施など、児童虐待に関する取り組みはリスクが高い家庭や子どもを対象とするだけではなく、すべての妊産婦・乳幼児等を対象とするポピュレーション・アプローチを基本とした未然防止への対応へと広がってきている（図6-2）。

　なお、児童虐待防止法では、児童虐待は表6-4のように定義されており、わが国の児童虐待対応の窓口となる行政機関である児童相談所が対応する相談件数は年を追うごとに増加している（図6-3）。しかし、こうしたデータは単純にその発生が増加していることを示しているというよりも、法律や制度、体制が整備されたことや社会の児童虐待に対する関心が高まったこと

表6-4　児童虐待の定義

児童虐待の防止等に関する法律　第2条
この法律において、「児童虐待」とは、保護者（親権を行う者、未成年後見人その他の者で、児童を現に監護するものをいう。以下同じ。）がその監護する児童（十八歳に満たない者をいう。以下同じ。）について行う次に掲げる行為をいう。
一　児童の身体に外傷が生じ、又は生じるおそれのある暴行を加えること。
二　児童にわいせつな行為をすること又は児童をしてわいせつな行為をさせること。
三　児童の心身の正常な発達を妨げるような著しい減食又は長時間の放置、保護者以外の同居人による前二号又は次号に掲げる行為と同様の行為の放置その他の保護者としての監護を著しく怠ること。
四　児童に対する著しい暴言又は著しく拒絶的な対応、児童が同居する家庭における配偶者に対する暴力（配偶者（婚姻の届出をしていないが、事実上婚姻関係と同様の事情にある者を含む。）の身体に対する不法な攻撃であって生命又は身体に危害を及ぼすもの及びこれに準ずる心身に有害な影響を及ぼす言動をいう。）その他の児童に著しい心理的外傷を与える言動を行うこと。

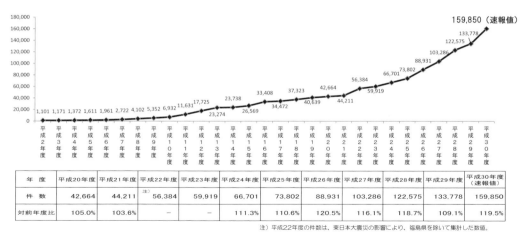

159,850（速報値）

133,778
122,575
103,286
88,931
73,802
66,701
59,919
56,384
44,211
42,664
37,323
34,472
33,408
26,569
23,738
23,274
17,725
11,631
6,932
5,352
4,102
2,722
1,961
1,611
1,372
1,171
1,101

年　度	平成20年度	平成21年度	平成22年度	平成23年度	平成24年度	平成25年度	平成26年度	平成27年度	平成28年度	平成29年度	平成30年度（速報値）
件　数	42,664	44,211	（注）56,384	59,919	66,701	73,802	88,931	103,286	122,575	133,778	159,850
対前年度比	105.0%	103.6%	－	－	111.3%	110.6%	120.5%	116.1%	118.7%	109.1%	119.5%

注）平成22年度の件数は、東日本大震災の影響により、福島県を除いて集計した数値。

図6-3　児童相談所における児童虐待相談対応件数の推移

出所：平成30年度の児童相談所での児童虐待相談対応件数（速報値：https://www.mhlw.go.jp/content/11901000/000533886.pdf）

などを反映しているものとして理解する必要があるだろう。

〔4〕子ども家庭福祉における課題

　国連子どもの権利委員会は、日本の子どもたちを取り巻く状況と子どもの権利条約の内容と照らし合わせたとき、懸念がある事項を指摘してきた。例えば、1998年には家庭や学校における暴力（虐待や体罰、いじめ）の問題や障害児への適切な教育の提供、児童ポルノ、家庭で暮らせない子どもに対する代替養育のあり方などについて子どもの権利が十分に守られていないことが指摘されている。また、2019年にも同様に体罰や代替養育のあり方、子どもの意見の尊重などについての指摘が示されている。わが国では先に述べた児童虐待防止法の他、いじめ防止対策推進法や発達障害者支援法など、福祉や教育など様々な領域でこうした子どもの権利を守るための取り組みが重ねられてきた。

　家庭で暮らすことができない子どもにとっての代替養育機能もこうした懸念事項に含まれてきたが、その役割を担ってきた社会的養護は大きな変革期を迎えている。厚生労働大臣の下で開催された新たな社会的養育の在り方に関する検討会（2017）が示した『新しい社会的養育ビジョン』（新ビジョン）では、里親家庭の積極的な推進や永続的解決（パーマネンシー保障）としての特別養子縁組の推進、小規模化や地域分散化など施設の抜本的な改革など、より具体的な変革に向けた動きが見られるようになりつつある。

　また、近年は子どもの意見表明という意味を含む子どもアドボカシーに関する取り組みにも注目が集まるようになってきている。先述したように措置制度の下では子どもたちの意見が十分に取り入れられないままに子どもの育ちや暮らしにかかわる事項が決定される状況にあるため、知る権利や意見を表す権利など子どもたちの持つ権利を十分に尊重し、彼らの意見をもとに彼らの育ちや暮らしにかかわる事項を決定したり、制度を作っていったりしようとする取り組みが必要なのである。

　こうした子ども家庭福祉を取り巻く変化やそこに内在する課題を考慮し、必要とされる心理学的支援のあり方を模索、構築していくことが望まれている。

❷ 乳児院・児童養護施設における心理学的支援

〔1〕乳児院・児童養護施設の特徴

（1）乳児院・児童養護施設

　乳児院は「乳児（保健上、安定した生活環境の確保その他の理由により特に必要のある場合には、幼児を含む）を入院させて、これを養育し、あわせて退院した者について相談その他の援助を行うことを目的とする施設とする」（児童福祉法第37条）とされており、おおよそ2、3歳以下の子どもたちが暮らしている。一方、児童養護施設は「保護者のない児童（乳児を除く。ただし、安定した生活環境の確保その他の理由により特に必要のある場合には、乳児を含む。以下この条において同じ。）、虐待されている児童その他環境上養護を要する児童を入所させて、これを養護し、あわせて退所した者に対する相談その他の自立のための援助を行うことを目的とする施設とする」（児童福祉法第41条）とされており、おおむね2、3歳から18歳の子どもたちが暮らしている。近年では、社会的養護児童にとって自立は大きな課題であることから、満20歳までの措置延長を積極的に活用する方針が示されている。

　こうした施設は家庭で暮らせない子どもにとっての家庭に代わる場所であるため、子どもたちは家庭と同じような生活を送っているが、児童養護施設で暮らす子どものほとんどが学校や幼稚園に通うのに対して、乳児院で暮らす子どもは基本的に一日のすべてを乳児院で過ごすため、日課には違いが見られる（図6-4）。また、節分の豆まきやお月見、クリスマスなど年中行事も行われており、子どもたちが様々なことを経験できるような生活を創造することが、施設で暮らす子どもの成長や治療を進める基盤となっている。

（2）施設職員と施設心理職の役割

　施設では様々な専門職がそれぞれの職務を担当し、子どもの暮らしや育ちを支えている。職員配置は「児童福祉施設の設備及び運営に関する基準」によって規定されており、配置される職種や人数に関する規定も設けられている。表6-5、表6-6に主たる専門職や施設の形態の概要を示した。

　逆境体験(Adverse Childhood Experiences；ACEs；詳細後述）を経験してきた子どもは、情緒面、行動面で様々な問題を抱えており、彼らの暮らしや育ちを支えるために、多様な専門職が連携してチームで

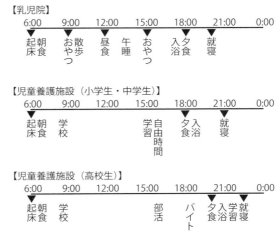

図6-4　乳児院・児童養護施設の一日の流れ（例）

表6-5 施設に配置される主たる専門職の概要

専門職名	概要
児童指導員	生活支援、学習支援、自立支援など子どもの生活全般にかかわり、自立支援計画の作成、家庭支援や地域の子育て支援など、幅広い業務を担当する。
保育士	子どもたちの生活の支援や発達の援助、健康管理、愛着関係の形成治療的支援、自立支援、家庭支援などを担う。
心理療法担当職員	虐待等による心的外傷等のため心理療法を必要とする児童等及び夫等からの暴力等による心的外傷等のため心理療法を必要とする母子に、遊戯療法、カウンセリング等の心理療法を実施し、心理的な困難を改善し、安心感・安全感の再形成及び人間関係の修正等を図ることにより、対象児童等の自立を支援する。
家庭支援専門相談員	虐待等の家庭環境上の理由により入所している児童の保護者等に対し、児童相談所との密接な連携のもとに電話、面接等により児童の早期家庭復帰、里親委託等を可能とするための相談援助等の支援を行い、入所児童の早期の退所を促進し、親子関係の再構築等を図る。
里親支援専門相談員	児童養護施設及び乳児院に地域の里親及びファミリーホームを支援する拠点としての機能を持たせ、児童相談所の里親担当職員、里親委託等推進員、里親会等と連携して、(a) 所属施設の入所児童の里親委託の推進、(b) 退所児童のアフターケアとしての里親支援、(c) 所属施設からの退所児童以外を含めた地域支援としての里親支援を行い、里親委託の推進及び里親支援の充実を図る。
個別対応職員	虐待を受けた児童等の施設入所の増加に対応するため、被虐待児等の個別の対応が必要な児童への1対1の対応、保護者への援助等を行う職員を配置し、虐待を受けた児童等への対応の充実を図る。
職業指導員	勤労の基礎的な能力及び態度を育て、児童がその適性、能力等に応じた職業選択を行うことができるよう、適切な相談、助言、情報の提供、実習、講習等の支援により職業指導を行うとともに、就労及び自立を支援する。

出所:「家庭支援専門相談員、里親支援専門相談員、心理療法担当職員、個別対応職員、職業指導員及び医療的ケアを担当する職員の配置について」（雇児発0405第11号平成24年4月5日）、及び谷口他（2019）を参考に作成

表6-6 施設形態の概要（松本・中安・尾崎, 2019）

施設形態	概要
大舎制	1養育単位（グループ）あたり定員数が20人以上であり、高年齢児は個室の場合もあるが原則は相部屋である。また、厨房で一括調理して、大食堂へ集合して食べ、風呂場も男女別に1つの場合が多く、複数名同時に入浴することになる。
小・中舎制	中舎制は大舎制よりも規模が小さく、1養育単位が13〜19人である。小舎制は1養育単位が12名以下であり、同じ敷地内に独立した戸建ての家が並んでいるものや、マンションのような形態のものものがある。
グループホーム	施設を離れ、地域の中で一般の家庭とほぼ同様の環境え6名ほどで生活を行う。

表6-7 施設心理職の概要

【施設心理職の活動内容】
対象児童等に対する心理療法、対象児童等に対する生活場面面接 施設職員への助言及び指導、ケース会議への出席、その他
【児童養護施設への配置基準】
心理療法が必要な子どもが10名以上入所していること
【乳児院への配置基準】
心理療法が必要な子どもと保護者が10名以上いること

出所：平成18年6月27日雇児発第0627002号厚生労働省雇用均等・児童家庭局長通知

支援にあたること（チームアプローチ）が求められている（増沢, 2003）。その中で行われる心理学的支援において中心的な役割を担うことを期待されているのが心理療法担当職員（施設心理職）である。施設心理職は、1999年に虐待等によりトラウマを抱えた子どもたちが多く生活しているとして、児童養護施設への配置が予算化されて以降、乳児院への配置や常勤化が進められてきた（表6-7）。

しかし、Goodman（2006）が施設児童は治療を必要とする子どもではないために、長年に

わたって施設には治療職を雇用することに抵抗があり、施設心理職の配置は児童福祉施策における一大方針転換であったとしているように、施設心理職の配置は施設に起きた大きな変化であった。そのため、施設心理職の活動展開はスムーズに進んだわけではなく、多くの施設心理職がその役割や活動内容についての模索を重ねてきた。施設心理職が配置されてからの約20年間はそれまで施設養育を担ってきた児童指導員や保育士といったケアワーカー（以下CW）の実践と新たに参入した施設心理職による実践の相補的な関係を探る試みの積み重ねであったが、新ビジョンを受けて新たな施設のあり方が模索される中、施設心理職がどのような役割を担い、活動を展開するかについても議論を要する新たな段階にある。

〔2〕乳児院・児童養護施設で暮らす子どもの心理的特徴

施設では子どもたちの生き生きとした姿に触れることがある一方、"気になる子どもたち"の姿を目にすることがある。一言で施設児童といっても、乳幼児から青年まで幅広い対象を指すために情緒的な表現が極端に強かったり、弱かったりする子ども、子ども同士の関係をうまく築けないためにトラブルをよく起こしてしまう子ども、おとなに対して非常に依存的だったり、逆に強く拒否しようとしたりする子どもなどその表れは多様である。こうした施設児童の姿を心理的な側面から考えたとき、いくつかの鍵となる視点がある。ここではそうした視点をまとめることで、施設児童の心理的な特徴を考えたい。

（1）アタッチメントの視点から

施設児童の多くが経験する家族との分離などの人生早期の養育の不安定さは、子どものアタッチメントに否定的な影響を与えることになる。アタッチメント（詳細は第4章**5**アタッチメントを参照）は、不安や恐怖を感じたとき、養育者に触れたり、近づいたりすることによって不安や恐怖が和らげられたり、取り除かれたりする経験を通して養育者との間に築かれる情緒的な絆であり（Bowlby, 1969）、子どもの発達において重要な役割を担っている。例えばErikson（1950）の心理－社会的発達論に沿って考えてみると、幼児期前期には養育者の力を借りながら情緒や行動を調整する力である自律性を身につけていくことが課題となるが、アタッチメントが十分に形成されていなければ自律性を獲得することが困難になる。さらに、幼児期後期には様々なことに取り組んでみようとする意欲である自発性を獲得することが課題となるが、情動や行動を調整（自律）する力が自発的に取り組むことを下支えしている。さらに、児童期には学習や対人関係などを通して「やればできる」という有能感を獲得していくことが課題になるが、そのためには自ら様々なことに取り組んでみようとする意欲（自発性）が必要となる。このように発達の基盤となるアタッチメントが十分に形成されず、その後の発達課題の達成に困難さを抱えてしまうことになるため、対人関係や、情動や行動のコントロール、意欲に問題を呈している施設児童も多い。

（2）心的外傷の視点

事件、事故、災害など死を意識するような場面に直面したりすることによって生じる心の傷

表6-8　PTSDの中核症状（飛鳥井，2018）

再体験症状	外傷的出来事に関する不快で苦痛な記憶が突然蘇るフラッシュバックや悪夢が繰り返されること。あるいは何かのきっかけで外傷的出来事を想起したときの、強い不安や、あるいは動機や震え、発汗といった身体的反応。
回避／精神麻痺症状	回避症状とは外傷的出来事について考えたり話したり、感情が沸き起こるのを抑えこんだり、出来事を思い出させる場所や物事を極力避けようとすること。 意識清明であったにもかかわらず頭が真っ白になり出来事の一部が思い出せない、趣味や日常の活動に以前ほど興味や関心が向かない、他者との間に壁ができたような孤独感を感じる、感情がマヒしたようで愛情や幸福感などの感情を感じにくい、将来の人生に対して前向きに考えられないといった精神的変化。
過覚醒症状	睡眠障害、いらいらして怒りっぽくなる、物事に集中できないといった変化や、何事にも必要以上に警戒したり、物音などちょっとした刺激にもひどくビクッとしてしまうなど精神的緊張が高まった状態。

を心的外傷、あるいはトラウマと呼ぶ。適切なケアが行われずの影響が長引くと再体験、回避／精神麻痺、過覚醒の3つを中核症状とした心的外傷後ストレス障害（PTSD）といわれる深刻な状態に陥ってしまうことがある（表6-8）。

　災害や事故のような、単発的なトラウマ体験の影響も重大であるが、施設児童の多くは長期的、反復的に直接的、間接的な暴力への暴露や喪失を経験し、さらにそうした傷を癒してもらえなかったという傷つきをも抱えている。長期的、反復的なトラウマ体験は先述したPTSDの中核症状の他に持続的な空虚感、無気力や無価値、人間関係上の困難さ、感情制御の困難さなどより深刻な影響を与えることとなり（複雑性PTSD）、アタッチメントの問題とも絡み合いながら施設児童に様々な形で表れることとなる。例えば、夜間に保護者が毎日のように家を空け、不安な夜を過ごしていた子どもは、夜になると情緒的に不安定になり、その不安を抱えきれずに暴れたり、自傷行為をしてしまったりすることがある。あるいは、普段の生活の中で机の角に足をぶつけるなどちょっとした痛みを感じることがあると、虐待を受けていたときの痛みがフラッシュバックし、解離性の症状を示す子どももいる。解離とは、脳が器質的な損傷を受けていないにもかかわらず、記憶や体験がバラバラになる現象の総称（杉山，2007）であり、記憶が飛ぶ、体が動かなくなる、会話ができなくなるなどの症状を示すことがあるようなものである。さらにこうした問題の影響を受けて、慢性的にやる気が出なかったり、肯定的な将来展望を描くことが難しかったりするために、施設生活や学校生活で無気力なように見える子どもたちもいる。施設児童が経験してきた不安や恐怖は記憶や感覚に刻み込まれるため、保護され、安心、安全な生活環境に身を置いたにもかかわらず、そうした記憶や感覚に苛まれ続けることになってしまうのである。

（3）認知面の発達に関する視点

　長期的、反復的なトラウマへの暴露が言葉の理解や会話に関連するような領域や、感情や思考をコントロールする領域などに関連する脳機能にダメージを与え、子どもの認知面の発達に問題が生じることが知られるようになってきている（友田，2018）。杉山（2007）はこうした視点から、被虐待児を知的障害等の古典的発達障害、自閉性障害、学習障害・注意欠陥多動症に続く「第四の発達障害」として位置づける視点を提唱している。つまり、虐待が脳機能に与える影響を考慮し、被虐待児を特別な支援が必要な子どもとして捉える視点が必要であるとい

う主張である。実際、施設児童の多くが学習上の困難さを抱えており、学業成績の低さゆえに進路選択の幅が狭まってしまったり、自分が置かれた状況を客観的に捉えることができずに望ましい選択が困難になってしまったりすることがある。施設児童の多くが発達障害の傾向を持つことが示されているが（厚生労働省, 2015）、虐待の影響を考慮した上でそうしたデータを理解する必要があるだろう。

（4）経験やモデルの不在の視点

　出生後間もなく乳児院に預けられて以来、児童養護施設に措置変更され、長年にわたって施設で暮らしてきた子どもたちもいる。彼らの中には明確なアタッチメントやトラウマの問題が生じるような経験がないにもかかわらず、生活スキルやコミュニケーション能力に未熟さを抱えている子どもがいる。こうした子どもの姿には経験の不足やモデルとなるおとなの不在などが影響している。また、こうした影響を受け、社会的養護を要する子どもたちは、肯定的な将来展望を描くことが困難であったり、職業選択の幅が狭まっていたりするという指摘もある（Creed, 2011・井出ほか, 2014）。結果的に、彼らは自立に際して大きな困難を経験することになり、ある調査ではホームレスに占める施設出身者の割合が非常に高いことも示されている。生活場所や養育者の変更を経験することが多い社会的養護児童に対する心理学的支援においては「子どもの人生を見据えた連続性を持った養育ケア」（大迫, 2017）の視点を持つことが重要である。

（5）逆境体験の視点

　近年、児童虐待の他、家族の精神疾患や犯罪行為、親の別居・離婚など様々な子ども時代に生じる可能性のある困難を包括する児童期の逆境体験（Adverse Childhood Experiences：ACEs）という概念が注目されている。図6-1に示したとおり、社会的養護児童においても明確な児童虐待だけではなく、入所に伴う家族との別離や、家族の不和や犯罪行為への暴露などを経験している子どもが含まれている。社会的養護における心理学的支援について考える際には、狭義の児童虐待だけではなく、より広い視点から彼らの体験を捉えるとともに、保護者の精神疾患＋身体的虐待＋生活困窮というようにいずれか1つの逆境的体験の影響によるものと考えるのではなく、いくつもの要因が交絡して子どもに影響を与えているという多因子モデルに基づく理解を進める必要がある。

〔3〕乳児院・児童養護施設で暮らす子どもの心理アセスメント

　施設における心理学的アセスメントとは、「日々の行動観察、成育歴、家族状況、医学的所見、心理検査等の情報を総合的に把握、吟味し、主訴や症状、問題行動も含めた子どもの今あるあり様の背景にある本質的な問題を理解し、今後支援過程で起こるであろうことを、その危険性に十分配慮しながら予測し、支援計画を立てること」であり、①行動観察等の総合的な情報の把握、②今の状態像の背景にあるより本質的な問題の理解、③支援方針を立てるという3つの構成要素から成り立っている（増沢, 2011）。従来の心理アセスメントはそうしたアセスメントの一部を担うものであり、先述した施設児童の心理的特徴の有無や強弱、個人的な傾向

などを明らかにしていくものである。

　心理アセスメントには診断的理解と共感的理解の2つの側面があり、前者はアセスメントする人がアセスメントされる人を客観的に評価したり、理解したりすることを指すのに対して（表6-9参照）、後者はアセスメントする人がアセスメントされる人の体験をされる人の側から理解しようとすることを指す。診断的理解と共感的理解は相対するものであると捉えられることもあるが、両者は相補的な関係であると理解することが必要である（氏原・成田編, 2000）。

　施設児童の心理アセスメントの実施者は児童相談所の児童心理司と施設心理職に大別されるが、措置に関連するようなアセスメントを担うことが多い児童心理司は心理検査を用いて診断的理解の視点から心理アセスメントを行うことが多いのに対して、子どもと生活をともにし、近い距離で支援にあたる施設心理職は個別の面接や生活場面でのかかわりを通して、共感的理解の視点から心理アセスメントを行うことが多いといえる。しかし、いずれの視点が優れているとか、重要であるということではなく、双方の視点から子どもに対する理解を深めることが

表6-9　社会的養護児童への心理アセスメントで用いられる心理検査の例（診断的理解）

検査の種類	概要
発達検査・知能検査	
WISC-IV	5歳〜16歳11か月を対象とするウェクスラー式の知能検査。13の下位検査と4つの指標得点、全検査IQから構成されている。
ビネー式知能検査	2歳から成人を対象とする一般知能の測定を目的とした知能検査で、精神年齢（MA）と生活年齢（CA）の比によって知能指数（IQ）を算出することができる。
新版K式発達検査	京都市児童院（現・京都市児童福祉センター）で開発された発達検査であり、発達過程が精密に観察できる。0歳〜成人まで適用でき、発達年齢（DA）と生活年齢（CA）の比から、発達指数（DQ）を求めることができる。
K-ABC心理教育アセスメントバッテリー	2歳6か月から12歳までの子どものための個別式知能検査である。①認知処理能力と習得度を分けて測定すること、②認知能力を「継次処理」と「同時処理」から測定する点に特徴がある。
遠城寺式 乳幼児分析的発達診断検査	簡易式の発達スクリーニング検査であり、項目別に短時間で測定でき、プロフィールとして示すことでその発達状況を分析的に評価できるという特徴がある。
性格検査	
文章完成法テスト（SCT）	未完成の文章を提示して、被験者に自由に完成させるという課題を通じ、被験者の特性を知るという心理検査。
バウムテスト	「実のなる木を1本書いてください」という教示により描かれる樹木の分析により、発達的側面や臨床的側面についての理解を図る描画による心理検査。バウムテストを含む描画による心理検査には実施の簡便さや言語に依存しないという特徴がある。
特定の問題に関する検査	
子どもの行動チェックリスト（CBCL）	心理社会的な適応／不適応状態を包括的に評価するシステムであるASEBA（Achenbach System of Empirically Based Assessment）を構成する調査票の1つで、保護者に回答を求める。他に教師に回答を求めるTRFなどがある。
Vineland-II適応行動尺度	米国で開発された適応行動尺度であり、コミュニケーション領域、日常生活スキル、社会性領域、運動スキル領域、不適応行動領域の5つの領域について評定できる。近年は特に、自閉症スペクトラム障害をはじめとする発達障害のアセスメントの一環として知能検査などと併用されることが多い。
TSCC子ども用トラウマ症状チェックリスト	トラウマ性の体験の後に生じる精神的反応ならびにそれに関連した心理的な症状を評価するための自記式検査。

出所：NPO法人アスペ・エルデの会（2013）、氏原他（2004）、ジョン・ブリア（2009）より作成

有効な心理学的支援を行うことにつながる。

　施設における心理アセスメントでは、外来型の相談室等で行われる心理アセスメントに比べて、子どもたちの日常の姿や生活環境などに直接ふれる機会が多いために、より子どもたちの実態に即したアセスメントを行うことができるメリットがある一方で、目の前で起きている出来事や問題行動に目が行きすぎるために、問題行動への対応といった短期的な視点に立ったアセスメントに偏るというデメリットもある。こうしたメリット、デメリットを踏まえ、心理アセスメントを進めていく必要がある。

　なお、全国乳児福祉協議会は『乳児院におけるアセスメントガイド』（2013）において乳児院における包括的なアセスメントのあり方を示すとともに、『乳児院における心理職ガイドライン』（2014）において、心理職が行うアセスメントの内容を明示している。乳児院における心理学的支援にかかわる方は参照してほしい。

〔4〕乳児院・児童養護施設で暮らす子どもに対する心理学的支援の基本

（1）生活の中で行われる心理的支援

　施設で行われる心理学的支援はCWや施設心理職などすべての施設職員によって行われる広義の心理学的支援と、施設心理職によって行われる狭義の心理学的支援に分けることができる。

　前者を理解するためには、施設における生活の位置づけや意味を理解する必要がある。『児童養護施設運営指針』（厚生労働省, 2012）では社会的養護の原理の1つとして「家庭的養護と個別化」が挙げられており、「あたりまえの生活」を保障していくことが重要であるとされている。できるだけ家庭的な環境で、丁寧にきめ細かく養育することが「あたりまえの生活」につながると考えられるが、個々の家庭によってその暮らしは異なるために「あたりまえの生活」を明示することは困難である。あえて端的に表現するならば、子どもが子どもらしく過ごせることが保証されるような暮らしと表現できるだろう。

　施設児童の多くは様々な問題を抱えているが、施設は治療の場ではなく、子どもにとっての家庭に代わる生活の場としての役割を担っているため、アセスメントの結果に基づいて立てられる自立支援計画も治療というよりも、彼らがよりよく生きるための支援、あるいは発達課題を達成し、次の発達段階に進んでいくための支援という視点から立てられる。このとき、施設における生活は、その支援計画を実現する機会と位置づけられる。こうした「日常生活の中のさまざまな場面や人間関係の在り方から子どもの特徴やニーズ、成長の契機などを捉え、言動の必然性やかかわりのヒントなどを見出し、生活の時空間全体が子どもにとって、治療的、成長促進的になるように構成していく」取り組みを生活臨床という（内海, 2012, p. 86）。例えば、親に助けを求めた時に適切に応えてもらえなかった経験を持つ子どもが施設生活の中でCWを頼ろうとしたが、親から否定された記憶に襲われ、感情的になってしまったとき、その行動のみに目を向け、子どもを叱責したり、否定したりするのではなく、そこにアタッチメントやトラウマの問題があることを理解し、混乱している子どもに寄り添ったり、感情を収めることへの支援を行うことは子どもたちの日常生活がそこにあるために実現できる支援であるといえるだろう。あるいは、生活経験が十分ではないために身辺整理の習慣が十分に確立していない子

どもに対して「中学生なんだからちゃんとしなさい」と一般的な基準を当てはめた指導をするのではなく、その子の発達課題の達成状況に目を向け、まずは一緒に身辺整理に取り組み、整理された生活空間で過ごす心地よさを経験してもらうことも日常生活を治療的、成長促進的に構成していくということになるだろう。

（2）施設心理職による心理的支援

　広義の心理学的支援は施設形態や理念などにかかわらず共通して取り組まれることであるが、施設心理職によって行われる狭義の心理学的支援の実践には施設による差異がある。最も大きな差異は施設心理職が生活に関与するかどうかという点である。全国の児童養護施設心理職を対象にした調査（井出, 2010a）では、生活場面に関与しながら活動を行っている施設心理職が約75％であることが示されており、施設心理職が配置されて以降、生活に関与するか否かは様々な形で議論され、そのメリットとデメリットが検討されてきた。しかし、いずれかが正しいという二者択一的なものではなく、子どもの状態や施設の中にある心理職に対するニーズなど様々な要因をもとに検討、判断され、選択されるものであり、いずれの場合にも心理アセスメントの結果や心理療法の視点、エッセンスをいかに活動の中に取り入れていくかが重要になる。このような差異があることを前提として、施設心理職がどのような心理学的支援を行うかについて考えてみたい。

　施設心理職の活動内容とその広がりを施設における子どもの生活と関連づけると図6-5のように示すことができる。最も中心にあるのは個々の子どもへの支援であり、個別の心理面接である。心理面接は先述したような共感的理解の視点から行われる心理アセスメントと並行して、あるいは連続して行われる。もちろんこうしたアセスメントや支援は施設心理職だけが行うものではないが、個別の関係において心理学の理論に基づいたアセスメントを行い、その内容を他職種に伝えたりすること、あるいはそうしたアセスメントに基づいた心理面接を行う際には心理学を専門とする施設心理職の力量が問

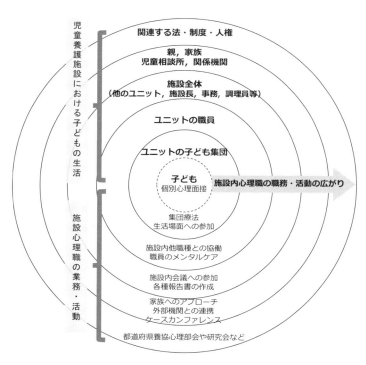

図6-5　児童養護施設での生活において、子どもをめぐる構造と施設内心理職の業務の広がり（菅原（2013）を一部改変）

われることになる。子どもは言語的な表現だけではなく、行動や身体的な表れとして表現することもあるだろう。そうした表現に目を向け、いまだに言語化されていないような子どもたちの中にある感覚や想いにも寄り添ったり自己理解を手助けしたりすることは生活に関与するか否かにかかわらず、施設心理職が持つ心理療法という専門性に基づくものである。また、特に虐待によるPTSDの治療には認知行動療法（CBT）が効果的であるというエビデンスが示されており、一部の施設児童にとってもCBTが有効なアプローチとなり得るが、子どもの言語能力や治療への動機づけ、あるいは施設全体の理解など様々な条件を整えて進める必要がある。

　一方で忘れてはならないのは、小舎制施設であってもそこには他の子どもが一緒に暮らしており、施設には集団力動が存在しているという視点を持つことである。施設における心理的支援は個々の子どもへの支援を基礎とするが、同時に子ども集団が内包する支配−被支配といったような関係性やそれが具体化した児童間暴力の問題にも目を向ける必要がある。また、同じような境遇を持つ子どもと過ごすことが肯定的な影響を及ぼしたと感じている施設出身者の報告（井出，2019）もあるように、子どもの集団力動の肯定的影響にも目を向ける必要があるだろう。施設心理職には個別の関係に身を置くのと同等に、集団力動を理解し、集団にアプローチする力が求められる。

　さらに、チームアプローチが行われる中では子どもの集団力動だけではなく、職員を含めた施設全体の集団力動に目を向けることも必要である。施設心理職と他職種との連携、協働においてはコンサルテーションという言葉がよく用いられるが、特に心理職自身も子どもの生活に関与するような施設臨床の場では心理職から他職種へという一方向的なものではなく、心理職の自身の活動について他職種からコンサルテーションを受けるような相補的なコンサルテーションの関係（井出，2010b）を意識し、チームの中でどのような役割を担うことができるかという視点を持つことが必要となる。また、その延長に職員のメンタルケアや施設内で行われるケースカンファレンスや職員会議などへの参加がある。

　加えて、社会的養護児童への支援においては、子どもに安定した家庭的養育を提供することが大きなテーマとなる。特に新ビジョンでは永続的解決（パーマネンシー保障）への道筋として家庭復帰や親族里親、養子縁組等を積極的に活用するという方向性が示されており、家族再統合や里親家庭に対する支援においても施設心理職が果たす役割の重要さがますます増加してくると考えられる。

　最後に「都道府県養協心理部会や研究会など」と表記された業務・活動についてはその施設が所在する地域によってその内容や取り組みが大きく異なる。ここに含まれるのはその都道府県等の児童養護施設協議会内に設けられた施設心理職による部会やその他の任意の研究会の活動のことを指している。多くの施設心理職はその施設に1人だけ配置されており、活動について身近な仲間と相談する機会が限られている。スーパービジョンが重要であることは改めて述べるまでもないが、日々の業務の中で直面する小さな悩みや困りごとや施設での役割などを相談することができるような仲間の存在も非常に重要である。地域によっては都道府県等の児童養護施設協議会などが公的に施設心理職の部会を組織しており、そうした場が確保されている場合もあるが、そうでない場合には任意の研究会などを組織して自ら創出することも必要である。こうした場で心理職が研鑽を積んだり、その内容を発信したりすることが子どものより良い暮らしにつながったり、子どもを取り巻く法や制度等の整備につながっていくのである。

ここまでの施設心理職による心理学的支援は、乳児院における施設心理職による心理学的支援にも共通することが多分に含まれているが、乳幼児を対象とする心理職の役割にはより発達的な視点や家族支援の視点が必要となる。詳細については『乳児院における心理職ガイドライン』（全国乳児福祉協議会, 2014）を参照してほしい。

〔5〕乳児院・児童養護施設における心理学的支援の実際

　ここでは乳児院と児童養護施設における心理学的支援の事例を通してここまで述べてきた内容を具体的に示したい。

（1）乳児院における心理学的支援の実際

> 　A（女児）は10代の母親が養育困難であるとして、出生した医療機関から生後1か月頃に入所してきたが、早産児であったため入所後も定期的に乳児院B園の看護師が医療機関に受診に連れていっていた。食が細くミルクを飲んでくれないことや一度泣き始めると泣きやまないことに担当CWは苦労していた。B園では子どもを5名程度のグループに分けて生活していたため、そのグループを担当するCWが参加する会議でAの支援について検討する時間を設けた。施設心理職や家庭支援専門相談員（FSW）も参加して行われたグループ会議では、Aに対する支援の難しさをCWが口々に語った一方で、うまく授乳できた時のことやあやすことができたときのことなども語られた。こうしたうまくいったときのことを記録に残しながらCW間で共有し、徐々にAが心地良いと感じられるような時間を試行錯誤して増やしていこうということが確認された。しかし、そうした作業はなかなかスムーズに進まなかったために施設心理職は折を見て生活場面に足を運び、Aの様子を見たり、CWが感じている困難さを聞いたりするようにした。また、発達状況を確認するために定期的に簡易な発達検査を実施し、Aの成長をグループ内で共有できるようにした。
> 　一方、Aの母親は出産後、徐々にAを引き取りたいという気持ちが芽生えていたため、定期的にB園に面会に訪れるようになっていた。面会時にはFSWと施設心理職が同席し、授乳やおむつ替えなど養育の知識やスキルを母親に伝えたり、一緒にやったりするなどすることに取り組むようになった。

　欲求を言語化することができない乳幼児との関係では、支援者は試行錯誤を重ねながら子どもに合った養育を模索していく必要がある。こうした試行錯誤のプロセスが養育者に対する子どもの信頼につながり、その後の発達の礎になる。しかし、それは血縁関係にある母子でも容易なことではない上に、乳児院には障害や疾病を抱え、医療的なケアを必要とする子どもも暮らしているため、担当CWには多くの支えが必要になる。したがって、乳児院における心理学的支援は「子ども－養育者」の関係性を視野に入れた支援であることが必須である。また、乳児院で暮らす子どもの約半数が家庭に戻ることになるため、子どもの特徴を踏まえた“養育のコツ”を母親などに伝えていくことも重要な役割となる。

（2）児童養護施設における心理学的支援の実際

> 　C（小3男児）は継父からの身体的虐待、及びネグレクトを理由に2か月前に児童養護施設D園に措置され、入所してきた。身体的虐待は継父が家に出入りするようになった5年ほど前に始まったが、母親がそれを止めることができずに、Cが通う学校からの虐待通告を受け児童相談所が介入するまで継続していた。
> 　Cは児童相談所での一時保護の後、D園入所後2週間ほどは安定した生活を送っていたが、徐々に年少児童に対して威圧的な態度をとるようになり、暴力や脅しといった行動が見られるようになっていた。また、CWが介入した際には感情の抑制がきかなくなり、暴れてしまう様子も見られるようになっていた。
> 　一時保護中に児童相談所で行われたアセスメントでは、知的能力は平均域であるが、被虐待経験によるPTSD症状が見られることが示されていた。そこでD園ではCの入所に合わせて施設内でケースカンファレンスを持ち、Cの担当CWを誰にするかや、短期的、中長期的な支援目標について検討した。短期的にはD園での生活に慣れ、学校に登校できるよう生活の安定を支援するとともに、施設心理職による個別面接を通じて、入所に伴うCの心理的な不安定さを支えることに取り組むこと、中長期的には母親が引き取りを希望していることもあり、児童相談所とも連携しながらFSWを中心に家族関係の調整に取り組むことが確認された。

> 　Cは夜になると情緒不安定になり、暴力・暴言を示した。ケースカンファレスでCの表れについて検討する中でCは夜間に帰宅した継父からの身体的虐待を経験していた可能性があることが分かったため、夜間の過ごし方についてCも交えて話し合い、しばらくは可能なかぎり夕方以降の時間をCWと過ごすことにした。
> 　施設心理職との個別面接では、Cは人形を使って身体的虐待の場面を再現する遊びを繰り返した。施設心理職は身体的虐待を経験する中でCが体験していたであろう不安や恐怖を、人形を通して言語化するなどしながら、Cの表現に寄り添った。

　Cは虐待によるトラウマを抱えて施設に入所してきた。多くの新入所児童がそうであるように、入所からしばらくは目立った問題行動は見られなかったが、施設での暮らしに慣れてきた頃に徐々に問題行動が見られるようになってきた。これは施設がCにとって安心して過ごせる場所になってきたことの表れでもあるため、支援者としてはCの成育歴をもとに、行動の背景にある感情を理解することに努め、Cが安心して過ごすことができるような生活を提供することに取り組むことになる。このとき、入所前からCについての情報を職員間で共有し、想定される事態について検討できていると対応に混乱が生じにくいが、場合によっては児童相談所から入所前に情報が提供されないような緊急のケースもあるため、施設内でスムーズに情報の共有が図れるようなチームアプローチの体制を構築しておくことも重要である。

　こうした支援の中で施設心理職は児童相談所の児童心理司による心理判定の内容を具体的に説明したり、行動の背景にある子どもの感情について伝えたりするような役割が求められる。施設心理職が個別面接を行うことでより細やかな理解が進んだり、子どもにとっての支えとなったりする場合もある。特に、支援方針を決定する際、支援内容を子どもに伝え、子どもの意見を反映させることも必要である。

（井出　智博）

３　里親の心理学的支援

〔1〕里親・里子の基本的な枠組み

　「里親」とは児童福祉法に基づき通常の親権を持たずに児童を養育する者を指し、1948年の児童福祉法に基づいて制度化された（表6-10）。なお、里親を希望する者は児童相談所で面接を受けた後、施設見学を含めた研修を受講後、児童福祉審議会での審査を経て、里親として登録される。しかし、実際に里子を受託している里親は地域の事情やマッチングの問題もあって、全国レベルで4割程度にとどまる。したがって、里親登録が直ちに里子受託に結びつかないのが現状である。

表6-10　里親の分類

養育里親	0歳から18歳（必要な場合、20歳未満まで措置延長が可能）までの要保護児童を養育する。養育里親には、短期間、里子を預かる「季節・週末里親」なども含まれる。（養育手当：8万6000円、2人目以降は4万3000円。他に一般生活費5万800円、乳児は5万8570円）。
専門里親	非行、被虐待、障害等、養育に困難を予想される里子を養育する（養育手当：13万7000円、2人目以降は9万4000円）。養育里親経験が3年以上必要で家族再統合や自立を目指す。
養子縁組里親	養子縁組を組む場合、生みの親と里親とが親権を持つ形をとる。なお、親子関係になるから手当はつかない。なお、里子が6歳以下の場合、家裁の決定を受け、里親のみが親権を持つ「特別里親」制度もある。
親族里親	3親等以内における養子縁組。

※金額は2018年度の数値で、年度や地域による微調整がある

里親の中に、「小規模住宅型児童養育事業」として、2008年から制度化された「ファミリーホーム」も含まれている。ファミリーホームは2人の養育者（原則的には夫婦）が1人以上の補助者の協力を得て、5～6人の里子を養育する「里親型のグループホーム」制度で、2018年末で313施設に1356名が養育されている。

　厚生労働省の2018年の統計によれば、「親と暮らせない子」は全国で約4万5000人に達するが、このうち、82％が児童養護施設で暮らし、里親（ファミリーホームを含む）に委託される者は18％である。そして、里子として委託された理由は、①「親からの虐待」19％、②「親の養育拒否」18％、③「親の死亡・行方不明」12％等である[1,2]。

〔2〕里子の多くは心に傷を負う

　一般論になるが、子どもは親の慈愛に包まれて成長する。特に乳幼児期に親からのボンディング（bonding）と子どもからのアタッチメント（attachment）とが繰り返され、親子の間に心理的な絆が形成されることが成長の根底をなすといわれる。一般的には、産みの母と子との絆が作られ、これに父子関係やきょうだい関係の絆が加わる形で子どもは成長する。その際、親に対する絶対的な信頼感が絆の形成の土台となる。なお、ボンディングの担い手は産みの母が一般的だが、母でなくとも、特定の人（例えば祖父母）が24時間体制で養育していく形でもよい。しかし、そうした特定の養育者を持てないと、ボウルビィ（Bowlby, J.）が「愛着理論」（attachment theory）で提唱している「親性剥奪」になりやすい。

　そうした中で、里子となる子は実親との別離を体験しているだけでなく、実親からの虐待を受けている者が多い。その結果、人との絆を結べない育ちをしている。そのため、人への信頼感を持てずに、猜疑心が強く、精神的にも不安定で、育てにくい子になりやすい。

〔3〕養育に心を痛める里親たち

　実親との縁の薄い子にとって家庭的な環境の許での養育が重視され、里親への期待が高まっている。里親は、①実子に恵まれなかった、あるいは、②実子の子育てが一段落したなどを理由として、善意で里子を受け入れている。しかし、里親は養育の専門家ではないから、里子が一般に扱いにくい子だと、里親が養育に苦労する状況も生まれる。以下に、2018年に関東地区の里親を対象とした調査から、結果の一部を紹介する。

　　　預かっている里子の年上の子（1人を養育している場合はその子）を「Aちゃん」として、Aちゃんの「養育に自信をなくしたことがあるか」を尋ねてみた。「何度もあった」の29％に「2～3度あった」の24％を含めると、53％と半数以上の里親が「養育に自信をなくしたことがある」と答えている。さらに、「養育返上を考えたか」についても、「何度も考えた」の7％、「何回かある」の26％を含めて33％が返上を考えている。念のため、「Aちゃんの年齢」と「養育返上を考

1　里親委託率は2008年の10％、2013年の14％を経て、この20年間にほぼ倍増している。その中でも、さいたま市の1996年の6.3％から2016年の33.9％へ、静岡市の2006年の18.5％から2016年の45.5％のように、里親委託率を大きく伸ばした自治体もあり、委託率に地域格差がみられる。

2　厚生労働省の2017年の資料によれば、2010年前後の諸外国の里親委託率はオーストラリア94％、アメリカ77％、イギリス72％のように7割を超える社会が多い。そうした意味では、日本の里親委託率も当面30％を目指すにしても、委託率5割超えが望まれよう。

えた」との関連を確かめると、①0〜2歳＝20％、②3〜5歳＝25％、③6〜9歳＝34％、④10〜12歳＝29％、⑤13〜15歳＝41％、⑥16歳以上＝39％のように、養育する子の年齢が高まるにつれ、養育に苦慮する里親が増加する。

　実親との縁の薄い子を支援したいと里親を志した人がどうして養育返上を考えるのか。里親によると、「Aちゃん」の「行動がマイペース」（4段階尺度で「とても」の割合）が66％、「気が散りやすい」（54％）だけでなく、「相手の気持ちを察する力に乏しい」（42％）、「相手の気に障ることをいう」（38％）という。そして、「人つきあいの下手さを感じるか」の問いに「感じる」が30％に達する。

　里親に話を聞くと、「ちょっと叱ると体を固くして無表情になる」、「気に入らないと部屋の隅にうずくまり動かない」、「急に奇声をあげて、部屋から飛び出す」という。そうした里子を預かると、里親は心の休まる時を持てないが、その一方で、里子が実親のように懐いてくれ、充足感を持って日々を送る里親の姿もある。そこで、その他の調査結果を参照しながら粗い推定を試みるなら、里子の理解しにくい行動に手をやく里親が3割強に達する反面、素直で養育しやすい子も3割程度を占める。そして、残りの4割は対応に苦慮もするが、何とか養育できそうだという。したがって、里親としての充足感は養育している里子次第という感じがする。

〔4〕日本の里親はアロマザリング的な感覚

「アロマザリング」とは実親でない者が子どもを養育すること（養育のシェア含む）を指す用語である。日本の里親は長期的にアロマザリング的な意識で里子を養育している。しかし、制度的には、里親は短期の養育を原則とする。具体的には、どの里親にどの子の養育を託するかの権限は児童相談所が握っている上に、養育返上を求める権限も児相が持つ。また、養育を放棄して実親が、条件が整ったとして養育を求めた場合、実親の希望が通るのが一般的だ。そのため、児相の判断が優先し、里親は便利な一時的な養育者的に扱われている印象を受ける。しかも、児相の里子担当者は多忙な上に3年程度で異動するから、里親は児相を信頼できない状況が生まれる。

　こう見てくると、児相の当面の養育者を求める姿勢と親代わりになりたい里親との間に意識の大きなギャップが感じられる。そして、現状では、里親の頑張りを活かす具体的な方策を講じることが、里子のウェルビーイングにも連なるのを感じる。具体的には、①里親会を充実させ、委託先などの決定を里親会に委ねる。②養育の困難な里子の処遇を児相と里親会で協議する場を設ける。③里親に委託する時点で、実親の親権を一時的に停止し、里親に暫定的な親権を付与するなどの改革が望まれよう。

　アメリカで里親（foster parentであるから、「親代わりの養育者」が妥当であろうが）と話していると、その子の前で「この子は中学校を出るまで」のように養育期間を語るのを耳にする。あるいは、「今まで南米の子を預かったから、来年からインドの子を引き取ってインドの文化に接したい」という里親もいる。多くの人がボランティア活動として、期間を決め気軽に恵まれない子を預かる。そして、そうした人を地域全体で支えるから、里親の負担も減るし、里子も地域で伸び伸びと暮らしていく。ボランティアの専門家が「1人に重荷を背負わせるのでなく、多くの人が少しずつ背負うのが大事だ」と語ったのが印象に残る。アメリカの里親とは対照的に、日本の里親は以下のように委託された子を長期間養育したいと考えている。

「本当の親の気持ちで里子に接している」が、「とても」（5段階尺度）の59％に「かなり」28％を加えると87％に達する。実際に、高校卒業後、「里親の家から大学へ通って欲しい」が31％を占める。また、Aちゃんが「25歳になった時」、「一緒に住む」の43％に「里親の家の近くで」32％を含めて、里親の75％がAちゃんと生活をともにしたいという。さらに、自立後のAちゃんが経済的に困窮したらの問いに、「実子と同じ程度の援助」の37％に「多少の負担」の22％を含めると、59％の里親がAちゃんへの経済的な負担を覚悟している。一旦預かった子は家の子という感覚である。

※本稿で紹介した資料は「日本福祉心理学会第17回大会自主シンポ・資料」による。

（深谷 昌志）

④ 児童相談所一時保護所における心理学的支援

〔1〕児童相談所の特徴

（1）児童相談所[3]の目的

　児童相談所（以下、児相）は、児童家庭相談の専門機関として位置づけられており、一義的相談機関である市町村の児童家庭相談では対応できない相談に応じている。児相の目的は表6-11のとおりである。児童福祉法（第12条、第59条4；地方自治法第156条別表5）により都道府県及び政令指定都市に義務として設置されており、2006年より中核市、2016年より特別区も設置が可能となった（2019年時点で215か所；弁護士配置170か所）。特別区での設置にあたっては、東京都との連携やこれまでの区の機関である子ども家庭支援センターとの有機的な連携のあり方が求められている。2007年より児童相談所運営指針にて児童相談所に虐待通告がなされた際の安全確認を48時間以内に行うこととされた。児童福祉施設ではないが、児童福祉法の理念[4]を全うする中核をなす行政機関である。

表6-11　児童相談所の目的

児童相談所は、市町村と適切な協働・連携・役割分担を図りつつ、子どもに関する家庭その他からの相談に応じ、子どもが有する問題又は子どもの真のニーズ、子どもの置かれた環境の状況等を的確に捉え、個々の子どもや家庭に適切な援助を行い、もって子どもの福祉を図るとともに、その権利を擁護すること（以下「相談援助活動」という。）を主たる目的とする行政機関である。児童相談所における相談援助活動は、すべての子どもが心身ともに健やかに育ち、その持てる力を最大限に発揮することができるよう子ども及びその家庭等を援助することを目的とし、児童福祉の理念及び児童育成の責任の原理に基づき行われる。このため、常に子どもの最善の利益を優先して考慮し、援助活動を展開していくことが必要である。この目的達成のための基本的な4条件は以下である。 ①子どもの権利擁護の主体者である明確な意識を持っていること ②児童家庭福祉に関する高い専門性を有していること ③地域住民や子どもに係る全ての団体や機関に浸透した信頼される機関であること ④児童福祉に関係する全ての機関、団体、個人との連携が十分に図られていること

出所：児童相談所運営指針（2018年10月25日）を一部抜粋

3　厚生労働省（n. d., 2018, 2019）及び恩賜財団母子愛育会（2017）を参照。

4　児童福祉法第1条・第2条では以下が規定された。① 全て児童は、児童の権利に関する条約の精神にのっとり、適切に養育されること、その生活を保障されること、愛され、保護されること、その心身の健やかな成長及び発達並びにその自立が図られることその他の福祉を等しく保障される権利を有する。② 全て国民は、児童が良好な環境において生まれ、かつ、社会のあらゆる分野において、児童の年齢及び発達の程度に応じて、その意見が尊重され、その最善の利益が優先して考慮され、心身ともに健やかに育成されるよう努めなければならない。③ 児童の保護者は、児童を心身ともに健やかに育成することについて第一義的責任を負う。④ 国及び地方公共団体は、児童の保護者とともに、児童を心身ともに健やかに育成する責任を負う。

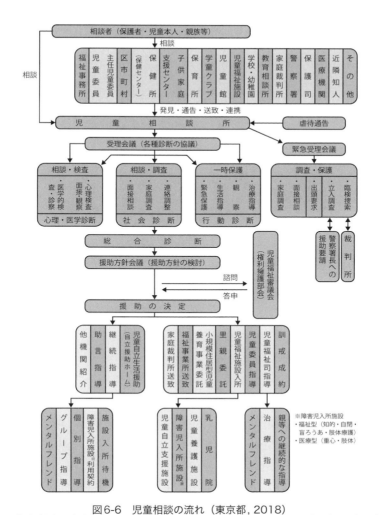

図6-6　児童相談の流れ（東京都, 2018）

※　棄児については戸籍法（昭和22年法律第224号）上の手続きが行われているか否かを確認し、行われていない時は必ず手続きを行う。また、警察官職務執行法（昭和23年法律第136号）に基づき保護された迷子については、その手配が済んでいるか否かを確認する（戸籍法第57条、警察官職務執行法第3条）。また、外国人である場合には、平成13年雇児総発第40号「国籍不明の養護児童等への適切な対応について」に基づき、国籍や滞在許可の有無等を確認し、国籍取得など必要な対応について検討する。また家庭裁判所から子どもの身柄とともに事件の送致を受けたときは、家庭裁判所の審判等の結果に基づき、その決定の範囲内で、家庭裁判所調査官等との協力を図りつつ、速やかに児童福祉法上の援助を行う。（少年法第18条、第24条第1項第2号）

（2）相談の流れと機能

　相談の流れについては、図6-6に示すように保護者や本人等からの相談や近隣、児童を取り巻く機関等からの通告により取り扱いを開始し、面接、調査、各専門職による診断をもとに援助方針を決定の上、具体的な援助を実施する。

　児相の基本機能については、表6-12に示すように①市町村援助機能（第12条第2項）、②相談機能（第12条第2項）、③一時保護機能（第12条第2項、第12条4、第33条）、④措置機能（法第26条、第27条、第32条による都道府県知事又は設置自治体の長の権限の委任）がある（図6-6、表6-12参照）。さらに民法上（法第834条本文、第834条2第1項、第835条又は第836条）の権限として親権者の親権喪失・親権停止宣告の請求、未成年後見人選任及び解任の請求を家

表6-12　児童相談所の機能

①市町村援助機能：市町村相互の連絡調整。市町村に対する情報提供や必要な支援を行う。また、要保護児童対策地域協議会のバックアップを行う。
②相談機能：専門的な知識及び技術を必要とするものについて、子どもの家庭、地域状況、生活歴や発達、性格、行動等について専門的な角度から総合的に調査、診断、判定し、援助方針を定め、関係機関等を活用し一貫した子どもや保護者の援助を行う。援助には指導が含まれ、助言指導、通所等による継続指導、他機関あっせんがある。また、児童の療育手帳判定や障害児施設入所給付費の給付決定を行う。なお2020年4月より保護者への指導を効果的に行うため、介入機能と援助機能を分離し、児童の一時保護等を行った児童福祉司等以外の者に当該児童に係る保護者への指導を行わせることとなった。
③一時保護機能：原則2か月間児童相談所が設置する一時保護所か、それが困難な場合、委託先への保護を行う。実際には1年間を超える入所児童も出ている。委託先は、信頼できる機関であれば公的・民間の施設（警察児童福祉施設・自立援助ホーム等）や里親、児童委員、教員等の機関もあり得る。全体の3.5割程度が委託となっている（うち、児童養護施設約41％、乳児院18％、障害児関係施設7％、警察6％等）。一時保護所では比較的外出することが難しくなり、義務教育課程も施設内の学習となるが（学校長により出席停止や忌引き扱い、または学校による出席カウントとなる）、委託の場合は継続した通学がとられることもある。一時保護にあたっては保護者の同意を得るが、同意が得られない場合は職権による一時保護を行い、2か月を超える場合は家庭裁判所の承認を得る必要がある。
④措置機能：指導や注意喚起における訓戒、誓約措置がある。在宅指導は、児童福祉司、児童委員、児童家庭支援センター、知的障害者福祉司（知的障害児の場合；障害児相談支援事業者による指導もある）や社会福祉主事（困窮家庭の場合）による指導がある。また、在宅指導以外では、児童福祉施設入所措置、里親委託、家庭裁判所送致等がある。

※各数値は厚生労働省「令和元年度全国児童福祉主管課長・児童相談所長会議資料」（2019年8月1日）を参考として作成

庭裁判所に対して行うことができる（法第33条7、8、9）。複数の児相を設置している自治体については、その内の1つの児相を中央児童相談所として指定し、他の児相を援助、連絡調整を行う（児福法施行規則第4条第1項）。

　2016年児童福祉法改正では保護者支援と社会的養護として家庭に近い家庭的環境で養育されるような措置が求められた。集団による援助を行う児童養護施設から、養子縁組や里親・ファミリーホーム（小規模住居型児童養育事業）への措置の転換といえる。

　このほか、「障害児施設給付費等の支給決定について」（抄）（平成19年3月22日付障発第0322005厚労省社会・援護局障害保健福祉部長通知）では、"虐待の疑い"や"放置が虐待につながるおそれ"がある場合でも虐待等に含めて柔軟に対応し、虐待が見受けられる場合には保護者に施設の利用契約の意思があり、契約することが可能であっても、子どもの健全な育ちを確保するための措置とすること、またきょうだいが措置だから措置にするということではなく個々の児童ごとに判断を行うこととされた。なお措置においては親権者や未成年後見人の同意を得ることとされている（法第27条4）。

（3）児童相談所の職員

　児童相談所長は、児童福祉法上等の権限に加えて自治体の長からの事務委任による権限を有している。例えば、親権者や未成年後見人もいない児童で、里親に委託中または一時保護中の児童についての親権代行権を持つ。このほかの職員は職務の違いがあり、児童福祉司や相談員は面接、環境調査等に基づき子どもや保護者の置かれている環境や問題に対する社会診断、児童心理司は面接、観察、心理検査に基づき心理学的見地から心理診断、医師は問診、診察、検査をもとに医学的見地から医学診断、さらに一時保護所の職員による生活習慣や日常生活の行動観察をもとに行動診断を行う。その他、必要に応じて理学療法士や言語聴覚士、その他の専門職による診断を

行う。また、児童福祉司[5]は診断後の援助方針に基づき指導や施設入所等による援助、児童心理司は心理ケアを継続的に行う。

（4）要保護児童対策地域協議会

2005年4月施行の改正児童福祉法により、市町村が児童家庭相談の一義的窓口と位置づけられ（法第10条）、その対応を協議、進行管理する機関とされたのが要保護児童対策地域協議会（以下、要対協）である。児相は実施主体の市町村の調整機関に対して専門機関の立場から

表6-13　要保護児童対策地域協議会における3つの会議（奈良県, n. d.）

代表者会議　年最低1～2回2時間程度 （首長、各構成機関の長、市町村の部課長等） 目的：要対協の構成機関の代表が集まり、要保護児童等への理解、要対協の現状と各機関　の役割について共有し、より効果的な市町村における支援体制（役割とルール）について、全体で確認 するための会議	・実務者会議等の活動状況の報告 ・各機関の要対協での活動報告等（機関役割理解） ・各機関の困っていることや課題の意見交換等 ・情報共有のルール、守秘義務の徹底について確認 ※事前に各機関の取組の現状や課題等をアンケートしておき、会議の場で意見交換する ※注意点：内容が形骸化した会議（いわゆるシャンシャン会議）にならないようにすること
実務者会議　最低3か月に1回2～3時間程度 （各部局及び機関の実務担当者、ただし、調整機関担当課の管理職は必ず出席：①市町村例：児童福祉主管課、母子保健主管課、教育委員会、調整機関担当課、②県機関：こども家庭相談センター、保健所）※担当者の経験が浅い場合には、上司（管理職）と同行する等の配慮が必要 目的：要対協の構成機関で、支援を把握している実務者が集まり、要対協が対象とするすべてのケース（新規ケース・困難ケース）を進行管理するための会議	・全ケースに対し定期的に、状況及び主たる支援機関の確認、支援方針の見直しを行う ※リスクの見落とし、支援の放置を防ぐ ※各機関の実務担当者のアセスメント（ケースの見極め力）が向上、支援の共有化 ・機関同士の情報交換や、個別ケース検討会議で課題となった点の検討を行う ・地域の児童虐待防止対策を推進するための啓発活動（オレンジリボンキャンペーン）等を企画する ・要対協の年間方針（スケジュール）の策定、代表者会議への報告準備等を行う ・こども家庭相談センターと要対協のどちらがケースの主担当となるかを明確にする
個別ケース検討会議　1事例1.5時間目安 （ケースの支援に直接かかわっている担当者：学校、保育所、病院、保健センター等） 目的：関係機関からの要請により個別のケースについて具体的な支援を進めていくための会議 ※調整機関は、緊急度・重症度の再確認と、要対協 による支援が必要かどうかについて検討し、多機関が情報共有、連携、支援する必要の有無で要対協の招集や会議録の作成、関係機関等との調整を行う ※福祉、保健と教育が連携して支援を行うことが必要な場合、地域の人（児童委員、主任児童委員）を巻き込んで、取り組むことが必要な場合、きょうだいがいて、複数の機関に子どもが在籍している場合、進行管理をしていてケースに危険が生じ、子どもの保護を想定する場合に開催	・ケースのリスクや緊急度の判断 ・ケースの支援状況の把握や問題点の確認 ・ケースに関する新たな情報の共有 ・支援方針の確立と役割分担の決定及びその認識の共有・ケースの主たる支援機関とキーパーソン（主たる支援者）の決定 ・支援方法、支援スケジュール（支援計画）の検討 ・次回の会議開催についての確認 ※各機関の役割分担が整理でき、担当の抱え込み、機関間の無用な対立を防ぐ ※支援に関わる担当者たちが集まって「チーム」ができ、支援への士気が上がる 留意点：資料のケースの氏名は匿名を原則

5　児童福祉司：①都道府県知事の指定する児童福祉司若しくは児童福祉施設の職員を養成する学校その他の施設を卒業し、又は都道府県知事の指定する講習会の課程を修了した者、②学校教育法に基づく大学又は旧大学令に基づく大学において、心理学、教育学若しくは社会学を専修する学科又はこれらに相当する課程を修めて卒業した者であって、厚生労働省令で定める施設において1年以上児童その他の者の福祉に関する相談に応じ、助言、指導その他の援助を行う業務に従事した者、③医師、④社会福祉士、⑤社会福祉主事として児童その他の者の福祉に関する相談に応じ、助言、指導その他の援助を行う業務（相談援助業務）に2年以上従事したこととすること、さらに2020年4月より精神保健福祉士・公認心理師が追加され（所長の任用も同様に追加）、児童福祉司の中には、他の児童福祉司がその職務を行うため必要な専門的技術に関する指導及び教育を行う「スーパーバイザー」（指導教育担当児童福祉司：児童福祉司としておおむね5年以上勤務した者であって、厚生労働大臣が定める基準に適合する研修の課程を修了した者）が含まれなければならないとなった。このほか、判定をつかさどる所員及び児童心理司の中に含まれなければならない者の例示に公認心理師が追加された。また児童相談所への弁護士の配置の他、医師及び保健師（児童の健康及び心身の発達に関する専門的な知識及び技術を必要とする指導をつかさどる所員の中には、医師及び保健師が、それぞれ1人以上含まれなければならない）の配置が義務づけられた。

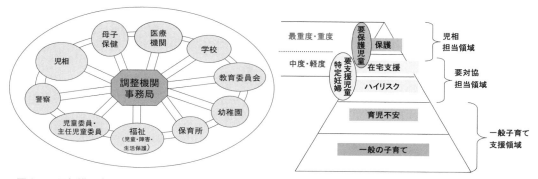

図6-7　要保護児童対策地域協議会のネットワークイメージと児童虐待の担当領域（奈良県, n.d.　一部修正）

運営支援を行う。会議は表6-13に示すように代表者会議、実務者会議、個別ケース検討会議の3層構造により構成されている。

　会議では虐待等により保護者の監護[6]が不適当または保護者のない要保護児童またはそれに近い児童を中心に協議が行われるが、非行児童等を含め保護者の養育支援が求められる要支援児童、望まない妊娠や家庭環境にリスクを抱える特定妊婦においても調整機関等の働きで開催へ至ることもある。なお、支援する児童が他市町村へ転出した場合、保護者の同意がなくても、住民票の異動がなくても転出先の市町村との協議を踏まえケースを移管する方針をとることがある。管轄する児相は速やかに転出先を管轄する児相へケース移管もしくは情報提供を行い、提供を受けた児相では要対協にて情報共有が行われるように措置を講ずることとなった（2020年4月1日施行）。

　なお、通告は疑いでも早期発見のために行われる必要があるが、関係機関等のためらいのある場合、表6-14に示したような対応が求められる。

表6-14　通告に対してためらう場合の説明と受理後の留意点（奈良県, n.d.）

○虐待通告そのものをためらう場合	○通告者の個人情報や通告内容等の情報が漏れる不安で通告をためらう場合
・通告は、子どもとその保護者の支援への第一歩となること ・通告は国民の義務であること。（児童虐待防止法第6条、児童福祉法第25条） ・関係者（教員、医師、福祉事業者等）は、虐待の早期発見に努めなければならないこと（児童虐待防止法第5条） ○虐待かどうか確信が持てない場合 ・通告内容が虐待でなくても、通告者は罰せられないこと（児童虐待防止法第6条第1項） ○対象となる児童や保護者の個人情報を理由に通告をためらう場合 ・通告は守秘義務よりも優先されること（児童虐待防止法第6条第3項）	・通告者の秘密は厳守されること（児童虐待防止法第7条） ○通告受理後に絶対してはならない対応 ・受理した職員の主観で、虐待ではないとか、見守りで十分であると判断する ・緊急性がないので受理会議の開催をしない、または会議を先送りする ・上司や同僚に報告しただけで終わり、会議を行わない ・通告した機関に対し、そちらで対応するべきと伝える ・通告した機関に対し、その場限りの対応を指示する（また何かあったら連絡など）

（虐待死亡率（厚生労働省, 2016）：①0歳児44.0%、②日齢0日児16.8%で、その内望まない妊娠70.4%、③母子健康手帳未発行17.6%、④妊婦健診未受診21.7%）

6　児童の親権を行う者は、児童のしつけに際して、体罰を加えること、その他民法第820条の規定による監護及び教育に必要な範囲を超える行為により当該児童を懲戒してはならないこと（児童虐待の防止等に関する法律第14条第1項：2020年4月1日施行）とあり、児童虐待は子どもから見て安全かどうかの視点が求められ（親権者だけでなく、児相の専門職・里親等の養育を行う者も同様に規定）、大人の主観によって正当化されるものではない。

表6-15　緊急性が高いと想定される例（奈良県, n. d.）

子どもの被害状況から（乳幼児は更に緊急度が増す）	保護者の加害行為から（乳幼児は更に緊急度が増す）
・虐待の程度がひどく、生命の危険や、身体的障害を残す危険がある（頭部や顔面等への暴力による怪我、骨折、タバコ等の押し付けによる火傷等） ・極端な栄養障害や慢性の脱水症状傾向がある（年齢に比べて身長や体重が標準を極端に下回る） 子どもの訴えから ・性的な被害を受けたと打ち明ける（性交された、性器や性交を見せられた、体に触られた、体を触らされた等） ・自殺を企てる、ほのめかす ・子どもが自ら保護を求めている	・子どもに生命の危険を及ぼすような加害行為（蹴る、殴る、乳児を強く揺さぶる、投げる、首を絞める） ・子どもに治療が必要であるが、放置している（乳幼児の感染症や下痢、重度の慢性疾患、外傷等） ・保護者が子どもに会わそうとしない（子どもに危険性が高い情報がありながら、保護者が子どもに会わせない） ・重篤な怪我や衰弱、子どもの命が危ぶまれるような場合 　→ 救急　119番 ・今、目の前で行われている暴力を止める場合・保護者（児童の同居人）が覚醒剤をしている場合　→ 警察　110番

表6-16　要対協時の関係機関への確認事項（奈良県, n. d.）

対象機関	確認事項	対象機関	確認事項
		生活保護主管課	・生活保護の受給や手当の情報 ・年金等の収入状況や生活状況の情報
児童福祉主管課	・保育所等の児童の所属情報 ・児童手当等の情報	保育所 幼稚園 学校等	・児童の就園・就学状況の情報 ・他に在園、在学しているきょうだいの情報 ・保護者との関わりの情報 ・各諸費用の滞納状況等の情報
住民基本台帳主管課	・世帯構成の情報（住民票） ・家族関係及び親権者の情報（戸籍謄本）	児童委員 主任児童委員	・家族の生活状況の情報 ・家族の近隣関係（近所付き合い）の情報
税務主管課	・世帯の収入情報（所得証明書）	医療機関	・受診時の状況や怪我の程度についての情報 ・虐待を疑う理由や保護者の態度等の情報 ・これまでの通院・入院の状況等の情報
母子保健主管課	・妊娠から出生前後までの状況等の情報 　児童について：予防接種、乳幼児健診の受診歴、新生児訪問や乳児家庭 　全戸訪問事業等の情報 　保護者について：母親の妊娠状況及びその後の支援についての情報 　他のきょうだいの妊娠出生とその支援について 　ての情報	警　察	・家出、徘徊、迷子、万引き等、児童の非行歴に関する情報 ・ＤＶその他の生活相談歴等の保護者に関する情報

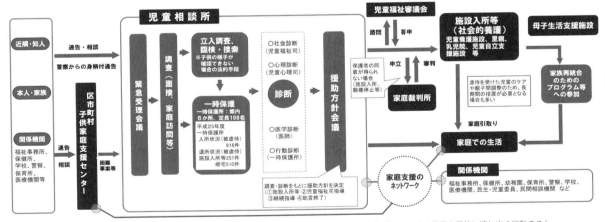

※「臨検」とは、実力行使を伴い、住居等に立ち入ること。「捜索」とは、住居等につき、強制処分として人の発見を目的に捜し出す行動のこと。

図6-8　虐待相談対応の流れ（東京都, 2014に一部追記）

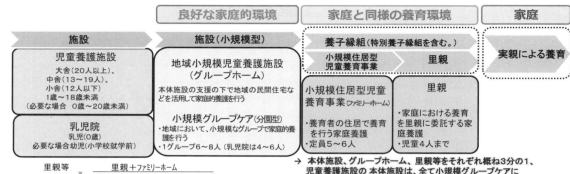

図6-9　社会的養護（厚生労働省，2016）

（土橋 俊彦・米川 和雄）

〔2〕一時保護とは

（1）法的根拠

　児童相談所の行う一時保護とは、児童相談所長または都道府県知事等が必要と認める場合に、子どもの安全を迅速に確保し適切な保護を図るため、または子どもの心身の状況や環境などの状況を把握するために行うことのできる行政処分である（児童福祉法第33条）。

　2018年に児童相談所運営指針の一時保護に関する部分が削除され、新たに「一時保護ガイドライン」が提示されたが、これは、一時保護に関して指摘されている問題解決に向け、一時保護を適切に行い、実効ある見直しを進めることを目的として提示されたものである。

　子どもの安全確保のために一時保護が必要であると判断される場合には、子どもや保護者の同意を得なくても一時保護ができる。もちろん、子どもが保護を求めているにもかかわらず、保護者が児相の保護を拒否するなど、保護者の同意が得られない場合も同様である。一時保護の決定にあたっては、子どもや保護者にその理由、目的、入所期間の目安、入所中の生活について説明し、同意を得ることが望ましいが、緊急保護の場合等子どもの安全確保等のため必要と認められる場合には保護者の同意は必須ではない（一時保護ガイドライン）。また、医療同意については、緊急に親権者等の意向を把握できない場合や、親権者等が治療に同意しない場合でも、児童相談所長の判断により必要な医療を行うことができる（児童福祉法第33条の2）。

　一時保護の期間は原則2か月以内と定められている（児童福祉法第33条）。しかし、2017年の児童福祉法改正により、引き続き一時保護を行うことが親権者、または未成年後見人の意に反する時には、2か月を超えて一時保護を継続する場合、及びその後2か月を経過するごとに、児童相談所長（または都道府県知事）は、家庭裁判所の承認を得なければならないとされた。

（2）一時保護の目的と機能

　一時保護の目的は、一時保護の期間中に、生活場面で子どもとかかわり寄り添うとともに、関係機関と連携しながら子どもや家族に対する支援内容を検討し方針を定め、子どもが自分自身や家庭のことを振り返り、周囲との関係や生活を再構築することである。そのための環境を

整え、子どもの生活などに関する今後の方針に子どもが主体的に参画し、自己決定していくことができるよう支援を行うことが必要となる。

　一時保護の有する機能は、緊急保護とアセスメントである。これらは、あくまで機能が異なるだけであり、両者が時期的に並行することもある。このほか、子どものニーズに応じた子どもの行動上の問題や精神的問題を軽減・改善するための短期間の心理療法、カウンセリング、生活面での問題の改善に向けた支援等の短期入所指導がある（一時保護ガイドライン）。

（3）支援対象

　一時保護所での一時保護の対象は、（おおむね）2歳以上18歳未満となっている。2歳未満については乳児院や里親、病院等へ一時保護委託している。18歳以上20歳未満の一時保護については、児童福祉法第33条第8項で「児童相談所長は、特に必要があると認めるときは、（中略）一時保護が行われた児童については満20歳に達するまでの間、次に掲げる措置を採るに至るまで、引き続き一時保護を行い、又は一時保護を行わせることができる」と定めている。つまり、特に必要があると認めるときには、一時保護中であれば、18歳を過ぎても次の措置が決まるまで継続して保護ができるということになる。

（4）一時保護所とは

①施設の特徴

　2019年4月時点で全国の児童相談所は215か所、一時保護所は139か所となっている。今後も特別区等の児童相談所開設に伴い一時保護所も増える見込みであるが、一時保護所は必ずしも児童相談所敷地内に併設されているわけではなく、諸事情により児童相談所から離れたところに設置されることもある。なお、一時保護所の定員はそれぞれの施設によって異なっている。以前は大舎制型施設（男女、幼児と学童が同一空間で生活をすること）が中心であったが、現在はユニット型施設（男子学童・女子学童・幼児が分かれて生活をすること）が増えており、それに加えて新設される施設では個室の確保に重点を置いている。

②一時保護所の現状

　一時保護の件数は毎年右肩上がりであるが、その一因に、通告義務（児童福祉法第25条）に対する周知が進んできた背景があるといえる。「虐待により子どもが危険にさらされている恐れがあれば一時保護」という動きは生命を守る観点から必須である。しかし、一方で定員超過は日常的で、子どもたちにかかる負担は大きい。安全・安心であるべき保護所は毎日混雑し、プライベートで安心できる空間を提供すること

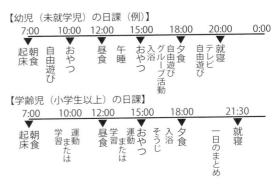

図6-10　一時保護所の日課
出所：東京都福祉保健局 東京都児童相談センター・児童相談所案内をもとに作成

も厳しいことが少なくない。教育面では、通学できる一時保護所はまだ少なく、ほとんどは保護所内の学習スペースを利用して個人の能力に合わせたプリント学習を行っている。保護所での学習は、学校で学ぶ内容には量的にも質的にも及ばず、その不備をどのように埋めていくかが大きな課題である。反対に不登校や学業不振の子どもが、保護所での能力に合わせたスモールステップ学習で自信をつけ、通学できるようになったケースもある。

　一時保護で経験する集団生活が楽しいと思える子どももいるが、一日も早く退所したい、学校に戻りたいと訴える子どももいる。特に中高生は、ルールに縛られ自由に行動できない保護所での生活の中で、苛立ちや怒り、大人への不信感を募らせ、時には自傷をする。

　安全が保障される条件が整うまでには様々な調査・環境調整などの時間を要するが、その間、制約のある不自由な空間で見通しの持てない生活を強いられる子どもの気持ちを考えると、保護所にいること自体が、子どもの思い、希望、要望を阻害しているのではないかという葛藤が生じることもあり、一時保護ガイドラインに示されたように、子どもの人権に配慮した支援が提供できるよう、今後さらに努めていく必要がある。

〔3〕一時保護所心理士（以下、一保心理士）の概要

（1）一保心理士の位置づけ

　全国の一時保護所には2000年に施行された「児童虐待の防止等に関する法律」を受け2001年より一保心理士が配置されている。しかし、その業務については20年経過した現在も明確なガイドライン等が示されておらず、それぞれの自治体が独自に業務内容を規定していると思われる。そして、いまだに一保心理士の役割が理解されていないという現状に直面させられることが多い。大島（2007）による調査では、一保心理士の業務については、施設によって大きな差があるため一律にガイドラインを提示することは困難であるという結果になっている。さらに2018年に示された「一時保護ガイドライン」には、一保心理士についての記載は全くない。非常に残念なことではあるが、言い換えれば、一保心理士の業務範囲は「ここからここまで」という線引きをすることが困難であり、各自治体が全く違ったスタンスで一保心理士の業務を捉えていると思われる。

（2）一保心理士のアセスメント業務

　様々な理由で入所する子どもへの支援方法は、画一的ではない。子どもに合った支援をするためには、まず正確なアセスメントが必要であり、それらは児童福祉司や児童心理司からの情報に加え、保護所職員から刻々と報告される行動観察をもとに総合的に判断し、処遇方針を立てることが望ましい。24時間の支援の中で多くの気づきがあり、1つ1つの生活場面での行動からアセスメントをより正確なものへと導くことができる。児童心理司によるテストバッテリーや数回の面接による心理学的診断に加え、一保心理士が生活場面から得られる心理的観察を加味して、初めて総合的な心理学的アセスメントが行われると思われる。また、病院や学校、保育園などの関係機関とのカンファレンスで、一保心理士の所見として、子どもの日常の様子を伝えたり、再統合を目指す保護者へ直接アセスメントをフィードバックしたりすることによ

って、より具体的で有効な支援を提供することができる。さらに、被害確認面接（協同面接[7]）のバックスタッフとして参加することで、保護所の職員に対し子どもの行動や心理的側面について的確な助言を行うことができる。

ただし、従来、児童心理司が行ってきたこれらの支援を一保心理士が実施するにあたっては、豊富な経験と児童心理司スーパーバイザーによるスーパービジョンを受けることが必要であり、それに加え一保心理士と児童心理司の信頼関係が必須である。一時保護所と他職種との連携のため、パイプ役としての役割を担うとともに、児童心理司との密な連携が極めて重要である。

（3）児童心理司との連携・分担

ここでは、児童心理司と一保心理士との役割の違いについて述べる。一時保護中の子どもに対しての知能検査や発達検査、トラウマの心理教育（トラウマ焦点化認知行動療法などの構造化された治療）や再統合に向けたプログラム等は、通常児童心理司が行い、一保心理士は、主に生活の振り返りや情緒の安定を兼ねた創作活動などの心理療法を担当する。ケースによっては児童心理司と一保心理士とで並行して面接や心理療法を行うこともあるが、その場合は、できるだけ事前に両者の目的、目標を明確にして情報を共有することが望ましい。しかし、一保心理士の面接には、トラブル対応や事前情報のない入所直後のアセスメント面接など、早急な対応が必要とされることも多く、あらかじめ時間をとって情報提供できないこともある。

また近年急増している性的問題行動・性加害を行った児童については、児童心理司や児童福祉司、医師が、性的問題行動の背景要因を面接や検査、調査などによってアセスメントし、子どもの状態に合わせた性的問題行動・性加害の治療プログラムを実施している。一保心理士は、コミュニケーションスキル向上のための心理教育及び生活・日課に関する面接や心理教育を行っている。その両輪により子どもの社会性が養われ、性的問題行動の再加害が効果的に予防されていく。

ちなみに、当該施設では一時保護所の教育プログラムの中にプライベートパーツなどの基本的な性教育、および性加害、性被害児童に対する性教育のマニュアルが作られており、保健師や看護師などの医療職がその対応に携わっているが、同時に、児童心理司や一保心理士は心理学的視点から支援を行っている。

（4）一保心理士の行う心理検査と心理療法

心理療法士として勤務している一保心理士は、原則として知能検査は行わないが、非常勤の児童心理司を兼務する場合や常勤一保心理士（全国的には非常に少ない）においてはその限りではない。一保心理士による心理検査としては、バウムテスト、星波テスト、ワルテッグテストなどの投影法人格検査や、入所時アンケート、KIDS（発達検査）、CBCL（子どもの行動チェックリスト）などの質問紙や行動観察検査があるが、これもまた施設の状況によって異なる。

7　協同面接とは、虐待を受けた子どもから事情を聴く際に、検察・警察・児相が協同で面接を行うものである。性的虐待や身体的虐待を受けた子どもが、何度も同じ話を聴かれることによって恐怖体験を想起することなどの心理的負担を軽減するために、3機関の代表者1人が子どもと面接し、その情報を共有する。子どもを直接聴取する担当者以外はモニター画面やマジックミラーを通じて様子を確認できる面接の構造となっている。

最近ではCBCLによる評価が一保心理士の業務となっているところもあるが、集団生活における適応度や衝動性のコントロール、他者とのコミュニケーション能力などの評価については、日常の行動観察から得られるものも多いため、それらを加味したアセスメントが重要である。

　一保心理士の行う心理療法としては、学童に向けた、必要なスキルの獲得や生活目標を構造的に組み立てた「構造的面接」（大谷, 2013）、箱庭療法、コラージュ、工作、手芸等があり、幼児についてはプレイセラピーや粘土遊び、工作などがある。また、集団療法としては、セカンドステップや芸術療法などを実施しており、これらは向社会性の自発的獲得やチームワーク作りに効果が期待できる。

〔4〕入所児童の心理的特徴

　一時保護された子どもたちは、直前まで極度の緊張状態が続いていたり、恐怖や不安の混乱にさらされていたり、うつ状態で気分が落ち込んでいたりなど、様々な精神状態にあるため、すぐに現状を受け入れることは難しい。しかし、時間の経過とともに、その状況にも変化が現れ、一般的には表6-17のような経過をたどっていく。安心・安全が担保されてくると、子どもたちが抱えている心理的問題が顕在化してくるのも特徴的である。

表6-17　一時保護所の滞在における子どもの経過と支援の視点

入所初期	入所前に一時保護の理由を子どもに伝え、納得してもらうという手順は踏んでいるが、納得できずに暴力や自傷、絶食などで入所に対する拒否を表現することや、パニックになり泣き叫ぶこと（特に幼児、小学3・4年生までに多く見られる）もある。これらの子どもに対しては、この段階で一保心理士がかかわることが望ましい。子どもの状態をいち早くアセスメントし、今必要なこと、次にすべきこと（医療受診が必要か、個別生活で安全を保障すべきか、特別に配慮することは何か等）を職員にフィードバックすることが必要とされる。その一方で、保護されたことで過酷な状況を脱し、安心して集団生活を送り始める子どももいる。この場合は生活の様子を見守りながらも、子どもの全体像をつかんでおくと後の問題行動やトラブルに対しても、迅速で適切な対応ができる。よって他職種の職員から得られる情報は、常にアンテナを張って受信しておくことが大切である。
入所後1〜2か月	比較的落ち着いてくる時期である。様々な事情で集団から離れて生活していた子どもも、徐々に集団に入り生活するようになる。常に大人の目があることでいじめやけんか等の問題に対して迅速に対応できるため、集団が苦手であったり不登校だったりした子どもも、集団に慣れて他児と遊ぶことができるようになる。また、集団生活のルールを知ることで、安全に生活するためには集団のルールを守ることが大切であると理解できるようになる。たとえ、集団から逸脱しても、大人が迅速に介入、フォローすることで、集団行動に自信が持てるようになる時期でもある。
入所後2か月以降	退所後の援助方針が決定される時期であるが、現実的には2か月を超えて長期入所となるケースも多い。家庭引き取りとなるケースも施設入所となるケースも、退所後の生活受け入れ先との環境調整や子ども自身の課題に向き合う時期であり、慣れた環境からの次のステップへの変化に備え、一保心理士との定期的な面接が、旅立ちの準備や心の安定につながっていく。また、先の見通しの立たない子どもにとっては、取り残されていく感覚が大きくなり、苛立ちが増すことも多く、一保心理士による個別の心理支援は有効である。なお、退所後は児童心理司がケアにあたるため、引き継ぎのタイミングについては事前に調整する必要がある。

〔5〕一時保護所における心理学的支援の基本と実際：2つのアプローチ

　入所児童の多くは家庭においてマルトリートメントを受けており、結果的に問題行動を伴うことが多い。このような状況を生き抜いてきた子どもへは援助の基本となる「受容、共感」的姿勢が必要であることは言うまでもない。ただし、すべてを受容、共感するだけでは問題は解

表6-18　一保心理士が行う2つのアプローチ

教育・指導的アプローチ	保護所は365日24時間態勢で入所に対応しているが、入所する子どもの状態によって集団の生活環境が大きく変化する。この状況において集団の安全、安心を確保するためには教育・指導的アプローチ（枠づけ、ルールの指導、生活の振り返り、行動パターンの修正）が必要である。特に暴力（性加害を含む）・暴言がコミュニケーションとして定着してしまった子どもへは、社会的ルールを教えることが求められる。
治療的（受容的・非指示的）アプローチ	危機的状況から救出された子どもへは、日常生活における心理的ケアも重要である。さらに虐待の影響で情緒の不安定さや身体的訴え（不定愁訴）、乖離などが顕著な子どもに対しては、一保心理士による「寄り添い傾聴し、共感する」といった受容的で非指示的な治療的アプローチ（プレイセラピー等）が必要である。特に年少児には受容的かつ非指示的介入が有効であるとされる。

決しない。保護所は一時的に生活する場所であり、その後のよりよいQOLを目指すために「今ここで何ができるか」を常に視野に入れた支援でなければ、心理士の自己満足に終始してしまう。一保心理士は、指導的立場にある保護所職員とは違った視野を持ち、時にはアドボケイトとしての役割、時には子どもへの心理教育や治療的かかわりが必要とされる。一時保護された原因は保護者の不適切なかかわりや環境要因であっても、その影響によって子ども自身が深く傷つき、さらには問題行動が大きくなることもあるため、子どもへのアプローチには慎重な姿勢と深い洞察力が必要となってくる。

　児童心理司と一線を画した支援としては、一保心理士が行う場面面接や、直接処遇に携わる職員へのコンサルテーションなどがある。暴れている、他者とのかかわりを拒否する、自傷する、泣いている理由が分からない、などの子どもたちと面接し、その行動が怒りか、絶望か、障害におけるパニックかなど、子どもの背景にある心理的要因を見立てて職員に伝え、介入のタイミングについてのアドバイスを行うなど、一保心理士は「今ここで」できる強みを持つ。さらに、一時保護所内でも指導員や保育士、看護師、学習担当との連携に努めることが重要であり、一保心理士はチームワークに支えられその機能を発揮できるといっても過言ではない。

　一時保護所では集団が安全・安心の場として機能するための枠組みを支える支援と、子どもに対する配慮を重視する共感的支援の両方が必要である。この2つは一見相反するアプローチの方法に見えるが、集団が安全・安心の場として機能し、かつ個に対する配慮を重視することはどちらも大切な視点である。もちろん、時には両者を融合させ、また使い分けることによって効果的な支援を生み出すことができる。

　ただし表6-18に示した両者を並行して行う場合、心理士自身が戸惑うことで子どもが不安定になることがあるため、これらの方法には総合的な見立て（アセスメント）とその場面に適した対応を選択するというスキルが要求される。また心理面接やセラピー後に子どもが不安定になる時は、「退行」である場合が多い。治療的経過の中では「退行」は大きな進歩であるとも考えられるが、集団生活から逸脱するリスクも大きい。このため一時保護所における一保心理士の心理的支援は「退行」ではなく「自立」に舵をとる方が安全である。子どもの要求をすべて受容することで退行が進み、一方的な要求に対する執着によって問題行動が増えていくよりは、「できること、できないこと」を明確に伝え、子ども自らがそれらを学習していくことが安全、安心な生活につながっていく。さらに、心理士と子どもの関係の2者関係に留まらず、3者関係につなげるためのスキルも期待される（大谷, 2016）。

〔6〕非行児童への心理学的支援

　集団生活において一番厄介なのは、集団の力動がマイナスに転じることである。たった1人の反社会的行為が集団の流れを大きく変えていき、安心・安全であるはずの日常生活が不安定で緊張した場所に変化することがある。特に暴力など、力による支配によって影響を受けた子どもは、時にその力に引っ張られ、それが集団になると統制の効かない状況を生む。よって24時間、生活をともにする一時保護所においては、非行児童が入所する際には、まず慎重なアセスメントと職員（大人）との関係づくりに時間を割くことからスタートする。

　なお「非行」とは虞犯と触法行為を指し、「虞犯」は法に触れないが不良行為とされる盗癖、家出等である。最近では性的問題行動が原因で入所する子どもなど、従来の非行児童というイメージでは捉えきれないケースも多くなっている。

　非行の背景には虐待が存在することが多い。家庭で暴力を受けていた子どもは、マグマのように溜まった怒りを暴力で表現し、ネグレクトや心理的虐待を受けていた子どもは盗みやいじめ、あるいは性的な問題行動で見捨てられ感や寂しさを紛らわせようとする。さらにADHDやASDなどの発達障害を伴う場合は、虐待されるリスクが高いことに加え、発達特性からくる認知の歪みやコミュニケーションの拙さにより、やってはいけない行為を誤って学習したり、自己評価の低さや傷つきによって自暴自棄になってしまう。そして、それが次の問題行動につながるという悪循環に陥る。また、虐待の影響でアタッチメント障害を抱える子どもも自己評価が低く、他者との関係性がうまく積み上げられないため、様々な問題行動を起こす。これらの障害については、医療機関を受診しても明確な診断がなされない場合や、診断はあっても保護者や子ども自身が障害を受容できずにいる場合が多く、一時保護中に特性に合った適切な支援や指導を受けることで、新たな行動パターンや向社会性の獲得につながっていくと考える。非行の背景にこれらの障害が併存しているか否かを見極めることも、一時保護所の行動観察における重要な役割である。

　非行児童たちが必要な社会規範を学ぶための第一歩として、保護所ではまず明確な枠づけやルールの設定を行う。枠とは「許容できることとできないことの明確な提示＝限界設定」であり、ルールとは「良し悪しの明確な提示」である。何をルール違反とするかについては、職員間でずれのない共通認識を持つ必要があり、人格を否定せず、ルールを繰り返し伝えることで、大人との信頼関係が少しずつ構築され、社会性と適切なコミュニケーションスキルが獲得される。

　では、ルールを逸脱した時に一保心理士はどう対応すべきか？　前述の「一保心理士が行う2つのアプローチ」（表6-18）の「教育・指導的アプローチ」で示したように、一保心理士がルール違反自体を許容してしまうと、職員の言動に一貫性がなくなり、結果的に子どもは混乱し反抗的態度に出ることがある。よって、ダメなことはダメと言えるスタンスは必要である。何が不適切であったかを伝えたうえで、その行動の心理的背景を共に考えていくことが子どもの行動パターンの変化を生み、それが自尊感情を育むことにもつながる。

〔7〕直接処遇の職員への支援と入所児童に対する支援者側の不適切行為の防止策 ―― 「腕一本分の距離感」

支援者側が子どもに振り回されて疲弊することも多いため、子どもの支援だけでなく、職員の精神的状態は気にかけておく必要がある。「支援者はいつでも優しくあるべき。子どものすべてを受容すべき」という理想と、混沌とした現実には乖離があり、職員側の葛藤は常に存在する。この場合は職員に対し助言を行ったり、他職種とのカンファレンスを実施したりすることで、考え方やかかわり方など状況の整理ができる。

また施設内において職員による保護児童への虐待などあってはならないことであるが、このような事件は後を絶たない。これらの不適切な行為に対しては、2008年の「児童福祉法等の一部を改正する法律」において、被措置児童等虐待の定義が定められた（児童福祉法第33条の10・11）。これは、一時保護中に暴力を受けるなどの虐待があった場合に、すぐに職員に相談できることに加え、児童相談所、児童福祉審議会等に対して通告・届出ができることなどについて、あらかじめ子どもに説明するという内容になっている。

これらの防止策の1つとしては、保護所職員に向けた「距離感」の研修等が挙げられる。また、子ども同士だけでなく大人（職員）と子どもの距離感については日ごろから留意していくことで多くのトラブルを回避できる。なお、乳幼児におけるスキンシップは必要不可欠であるが、年少児についても性被害等を受けている場合もあるため慎重な対応が望まれる。「受容する、寄り添う」ことと身体的スキンシップをとることはイコールではない。

親が子どもとの適切な境界を持てず、侵入的にかかわり、その結果子どもを傷つけてしまうことは虐待の1つのパターンである。そして、虐待を受けた子どもの多くは、安定した生活基盤や愛着が形成されておらず、身体接触によって短絡的で親密な関係を構築し、寂しさを紛らわせようとする傾向にある。適切な距離感を学ぶ経験がなかった子どもに対して、一時的な関係性の中で、身体接触による急速で親密な関係構築は、将来的に性的問題を引き起こすことが懸念される。子どもたちが性的問題に巻き込まれないための予防としても、一定の距離感が必要である。また、他者との境界が曖昧であると、イライラをストレートに他者に向け、それが暴力となることも多い。人との距離感を学ぶことで、感情のままに他者に触れる危険を回避でき、テリトリーを明確にすることで安全が保たれるため、衝動性の高い子どもには特に距離感を教えることが求められる。

そして、大人も親密さや信頼関係を身体接触によって表現することが、子どものリスクにつながることの認識を持つ必要がある。身体接触がなくても信頼関係は築けるという視点を持ち、「くっつかなくてもちゃんと見ているよ。いつでもそばにいるよ」というメッセージを子どもに伝える工夫をすることが望ましい。さらに、支援者自身が「自分を守る」ためにも、一定の距離感を持つ必要がある。スキンシップが日常的になると、甘えの延長（試し行為）で大人を叩いたり暴れたりという攻撃性を助長したり、職員が暴力を止めようと腕をつかんだときに「触られた」「職員に暴力を振るわれた」という結果になってしまうこともある。子どもが暴れた場合の対応について、一時保護ガイドラインには「子どもが混乱して暴れてしまい、それを

抑制する必要があるときなど、どうしても身体接触が必要なときには、できるだけ同性の職員が対応する。身体接触を要する場合は、同性の場合でも複数の職員で対応することが望ましい」と記載されている。様々なリスクを回避するためにも、身体的スキンシップは慎重に行われなければならない。

（大谷 洋子）

5 児童自立支援施設における心理学的支援

〔1〕施設の特徴（心理職と機関の制度上の位置づけ）、関連する法制度

（1）児童自立支援施設の定義と目的

児童自立支援施設は、児童福祉法第44条に位置づけられた「不良行為をなし、又はなすおそれのある児童及び家庭環境その他の環境上の理由により生活指導等を要する児童を入所させ、又は保護者の下から通わせて、個々の児童の状況に応じて必要な指導を行い、その自立を支援し、あわせて退所した者について相談その他の援助を行うことを目的とする施設」である。

（2）児童自立支援施設の形態と機能

児童自立支援施設は全国に58施設あり、国立施設が2施設、民設民営が2施設、都道府県立が54施設である。2013年の収容人員は1670人、8歳～18歳まで平均年齢は14.1歳である（厚生労働省, 2015）。入所の主訴は窃盗、家出・浮浪・徘徊、性非行が多く（全国児童自立支援施設協議会, 2017）、ADHD（15.3%）、LD（2.2%）、広汎性発達障害（14.7%）を持つ子どもが一定数いる（厚生労働省, 2015）。

入所の経路は少年法による家庭裁判所の審判で保護処分の1つとして決定される場合と、児童相談所の措置によって入所する場合がある（図6-11）。前者の場合にもすべて児童相談所の児童福祉司や児童心理司がかかわることになっている。

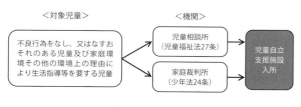

＜対象児童＞
＜機関＞
不良行為をなし、又はなすおそれのある児童及び家庭環境その他の環境上の理由により生活指導等を要する児童
児童相談所
（児童福祉法27条）
家庭裁判所
（少年法24条）
児童自立支援施設入所

図6-11　入所の経路

7:00
7:45
8:30
8:40
12:10
13:30
15:30
17:30
17:30
18:00
19:00
20:00
22:00
起床・そうじ
朝食（準備・片づけ）
ラジオ体操
学校登校
1時間目
2時間目
3時間目
4時間目
昼食（準備・片づけ）
学校・作業
5時間目
作業
レク
そうじ
夕食（準備・片づけ）
自主学習
日記・入浴
自由時間
就寝

図6-12　児童自立支援施設の一日のスケジュール

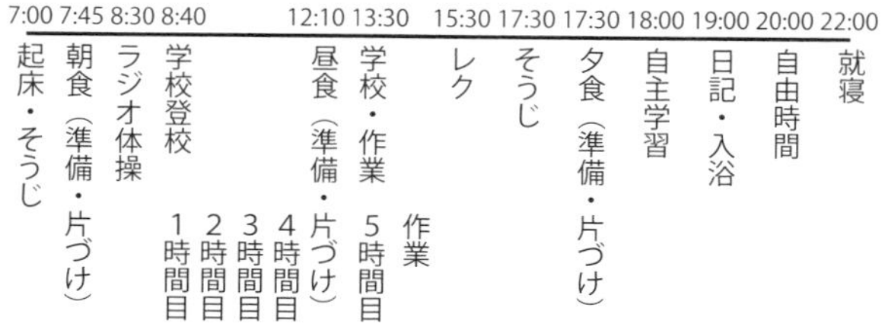

教育システムは、伝統的に夫婦制と呼ばれる実際の夫婦が8名程度の子どもと生活を共にしながら支援を行う場合と、複数の職員がローテーションを組む交代制によって支援を行う場合の2つがある。夫婦制システムは全国18施設、交代制システムは全国40施設であり、伝統的な夫婦制システムは減少している。ど

ちらも施設内に学校が併設され学校教育が行われ、作業活動、クラブ活動などを通して、健全な発達を促している。

　入所期間は1.5年程度であり、子どもの全般的な発達と主訴にかかわる要因が一定程度改善され、進学や就職等の進路が決定し、家族および地域の環境調整がなされた上で地域生活が再開される。

　図6-12には児童自立支援施設の一日の日課を示した。夫婦制施設であっても交代制施設であっても、学校教育と作業などの活動を中心に規則正しい生活を過ごす日課が構成されている。

（3）心理職の位置づけ

　児童自立支援施設における心理職の法的位置づけは、『児童福祉施設の設備及び運営に関する基準』第80条に示されている。それによると、「心理療法を行う必要があると認められる児童10人以上に心理療法を行う場合には、心理療法担当職員を置かなければならない」と規定されている。また、厚生労働省の通知（雇児発0405第11号）によって、社会的養護領域における心理職の目的や役割について規定された。それによると「虐待等による心的外傷等のため心理療法を必要とする児童等に、遊戯療法、カウンセリング等の心理療法を実施し、心理的な困難を改善し、安心感・安全感の再形成及び人間関係の修正等を図ることにより、対象児童等の自立を支援することを目的とする（一部省略）」と整理されている。

　具体的な役割や方法としては、①対象児童等に対する心理療法、②対象児童等に対する生活場面面接、③施設職員への助言及び指導、④ケース会議への出席、⑤その他とされた（厚生労働省, 2014）。

〔2〕入所する子どもの生物・心理・社会的特徴

　児童自立支援施設に入所する子どもの背景には、万引き、深夜徘徊、不良交友、性的問題などの行動上の問題や感情コントロールの課題に加え、虐待をはじめとした家庭環境上の問題が時間の経過とともに複雑に絡み合った状態であることが多い。図6-13は、児童自立支援施設に入所する子どもの成長過程で体験している人生の出来事を生物・心理・社会的要因に分けて時間の経過とともに示したものである。

　表6-19は、図6-13について具体例をもとに説明したものである。生物学的要因に加えて、幼少期からの逆境的体験、家族や友人などの社会的要因、心理・情緒面の困難さを重複的に抱え、時間の経過とともに非行や反社会的行動を表出していくことがわかるだろう。

〔3〕児童自立支援施設における心理学的アセスメント

　児童自立支援施設におけるアセスメントは、主訴となる非行事実の把握とその背景に関する情報を個人・家族・友人・学校・地域といった多次元で、時間の経過に沿って把握していくことが必要である。この点は入所する子どもの特徴で説明したことから、ここでは行動傾向を把握するためのアセスメントと逆境的体験を把握するための指標について表6-20に示す。

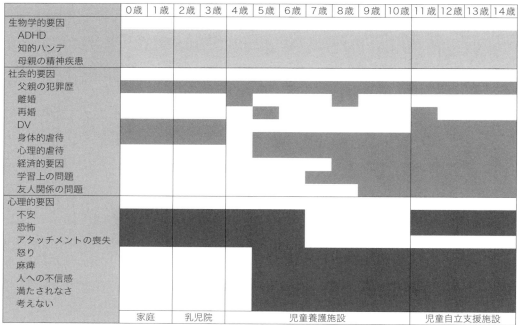

図6-13　入所する子どもの生物学的要因・心理的要因・社会的要因の経時的変化

表6-19　入所する子どもの生物・心理・社会要因の時間的経過（図6-13の解説）

＜生物学的要因＞
生物学的要因として挙げられるのは、子ども自身のADHD、LD、広汎性発達障害、知的障害などである。また、家族の生物学的要因も子どもの成長発達に影響を及ぼす。図6-13では、ADHDがあり、知的なハンデを抱えている子どもであるだけでなく、母親が精神疾患を患っている状態が想定されている。このような要因は、生まれた当初から人生の長期にわたって影響を及ぼすという意味で変化しにくいことを意味している。
＜0～3歳＞
この時期の社会的要因として、父親の犯罪歴、DV、身体的虐待が見られ、心理的要因としては不安感、恐怖、アタッチメントの喪失があることを示している。これらが生物学的要因としてのADHD、知的障害、母親の精神疾患と重複して、子どもの様々な情緒・行動上の問題として表出される。 　特にDVの目撃や身体的虐待などは保護してくれるはずの養育者がその機能を果たせていないばかりか、加害を行うことから子どもの欲求に適切に応じることができない状態を意味している。そのため生理的欲求や情緒的欲求の充足に支障が生じ、長期的な発達に大きな影響を及ぼす。 　このような社会的要因、生物学的要因、心理的要因から自宅で生活することが困難になった場合には乳児院に措置され、その後家庭復帰が見込まれない場合には児童養護施設に措置変更されることになる。
＜4～10歳＞
この時期の社会的要因として両親が離婚や再婚を繰り返しており、子どもを取り巻く環境面は不安定な状態であることがわかる。再婚に伴い身体的虐待や心理的虐待がさらに重複するようになり、小学校に入学すると経済的要因も加わっている。子ども自身も学習上の問題、友人関係の問題が表出する。具体的には、小学校2年生頃から授業についていけなくなることが多く、そのため授業中に他児へちょっかいを出すことが多くなり、教員の指導にも乗らなくなる。もともとある多動傾向や身体的虐待による衝動性のコントロールの問題も加わり、感情や行動をコントロールすることが難しくなるため、周囲の指導も困難になりやすい。 　一方で本人は生物学的要因というコントロールの難しい状態に加え、叱責を繰り返され、問題児扱いされることで自尊心が傷つき、ネガティブな自己イメージを形成することにもなる。同時にそれらを補償する手段として、同様の体験のある友人関係や暴力や力によって自らがされてきたようなことを他児に再現することでパワーを会得する手段を講じるようになることもある。 　このような状態になると、家庭や児童養護施設での支援が次第に難しくなっていき、子どもの状態を抑制する外的な力を活用していくことも必要になり、児童自立支援施設に措置変更されることもある。
＜11～14歳＞
この時期は小学校から中学校に進学するとともに友人関係が広がり、身体的には二次性徴を迎え、自らのアイデンティティにも揺れが生じる。特に児童自立支援施設に入所する子どもは過去から続く生物・心理・社会的要因が累積して相互作用する形で行動上の問題がエスカレートしていき、家庭や地域で生活することが困難となって児童自立支援施設に入所に至る。

表6-20 行動傾向と逆境体験のアセスメント指標

【CBCL（子どもの行動チェックリスト）】
「引きこもり」「身体的訴え」「不安・抑うつ」「社会性の問題」「思考の問題」「注意の問題」「非行的行動」「攻撃的行動」の程度を把握することができる（Achenbach & Edelbrock, 1983, 井潤・上林・中田ほか, 2001, 倉本ほか, 1999, 河内ほか, 2011, 船曳・村井, 2017）。子ども自身が回答するバージョンと教師が回答するバージョン、保護者が回答するバージョンの3種類があり、それぞれ正常域・境界域・臨床域を判別することができるようになっており、経時的な変化や回答者による違いをフィードバックすることで、支援に活用することができる。
【SDQ（子どもの強さと困難さ）】
子どもの強さと困難さについて評価する国際的な尺度である。行為、多動、情緒、仲間関係、向社会性について把握することができ、世界中で活用されていることから、国際比較などの研究尺度としても活用されている（厚生労働省, 2018）（野田ほか, 2012）。
【ACE（小児期逆境的体験）】
虐待体験に関する10の質問項目である（Felitti et al., 1998）。身体的虐待、心理的虐待、性的虐待、身体的ネグレクト、感情的ネグレクトに加えて、親の精神疾患や親の逮捕拘留、アルコールの問題、面前DV、離婚といった小児期の逆境的体験の数（10項目）の多さが非行や犯罪への関与、自殺、うつ、慢性疾患などの心身への悪影響を与えることが多くの研究により明らかにされてきた。

〔4〕児童自立支援施設における心理学的支援の基本

（1）行動化の背景と集団力動の扱い方

　ここでは児童自立支援施設における心理的支援の基本的事項であり、最も重要になる行動上の問題とその背景の扱い方、集団力動の扱い方の2点について説明する。

　まず、行動上の問題とその背景の扱い方である。すでに述べたように児童自立支援施設は複数の触法行為を行い何らかの行動上の問題を主訴とする子どもたちを入所の対象にしている。その背景には、逆境的体験等の累積と生物・心理・社会的要因の相互作用がある。そのため、行動上の問題とその背景の両方をバランスよく扱うことが心理的支援にあたって重要になる。

　例えば行動上の問題だけを抑制しようと行動療法的な手法で働きかければ、子どもの表出する意図を汲み取ることができない。具体的には、食事を与えられずにいる子どもが食品の万引きを繰り返していた場合、その万引きをやめさせるという表面的な対応では問題が解決しないことは明白である。つまり、子どもの真のニーズは、万引きではなく、食事が与えられない養育環境や養育者のネグレクト状態であり、そこに働きかけることが必要になる。ただし単純に、子ども自身の生理的な空腹感を満たすだけでは不十分かもしれない。ネグレクト状態が繰り返されていたことを考えると、心理的な空虚感や満たされない気持ちを抱えている可能性が推測され、それらを充足する1つの手立てが万引きであった可能性もある。そのため、行動上の問題に対してはその背景のニーズに適切に対応することが心理的支援の重要な点である。

　次に集団力動の扱い方について述べる。児童自立支援施設は小集団の生活を行うことから、この集団の力動が肯定的で健全なものであることが施設の健全な育成文化を形成し、個々の育ちに対して成長促進的になる。一方で新入生等が非行文化を持ち込み、健全な育成文化に亀裂が生じ、修復困難な状態になると、非行化した少年たちの負の相互作用により施設は崩壊する。そのため心理的支援にあたっても施設内における集団の力動を把握し、健全な施設文化を形成しておくことが心理的支援の前提条件になる。

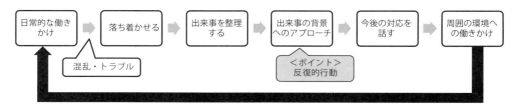

図6-14　生活場面面接の対応手順

（2）対象児童等に対する心理療法

　児童自立支援施設における心理療法は、主訴となる行動上の問題に関連する要因に焦点を当てたものになる。多くの場合、自分の感情を言語化する能力が十分ではなく、自己理解や感情コントロールに課題があることから、日常生活での体験を言語化する練習から開始する。この過程を繰り返し行うことによって、トラウマや逆境的体験に対する心理療法を行う基礎が形成される。

　トラウマや逆境的体験に対しては、言語化する能力が高まり、面接場面で焦点を当てても日常生活に大きな支障がない状態であることが必要である。そのため生活支援職員との連携が必須であり、一般的な心理療法モデルとは異なる。行動化が激しい場合には生活場面での支援が中心になり、徐々に内省できる力や言語化する力が高まってきた段階で心理面接を導入することが効果を発揮する。

　このように児童自立支援施設における心理療法は、日常生活と密着した形で実施される特徴がある。

（3）対象児童に対する生活場面面接

　生活場面面接とは、日常生活の中で起こる子どもの心理社会的な混乱やトラブルに対処し、混乱を落ち着かせ、子どもの抱える課題の解決を促す即時的な面接の総称である。その面接は、生活場面の中で意図的に行われ、当事者だけではなく、周囲の環境への働きかけも含まれる（大原、2019）。この手法の特徴は、幼少期からの逆境的体験や様々な情緒・行動上の問題は生活場面の中で表出されることから、そこに手当てをしていくことを通して過去の傷つきへの対応と今後の成長を促していくところにある。

　具体的な手法は、日常的な働きかけ、落ち着かせる段階、出来事を整理する段階、出来事の背景へのアプローチ、今後の対応を話す、周囲への働きかけに分けられる（図6-14）。日常的な働きかけでは、子どもの強みを強化し、いざトラブルが起きたときにも話し合える関係を構築しておくことを重視する。次にトラブルが起きた際には、落ち着かせ、出来事の事実関係を整理し、その背景に対して働きかける対応を行う。次に同様のトラブルへの対処法を話し合い、周囲の子どもに働きかけるという流れである[8]。

（4）施設職員への助言及び指導

　行動上の問題の背景に関するアセスメントや、日々の生活場面で起こる出来事の意味を生活

8　児童自立支援施設では、心理職には何でも取り組む意欲と柔軟さが求められる。例えば、食事場面の同席、田畑の仕事等の環境整備など施設の文化になじみ特徴を理解し、一員としてともに生きる姿勢が必要である。

支援職員と検討・共有することは、心理職の重要な役割である。心理面接場面では観察されなかったような対人関係上の問題や精神症状が、生活場面では表出される場合がある。またその逆に、生活場面では一見安定しているように見えても、心理面では様々な症状を抱えている場合もある。そのため双方の状態を共有することは支援の基礎になる。

（5）ケース会議への出席

　アセスメントに基づき一定期間支援を行った評価を、ケース会議で検討することが必要である。児童自立支援施設の場合には、生活を支援する寮職員、日中の支援を担当する職員、学校場面にかかわる職員、心理職など複数の職員が連携しながら支援を行っている。そのため、それらの多角的なアセスメントを共有することがケース会議の意味である。

〔5〕児童自立支援施設の実際

　ここでは、入所後から退所までの標準的な支援の過程を例示する。

　少年A君が家出や器物破損を主訴として児童自立支援施設に入所することとなった。まず、アセスメントのための面接が行われ、8人程度の子どもたちが生活する寮に所属することになった。入所当時は仕方なくルールや日課に従って行動しているものの、時々入所前の行動上の問題と関連した課題が表出された。そのため寮職員はその都度生活場面面接を行い、行動化の背景を丁寧に扱い気持ちを言語化しつつも、行動化に対しては一定の制限を設けて対応していった。また日々の生活を通して、学習や作業、クラブ活動など熱心に取り組んでいることをエンパワメントしていった。入所後半年くらいが経過すると安定した生活を送るようになり、主訴に関連した課題を整理するために心理面接も開始された。そして家族との交流も始まり、過去の被虐待や非行を振り返る対話を行っていった。最後に退所後の生活で起こりうることを整理し、1年半で家族の元に帰ることになった。その後、定期的に施設から家庭の状況を確認するためのフォローアップの電話を入れ、些細なもめごとはあるものの家庭および学校への適応がなされていることが確認された。

　このように児童自立支援施設では、行動上の問題を主訴として入所した子どもに対して、行動の抑止と行動化の背景を扱いながら、個々の子どもの強みを強化する働きかけを行っている。その際心理職は施設機能を理解し、各専門職と協働しながら子どもの発達、改善更生を促している。

（大原　天青）

6　自立援助ホームにおける心理学的支援

〔1〕施設の特徴・関連する法制度

（1）自立援助ホームの定義と目的

　厚生労働省によれば、「自立援助ホーム（児童自立生活援助事業）は、児童の自立支援を図る観点から、義務教育を終了した20歳未満の児童等や、児童養護施設、児童自立支援施設等

を退所し、これらの者が共同生活を営むべき住居（自立援助ホーム）において、相談その他の日常生活上の援助及び生活指導並びに就業支援を行い、あわせて援助の実施を解除された者への相談その他の援助を行うことにより、社会的自立促進に寄与することを目的とする」とされている。

（2）自立援助ホームの形態と機能

　主な事業内容として、①就労への取り組み姿勢及び職場の対人関係についての援助・指導、②対人関係、健康管理、金銭管理、余暇活用、食事等日常生活に関することその他自立した日常生活及び社会生活を営むための必要な相談・援助・指導、③職場を開拓するとともに、安定した職場に就かせるための援助・指導及び就労先との調整、④児童の家庭の状況に応じた家庭環境の調整、⑤児童相談所及び必要に応じて市町村、児童家庭支援センター、警察、児童委員、公共職業安定所等関係機関との連携、⑥自立援助ホームを退所した者に対する生活相談等と多岐に及ぶ。

　また、児童福祉法の改正（2017年4月）により、児童自立生活援助事業（自立援助ホーム）について22歳の年度末までにある就学中の者が対象に追加された。それに関する具体的な事業として、（1）20歳到達後から22歳の年度末までの間における支援を引き続き受けることができるよう「就学者自立生活援助事業」や、（2）自立のための支援を継続して行うことが適当な場合について、原則22歳に達する日の属する年度の末日まで、個々の状況に応じて引き続き必要な支援を実施することなどにより、将来の自立に結びつけることを目的とした「社会的養護自立支援事業」が新設された。

　自立援助ホームの入居の取り扱いとして、援助の実施を希望する児童は、申込書を児童相談所に提出する必要がある。自立援助ホームは入居を希望する児童からの依頼を受けて、この児童に代わって児童相談所に申込書の提出を行うことができる。また、諸事情により別の都道府県の自立援助ホームの入居の希望・必要がある場合は他府県と協議し、受け入れることができる。入居する児童本人から、その負担能力に応じて、本事業の実施に要する費用の一部を徴収することができる。

　このほか、子どもを一時保護する必要がある場合は、一時保護所を利用することを原則とするが、委託一時保護を行うことが適当と判断される場合には、その子どもを児童養護施設や里親等に一時保護を委託することができる。自立援助ホームもその1つである。委託一時保護先として、乳児院や児童養護施設が割合として多いものの、地域の小学校や中学校、高等学校へ就学する場合や、また安全等の観点や制限をする必要が問題ないとされる子どもにおいては、自立援助ホームが活用されることが多い。

〔2〕入所する青年の生物心理社会的特徴と支援の基本

　自立援助ホームの入居者は、「自立」を目標としているわけではあるが、「自立」による退所の要件は明確に定められておらず、また在所（委託）年数についても対象児童の年齢以外は定められていない。自立援助ホームの入居の経緯は、家庭や児童養護施設等の児童福祉施設から

や、単身生活からと幅広い。また、両親がいない、不明であったり、被虐待体験等があった厳しい養育環境で生活してきていることもある。被虐待体験等により、愛着障害を抱え人への信頼感が獲得できず対人関係に困難を抱えることが多い。また、身近に接した負のモデルから屈折した価値観を学んでいたり、社会体験が保障されてこなかったことから常識的行動に欠ける入居者も多い。軽度の知的障害や学習障害、ADHDなどの発達障害を抱えているが、年齢相応の発達が保障される養育環境になかった入居者もいる。自立援助ホームは、医療などの専門機関との連携が必要である複合的な課題を抱えている利用者を受け入れるところでもある。

また、自立援助ホームの利用者の多くが、中卒及び高校中退の学歴で入居している。発達面に課題があるのではなく、保護者の経済的問題から進学を断念したり、学習環境が保障されなかったことや複合的な課題を抱えている中、学校生活になじめずに不登校や非行等の問題を抱えたりして、結果として学ぶ機会を奪われてきているのである。入居者一人ひとりに合わせた生活歴や発達面、本人の目標や意欲等に合わせた多角的な支援が必要である。

（野中 勝治）

７ 保育所における心理学的支援

〔1〕保育所（制度上の位置づけ）、支援対象と関連する法制度

（1）保育所の定義と目的

保育所は、児童福祉法第7条で規定された児童福祉施設のひとつである。児童福祉法第39条第1項で「保育所は、保育を必要とする乳児・幼児を日々保護者の下から通わせて保育を行うことを目的とする施設（利用定員が20人以上であるものに限り、幼保連携型認定こども園を除く。）とする。」と定義されている。

保育所にはこの目的を達成するために保育の目標と役割が保育所保育指針（2017）によって定められている（表6-21、表6-22）。

表6-21 保育の目標（保育所保育指針, 2017）

1.保育所は、子どもが生涯にわたる人間形成にとって極めて重要な時期に、その生活時間の大半を過ごす場である。このため、保育所の保育は、子どもが現在を最も良く生き、望ましい未来をつくり出す力の基礎を培うために、次の目標を目指して行わなければならない。
①十分に養護の行き届いた環境の下に、くつろいだ雰囲気の中で子どもの様々な欲求を満たし、生命の保持及び情緒の安定を図ること。
②健康、安全など生活に必要な基本的な習慣や態度を養い、心身の健康の基礎を培うこと。
③人との関わりの中で、人に対する愛情と信頼感、そして人権を大切にする心を育てるとともに、自主、自立及び協調の態度を養い、道徳性の芽生えを培うこと。
④生命、自然及び社会の事象についての興味や関心を育て、それらに対する豊かな心情や思考力の芽生えを培うこと。
⑤生活の中で、言葉への興味や関心を育て、話したり、聞いたり、相手の話を理解しようとするなど、言葉の豊かさを養うこと。
⑥様々な体験を通して、豊かな感性や表現力を育み、創造性の芽生えを培うこと。
2.保育所は、入所する子どもの保護者に対し、その意向を受け止め、子どもと保護者の安定した関係に配慮し、保育所の特性や保育士等の専門性を生かして、その援助に当たらなければならない。

表6-22　保育の役割（保育所保育指針, 2017）

1.保育所は、児童福祉法（昭和22年法律第164号）第39条の規定に基づき、保育を必要とする子どもの保育を行い、その健全な心身の発達を図ることを目的とする児童福祉施設であり、入所する子どもの最善の利益を考慮し、その福祉を積極的に増進することに最もふさわしい生活の場でなければならない。
2.保育所は、その目的を達成するために、保育に関する専門性を有する職員が、家庭との緊密な連携の下に、子どもの状況や発達過程を踏まえ、保育所における環境を通して、養護及び教育を一体的に行うことを特性としている。
3.保育所は、入所する子どもを保育するとともに、家庭や地域の様々な社会資源との連携を図りながら、入所する子どもの保護者に対する支援及び地域の子育て家庭に対する支援等を行う役割を担うものである。
4.保育所における保育士は、児童福祉法第18条の4の規定を踏まえ、保育所の役割及び機能が適切に発揮されるように、倫理観に裏付けられた専門的知識、技術及び判断をもって、子どもを保育するとともに、子どもの保護者に対する保育に関する指導を行うものであり、その職責を遂行するための専門性の向上に絶えず努めなければならない。

（2）保育所の機能

　保育所の機能に関する基準は「児童福祉施設の設備及び運営に関する基準」に規定されており、保育所の屋内外の施設設備の基準や職員の構成、保育時間、保育の内容等が示されている。例えば、保育所の保育時間は1日につき8時間を原則とし、地域における乳幼児の保護者の労働時間その他家庭の状況等を考慮して、保育所の長がこれを定めることができると定められている。2012年に成立した子ども・子育て関連3法[9]に基づき2015年4月から施行された子ども・子育て新制度により、保育時間は保護者がパートタイム勤務の場合は1日8時間（保育短時間）、保護者がフルタイム勤務の場合は1日最大11時間（保育標準時間）までの保育が認められている。保育所の平均的なデイリープログラムを表6-23に示す。

表6-23　保育所のデイリープログラム

時間	乳児（0歳児）	乳児（1歳〜2歳児）	幼児（3歳〜5歳児）
7:00	開所・随時登園	開所・随時登園	開所・随時登園
	保育士による視診 水分補給・朝のおやつ	保育士による視診	保育士による視診
	午前の活動 保育（遊び）・さんぽ等	午前の活動 保育（遊び）・さんぽ等	午前の活動 各クラス設定保育（遊び）・さんぽ等
10:30	昼食　ミルク・離乳食		
11:00		昼食	
11:30	視診・検温・午睡 ※SIDS（乳幼児突然死症候群）予防措置		
12:00		視診・午睡	昼食
13:00			視診・午睡（必要に応じ）
14:30	おやつ・午後の活動	おやつ・午後の活動	おやつ・午後の活動
15:00			
16:00	視診・随時降園	視診・随時降園	視診・随時降園
18:00	延長保育開始	延長保育開始	延長保育開始
	視診・おやつ・保育（遊び）	視診・おやつ・保育（遊び）	視診・おやつ・保育（遊び）
19:00	延長保育終了・随時降園	延長保育終了・随時降園	延長保育終了・随時降園

9　①子ども・子育て支援法、②就学前の子どもに関する教育、保育等の総合的な提供の推進に関する法律、③子ども・子育て支援法及び就学前の子どもに関する教育、保育等の総合的な提供の推進に関する法律の一部を改正する法律の施行に伴う関係法律の整備等に関する法律

（3）保育施設・保育サービスの種類

2015年の子ども・子育て支援制度の施行によりわが国の保育施設・保育サービスは多様化している。保育所等の保育施設・保育サービスは国が定めた設置基準をクリアした認可保育施設と基準に満たない認可外保育施設に大別することができる。認可保育施設は公費支援を受けて運営されるが、認可外保育施設は原則として公費支援を受けずに運営されている。ただし、認可外保育施設のうち、自治体からの公費支援を受けて運営されるタイプの施設もある（例えば東京都独自の制度による認証保育所など）。

認可保育所は公立保育所と私立保育所に分類される。認定こども園は幼稚園の機能（教育）と保育所の機能（保育）を併せ持つ保育施設として「就学前の子どもに関する教育、保育等の総合的な提供の推進に関する法律（認定こども園法）」に基づき2006年10月にスタートした施設であり、子ども・子育て関連3法の施行により財政支援の整備等の改正が図られた。認定こども園は、①就学前の教育と保育を一体的に行う幼保連携型、②既存の幼稚園が保育の機能を取り入れた幼稚園型、③既存の保育所が幼稚園の機能を取り入れた保育所型、④認可外保育施設として自治体が定める基準によって運営される地方裁量型の4タイプに分けられる。

地域型保育は0歳から2歳児までを対象とし、市町村による認可事業として公費支援を受け運営される保育施設・保育サービスである。具体的には4つの形態があり、①小規模保育は定員6〜19人、②家庭的保育は定員5人以下の規模である（市町村が保育士と同等以上と認める者が必要）。③事業所内保育は企業の従業員を対象とした保育施設で、地域の保育を必要とする子どもと一緒に保育を行う施設である。④居宅訪問型保育は自宅を訪問し保育を行う保育サービスである。

一時利用型保育は、子どもの病気や保護者の用事等で一時的な保育が必要な子どもを受け入れ保育を行う保育施設・保育サービスである（訪問型もある）。このほか、定期に利用する定期利用保育がある。

〔2〕心理職の目的と役割

（1）心理職の目的と専門性

保育所は保護者の就労等で保育が必要な0歳から小学校就学前の乳幼児の養護と教育[10]を一体的に行う施設であるとともに、家庭や地域の様々な社会資源との連携を図りながら、入所する子どもの保護者に対する支援及び地域の子育て家庭に対する支援を行う役割を担うものであると位置づけられている。保育所にかかわる心理職は、効果的な相談支援を実現するため保育所の目的と役割を十分に理解しなければならない。保育所における心理職の活動の目的は、保育所で生じた保育上の課題に関する相談を受け、子どもの最善の利益が保障されるよう課題の改善や解決に向けた支援を行うことである。課題の改善や解決に行政を含めた他専門職との連携が必要な場合は、ケースワーカーとしての役割が求められることもある。

---

10 養護と教育の定義：保育における「養護」とは、子どもの生命の保持及び情緒の安定を図るために保育士等が行う援助やかかわりであり、「教育」とは、子どもが健やかに成長し、その活動がより豊かに展開されるための発達の援助である（保育所保育指針, 2017）。

表6-24　3つの感覚的協応（網野, 2002a）

視覚的協応	両者が眼と眼を見つめあう関係
聴覚的協応	両者がその声を通じて語ろうとし聞こうとする関係
触覚的協応	両者が肌を触れ合わせようとする（いわゆるスキンシップ）関係

表6-25　3つの安全基地（網野, 2002a）

第1の安全基地	・子ども自身が、その人は最も応答的に自分とかかわってくれており、保護し守ってくれていると深々と実感することのできる人物 ・愛着（アタッチメント）の対象となる特定の対象 　⇒中核的養育者であり多くの場合は母親
第2の安全基地	・子ども自身が、その人は自分を本質的に肯定し受容してくれていると深々と実感することのできる人物 ・子ども自身が可能性豊かにもっている自律性と自立性、そして能動性や個性を、心から信頼し見守り、育んでくれる人物
第3の安全基地	・子ども自身 ・第1と第2の2つの安全基地が形成されることにより、子ども自身のアイデンティティの確立が可能になる ・アイデンティティの確立により、自分自身と他者の自律性や自立性、能動性や個性を尊重する意識が豊かに育まれる

表6-26　保育におけるケア（柏女, 2019a）

養護的行為	・子どもの思いを受け止めつつ、意図的に方向づけることとの折り合いをつけて対応すること ・日常的に子どもの欲求にていねいに対応していること ・子どもの様子に気を配り、興味を持って関わること ・子どもが見守られていると感じられるように関わること
保育相談支援	・保護者の気持ちをしっかりと受け止めること（受信型の支援） ・保護者に対して保育の専門性をもとに働きかけること（発信型の支援）

　心理職は、心理学に基づいた知識・技術を活用して支援を行うが、心理職としての専門性だけではなく、福祉領域の対人援助職としての専門性が必要になってくる。網野（2002a）は福祉領域の対人援助職の専門性を構築する要件として知識、技術以外に福祉マインドが必要であると提唱した。網野は「他者を肯定的に受け止めようとする態度、心遣い、気遣い」を基盤とした人間性、感性が福祉マインドであり、福祉マインドの心理的メカニズムには「自己と他者とのきわめてヒューマンな心豊かな相互作用」である3つの感覚的協応（表6-24）があるとした。さらに、福祉マインドは人間として「育つ力」、人間として「育てる力」に深くかかわるものであり、福祉マインドのかかわりを通して子どもたちの心に自己実現の力を育む「安全基地」を形成することにつながると指摘した（表6-25）。

　柏女（2019a）は、保育とは「養護と教育が一体となった行為であり、養護とは受け止めること、子どもが自ら持つ成長のエネルギーを尊重すること……教育とは、子どもが持つ自ら伸びようとするエネルギーを尊重すること」と述べている。柏女は「養護」を保育においてケアに該当する用語・概念であるとし、子どもに対するケアと保護者に対するケアについて規定している（表6-26）。柏女のケアに関する規定は保育士のみならず保育所にかかわる心理職にも適用されるものである。保育所の心理学的支援に携わる心理職（自治体から委嘱された巡回相談員等）は、心理学的な知識技術を用い、福祉マインドを基盤としたケアを行う対人援助職の専門家であるといえよう。

（2）心理職の役割

　保育所に心理職が専任職員として配属または採用されるケースはまだ少なく、非常勤としてかかわるケースがほとんどである。心理職が保育所の相談支援にかかわる機会は「巡回相談」の場合が多い。巡回相談は自治体から委嘱を受けた心理職等の対人援助の専門職（心理学関係の有資格者であることを採用条件とする自治体が多い）が保育所を訪問し、子どもや保護者、保育士の抱える課題等に関する相談支援を行うものである。自治体から委嘱される巡回相談員は非常勤であり、所属先は特別支援学級、特別支援学校、幼稚園・保育所、小学校、大学、自治体、NPO法人など様々である。心理学関係の資格を有する個人に委嘱されるケースもある。巡回相談は主に障害や発達上の課題を抱えて集団保育になじめない子どもやいわゆる「気になる子」に関する相談が主となる。巡回相談はコンサルタント（心理職）、コンサルティ（保育士）、クライエント（子ども、保護者等）というコンサルテーションによる相談支援となるが、心理職は保育士との関係性に配慮する必要がある。保育士は日々の子どもの保育、保護者対応に臨んでいる保育の専門職である。心理職は保育士が保育実践の中で培った知見や見立てを重要な手掛かりとして捉えながら、保育所のニーズに応えていく必要がある。心理職は自らの専門的な知識・技術をもって一方的に保育士に助言・指導を行うのではなく、保育士や保護者、ケースによっては他職種と連携しながら効果的な相談支援を進めていくよう心がけなければならない。

　多くの保育所では、園内研修の一環として保育カンファレンスが実施されている。保育カンファレンスは、支援を必要とする課題について担当保育士のケース記録をもとにお互いの意見を出し合い、課題についての共通理解を図る会議である。ケース会議、事例研究、エピソード研究会など、保育所によって名称は様々である。

　保育士養成校に保育現場で必要となる「相談援助、保育相談支援」の科目が導入されたのは2011年である。心理学的支援の基礎知識を学び支援スキルを身に付けた保育士はまだ少ない（金城、2017a）。保育カンファレンスに参加する心理職は心理学的支援の専門家として、課題に関する支援のあり方を方向づけるだけではなく、保育の質の向上や保育士の専門性の向上に貢献する役割を果たすことが期待される。

　厚生労働省は保育士の資質向上を目指して2017年に「保育士等キャリアアップ研修の実施について」（雇児保発0401第1号）を通知した。これにより全国の自治体は厚生労働省が策定したガイドラインに沿って保育士を対象とした研修を実施することになった。研修分野に「マネジメント」がありリーダーとなる保育士は保育所におけるマネジメントやリーダーシップの理解などと共に職員のメンタルヘルス対策を学ぶことが指定されている（金城、2020）。

　保育所には行動に課題を抱えている子ども、障害のある子ども（発達障害を含む）、不適切な養育や虐待を受けている子ども、アレルギーのある子ども、ストレスや病気を抱えている子どもなど特別な支援を必要とする乳幼児が入所している。集団保育の中で保育士は特別な支援を必要とする子どもの保育に困難さを感じることがある。障害のある子どもに加配保育士が配置される場合もあるが、特別な支援を必要とするすべてのケースに適用されるわけではない。

　保育士は他の一般職と比較してストレスが高いことが報告されており（金城、2017b）、保育所にかかわる心理職は子ども・保護者への支援とともに保育士のメンタルヘルスケア・メンタ

ルヘルスマネジメントに配慮し、ストレスの低減に寄与するよう努めなければならない。

〔3〕乳幼児の心理的特徴

（1）標準的な乳幼児の発達

　保育所は児童福祉法により子どもの心身の健全な発達を図ることを目的とする児童福祉施設であると規定されている。乳幼児期は心身が著しく発達する時期であり、心理職は子どもの心身の発達の特徴について理解していなければならない。標準的な乳幼児の発達を表6-27に示す。

表6-27　標準的な乳幼児の発達（厚生労働省雇用均等・児童家庭局，2008）

	粗大運動	微細運動	社会性	認知	発語
3〜4か月	首がすわる	おもちゃをつかんでいる	あやすと声を出して笑う	おもちゃを見ると活発になる	キャーキャー声を出す
6〜7か月	座位保持（数秒）	おもちゃの持ち替え	人見知りする	イナイイナイバーを喜ぶ	マ、パなどの声を出す
9〜10か月	つかまり立ち	積み木を打ち合わせる	身振りをまねる		喃語
1歳	数秒立っている	なぐり書きする	親の後追いをする	「おいで」「ちょうだい」を理解	意味のあることば（1つ）
1歳半	走る	コップからコップへ水を移す	困った時に助けを求める	簡単なお手伝いをする	意味のあることば（3つ）
2歳	ボールをける	積み木を横に並べる	親から離れて遊ぶ	指示した体の部分を指差す	二語文を話す
3歳	片足立ち（2秒）	まねて○を書く	ままごとで役を演じる	色の理解（4色）	三語文を話す
4歳	ケンケンできる	人物画（3つ以上の部位）	簡単なゲームを理解	用途の理解（5つ）	四―五語文を話す
5歳	スキップできる	人物画（6つ以上の部位）	友達と協力して遊ぶ	ジャンケンがわかる	自分の住所を言う
6歳		紐を結ぶ		左右がわかる	自分の誕生日を言う

（2）保育所保育指針から見た子どもの心理的特徴

　保育所は子どもの心身の発達に関する心理学的・医学的知見をもとに保育のねらい・内容を構成している。保育所保育のガイドラインである保育所保育指針解説（2018）に記載されている保育のねらい・内容を概観しながら保育所が子どもの発達をどのように捉えているかを見ていく（表6-28、表6-29）。

　乳児期は養護の側面が重要であるとし、保育のねらい・内容を身体的発達（健やかに伸び伸びと育つ）、社会的発達（身近な人と気持ちが通じ合う）、精神的発達（身近なものとかかわり感性が育つ）に分類している。1歳以上の幼児期については1歳以上〜3歳未満児、3歳以上児に2分し、健康、人間関係、環境、言葉、表現の5つの発達領域に関する保育のねらい・内容を規定している。

〔4〕乳幼児の心理学的アセスメント・主な心理検査

（1）保護者面談・保育士への面談

　心理職は保育士との面談を通して保育場面における子どもの特徴的な行動や他児とのかかわり、保育士とのかかわりに関する情報を得ることができる。また、保護者面談を通して家庭での保護者と子どもとのかかわりや保護者が抱えている悩みを理解することができる。保護者面談・保育士への面談においては面談の目的や意図、個人情報の保護、守秘義務など心理職が守るべき基本的な事柄について十分な説明を行い、インフォームドコンセントを得るよう努めなければならない。

表6-28　乳児期の発達（保育所保育指針解説，2018）

発達領域	保育のねらい・内容
身体的発達	① 身体感覚が育ち、快適な環境に心地よさを感じる。 ② のびのびと体を動かし、はう、歩くなどの運動をしようとする。 ③ 食事、睡眠等の生活のリズムの感覚が芽生える。
社会的発達	① 安心できる関係の下で、身近な人と共に過ごす喜びを感じる。 ② 体の動きや表情、発声等で、保育士等と気持ちを通わせようとする。 ③ 身近な人と親しみ、関わりを深め、愛情や信頼感が芽生える。
精神的発達	① 身の回りのものに親しみ、様々なものに興味や関心をもつ。 ② 見る、触れる、探索するなど、身近な環境に自分から関わろうとする。 ③ 身体の諸感覚による認識が豊かになり、表情や手足、体の動き等で表現する。

表6-29　1歳以上児の発達（保育所保育指針解説，2018）

発達領域	保育のねらい・内容	
	1歳以上〜3歳未満児の発達	3歳以上児の発達
健康	①明るく伸び伸びと生活し、自分から体を動かすことを楽しむ。 ②自分の体を十分に動かし、様々な動きをしようとする。 ③健康、安全な生活に必要な習慣に気付き、自分でしてみようとする気持ちが育つ。	①明るく伸び伸びと行動し、充実感を味わう。 ②自分の体を十分に動かし、進んで運動しようとする。 ③健康、安全な生活に必要な習慣や態度を身に付け、見通しをもって行動する。
人間関係	①保育所での生活を楽しみ、身近な人と関わる心地よさを感じる。 ②周囲の子ども等への興味や関心が高まり、関わりをもとうとする。 ③保育所の生活の仕方に慣れ、きまりの大切さに気付く。	①保育所の生活を楽しみ、自分の力で行動することの充実感を味わう。 ②身近な人と親しみ、関わりを深め、工夫したり、協力したりして一緒に活動する楽しさを味わい、愛情や信頼感をもつ。 ③社会生活における望ましい習慣や態度を身に付ける。
環境	①身近な環境に親しみ、触れ合う中で、様々なものに興味や関心をもつ。 ②様々なものに関わる中で、発見を楽しんだり、考えたりしようとする。 ③見る、聞く、触るなどの経験を通して、感覚の働きを豊かにする。	①身近な環境に親しみ、自然と触れ合う中で様々な事象に興味や関心をもつ。 ②身近な環境に自分から関わり、発見を楽しんだり、考えたりし、それを生活に取り入れようとする。 ③身近な事象を見たり、考えたり、扱ったりする中で、物の性質や数量、文字などに対する感覚を豊かにする。
言葉	①言葉遊びや言葉で表現する楽しさを感じる。 ②人の言葉や話などを聞き、自分でも思ったことを伝えようとする。 ③絵本や物語等に親しむとともに、言葉のやり取りを通じて身近な人と気持ちを通わせる。	①自分の気持ちを言葉で表現する楽しさを味わう。 ②人の言葉や話などをよく聞き、自分の経験したことや考えたことを話し、伝え合う喜びを味わう。 ③日常生活に必要な言葉が分かるようになるとともに、絵本や物語などに親しみ、言葉に対する感覚を豊かにし、保育士等や友達と心を通わせる。
表現	①身体の諸感覚の経験を豊かにし、様々な感覚を味わう。 ②感じたことや考えたことなどを自分なりに表現しようとする。 ③生活や遊びの様々な体験を通して、イメージや感性が豊かになる。	①いろいろなものの美しさなどに対する豊かな感性をもつ。 ②感じたことや考えたことを自分なりに表現して楽しむ。 ③生活の中でイメージを豊かにし、様々な表現を楽しむ。

（2）行動観察

保育所における行動観察は保育場面における子どもの行動を客観的に記録し、行動の特徴を明確化していくものである。行動観察はあらかじめ観察者が設定した時間中の子どもの課題となる（気になる）行動の生起頻度や持続時間、強度、場所などをインターバル記録法（30秒以下の単位での失言の有無を10分間継続して観察するなど）、

表6-30　SDQの質問の一例

> 他人の気持ちをよく気づかう
> おちつきがなく、長い間じっとしていられない
> 頭がいたい、お腹がいたい、気持ちが悪いなどと、よくうったえる
> 他の子どもたちと、よく分け合う（おやつ・おもちゃ・鉛筆など）
> カッとなったり、かんしゃくをおこしたりする事がよくある
> 一人でいるのが好きで、一人で遊ぶことが多い
> 素直で、だいたいは大人のいうことをよくきく
> 心配ごとが多く、いつも不安なようだ
>
> 選択肢：あてはまらない、まああてはまる、あてはまる

出所：SDQ日本語版（2-4歳児用）, https://ddclinic.jp/SDQ/pdf/
SDQ_Japanese_p2-4single.pdf

タイムサンプリング法（30分×3回の各最初の1分という分単位での頻度を観察する等）などのデータ記録法を用いて記録していく。その他に、子どもの行動チエックリスト（CBCL: Child Behavior Checklist）やヨーロッパで多く用いられているSDQ（Strengths and Difficulties Questionnaire）など、あらかじめ観察の基準が示された質問紙も行動観察では用いられている（表6-30）。

（3）心理学的アセスメント

保育所における心理職は特別な支援を必要とする乳幼児への支援や特別な配慮を必要とする家庭への支援にかかわることが多い。そのため、心理職は子どもや保護者の状況や課題に関する情報・手がかりを収集するため知能検査や発達検査、行動観察、保護者面談などを通した心理学的アセスメントを行う。心理学的アセスメントで用いられている主な心理検査を表6-31に示す。

表6-31　主な心理検査の種類

知能検査	WISC、WAIS、WPPSI、田中ビネー知能検査など
発達検査	K-ABC心理・教育アセスメントバッテリー、遠城寺式・乳幼児分析的発達検査表（九大小児科改訂版）、新版K式発達検査、日本版デンバー式発達スクリーニング検査、乳幼児発達スケール（KIDS）、S-M社会生活能力検査など
行動観察	SDQなど

〔5〕心理学的支援の基本

保護者・保育士への支援においては児童虐待の可能性など慎重に対応しなければならないケースや児童相談所等の他機関・他職種協働による支援を展開する場合がある。保護者・保育士と心理職の間に信頼関係が築かれていないと、効果的な支援は成立しない。心理職は保護者・保育士に対し受容的な態度で臨み、保護者・保育士が心理職に安心して話せる関係性を構

◇◇◇　一口メモ　保育所に関する福祉心理学的知見　◇◇◇

米国のハイスコープ教育研究財団による「ペリー幼稚園プロジェクト※」（Weikart, D. P. et al., 1970, 1978, Schweinhart・L. J. et al., 2005）やNICHD（国立子ども人間発達研究所）（NICHD, 2006）の大規模な縦断研究で乳幼児期の家庭外の養育環境や質と児童期以降の発達との関係が検証されてきた。「ペリー幼稚園プロジェクト」は貧困地域（家庭）で育つアフリカ系アメリカ人123人の子どもたちを質の高い就学前教育を行う群（58人）と就学前教育を実施しなかった群（65人）に振り分け、さまざまな社会的変数について40年間の追跡調査を行っている。その結果、就学前教育を受けた群は受けなかった群より基礎学力、高校卒業率、経済的生産性、持ち家率、犯罪率、健康面などで優れた結果を示した。同じくアメリカのNICHDが1991年から実施している1000人以上の子どもを追跡した大規模な縦断的研究でも質の高い保育を受けることは子どもの知的・情緒的発達や社会的発達に良い影響を及ぼすことが示された。

日本では米国のような大規模な縦断研究の実施は難しいが、日本福祉心理学会理事長（2013-2019）であった網野武博を代表とした研究チームは2000人以上の中高生とその保護者を対象に乳幼児期における保育経験のその後への影響に関する大規模調査を実施した。その結果、乳幼児期における保育経験、特に早期からの保育経験が、思春期、青年期、成人期における親子関係の発達や対人適応、自尊心の発達を阻害することはないことを見出した（2002, 2005）。これは3歳児神話により苦しみを抱えて子育てを行ってきた保護者（特に母親）を心理的負担から解放することにつながる研究成果であり、保育所の役割を見直す契機となった。網野はわが国の児童福祉学、福祉心理学の体系化を試みた専門書も著しており、保育所や児童家庭福祉にかかわる心理職が学習すべき基本図書となっている。

日本福祉心理学会の会員でもある柏女霊峰は、保育所等の児童福祉施設における保育士が実践する保育相談支援の可視化、体系化を図った（柏女, 2019a, 2020）。柏女が示した保育相談支援の体系は、保育所にかかわる心理職も学ぶべき専門的な支援技術として重要な道標となっている。

※　就学前の質の高い早期教育の具体的な効果については、ハイスコープ教育研究財団のホームページに詳しい情報が掲載されている。https://highscope.org/perry-preschool-project/

（金城 悟）

築する必要がある。保育所の抱える課題に心理職が介在することによって保護者・保育士がエンパワメントされることが望ましい。

（金城 悟）

❽ 障害児福祉における心理学的支援

〔1〕知的障害児の定義

　障害に関する法的定義としては、障害者基本法（1993年制定、2011年一部改正）第2条の1に「身体障害、知的障害、精神障害（発達障害を含む。）その他の心身の機能の障害（以下「障害」と総称する。）がある者であつて、障害及び社会的障壁により継続的に日常生活又は社会生活に相当な制限を受ける状態にあるものをいう。」と定められており、知的障害が含まれている。また、障害児に関する法的定義では、児童福祉法（1947年制定、2016年一部改正）第4条に「この法律で、児童とは、満十八歳に満たない者」とあり、同法第4条第2項では「この法律で、障害児とは、身体に障害のある児童、知的障害のある児童、精神に障害がある児童等[11]をいう。」とある。

　ところが、知的障害を明確に定義する法律はない。知的障害を社会的に定義するものについては、1973（昭和48）年の「療育手帳制度要綱」（厚生事務次官通知）の第2の交付対象者に「手帳は、児童相談所又は知的障害者更生相談所において知的障害であると判定された者〈以下「知的障害者」という。〉に対して交付する。」と行政手続き上の定義が示されている（髙木, 2019）。これらを総合的に捉えると、“知的障害児”とは、児童相談所にて「知的障害」と判定され、療育手帳の交付を受けた18歳未満の児童ということができる。代替するものとしては、主に医学上の診断基準（DSM-5）の中の「神経発達症群」の中に分類されている「知的能力障害（知的発達症／知的発達障害）」が用いられている。

〔2〕心理職が勤める機関（制度上の位置づけ）、支援対象と関連する法体制

　知的障害児に心理的支援を行う機関のひとつとして、児童発達支援センターが挙げられる。児童福祉法に基づく障害児通所支援を、児童福祉施設として規定される児童発達支援センターが中心となり実施することになる。児童福祉法第6条の2の2第1項には、障害児通所支援とは「児童発達支援、医療型児童発達支援、放課後等デイサービス及び保育所等訪問支援をいい、障害児通所支援事業とは、障害児通所支援を行う事業をいう」と規定されている。また、2016年の同法改正により「居宅訪問型児童発達支援」（2018年4月1日より施行）が創設された。児童発達支援センターは、「福祉型」「医療型」に分類されている。福祉型児童発達支援センターは、同法第34条によると「日常生活における基本的動作の指導、独立自活に必要な知識

11　精神に障害のある児童（発達障害者支援法〔平成16年法律第167号〕第2条第2項に規定する発達障害児を含む。）又は治療方法が確立していない疾病その他の特殊の疾病であつて障害者の日常生活及び社会生活を総合的に支援するための法律（平成17年法律第123号）第4条第1項の厚生労働大臣が定める程度である児童。

技能の付与又は集団生活への適応のための訓練」を目的としている。一方、医療型児童発達支援センターは、福祉型の基準に加えて医療法上の基準を有しており、医療の提供を行っている（平尾, 2017）。障害児通所支援の各種内容については、表6-35（p. 165）に示す。

　また、障害児に心理的支援を行う専門機関として、発達障害者支援法第14条に規定されている発達障害者支援センターがあげられる。その業務内容として、「発達障害の早期発見、早期の発達支援等に資するよう、発達障害者及びその家族その他の関係者に対し、専門的に、その相談に応じ、又は情報の提供若しくは助言を行うこと。（同法第14条1）」「発達障害者に対し、専門的な発達支援及び就労の支援を行うこと。（同法第14条2）」「医療、保健、福祉、教育、労働等に関する業務を行う関係機関及び民間団体並びにこれに従事する者に対し発達障害についての情報の提供及び研修を行うこと。（同法第14条3）」「発達障害に関して、医療、保健、福祉、教育、労働等に関する業務を行う関係機関及び民間団体との連絡調整を行うこと。（同法第14条4）」「前各号に掲げる業務に附帯する業務（同法第14条5）」が挙げられる。

〔3〕心理職の目的と役割

　児童発達支援センターでは、児童福祉法に基づく指定通所支援の事業等の人員、設備及び運営に関する基準によると、機能訓練担当職員として臨床心理士等の心理の専門職が配置されることが考えられる。発達障害者支援センターでは、相談支援を担う専門職として社会福祉士が配置されるが、発達支援を担う職としては臨床心理士が配置されることがあり、心理的判定や発達支援を実施する。心理職の目的は、障害児の機能訓練や発達支援を実施することが考えられる。

　心理職の役割としては、障害の早期発見、障害児に対する発達支援、障害を有する子どもの保護者への支援が挙げられる（白石, 2018）。知的障害の早期発見に関して、母子保健法に基づく乳幼児健康診査として、1歳6か月児健康診査、3歳児健康診査が実施されている。また自治体によっては、5歳児健診や3〜4か月児健診を実施しているところもある。これらの健診によって、運動面や言語面の発達状況を確かめ、各種障害や発達の遅れを早期に発見し、医療機関や専門機関等につなげ早期の療育・治療によって健康の保持及び増進を図ることを目的としている（川上, 2016）。これらの健診によって知的障害の可能性があると判断された子どもに対して、さらなる発達検査や知能検査を実施し、障害の有無の判断に関する心理判定を心理職が担うとされる。

　具体的には、言語面（表出、理解の言語やコミュニケーションに関すること）、認知面（色、形、文字等の学習につながる刺激の区別や理解、見て操作する協応等に関すること）、社会性（物事の順序の理解、状況に応じた行動の習得等簡単なルールに従事する等社会適応に関すること）等の多角的な面から発達を促す支援が実施される。また、不適応が生じている集団に対して、問題が生じる状況を把握して知的障害の子どもの不適応が生じる原因を見出し、その生活環境や周囲の支援者のかかわりをどのように調整し、工夫・配慮を行うか提案・助言する役目も求められる。

　また一般に、知的障害児の保護者に対する支援として、子どもの障害受容への支援、養育環境や教育方法に関する助言・提案等が挙げられる。子どもの障害を受容する過程や受容できるのにかかる時間は人それぞれである。悩み、受け入れることを繰り返しながら、前向きな感情

と消極的な感情を常に抱きながら受け入れていくものである（中田, 1995）。保護者のわが子の障害の捉え方は、知的障害の子どものその後の適応に大きな影響を及ぼすことがある（小野里, 2016）。障害が改善しなくなることを考え、状況に適応することを強く求めたり、発達に適さない無理なことを強いるようなかかわりを続けると、子どもは不安や葛藤を頂き、自信を喪失したり情緒的に不安定な状態に陥り、不適応の問題が大きくなる可能性がある。保護者や家族が知的障害の子どもをどのように受け入れるかは、知的障害児の健全な発達、将来の自立や社会参加の実現においても重要なことである。知的障害児の発達支援とともに、保護者が日頃の育児で抱えている悩みや葛藤に耳を傾け受けとめる対応や、子どもの成長や良いところに気づきを促していくきっかけづくりをしていくことが必要である。また、その子どもに適したかかわり方、環境調整の方法を提案したり、保護者のかかわりのよいところを評価する養育手法を得て、保護者が日頃の子育てに自信を持って向き合い、子どもの成長を感じられるように支えることが役割として求められる。

〔4〕知的障害児の心理的特徴

知的障害の特徴は様々な面で見られるが、特徴を把握した上で適した支援を行うことが将来の自立と社会参加につながる。

知的障害の知覚に関する特性として、図形の模写や再生に困難を示すこと、図形が重なっていたり埋もれていたりして多くの図形がある中に未知の幾何学図形を抽出することが困難とされる（小池・北島, 2001）。文字を書くことの習得や、視覚的手がかりの理解に関することであるため、支援ではこの特徴に対して配慮が必要となる。

知的障害の注意については、弁別課題において弁別に必要な刺激に注意を向けることや、長時間における注意の持続、説明を聞きながら作業をするといった同時に2つの課題を行うことにおいて困難さが見られる（木村, 2009）。このような課題が、日常の学習活動や生活習慣の習得に困難さをもたらすと示唆される。これらの困難さを軽減するために、注意を向けるべきものを明確に提示する、新奇の刺激を取り入れる等の環境調整の工夫・配慮を行うことは効果的であると考えられる。

知的障害の記憶の容量は、同年代の定型発達児に比べて小さく、一度に保持できる容量を考慮する必要がある。知的障害の記憶の困難さは、短期記憶にあると言われている。短期記憶にとどめておくことのできる情報量には限りがあり、知的障害を有する人にはこの容量が少ないのではないかと考えられている。さらに、記憶を保持することと処理することを兼ね備えたワーキングメモリーの困難さも挙げられている。知的障害の記憶の困難さは、自分がどれくらい覚えていられるかというメタ記憶に問題があるともされている。そのため短期記憶から長期記憶へと記憶情報が送られるリハーサル、体制化、精緻化といったストラテジーを適切に用いることが困難ともいわれている（木村, 2009）。

また、知的障害には言語発達の遅れが見られることが特徴である。その重症度によって見られる状態は様々であるが、軽度・中度の知的障害では日常会話は可能なほど言語表出、理解の能力が見込めるとされる。しかし、語彙の獲得には限界があり、抽象的な概念や日常生活で用

いることの少ない言葉の理解は難しいとされる。重度・最重度の知的障害であると、音声言語による意思表出や理解は困難とされ、周囲との意思疎通に問題が生じてしまう。言語には、①自分の要求や考え、感情を他者に伝え、他者の要求、感情などを理解するといった"伝達手段としての機能"、②知覚、記憶、思考といった"認知手段としての機能"、そして③言語を通して自分の行動を遂行させたり、不適切な行動を抑制したりする"行動調整手段としての機能"の3つの機能があるとされる（木村, 2009）。言語発達は適応行動の獲得に大きく関係してくるが、この遅れが見られると適応行動の習得にも問題が生じることが考えられる。

　知的障害の社会性について、上記の認知や言語発達の課題やこれらの課題から伴う行動面の制約から、年齢相応の社会的技能の習得に困難さがある（伊藤, 2016）。友人づくりや対人関係を構築していくことが難しい。知的障害の中には自閉スペクトラム症を合併しているケースも多くあるが、自閉スペクトラム症の特性による社会性の課題も見られる。①相互の対人的・情緒的な問題（対人的に適切なかかわり方ができない、興味、常同行動、または感情を共有することが少ない等）、②対人的相互反応として非言語的コミュニケーション行動を用いることの問題（アイコンタクトやジェスチャーによる意思伝達が困難、顔の表情を読み取ることが困難等）、③年齢相応の対人関係の発達・維持の問題（想像上の遊びを他者と一緒にすることや友人を作ることが困難、仲間に対して興味を抱くことが困難等）による特徴（荻原, 2016）があらわれることも考えられる。

〔5〕知的障害児の心理学的アセスメント・主な検査

　知的障害の基本的特性として知的機能の問題、適応機能の問題が挙げられていることから、知的機能と適応行動の2つの面からその実態を把握することがアセスメントとして求められる。主な検査を表6-32に示した。

〔6〕心理学的支援の基本

　知的障害児に対する心理的支援の基本とするところは、まず知的障害の程度や発達状況等の特性を確実に評価し、強みとなる能力や課題となるところを見極め、適切な支援を行うことである。

　知的障害児には様々な心理療法を用いた支援が行われ、その効果も検証されてきている。その1つに行動療法を用いた支援は、知的障害児の言語発達や学習技能の習得、生活技能の習得等の支援に用いられている（河合, 1983）。

　行動分析学（behavior analysis）は、アメリカの行動主義心理学者スキナー（B. F. Skinner, 1904-1990）が提唱したものである。行動分析学の目指すところは、「個体はなぜそのように行動するのか」という問いに答えることである。その際、その行動の原因を個体側に求めるのではなく環境の中に求め、行動に影響を与えるすべての環境要因を解明しようとする。行動分析学には、行動の原因を解明し行動の法則を発見する実験的行動分析学と、現実社会における人々の行動問題を基礎科学で発見された法則に基づき解決していく応用行動分析学とに分かれる（大河内, 2007）。応用行動分析学では、オペラント条件づけの学習理論をもとに、特定の刺激（弁別刺激）のもとで行動が起きると、良いことやメリットが与えられる（強化）。この

表6-32　知的障害児の心理学的アセスメント・主な検査

知的機能を測定する検査	田中ビネー知能検査	この検査は知的機能の測定によく用いられる個別知能検査であり、医療機関における診療場面をはじめ、心理的判定、発達支援や教育相談の場でも使用されている。この検査では年齢尺度が導入されており、1歳級から13歳級までの問題（96問）、成人の問題（17問）が難易度別に並べられている。各年齢級の問題は、言語、動作、記憶、数量、知覚、推理、構成等の内容からなり、1～3歳級は12問ずつ、4歳～13歳級は6問ずつ、成人は17問配置されている。また、1歳級の下に「発達チェック」（11問）の項目があり、1歳級の問題を実施して未発達なところが予測された場合、発達の目安を評価することができる。この検査は一般知能の測定を目的としており、精神年齢（MA）と生活年齢（CA）の比により知能指数（IQ）を算出できる。田中ビネー知能検査Vでは、2～13歳は従来どおり精神年齢（MA）から知能指数（IQ）を算出するが、原則精神年齢（MA）は算出せず、偏差値知能指数（DIQ）を算出する。また14歳以上では「結晶性」「流動性」「記憶」「論理推論」の4つの分野で各々の偏差値知能指数（DIQ）を算出することができるので、知的機能の特徴だけでなく、効果的な支援の手がかりを見出すこともできる（井上，2014）。
	ウェクスラー式知能検査	得意な能力と苦手な能力の個人内差を測定する観点を取り入れており、児童版のWISC、成人用のWAIS、幼児用のWPPSIがある。現在の児童版第4版のWISC-IV（適用年齢：5～16歳）では言語性IQと動作性IQが廃止され、全IQと言語概念形成、言語推理、環境から得た知識を測定する言語理解（下位検査：補助検査含む5つ）、知覚推理、流動性推理、空間処理、視覚-運動の統合を測定する知覚推理（下位検査：補助検査含む4つ）、作動記憶、注意、集中、実行機能と関係するワーキングメモリー（下位検査：補助検査含む3つ）、視覚的短期記憶、注意、視覚運動の協応と関係する処理速度（下位検査：補助検査含む3つ）の4つの指標得点で個人の認知特性を測定する。WISC-IVは知的障害を含む発達障害に対する適用ニーズが高く、心理や特別支援教育の専門家が子どもの認知特性を把握することを目的に実施される。この検査を実施することで個人内の強みとなる特性、課題となる特性を明らかにでき、支援の手立てを見出すことができる（岡田，2014）。
適応行動を測定する検査	Vineland-II	適応行動を体系的に評価することができる尺度であり、適応行動を評価する検査法として、国際的に広く用いられているものの1つである（表6-33も参照）。この検査は、本人のことをよく知っている保護者や家族、あるいは施設職員に半構造化面接によって回答してもらうものである。面接時間は20～60分とされているが、回答者の状態によって時間は左右される。対象年齢の幅が広く0歳～92歳11か月までを対象としており、尺度の構成は4つの適応行動領域（コミュニケーションスキル、日常生活スキル、社会性、運動スキルと、1つの不適応行動領域から構成されている。質問項目は対象者の年齢ごとに開始項目と上限・下限項目が決められている。質問項目の行動について「通常または習慣的にしている（2点）」「時々あるいは部分的にしている（1点）」「全くしていない（0点）」の3段階で評価する。検査者が注意しなければならない点として、回答者が対象者の行動について回答するときに、実際に「しているかどうか」ではなく、その行動を「できるだろう」と推測して回答することを避けなければならない。すなわち、当該行動を実際に行っているかどうかについて回答するように検査者が強調する必要がある（村山・辻井，2016）。

表6-33 Vineland-II適応行動尺度の領域および下位尺度（村山・辻井，2016）

領域／下位尺度	概要
コミュニケーション領域（99項目）	
受容言語	他人が行う会話への対応（どのように話を聞き、どのように注意を払い、どのように理解しているかなど）
表出言語	発話、語彙、表現の仕方や正確さ、話の維持や具体性（どのような単語や文章を使うのか、質問に正しく解答できるかなど）
読み書き	読み書き、文章構成　※対象者が3歳未満の場合には実施しない
日常生活スキル領域（111項目）	
身辺自立	食事に関する行動、衣服の着脱、衛生管理についての行動
家事	家事（料理・掃除・洗濯など）の行為や家事の手伝い
地域生活	時間・お金の管理、電話やPCなどの機器の利用、社会的ルールに即した行動
社会性領域（99項目）	
対人関係	他人への反応、感情の理解、他者／異性との交流
遊びと余暇	遊び／ゲームの仕方、余暇の過ごし方
コーピングスキル	マナー、切り替え、感情のコントロール、他人への気遣い
運動スキル領域（76項目）	
粗大運動	協調運動に関わる運動スキル
微細運動	手指の使い方、道具の使い方
不適応行動領域（50項目）※実施は任意	
不適応行動指標	内在化問題と外在化問題
不適応行動重要事項	常同行動や過敏性など、重度の不適応行動

枠組みを三項随伴性といい、この学習が成立すると、特定の刺激があると行動が確実に起きるようになる、という考え方を有する。逆に、特定の刺激（弁別刺激）のもとで行動が起きると、良くないことやデメリットが与えられる（弱化）と、その行動は減っていく（吉野, 2007）。この三項随伴性の枠組みを下にして、知的障害児のコミュニケーション指導や生活技能獲得の指導、学習面の指導や行動面の問題の解決等に用いられている。近年では、応用行動分析学を基にした「積極的行動支援（Positive Behavioral Support）」（Koege1, Koegel & Dunlap, 1996）の理念が教育、福祉の支援に取り入れられてきており、望ましい行動を強化して増やしていく支援を個別支援のみならず、クラス規模、学校規模といった集団規模の支援「スクールワイドPBIS（positive behavioral intervention and support）」（Dunlap, Kincaid, Horner, Knoster & Bradshaw, 2014）についても実践的に検証されてきている。その一方で、良くない行動に対してデメリットを与える弱化（いわゆる罰）を用いた指導は、対象となる者に苦痛を与えるだけでなく、その行動の消滅に決して有効ではないことが、エビデンスを基に謳われている（日本行動分析学会, 2014）。知的障害児は、生活上の課題解決を要する場面において度重なる失敗を経験すると、意欲が低下し学習性の無気力状態に陥りやすくなる特徴がある（伊藤, 2016）とされるが、応用行動分析学の理論をもとに、障害特性に適した理解しやすい教示を行い、望ましい行動に対して称賛や前向きな評価を与える支援は、その特性に配慮した効果的な支援法の1つであると考えられる。

（倉光 晃子）

〔7〕療育としての心理学的支援

（1）療育と発達支援の定義

　現在の療育における発達支援は、「障害のある子どもそれぞれの『育ちにくさ』の原因を分析し、それらを一つひとつ解決し、彼らの『育ち』が彼らなりに成し遂げられるように援助する営み」（宮田, 2009）と定義されている。その対象は、障害種別を問わず発達が「遅れている」または「定型でない」子どもに対する「非定型発達支援」と考えられるようになった。

　療育は、児童発達支援センターや放課後等デイサービスにおける児童発達支援（児童福祉法第6条の2の2第2項）等の場で提供される支援のみを指す言葉ではなく、非定型発達支援を指す言葉である。つまり、場所に固定された支援ではなく、非定型発達支援が必要な子どもが生活しているあらゆる場面で、表6-34の観点を具現化する携帯性を持つ複合的な支援なのである。

　この療育における支援領域は、ミクロレベルの「発達支援」、メゾレベルの「家庭支援」、マクロレベルの「地域支援」と多岐にわたる。

表6-34　障害児支援の基本理念

1. 障害のある子ども本人の最善の利益の保障
2. 地域社会への参加・包容（インクルージョン）の推進と合理的配慮
3. 家族支援の重視
4. 障害のある子どもの地域社会への参加・包容（インクルージョン）を子育て支援において推進するための後方支援としての専門的役割

出所：厚生労働省（2017）「児童発達支援ガイドライン」

（2）児童福祉法に基づく障害児通所支援の機関

　児童福祉法では、障害児通所支援を対象者やその機能や目的により5つの種類に分けている。共通しているのは、「身近な地域における通所支援機能」を発揮し、「障害児やその家族に対する支援」を行っている点である（表6-35）。

表6-35　児童福祉法に基づく障害児通所支援

児童発達支援（児童福祉法第6条2の2の2）	就学前の児童が主な対象。「日常生活における基本的な動作の指導、知識技能の付与、集団生活への適応訓練などの支援を行う」こととし、集団療育及び個別療育を行う必要があると認められる主に未就学の障害児を対象にしている「児童発達支援センター（児童福祉法第43条1）（以下：センター）」と「児童発達支援事業（以下：事業）」のことである。その中で、センターは、地域の中核的な支援施設として利用障害児への療育やその家族に対する支援を行うとともに、その有する専門機能を活かし、地域の障害児やその家族の相談支援、障害児を預かる施設への援助・助言を行う。事業は、身近な療育の場として、専ら利用障害児やその家族に対する支援を行う。
医療型児童発達支援（児童福祉法第6条2の2の3）	就学前から18歳未満の障害児が対象。<u>上肢、下肢又は体幹の機能の障害（以下「肢体不自由」という。）</u>のある児童を対象としている「医療型児童発達支援センター（児童福祉法第43条2）」と「指定発達支援医療機関」に通わせ、児童発達支援及び治療を行うことである。
放課後等デイサービス（児童福祉法第6条2の2の4）	就学する障害児が主な対象。学校（幼稚園及び大学）に就学している障害のある子どもについて、放課後や夏休み等の長期休暇に、生活能力向上のために必要な訓練や社会との交流機会等を提供することにより、子どもの自立を促進するとともに放課後等の居場所づくりを推進する。
保育所等訪問支援（児童福祉法第6条2の2の6）	就学前から18歳未満の障害児が対象。保育所その他の児童が集団生活を営む施設（幼稚園、認定こども園、小学校、特別支援学校、乳児院、児童養護施設）として厚生労働省令で定めるものに通う障害児につき当該施設を訪問し、当該施設における障害児以外の児童との集団生活への適応のための専門的な支援その他の便宜を供与することをいう。
※居宅訪問型児童発達支援（児童福祉法第6条2の2の5）	居宅訪問型児童発達支援とは、重度の障害の状態その他これに準ずるものとして厚生労働省令で定める状態にある障害児であって、<u>児童発達支援等のサービスを受けるために外出することが著しく困難なもの</u>に対して、その居宅を訪問し、日常生活における基本的な動作の指導、知識技能の付与、生活能力の向上のために必要な訓練等を行う。

※　2016年児童福祉法改正分（2018年4月1日施行）

表6-36　療育における支援領域

①ミクロレベルの発達支援（対象児の支援ニーズの把握、計画、実践、評価） 　療育では、対象となる子どもに合わせた支援スタイルや教材の選択・作成をして、子どもに合わせたコミュニケーションを用いるなど「子どもの障害特性・発達特性に合わせた方策」等、個人の発達課題に合わせた「個別対応」を行う。この個別対応の難しさには、「子どもの発達段階を把握する」→「子どもの発達課題に合わせる」→「心理的な側面からの理解」→「行動を引き出す」の4段階がある（有村、2013）。この困難さに対して、心理学的支援として、「子どもの発達段階を把握する」際に、遠城寺式乳幼児分析的発達検査法、新版K式発達検査、津守式乳幼児精神発達診断法などの発達検査を実施する（公認心理師試験対策室編、2019）。次に、定型発達と非定型発達のギャップや、子どもの個人内の発達の偏り、生活年齢と発達年齢の違いなどを比較検討して、「子どもの発達課題に合わせる」といった課題設定を行う。そして、子どもの心理的側面の理解や、心理状態に合わせた配慮や調整を行う。最後に、学習理論に基づき、人と環境との相互作用に焦点を当てた分析から個別対応によって望ましい行動の形成、不適切な行動の消去に取り組んでいる。
②メゾレベルの家庭支援（家族等の支援ニーズの把握、計画、実践、評価） 　療育における家庭支援では、「親子支援」「きょうだい支援」「家族支援」等の家庭に関する多様な関係への支援を行う。その中で、「親子支援」は、子どもと母親または父親のそれぞれの子育て支援における課題設定と、親子ペアでの課題を設定する特徴がある。 　例えば、「子どもに対して過剰な支援を行う」「マルトリートメント」「場面や子どもの状況に合わせた行動ができずに親自身のことを優先する」「母親に障害や疾患などの特徴がある」など「様々な親」が存在している。この「様々な親」に対して、親が行動できる課題を設定し、具体的な指導やサポートを行う。また、親子関係の調整や、親の様々な悩みや不安などの内在的な困難に対して相談援助を実施し、カウンセリング効果の発揮やエンパワメント、またソーシャルワーカー等と連携し外在的な課題に対して支援も展開している。
③マクロレベルの地域支援（地域への支援と関係者・機関との連携・協働） 　療育における地域支援では、現在の状況に対して支援する「Now and Here：複合・協働支援」と、これまでの支援とこれからの支援をつなげた「Before and After：移行支援」の2つの時間軸に対応する支援が必要となる。 　児童発達支援における「Now and Here：複合・協働支援」では、地域のコーディネーター（療育等支援事業）や、医療・看護（診断・治療等）、福祉（社会資源・制度）、並行園（幼稚園・保育園・こども園等）とともに、利用者への支援をしていく「専門職・多領域との複合・協働支援」に取り組む。 　「Before and After：移行支援」では、乳幼児健診や親子教室・並行園（幼稚園・保育園・こども園等）との連携や協働により「診断名がつく前からの支援」に取り組んでいた。また、利用者が就園（幼稚園・保育園・こども園等）することや、就学（学校）をする場合に「療育支援を引き継ぐ支援」にも取り組む。

（3）療育における発達支援

　療育における発達支援は、マクロ・メゾレベル間での支援ネットワークがベースとなっており、多領域の連携機関とつながるための心理的支援が欠かせない。それと同時に、マクロレベルにおける多領域の連携機関との関係を持ち、それを育み、また関係が消滅しないように存続させるためのアウトリーチやコンサルテーションが必要となる。さらには、互いの協力を促進し、対立を避け協力的な関係を築きながらの地域支援を展開していくことが重要となる（表6-36）。

（有村 玲香）

〔8〕インクルーシブ教育における実際

　インクルーシブ教育とは障害のある者と障害のない者が、ともに学ぶ仕組みのことである。インクルーシブ教育は、1994年「サラマンカ宣言」（特別ニーズ教育に関する世界会議）及び2008年「障害者の権利条約」（国連総会；2014年日本批准）における世界的動向を背景として生み出された。インクルーシブ教育の基本方針として「障害のある子どもと障害のない子どもが、できるだけ同じ場所で共に学ぶことを目指すべきである（文部科学省, 2012）。その場合には、それぞれの子どもが授業内容を理解し学習活動に参加している実感・達成感を持ちながら、充実した時間を感じつつ生きる力を身に付けているかどうかということが最も本質的な視点である。」と述べられた。そして、環境整備（スロープ等のハード面の改善、個に応じた合理的配慮、専門性のある人材の養成等）が必要であることが示された。

　インクルーシブ教育の事例として、埼玉県教育委員会が実施した「支援籍」を取り上げる。支援籍とは、在籍校と支援籍校の2つを持つことで、交流や専門的教育を受けることができるシステムである[12]。

［事例1　視覚障害］
　Aさんは、視覚障害特別支援学校の小学部低学年に在籍する全盲の児童で点字を使用している。目標は、共学する機会として同世代の子どもたちとの交流を通して相互理解をすすめることである。合理的配慮として、教科書や絵図を話しことばで説明することである。日頃少人数での授業を受けているAさんにとっては多くの同世代の子どもたちとの交流を通して人の個性や個人差も学んだ（年3回、支援籍は小学校通常学級）。

［事例2　聴覚障害］
　Bさんは、小学校中学年に在籍している難聴のある児童でFM補聴器等の合理的配慮を受けている。目標は、聴覚障害特別支援学校の自立活動で実施されている聴覚に関する専門的な学習（補聴器の調整、文章読解力の向上等）を受けることである。また、同じ障害の児童との交流を通して、相互理解・一体感を深めるとともに「ともに生きる力」を育てることにある（年3回6日、支援籍は聴覚障害特別支援学校小学部）。

［事例3　知的障害］
　Cさんは、小学校の通常学級低学年に在籍している。目標は、基礎学力の向上を図ることであ

12　なお、東京都でも「副籍」という同様の取り組みがなされている。インクルーシブ教育を成立させるためには、教育委員会、学校、家庭（保護者、児童生徒）の相互連携と上述した環境の整備が必要である。

る。知的障害特別支援学級での個別指導を受けた結果、算数・国語の基礎学力の向上が認められた（週１回、支援籍は小学校の知的障害特別支援学級）。

［事例４　肢体不自由］

Ｄさんは、小学校の通常学級高学年に在籍している。電動車いすを使用するため、スロープ等の合理的配慮を受けている。目標は、肢体不自由特別支援学校の自立活動で実施されている関節の可動域を広げる訓練を受けることで日常生活の幅を広げることである。また、同じ障害の児童との交流を通して、相互理解・一体感を深めるとともに「ともに生きる力」を育てることにある（月１回、支援籍は肢体不自由特別支援学校小学部）。

［事例５　病弱］

Ｅさんは、病弱特別支援学校の小学部中学年に在籍している。心疾患のため、点滴が１日に１回必要である。目標は、同世代の子どもたちとの交流を通して、共学することである。医療的な配慮や行動範囲や行動の強弱に対する配慮が必要である（週１回、支援籍は、小学校通常学級）。

［事例６　発達障害］

Ｆさんは、小学校の通常学級中学年に在籍している。目標は、落ち着いて学習や活動に取り組めるようになることで基礎学力の向上を図ることである。自閉症・情緒障害特別支援学級での視覚的手がかりを配慮した個別指導を受けた結果、算数・国語の基礎学力の向上が認められた（週２回、支援籍は自閉症・情緒障害特別支援学級）。

（蓑毛 良助）

〈参考文献〉
◆子ども家庭福祉における課題と法制度／乳児院・児童養護施設における心理学的支援

飛鳥井望（2008）『PTSDの臨床研究——理論と実践』金剛出版.

新たな社会的養育の在り方に関する検討会（2017）「新しい社会的養育ビジョン」. https://www.mhlw.go.jp/file/05-Shingikai-11901000-Koyoukintoujidoukateikyoku-Soumuka/0000173888.pdf（2019.10.24閲覧）

Bowlby, J.（1969）*Attachment and Loss, Vol. 1: Attachment*. Basic Books, New York.

Creed. P., Tilbury, C., Buys, N., & Crawford, M.（2011）The career aspirations and action behaviors of Australian adolescents in out-of-home-care. *Children and Youth Services Review*, 33（9）, 1720-1729.

Erikson, E. H（1950）*Childhood and Society*. Norton, New York.

厚生労働省（2012）「児童養護施設運営指針」. https://www.mhlw.go.jp/bunya/kodomo/syakaiteki_yougo/dl/yougo_genjou_04.pdf（2019.10.24閲覧）

厚生労働省（2015）「児童養護施設入所児童等調査の結果」（平成25年2月1日現在）. https://www.mhlw.go.jp/stf/houdou/0000071187.html（2019.10.24閲覧）

厚生労働省（2021）「社会的養育の推進に向けて」. https://www.mhlw.go.jp/content/000784817.pdf（2021.7.8閲覧）

井出智博（2010a）「児童養護施設における心理職の活用に関する調査研究《児童養護施設編》　平成21年度〜23年度 科学研究費補助金（21730482）報告書」.

井出智博（2010b）「児童養護施設で"個別面接"を始める前に考えておくべきこと——心理職が活動を展開するためのシステム作りについての試論」『九州産業大学臨床心理学論集』5, 41-46.

井出智博（2019）「成人前期の児童養護施設出身者におけるレジリエンスの保護・促進要因の探索——レジリエントへのインタビュー調査を通して」『子どもの虐待とネグレクト』21（2）, 219-228.

井出智博・片山由季・大内雅子・堀遼一（2014）「児童養護施設中学生の時間的展望」『静岡大学教育学部研究報告（人文・社会・自然科学篇）』64, 61-70.

ジョン・ブリア著, 西澤哲訳（2009）『子ども用トラウマ症状チェックリスト（TSCC）専門家のためのマニュアル』

　　金剛出版．

内閣府（2019）『令和元年版　子供・若者白書』https://www8.cao.go.jp/youth/suisin/hakusho.html（2019.10.24閲覧）

増沢高（2003）「被虐待児の援助におけるチームの歪みと修復」『子どもの虐待とネグレクト』5（1），166-175．

増沢高（2011）『事例で学ぶ　社会的養護児童のアセスメント——子どもの視点で考え，適切な支援を見出すために』明石書店．

松本なるみ・中安恆太・尾崎眞三（2019）『予習・復習にも役立つ社会的養護Ⅱ』創成社．

大迫秀樹（2017）「社会的養護を要する児童に対する児童福祉施設の動向と今後の展望——乳児院，児童養護施設，児童心理治療施設，児童自立支援施設における被虐待児・発達障害児に対する治療的養育・心理的ケアの視点を中心に」『九州女子大学紀要』54（1），35-52．

ロジャー・グッドマン著，津崎哲郎訳（2006）『日本の児童養護——児童養護学への招待』明石書店．

菅原恵（2013）「児童養護施設における心理職の位置づけ」東京都社会福祉協議会児童部会　専門職委員会・心理職グループ『現場でいきる心理職——東京都における児童養護施設心理職の取り組みから』5-12．

杉山登志郎（2007）『子ども虐待という第四の発達障害』学研プラス．

谷口純世・加藤洋子・志濃原亜美（2019）『乳幼児教育・保育シリーズ　社会的養護Ⅰ・Ⅱ』光生館．

友田明美（2018）「体罰や言葉での虐待が脳の発達に与える影響」『心理学ワールド』80, 13-16．

特定非営利活動法人アスペ・エルデの会（2013）「発達障害児者支援とアセスメントに関するガイドライン」．

内海新祐（2012）「児童養護施設における生活臨床と心理職の役割」増沢高・青木紀久代編著『社会的養護における生活臨床と心理臨床——多職種協働による支援と心理職の役割』福村出版，86-100．

氏原寛・成田善弘編（2000）『臨床心理学②　診断と見立て——心理アセスメント』培風館．

氏原寛・成田善弘・東山紘久・亀口憲治・山中康裕（2004）『心理臨床大辞典』培風館．

全国乳児福祉協議会（2013）「乳児院におけるアセスメントガイド－社会的養護における人生初期のアセスメント－子どもの養育の質を高めるために」．

全国乳児福祉協議会（2014）『乳児院における心理職ガイドライン』．

◆里親の心理学的支援

深谷昌志・深谷和子・青葉紘宇（2016）『虐待を受けた子どもが住む「心の世界」——養育の難しい里子を抱える里親たち』福村出版．

◆児童相談所の特徴

厚生労働省（n. d.）児童相談所運営指針　第1章児童相談所の概要より抜粋．

厚生労働省（2016）「児童虐待防止対策」．https://www.mhlw.go.jp/file/05-Shingikai-10901000-Kenkoukyoku-Soumuka/0000131912.pdf（2020.3.1取得）

厚生労働省（2018）「児童相談所運営指針」．

厚生労働省（2019）「令和元年度全国児童福祉主管課長・児童相談所長会議資料（2019年8月1日）」における「児童相談所関連データ」．https://www.mhlw.go.jp/content/11900000/000535923.pdf（2020.3.1取得）

恩賜財団母子愛育会（2017）「児童相談所設置のためのマニュアル作成に関する調査研究」報告書．

東京都（2014）「虐待相談の対応の流れ」．https://www.fukushihoken.metro.tokyo.lg.jp/kodomo/katei/jifukushin/jidou_26nd/senmon_26nd/dai1kai.files/shiryou3-2.pdf（2020.3.1取得）

東京都（2018）「児童相談所のしおり」．

奈良県（n. d.）「市町村要保護児童対策地域協議会マニュアル」．http://www.pref.nara.jp/34203.htm（2020.5.30取得）

◆一時保護

厚生労働省（2018）「一時保護ガイドライン　Ⅱ　一時保護の目的と性格」2-4, 7．

井部文哉編（2009）『キレない子どもを育てるセカンドステップ』NPO法人日本こどものための委員会．

大島剛・高木裕子・安部計彦（2007）「児童相談所一時保護所の心理職のかかわりに関する調査」『子どもの虐待とネグレクト』9（1），74-78．

大谷洋子（2013）「一時保護所心理士の役割および虐待を受けた発達障害児への構造的面接の一事例」『多摩心理臨床学研究』7, 17-27.

大谷洋子（2016）「一時保護所における心理的ケア」和田一郎編著『児童相談所一時保護所の子どもと支援——子どものケアから行政評価まで』明石書店.

田崎みどり・森田展彰・田口めぐみ ほか（2017）「児童相談所の精神科医の立場からみた児童虐待」『精神神経学雑誌』119（9）, 634-642.

◆児童自立支援施設における心理学的支援

Achenbach, Thomas M. & Edelbrock, C.（1983）*Manual for the Child Behavior Checklist: and Revised Child Behavior Profile.* University of Vermont, Department of Psychiatry.

Felitti, Vincent J. et al.（1998）Relationship of childhood abuse and household dysfunction to many of the leading causes of death in adults: The Adverse Childhood Experiences（ACE）Study. *American Journal of Preventive Medicine*, 14（4）, 245-258.

船曳康子・村井俊哉（2017）「ASEBA 行動チェックリスト（CBCL: 6-18 歳用）標準値作成の試み」『児童青年精神医学とその近接領域』58（1）, 175-184.

井潤知美・上林靖子・中田洋二郎ほか（2001）「Child Behavior Checklist/4-18 日本語版の開発」『小児の精神と神経』41（4）, 243-252.

河内美恵ほか（2011）「子どもの行動チェックリスト 2001 年版（CBCL/6-18）日本語版の標準化の試み」『小児の精神と神経』51（2）, 143-155.

厚生労働省（2014）雇児発 0405 第 11 号 平成 24 年 4 月 5 日.

厚生労働省（2015）「児童養護施設入所児童等調査の結果（平成 25 年 2 月 1 日現在）」.

厚生労働省（2018）Strengths and Difficulties Questionnaire. http://www.sdqinfo.com/

倉本英彦・上林靖子・中田洋二郎ほか（1999）「Youth Self Report（YSR）日本語版の標準化の試み——YSR 問題因子尺度を中心に」『児童青年精神医学とその近接領域』40（4）, 329-344.

野田航ほか（2012）「日本語版 Strengths and Difficulties Questionnaire 親評定フォームについての再検討——単一市内全校調査に基づく学年・性別の標準得点とカットオフ値の算出」『精神医学』54（4）, 383-391.

大原天青（2019）『感情や行動がコントロールできない子どもの理解と支援——児童自立支援施設の実践モデル』金子書房.

全国児童自立支援施設協議会（2017）実態調査　全国児童自立支援施設協議会.

◆自立援助ホームにおける心理学的支援

厚生労働省「社会的養護の施設等について」.

厚生労働省「児童自立生活援助事業（自立援助ホーム）の実施について」.

厚生労働省「就学者自立生活援助事業の実施について」.

厚生労働省「社会的養護自立支援事業の実施について」.

厚生労働省「自立援助ホーム運営指針」.

厚生労働省「児童相談所運営指針の改正について　第5章　一時保護」.

三菱 UFJ リサーチ＆コンサルティング「平成 29 年度子ども・子育て支援推進調査研究事業　一時保護された子どもの権利保障の実態等に関する調査研究報告書」.

◆保育所における心理学的支援

網野武博（1992）「福祉心理臨床とは何か　III　臨床的福祉」網野武博・乾吉佑・飯長喜一郎編『心理臨床プラクティス（6）　福祉心理臨床』星和書店, 8-10.

網野武博（2002a）『児童福祉学——〈子ども主体〉への学際的アプローチ』中央法規出版.

網野武博編（2002b）「厚生労働科学研究（子ども家庭総合研究事業）報告書　平成 14 年度　第 7/11」厚生労働省.

網野武博・安治陽子・尾木まり（2005）「0 歳からの保育が子どもの発達に及ぼす影響に関する研究」『上智大学社会福祉研究』29, 1-41.

柏女霊峰（2019a）『子ども家庭福祉学序説――実践論からのアプローチ』誠信書房.

柏女霊峰（2019b）『平成期の子ども家庭福祉――政策立案の内側からの証言』生活書院.

柏女霊峰（2020）『子ども家庭福祉論　第6版』誠信書房.

金城悟（2017a）「保育現場における『相談援助・保育相談支援』の現状と課題」『東京家政大学研究紀要1　人文社会科学』57, 43-49.

金城悟（2017b）「労働安全衛生法に基づく厚生労働省ストレスチェックによる保育者のストレス構造」『東京家政大学博物館紀要』22, 91-101.

金城悟（2020）「保育士等キャリアアップ研修におけるマネジメント分野に関する実践的研究――テキストマイニングによる標準テキストの分析と研修実践の試み」『東京家政大学教員養成教育推進室年報』10, 3-16.

厚生労働省雇用均等・児童家庭局（2008）「子どもの心の診療医の専門研修テキスト」. https://www.mhlw.go.jp/bunya/kodomo/pdf/kokoro-shinryoui03.pdf

厚生労働省（2017）「保育士等キャリアアップ研修の実施について」（雇児保発0401第1号）. https://www.mhlw.go.jp/file/06-Seisakujouhou-11900000-Koyoukintoujidoukateikyoku/tuuti.pdf

厚生労働省（2017）「保育所保育指針」厚生労働省告示第117号.

厚生労働省編（2018）『保育所保育指針解説』フレーベル館.

NICHD（2006）*The NICHD Study of Early Child Care and Youth Development(SECCYD)*. NIH Pub. 日本語版：http://www-w.cf.ocha.ac.jp/iehd/wp-content/uploads/2016/11/NICHD_translation.pdf

Schweinhart, L. J. et al.（2005）*The High/Scope Perry Preschool Study Through Age 40*. MI: High/Scope Press.

Weikart, D. P., Deloria, D., Lawser, S. & Wiegerink, R.（1970）*Longitudinal results of the Ypsilanti Perry Preschool Project (Monographs of the High/Scope Educational Research Foundation, 1)*. Ypsilanti, MI: High/Scope Press.

Weikart, D. P., Epstein, A. S., Schweinhart, L. J. & Bond, J. T.（1978）*The Ypsilanti Preschool Curriculurn Demonstration Project: Preschool years and longitudinal results (Monographs of the High/Scope Educational Research Foundation, 4)*. Ypsilanti, MI: High/Scope Press.

◆障害児福祉における心理学的支援

Dunlap, G., Kincaid, D., Horner, R. H., Knoster, T.,& Bradshaw, C. P.（2014）A comment on the term "positive behavior support." *Journal of Positive Behavior Interventions*, 16, 133-136.

平尾太亮（2017）「第1部　社会的養護の基本的視点――子どもの権利保障と養護の課題　第6章　社会的養護の実施体系」中野菜穂子・東俊一・大迫秀樹編著『社会的養護の理念と実践　第2版』みらい.

保育福祉小六法編集委員会編（2019）『保育福祉小六法　2019年版』みらい.

井上菜穂（2014）「第2章　発達障害領域でよく使用されるアセスメントツール　第1節　知能検査・発達検査　田中ビネー知能検査」辻井正次監修, 明翫光宜編集代表, 松本かおり・染木史緒・伊藤大幸編『発達障害児者支援とアセスメントのガイドライン』金子書房.

伊藤健次（2016）「第3章　対象別にみた障害の理解　第3節　知的障害」伊藤健次編『新時代の保育双書　新・障害のある子どもの保育　第3版』みらい.

河合伊六（1983）「第6章　精神遅滞児の行動変容」上里一郎『行動療法――現状と課題』福村出版.

川上輝昭（2016）「第9章　障害のある子どもの保育関連施策」伊藤編, 前掲書.

木村敦子（2009）「第6章　知的障害者の心理」田中農夫男・木村進編著『ライフサイクルからよむ障害者の心理と支援』福村出版.

Koegel, L. K., Koegel, R. L., & Dunlap, G.（Eds.）（1996）*Positive behavior support: Including people with difficult behavior in the community*. Baltimore, MD: Brookes Publishing.

小池敏英・北島善夫（2001）『知的障害の心理学 ――発達支援からの理解』北大路書房.

村山恭朗・辻井正次（2016）「適応行動をアセスメントする――Vineland-Ⅱ適応行動評価尺度」『臨床心理学』16（1）, 57-60.

中田洋二郎（1995）「親の障害の認識と受容に関する考察--受容の段階説と慢性的悲哀」『早稲田心理学年報』27, 83-92.

日本行動分析学会（2014）「『体罰』に反対する声明」. https://j-aba.jp/data/seimei2014.pdf

日本精神神経学会日本語版用語監修, 髙橋三郎・大野裕監訳 (2014)『DSM-5精神疾患の分類と診断の手引』医学書院.

荻原はるみ (2016)「第3章 対象別にみた障害の理解 第4節 自閉症スペクトラム」伊藤編, 前掲書.

岡田智 (2014)「第2章 発達障害領域でよく使用されるアセスメントツール 第1節 知能検査・発達検査 ウェスクラー式知能検査」辻井監修, 前掲書.

大河内浩人・武藤崇編著 (2007)『行動分析 心理療法プリマーズ──心理療法を学ぶ心理療法がわかる心理療法入門』ミネルヴァ書房.

小野里美帆 (2016)「第8章 障害のある子どもの保護者（親）への支援」伊藤編, 前掲書.

白石雅一 (2018)「第5章 障害・疾病のある人への心理支援」野島一彦・繁桝算男監修, 中島健一編『公認心理師の基礎と実践17 福祉心理学』遠見書房.

髙木憲司 (2019)「第2章 障害者にかかわる法体系 第3節 知的障害者福祉法」社会福祉士養成講座編集委員会編『障害者に対する支援と障害者自立支援制度 第6版』中央法規出版.

◆療育としての心理学的支援

有村玲香 (2013)「児童発達支援事業（旧児童デイサービス）の職員の専門性向上に関する研究」鹿児島国際大学大学院博士学位論文.

公認心理師試験対策室編 (2019)『公認心理師必携キーワード』学研メディカル秀潤社, 196.

厚生労働省 (2017)「児童発達支援ガイドライン」.

宮田広善ほか (2009)『地域における障害児の重層的支援システムの構築と障害児通園施設の在り方に関する研究報告書』全国肢体不自由児通園施設連絡協議会, 29.

◆インクルーシブ教育における実際

文部科学省 (2012)「共生社会の形成に向けたインクルーシブ教育システム構築のための特別支援教育の推進（報告）」.

埼玉県教育委員会 (2011)「支援籍学習実践事例集」.

第7章 障害者福祉領域の心理学的支援

1 障害者福祉における課題と法制度

〔1〕障害者の定義

障害者の定義は表7-1に示したとおりであるが、これを基本としながら各法律（例えば障害者雇用促進法等）にて示されている。後述する障害者手帳においては、法的には身体障害者のみがその公布により身体障害者と認められる。

表7-1 障害者の定義

障害種（根拠法）	内容
身体障害者 （身体障害者福祉法）	別表※1に掲げる身体上の障害がある18歳以上の者であって、都道府県知事から身体障害者手帳の交付を受けたもの
知的障害者	知的障害者福祉法にいう知的障害者（具体的な定義なし※2）
精神障害者 （精神保健福祉法）	統合失調症、精神作用物質による急性中毒またはその依存症、知的障害、精神病質その他の精神疾患を有する者（発達障害者支援法に規定する発達障害者を含み、知的障害福祉法にいう知的障害者を除く）のうち18歳以上
難病者 （障害者総合支援法）	治療方法が確立していない疾病その他の特殊の疾病があって政令で定めるものによる障害の程度が厚生労働大臣が定める程度である者であって18歳以上であるもの
障害児 （児童福祉法）	身体に障害のある児童※3、知的障害のある児童、精神に障害のある児童（発達障害者支援法に規定する発達障害児を含む）または治療方法が確立していない疾病その他の特殊の疾病であって、障害者総合支援法第4条第1項の政令で定めるものによる障害の程度が同項の厚生労働大臣が定める程度である児童

※1 別表にて、障害の部位、症状がそれぞれ規定されている。その基準に合わなければ身体障害とはならない。※2 知的障害の定義は明確に定められたものはないが、厚生労働省が行う調査では「おおむね18歳までに知的機能の障害があらわれ、日常生活に支障が生じているため、何らかの特別の援助を必要とする状態にあるもの」としている。※3 児童とは、満18歳に満たない者をいう。
出所：二本柳覚編著（2018）『これならわかる〈スッキリ図解〉障害者総合支援法 第2版』翔泳社, p. 17

〔2〕障害者福祉における課題

障害者福祉における課題は、障害者の権利条約批准にかかわり、これまでのノーマライゼーションを踏まえた差別解消等による地域生活をいかにしていくかが挙げられる。この課題を分かりやすく示しているのが障害者基本計画（第4次：2018年度〜2022年度）である。障害者基本計画とは、障害者基本法第11条に基づき策定された政府が講ずる障害者施策の最も基本的な計画のことである。第4次の本計画では、表7-2のような項目が挙げられている（内閣府、2019）。この障害者基本計画（第4次）は「障害者福祉」における課題を示しており、障害者を取りまく諸制度及び法制度の充実や改革も含まれている[1]。

---

1 なお、障害者の権利条約については、日本が権利条約を批准したのが2014年の1月であったが、2021年8月頃（新型コロナウイルスの影響により変更あり）に国連が権利条約の進捗状況を審査して、所見（勧告）を加えることになっている。その国際的評価から、日本の課題がさらに明確になると思われる。

表7-2　障害者基本計画（第4次）

1.　安全・安心な生活環境の整備 （1）住宅の確保、（2）移動しやすい環境の整備等、（3）アクセシビリティに配慮した施設、製品等の普及促進、（4）障害者に配慮したまちづくりの総合的な推進
2.　情報アクセシビリティの向上及び意思疎通支援の充実 （1）情報通信における情報アクセシビリティの向上、（2）情報提供の充実等、（3）意思疎通支援の充実、（4）行政情報のアクセシビリティの向上
3.　防災、防犯等の推進 （1）防災対策の推進、（2）東日本大震災を始めとする災害からの復興の推進、（3）防犯対策の推進、（4）消費者トラブルの防止及び被害からの救済
4.　差別の解消、権利擁護の推進及び虐待の防止 （1）権利擁護の推進、虐待の防止、（2）障害を理由とする差別の解消の推進
5.　自立した生活の支援・意思決定支援の推進 （1）意思決定支援の推進、（2）相談支援体制の構築、（3）地域移行支援、在宅サービス等の充実、（4）障害のある子供に対する支援の充実、（5）障害福祉サービスの質の向上等、（6）福祉用具その他アクセシビリティの向上に資する機器の普及促進・研究開発及び身体障害者補助犬の育成等、（7）障害福祉を支える人材の育成・確保
6.　保健・医療の推進 （1）精神保健・医療の適切な提供等、（2）保健・医療の充実等、（3）保健・医療の向上に資する研究開発等の推進、（4）保健・医療を支える人材の育成・確保、（5）難病に関する保健・医療施策の推進、（6）障害の原因となる疾病等の予防・治療
7.　行政等における配慮の充実 （1）司法手続き等における配慮等、（2）選挙等における配慮等、（3）行政機関等における配慮及び障害者理解の促進等、（4）国家資格に関する配慮等
8.　雇用・就業、経済的自立の支援 （1）総合的な就労支援、（2）経済的自立の支援、（3）障害者雇用の促進、（4）障害特性に応じた就労支援及び多様な就業の機会の確保、（5）福祉的就労の底上げ
9.　教育の振興 （1）インクルーシブ教育システムの推進、（2）教育環境の整備、（3）高等教育における障害学生支援の推進、（4）生涯を通じた多様な学習活動の充実
10.　文化芸術活動・スポーツ等の振興 （1）文化芸術活動、余暇・レクリエーション活動の充実に向けた社会環境の整備、（2）スポーツに親しめる環境の整備、パラリンピック等競技スポーツに係る取組の推進
11.　国際社会での協力・連携の推進 （1）国際社会に向けた情報発信の推進等、（2）国際的枠組みとの連携の推進、（3）政府開発援助を通じた国際協力の推進等、（4）障害者の国際交流等の推進

出所：内閣府（2019）https://www8.cao.go.jp/shougai/suishin/pdf/kihonkeikaku30.pdf

〔3〕障害者福祉にかかわる法制度

（1）障害者の権利条約

　2006（平成18）年12月、国連総会において、障害者の権利条約（Convention on the Rights of Persons with Disabilities）が採択された。日本は2014（平成26）年1月20日に条約に批准し、2月19日にわが国において効力が発生した（国連加盟国190か国中、141番目の締結国）。

　障害者権利条約は、「障害者の人権や基本的自由の享有を確保し、障害者固有の尊厳の尊重を促進するため、障害者の権利を実現するための措置等を規定」したもので、また、「障害に基づくあらゆる差別（合理的配慮の否定を含む）を禁止」すること、「障害者が社会に参加し、包容されることを促進、条約の実施を監視する枠組みを設置等」が定められている。なお、

表7-3　2014年障害者権利条約の批准に向けての経過

2006年12月 国連総会で条約が採択 2007年9月 日本が条約に署名 2008年5月 条約が発効（2014年10月末、151か国・地域・機関が締結済み） ↓ 条約締結に先立ち、障害当事者の意見を聞き入れ、国内法令の整備を推進した。 2011年8月 障害者基本法が改正 2012年6月 障害者総合支援法が成立 2013年6月 障害者差別解消法が成立、障害者雇用促進法が改正

出所：外務省（https://www.mofa.go.jp/mofaj/files/000025629.pdf）

「合理的配慮の否定」とは、「過度の負担ではないにもかかわらず、障害者の権利確保のために必要・適当な調整等（例：段差への渡し板の提供等）を行わない」ことを意味する。

条約成立（締結）に向けての経過は表7-3に示したとおりである。

これらの法整備を受け、国会における議論の上、2013年11月19日の衆議院本会議、12月4日の参議院本会議において全会一致で「障害者の権利条約」締結が承認された（表7-4参照）。

表7-4　障害者の権利条約

（1）一般原則（障害者の尊厳、自律及び自立の尊重、無差別、社会への完全かつ効果的な参加及び包容等） （2）一般的義務（合理的配慮の実施を怠ることを含め、障害に基づくいかなる差別もなしに、すべての障害者のあらゆる人権及び基本的自由を完全に実現することを確保し、及び促進すること等） （3）障害者の権利実現のための措置（身体の自由、拷問の禁止、表現の自由等の自由権的権利及び教育、労働等の社会権的権利について締約国がとるべき措置等を規定。社会権的権利の実現については漸進的に達成することを許容） （4）条約の実施のための仕組み（条約の実施及び監視のために国内の枠組みの設置。障害者の権利に関する委員会における各締約国からの報告の検討）

出所：外務省（https://www.mofa.go.jp/mofaj/gaiko/jinken/index_shogaisha.html）

（2）障害者基本法

障害者基本法は、障害のある人に関係する重要な法律で、障害のある人の法律や制度について基本的な考え方を示した。1970（昭和45）年5月21日に成立（法律第84号）したが、その後、障害者基本法を新しくし、改正障害者基本法をつくることが決定された。内閣に設置された推進本部は、日本の法律や制度を国連の「障害者の権利条約」の考え方に合わせて変え、障害のある人が暮らしやすくすることを企画していた。そして、2013（平成25）年6月26日（法律第65号）に、改正障害者基本法が成立した。

表7-5　障害者基本法

第2条（定義） 　1　障害者：身体障害、知的障害、精神障害（発達障害を含む。）その他の心身の機能の障害（以下「障害」と総称する。）がある者であって、障害及び社会的障壁により継続的に日常生活又は社会生活に相当な制限を受ける状態にあるものをいう。 　2　社会的障壁：障害がある者にとって日常生活又は社会生活を営む上で障壁となるような社会における事物、制度、慣行、観念その他一切のものをいう。

出所：e-Gov（https://elaws.e-gov.go.jp/search/elawsSearch/elaws_search/lsg0500/detail?lawId=345AC1000000084）

（3）障害者差別解消法

障害者差別解消法は、正式名称が「障害を理由とする差別の解消の推進に関する法律」といい、2013年6月成立、2016年4月1日施行された。この法律は、「障害があってもなくても、だれもが分けへだてられず、お互いを尊重して、暮らし、勉強し、働いたりできるように差別を解消して、だれもが安心して暮らせる豊かな共生社会の実現（第1条）」を目的としている。対象となる障害者は、「障害者基本法第2条と同じく、障害のある人すべての人が対象になり」、「障害者手帳を持っていなくても対象」になる（日本障害フォーラム、2013）。

「26の本則の条文と附則からできており、1）障害を理由に差別的取り扱いや権利侵害をしてはいけない。2）社会的障壁をとりのぞくための合理的な配慮をすること。3）国は差別や権利侵害を防止するための啓発や知識を広めるためのとりくみを行わなければならないこと」を定めている（日本障害フォーラム，2013）。この法律は、表7-6に示す構成となっている。障害者差別解消法が禁止する差別は、2種類の差別を禁止している。すなわち、「不当な差別的

表7-6　障害者差別解消法の構成（日本障害フォーラム, 2013）

第1章　総則
（目的）
第1条　この法律は、全ての国民が、障害の有無にかかわらず、等しく基本的人権を享有するかけがえのない個人として尊重されるものであるとの理念にのっとり、全ての国民が、障害の有無によって分け隔てられることなく、相互に人格と個性を尊重し合いながら共生する社会を実現するため、障害者の自立及び社会参加の支援等のための施策に関し、基本原則を定め、及び国、地方公共団体等の責務を明らかにするとともに、障害者の自立及び社会参加の支援等のための施策の基本となる事項を定めること等により、障害者の自立及び社会参加の支援等のための施策を総合的かつ計画的に推進することを目的とする。
（定義）
第2条　この法律において、次の各号に掲げる用語の意義は、それぞれ当該各号に定めるところによる。
　1　障害者　身体障害、知的障害、精神障害（発達障害を含む。）その他の心身の機能の障害（以下「障害」と総称する。）がある者であって、障害及び社会的障壁により継続的に日常生活又は社会生活に相当な制限を受ける状態にあるものをいう。
　2　社会的障壁　障害がある者にとって日常生活又は社会生活を営む上で障壁となるような社会における事物、制度、慣行、観念その他一切のものをいう。
第2章　基本方針（第6条）
・施策の基本的方向などを政府が策定
第3章　差別解消措置（第7条〜第13条）
・「不当な差別的取扱い」の禁止「合理的配慮提供」を義務化
（合理的配慮は行政機関には義務、民間事業者には努力義務）
第4章　差別解消支援措置（第14条〜第20条）
・民間事業者にも行政措置（勧告も）
・自治体は、国の機関やNPO、学識経験者などで構成する差別解消支援のための「協議会」をつくることができる
第5章　雑則（第21条〜第24条）
第6章　罰則（第25条〜第26条）

表7-7　障害者差別解消法の差別の解釈にかかわる事項（日本障害フォーラム, 2013）

＜不当な差別的取扱い＞	＜合理的配慮を行わないこと（合理的配慮の不提供）＞
（1）「見えない」「聞こえない」「歩けない」といった機能障害を理由にして、区別や排除、制限をすること （例1）それまで利用していたインターネットカフェが、その人に精神障害があるとわかった途端、店の利用を拒否した。 （例2）聴覚障害のある人が、1人で病院を受診したところ、「筆談のための時間がとれない」との理由で、手話通訳の派遣の依頼もせずに受診を断られた。 （2）車いすや補装具、盲導犬や介助者など、障害に関連することを理由にして、区別や排除、制限をすること （例）盲導犬を連れた人が「動物は店に入れることができません」とレストランの入店を拒否された。 　ただし、上の1、2の行為が、だれがみても目的が正当で、かつ、その扱いがやむを得ないときは、差別にならない。	「障害のある人とない人の平等な機会を確保するために、障害の状態や性別、年齢などを考慮した変更や調整、サービスを提供することを『合理的配慮』といい、それをしないと差別になる。ただし、その事業者などにとって大きすぎるお金がかかる場合などは合理的配慮を行わなくても差別にならない。
＜考慮した変更や調整とは＞ （1）時間や順番、ルールなどを変えること （例1）精神障害がある職員の勤務時間を変更し、ラッシュ時に満員電車を利用せずに通勤できるように対応する。 （例2）知的障害がある人に対して、ルビを振ったりわかりやすい言葉で書いたりした資料を提供する。 （2）設備や施設などの形を変えること （例）建物の入り口の段差を解消するために、スロープを設置するなど、車いす利用者が容易に建物に入ることができるように対応する。 ◎補助器具やサービスを提供すること （例1）視覚障害がある職員が仕事で使うパソコンに音声読み上げソフトを導入し、パソコンを使って仕事ができるようにする。 （例2）発達障害者のために、他人の視線などをさえぎる空間を用意する。 （3）この法律で差別が禁止されている分野 　障害者基本法の第2章に定められているすべての分野である。障害者の日常生活、社会生活をカバーする幅広い分野になる。 　例えば、医療、教育・療育、交通や建物のバリアフリー化、防災、情報バリアフリー、司法手続き、その他が挙げられる。	＜問題解決＞ （1）問題を解決するための新しい紛争解決機関はつくらず今すでにある行政などの相談機関など（行政相談委員による行政相談やあっせん、法務局、地方法務局、人権擁護委員による人権相談や人権侵犯事件としての調査救済等）が使われる。 （2）国と自治体は、そうしたさまざまな機関の連携のためにあらたに差別の解消を支援するための「障害者差別解消支援地域協議会」を設置することができる。 （3）「協議会」には、国の機関やNPOで活動する人、学識経験者などの人たちも入ることができる。また「協議会」は、相談事例の検討や、その他の機関に協力を依頼することができる。 （4）これらのしくみでどうしても解決しない場合は、裁判所の判断が必要となることもある。

取扱い」と、「合理的配慮を行わないこと（合理的配慮の不提供）」である。この2点については、表7-7を参照してほしい。

（4）障害者総合支援法
①概要
　正式名称は、「地域社会における共生の実現に向けて新たな障害保健福祉施策を講ずるための関係法律の整備に関する法律」である。2012（平成24）年6月に公布され、2013（平成25）年4月1日に施行されたこの法律は、障害のある方もない方も地域で生活するために、日常生活や社会生活の総合的な支援を目的とした法律である。通称「障害者総合支援法」と呼ばれている（図7-1、表7-8）。
　本法律では、2013（平成25）年4月1日から、これまでの「障害者自立支援法」を「障害者総合支援法」とするとともに、障害者の定義に難

図7-1　障害福祉サービスの体系図

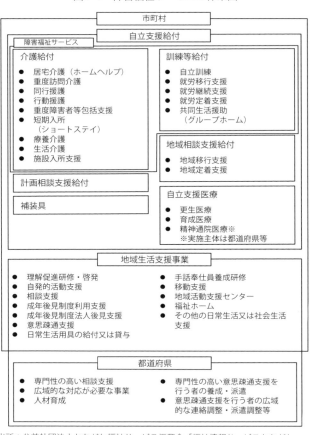

出所：公益社団法人かながわ福祉サービス振興会「福祉情報サービスかながわ」
（https://www.rakuraku.or.jp/shienhi/guide/about/002.html#a002）を一部改編

病等を追加し、2014（平成26）年4月1日から、重度訪問介護の対象者の拡大、ケアホームのグループホームへの一元化などが実施された。

②自立支援給付と地域生活支援
　厚生労働省が具体的に明示した障害福祉サービス利用に関するパンフレット（全国社会福祉協議会, 2015）によれば、障害者総合支援法による総合的な支援は、自立支援給付と地域生活支援事業で構成されている（表7-9）。
　自立支援給付には（1）介護給付、（2）訓練等給付、（3）計画相談支援給付、（4）地域相談支援給付、（5）自立支援医療、（6）補装具がある。このうち、訓練等給付及び介護給付を障害福祉サービスと呼ぶ[2]。地域生活支援事業には、（1）都道府県レベル：専門性の高い相談支援、

2　障害者が介護給付のサービスを受けるためには、障害支援区分の認定を受けた上でサービス等利用計画案を市区町村に提出しなければならないが、訓練等給付ではその認定を受ける必要はない。この理由として、介護給付における障害支援区分については、元々は介護保険における要介護認定基準に基づいて作成されたものであり、それに行動障害に関する項目と精神面に関する項目が追加されたものが障害者に適用された。そのため、訓練等給付を受けるために必要なサービス判定とは別のロジックが必要となると考えられたためである。

表7-8　障害者総合支援法の基本理念

第1条の2　障害者及び障害児が日常生活又は社会生活を営むための支援は、全ての国民が、障害の有無にかかわらず、等しく基本的人権を享有するかけがえのない個人として尊重されるものであるとの理念にのっとり、全ての国民が、障害の有無によって分け隔てられることなく、相互に人格と個性を尊重し合いながら共生する社会を実現するため、全ての障害者及び障害児が可能な限りその身近な場所において必要な日常生活又は社会生活を営むための支援を受けられることにより社会参加の機会が確保されること及びどこで誰と生活するかについての選択の機会が確保され、地域社会において他の人々と共生することを妨げられないこと並びに障害者及び障害児にとって日常生活又は社会生活を営む上で障壁となるような社会における事物、制度、慣行、観念その他一切のものの除去に資することを旨として、総合的かつ計画的に行わなければならない。

出所：e-Gov（https://elaws.e-gov.go.jp/search/elawsSearch/elaws_search/lsg0500/detail?lawId=417AC0000000123#A）
下線は筆者による。

表7-9　自立支援給付など（全国社会福祉協議会，2015　一部追記）

＜介護給付＞ 　介護を行うためのサービスのことで、具体的には、居宅介護や、施設内で行われる生活介護などが該当する。 ＜訓練等給付＞ 　障害者の特性に応じた訓練を実施するもので、生活能力の維持、向上を目指す自立訓練や、就労を目指す就労移行支援などがある。 ＜計画相談支援給付＞ 　サービス利用支援：申請・支給決定前に利用計画案を作成、支給決定後に、サービス事業者等との連絡調整等を行い、サービス等利用計画の作成を行う。 　継続サービス利用支援：支給決定されたサービス等の利用状況の検証"モニタリング"・サービス事業者等との連絡調整などを行う。 ＜地域相談支援給付＞ 　地域移行支援：障害者支援施設、精神科病院、保護施設、矯正施設等を退所する障害者、児童福祉施設を利用する18歳以上の者等を対象、地域移行支援計画の作成、相談による不安解消、外出同行支援、住居確保、関係機関との調整等を行う。 　地域定着支援：居宅において単身で生活している障害者等を対象に常時の連絡体制を確保し、緊急時には必要な支援を行う。 ＜自立支援医療＞ 　自立支援医療制度は、心身の障害を除去・軽減するための医療について、医療費の自己負担額を軽減する公費負担医療制度で、次の3つに大別される。 ①精神通院医療：精神保健福祉法第5条に規定する統合失調症などの精神疾患を有する者で、通院による精神医療を継続的に要する者。 ②更生医療：身体障害者福祉法に基づき身体障害者手帳の交付を受けた者で、その障害を除去・軽減する手術等の治療により確実に効果が期待できる者（18歳以上）。 ③育成医療：身体に障害を有する児童で、その障害を除去・軽減する手術等の治療により確実に効果が期待できる者（18歳未満）。 ＜障害児相談支援（児童福祉法）＞ 　障害児支援利用援助：障害児通所支援申請・支給決定前に、障害児支援利用計画案作成・支給決定後、事業者等との連絡調整等及び障害児支援利用計画の作成。 　継続障害児支援利用援助：支給決定されたサービス等の利用状況の検証（モニタリング）を行い、サービス事業者等との連絡調整などを行う。

広域的な支援、等があり、（2）市町村レベル：理解促進研修・啓発、自発的活動支援、成年後見制度利用支援、成年後見制度法人後見支援、等がある。

（5）障害者雇用促進法

①障害者雇用政策

　「日本における障害者就労は、障害者を企業等で雇用する一般就労と、就労継続支援事業等の枠組みによる福祉的就労の2つに大別される。障害者の一般就労については障害者雇用促進法が定めている」（藤田，2019）。このとき、「一般就労」が労働契約を結んで働く就労形態で

表7-10 障害者雇用促進法における障害者の範囲

障害種	範囲
身体障害者	障害者のうち、身体障害がある者であって別表（※1）に掲げる障害があるもの（法第2条第2号）
知的障害者	障害者のうち、知的障害がある者であって省令（※2）で定めるもの（法第2条第4号）
精神障害者	障害者のうち、精神障害がある者であって省令（※3）で定めるもの（法第2条第6号）
その他障害者	上記に該当しない ・発達障害者　・難治性疾患患者　等

※1　障害者雇用促進法 別表 ①視覚障害で永続するもので、例えば、両眼の視力（万国式試視力表によって測ったものをいい、屈折異状がある者については、矯正視力について測ったものをいう。以下同じ。）がそれぞれ0.1以下のもの等、②聴覚又は平衡機能の障害で永続するもので、例えば、両耳の聴力レベルがそれぞれ70デシベル以上のもの等、③音声機能、言語機能又はそしゃく機能の障害で、例えば、それら機能の喪失等、④肢体不自由で、例えば、一上肢、一下肢又は体幹の機能の著しい障害で永続するもの等、⑤心臓、じん臓又は呼吸器の機能の障害その他政令で定める障害で、永続し、かつ、日常生活が著しい制限を受ける程度であると認められるもの。この政令について、障害者雇用促進法施行令（法別表第五号の政令で定める障害）にて、障害者を一　ぼうこう又は直腸の機能の障害　二　小腸の機能の障害　三　ヒト免疫不全ウイルスによる免疫の機能の障害　四　肝臓の機能の障害としている。

※2　障害者雇用促進法施行規則において、第1条の2 法第2条第4号の厚生労働省令で定める知的障害がある者（以下「知的障害者」という。）は、児童相談所、知的障害者福祉法第9条第5項に規定する知的障害者更生相談所、精神保健及び精神障害者福祉に関する法律 第6条第1項に規定する精神保健福祉センター、精神保健指定医又は法第19条の障害者職業センター（次条において「知的障害者判定機関」という。）により知的障害があると判定された者とされる。

※3　障害者雇用促進法施行規則（精神障害者）第1条の4 法第2条第6号の厚生労働省令で定める精神障害がある者（以下「精神障害者」という。）は、次に掲げる者であって、症状が安定し、就労が可能な状態にあるものとする。一　精神保健福祉法第45条第2項の規定により精神障害者保健福祉手帳の交付を受けている者　二　統合失調症、そううつ病（そう病及びうつ病を含む。）又はてんかんにかかっている者（前号に掲げる者に該当する者を除く。）

出所：厚生労働省（https://www.mhlw.go.jp/stf/shingi/2r9852000001vnm9-att/2r9852000001vosj.pdf）

表7-11　障害者雇用促進法の概要

＜基本的理念＞
第3条　障害者である労働者は、経済社会を構成する労働者の一員として職業生活においてその能力を発揮する機会を与えられるものとする。 第4条　障害者である労働者は、職業に従事する者としての自覚を持ち、自ら進んで、その能力の開発及び向上を図り、有為な職業人として自立するように努めなければならない。

事業主に対する措置		
雇用義務制度	①事業主に対し、障害者雇用率に相当する人数の障害者の雇用を義務づける 　民間企業 …………………………2021年3月より2.3%（2021年2月まで2.2%、2018年3月まで2.0%） 　国、地方公共団体、特殊法人等 …2021年3月より2.6%（2021年2月まで2.5%、2018年3月まで2.3%） 　都道府県等の教育委員会 …………2021年3月より2.5%（2021年2月まで2.4%、2018年3月まで2.2%） 　※　民間企業では従業員45.5人以上から43.5人以上の企業に範囲が広がる。大企業等において、障害者を多数雇用する等一定の要件を満たす会社（特例子会社）を設立した場合等、雇用率算定の特例も認めている。	
納付金制度	納付金・調整金	②障害者の雇用に伴う事業主の経済的負担の調整を図る 　○　障害者雇用納付金（雇用率未達成事業主）不足1人 月額5万円徴収（適用対象：常用労働者100人超） 　　※　常用労働者100人超200人以下の事業主は、不足1人 月額4万円 　○　障害者雇用調整金（雇用率達成事業主）超過1人 月額2万7千円支給（適用対象：常用労働者100人超） 　　※　このほか、100人以下の事業主については報奨金制度あり。 　　　（障害者を4%又は6人のいずれか多い人数を超えて雇用する場合、超過1人月額2万1千円支給） 　・　上記のほか、在宅就業障害者に仕事を発注する事業主に対する特例調整金・特例報奨金の制度がある。 　　（在宅就業障害者支援制度）
	各種助成金	③障害者を雇い入れるための施設の設置、介助者の配置等に助成金を支給 　・障害者作業施設設置等助成金 　・障害者介助等助成金　　　　　　等

障害者本人に対する措置	
職業リハビリテーションの実施	④地域の就労支援関係機関において障害者の職業生活における自立を支援＜福祉施策との有機的な連携を図りつつ推進＞ 　○　ハローワーク（全国544か所）… 障害者の態様に応じた職業紹介、職業指導、求人開拓等 　○　地域障害者職業センター（全国52か所）… 専門的な職業リハビリテーションサービスの実施（職業評価、準備訓練、ジョブコーチ等） 　○　障害者就業・生活支援センター（全国334か所）… 就業・生活両面にわたる相談・支援

出所：厚生労働省（https://www.mhlw.go.jp/content/000363388.pdf）を一部改編

あるのに対して、一般就労としての働き方が難しい障害者の就労を総じて「福祉的就労」と呼ぶ。福祉的就労は、福祉的な支援機関（訓練等給付における就労移行支援事業所など）からの支援を受けて実施される。

「障害者の雇用義務等に基づく雇用の促進等のための措置、職業リハビリテーションの措置等を通じて、障害者の職業の安定を図ること」を目的に制定された障害者雇用促進法は、1960年に制定された「身体障害者雇用促進法」を基盤としている。対象者や内容は表7-10、7-11の通りである。この法規の措置は事業主と障害者本人に対しての2つの側面がある（表7-11）。

2013（平成25）年の法改正により、採用、報酬や昇進などの雇用に関するいろいろな場面で「障害者」という理由で障害者を差別することは禁止された。例えば障害者を募集対象から除くこと、障害者であることを理由として給料を引き下げることなどである。また、障害者に対する雇用差別の禁止や合理的配慮の提供義務も導入された。

現行の障害者雇用促進法は、2019（令和元）年に一部改正（障害者雇用水増し問題に対応、民間事業主措置対応）され、2020（令和2）年4月に改正障害者雇用促進法が施行された。

②障害者の雇用義務制度

障害のある人が障害のない人と同様に働く機会を拡大するために、様々な障害者雇用対策を進めてきている。雇用義務制度は、「障害者雇用率制度」と「障害者雇用納付金制度」の2つで構成されている。2018（平成30）年4月1日から、障害者雇用義務の対象として、これまでの身体障害者、知的障害者に精神障害者が加わった。加えて、表7-11中央に示したように法定雇用率も変わった。なお、この対象障害者は、障害者手帳所持者（障害者雇用促進法第2条1に定義される）に限られる。

障害者雇用率制度は、障害者の雇用機会を保障するため、民間企業、国、及び公共団体が、それぞれ一定割合（法定雇用率）に相当する数以上の障害者を雇用する義務を持つことを規定した制度である。この法定雇用率は5年ごとに見直され、2021（令和3）年3月1日から、従来の2.2％から2.23％（民間企業）に引き上げになった。企業側からみると、障害者雇用は、職場環境や作業設備の整備等のため、経済的負担が生じる。その負担軽減のために「障害者雇用納付金制度」がある。「障害者雇用納付金制度」は、雇用率未達成企業から納付金という罰金を集め、その納付金を雇用率達成企業に渡す制度である（柘植ほか，2019）。

全国の公的機関（国、地方公共団体、教育委員会等）が障害者の雇用数の水増しを行ってきた事実が発覚した（2018年5月財務省）ため、前述したように2019（令和元）年一部が改正され、2020（令和2）年4月に施行された。

(6) 障害者手帳

「障害者手帳」は障害があると公的認定を受けた者に、行政のさまざまな福祉サービスを利用するための証明書として交付されるものである。障害種に応じて3種類の手帳がある（表7-12）。なお、障害者手帳によって受けられるサービスはそれぞれ異なり、共通のものや種類別のサービスがある（表7-13）。

（野村 勝彦）

表7-12　障害者手帳の判定対象

障害種	範囲
身体障害者手帳	身体障害者福祉法（第15条）に定める身体上の障害がある者に対して、都道府県知事、指定都市市長又は中核市市長が交付する。交付対象者は、身体障害者福祉法別表に掲げる身体上の障害があるもの、別表に定める障害の種類（いずれも、一定以上で永続することが要件）である。別表に定める障害は、以下の通りである。 　①視覚障害、②聴覚又は平衡機能の障害、③音声機能、言語機能又はそしゃく機能の障害、④肢体不自由、⑤心臓、じん臓又は呼吸器の機能の障害、⑥ぼうこう又は直腸の機能の障害、⑦小腸の機能の障害、⑧ヒト免疫不全ウイルスによる免疫の機能の障害、⑨肝臓の機能の障害。 　障害の程度は、別表に該当するかどうかの詳細について、身体障害者福祉法施行規則別表第5号「身体障害者障害程度等級表」で、障害の種類別に重度の側から1級から6級の等級が定められている。（7級の障害は、単独では交付対象とはならないが、7級の障害が2つ以上重複する場合又は7級の障害が6級以上の障害と重複する場合は、対象となる。）
療育手帳	知的障害児・者への一貫した指導・相談を行い、各種の援助措置を受けやすくするため、児童相談所又は知的障害者更生相談所において知的障害と判定された者に対して、都道府県知事又は指定都市市長が交付する手帳である。法的根拠は、1973（昭和48）年9月27日の「療育手帳制度について」（厚生省発児156号厚生事務次官通知）に依拠している。 　交付対象者は、児童相談所（18歳未満）又は知的障害者更生相談所（40歳未満）において知的障害であると判定された者に対して交付する。 　障害の程度は重度（A）とそれ以外（B）に区分される。判定基準は、以下の基準に基づいている。 （1）重度（A）の基準 ①知能指数が概ね35以下で、次のいずれかに該当する者 　・食事、着脱衣、排便及び洗面等日常生活の介助を必要とする。 　・異食、興奮などの問題行動を有する。 ②知能指数が概ね50以下で、盲、ろうあ、肢体不自由等を有する者 （2）それ以外（B）の基準 　・重度（A）のもの以外
精神障害者保健福祉手帳	一定の精神障害の状態にあることを認定して精神障害者保健福祉手帳を交付することにより、各種の支援策を講じやすくし、精神障害者の社会復帰、自立及び社会参加の促進を図ることを目的として、都道府県知事又は指定都市市長が交付する（精神保健福祉法第45条）。一定の精神状態とは、「統合失調症」や「躁うつ病」などの疾病のある状態を指す。 　交付対象者は、以下の精神障害の状態（精神疾患の状態と能力障害の状態の両面から総合的に判断）にあると認められた者である。 　1級：精神障害であって、日常生活の用を弁ずることを不能ならしめる程度のもの（概ね障害者年金1級に相当） 　2級：精神障害であって、日常生活が著しく制限を受けるか又は日常生活に著しい制限を加えることを必要とする程度のもの（概ね障害者年金2級に相当） 　3級：精神障害であって、日常生活若しくは社会生活が制限を受けるか、又は日常生活若しくは社会生活に制限を加えることを必要とする程度のもの（概ね障害者年金3級に相当） 　交付申請手続きは、居住地（居住地を有しないときは、その現在地）の市区町村を経由して、都道府県知事に申請する。手帳の有効期限は交付日から2年で、2年ごとに、障害等級に定める精神障害の状態にあることについて、都道府県知事の認定を受けなければならない。診断書は、精神障害の初診日から6か月以上経ってから、精神保健指定医（又は精神障害の診断又は治療に従事する医師）が記載したもの（てんかん、発達障害、高次脳機能障害等について、精神科以外の科で診療を受けている場合は、それぞれの専門の医師が記載したもの）とされている。

出所：厚生労働省厚生労働省「各障害手帳の概要」
　　　（https://www.mhlw.go.jp/stf/shingi/2r9852000001vnm9-att/2r9852000001vota.pdf）

表7-13　障害者手帳による福祉サービス

共通の福祉サービス	種別の福祉サービス
・国税・地方税の控除・減免 ・利子所得の非課税（所得税・住民税） ・健康保険適用時の医療費の助成 ・障害者求人への応募 ・生活保護の障害者加算 ・公共施設利用の減免 ・各種交通機関の運賃割引　等	・盲導犬等の貸与（身体障害者） ・日常生活用具の給付（身体障害者他） ・自動車税・自動車取得税・軽自動車税の減免（身体障害者と精神障害者共通） ・高速道路など有料道路の料金割引（身体障害者と知的障害者共通） ・車椅子や補聴器の補助金（身体障害者）等

出所：東京都（2019）「社会福祉の手引き」等を改編

表7-14　障害者総合支援法に基づくサービス

◆介護給付

居宅系サービス

居宅介護（ホームヘルプ）	身体	知的	精神	難病	障害児
重度訪問介護	身体	知的	精神	難病	
同行援護	身体			難病	障害児
行動援護		知的	精神	難病	障害児
重度障害者等包括支援	身体	知的	精神	難病	障害児
短期入所（ショートステイ）	身体	知的	精神	難病	障害児

通所系サービス

生活介護	身体	知的	精神	難病
療養介護	身体	知的		難病

居住系サービス

施設入所支援	身体	知的	精神	難病

◆地域相談支援給付

地域移行支援	身体	知的	精神	難病
地域定着支援	身体	知的	精神	難病

◆計画相談支援給付

特定相談支援	身体	知的	精神	難病	障害児

◆訓練等給付

通所系サービス

就労移行支援	身体	知的	精神	難病
就労継続支援（A型）	身体	知的	精神	難病
就労継続支援（B型）	身体	知的	精神	難病
就労定着支援	身体	知的	精神	難病
自立訓練（機能訓練）	身体	知的	精神	難病
自立訓練（生活訓練）	身体	知的	精神	難病

居住系サービス

自立訓練（宿泊型）	身体	知的	精神	難病
共同生活援助（包括型）	身体	知的	精神	難病
共同生活援助（日中サービス支援型）	身体	知的	精神	難病
共同生活援助（外部サービス利用型）	身体	知的	精神	難病
自立生活援助	身体	知的	精神	難病

◆その他

自立支援医療	身体		精神		障害児
補装具	身体			難病	障害児
地域生活支援事業	身体	知的	精神	難病	障害児

出所：公益社団法人かながわ福祉サービス振興会「福祉情報サービスかながわ」（https://www.rakuraku.or.jp/shienhi/guide/service/000.html）を一部改編

（7）障害者虐待防止法

　障害者に対する虐待の禁止、国等の責務、障害者虐待を受けた障害者に対する保護及び自立の支援のための措置、養護者に対する支援のための措置等を定めることにより、障害者虐待の防止、養護者に対する支援等に関する施策を促進し、もって障害者の権利利益の擁護に資することを目的として、障害者虐待の防止、障害者の養護者に対する支援等に関する法律が2011（平成23）年6月に成立した（2012〔平成24〕年10月施行）。「障害者虐待」とは、①養護者（1655件）、②障害者福祉施設従事者等（547件）、③使用者（535件）による障害者虐待とし、①身体的虐待、②放棄・放置、③心理的虐待、④性的虐待、⑤経済的虐待の5つを示した。「障害者虐待」を受けたと思われる障害者を発見した者に速やかな通報を義務づけた[3]。括弧内は2019（平成31）年度の虐待判断件数である。

（米川 和雄）

3　①養護者による虐待に対する市町村（障害者虐待防止センター：以下同様）への通報にて市町村が対応（事実確認、養護者への支援と障害者への支援、一時保護・後見審判請求）、②障害者福祉施設従事者等による虐待に対する市町村への通報にて市町村が都道府県（都道府県権利擁護センター：以下同様）に報告し都道府県が対応（障害者総合支援法・社会福祉法に基づく監督権限等の行使、虐待状況等の公表）、③使用者による（従事者への）虐待に対する市町村や都道府県への通報にて市町村（必要に応じ事実確認）は都道府県へ通知し、都道府県（必要に応じ事実確認）は（都道府県の）労働局へ報告し労働局が対応（障害者雇用促進法、労働基準法、個別労働紛争解決促進法等の規定による権限の行使、虐待状況等の公表）する。

❷　身体障害児（者）福祉における心理学的支援

〔1〕身体障害・重症心身障害の定義

　社会福祉制度の基盤が整えられ始めた時期、いわゆる福祉三法のひとつとして身体障害者福祉法が制定された（1949年）。身体障害とは肢体不自由、視覚障害、聴覚障害、呼吸機能障害といった身体機能の障害の総称であり、現行法では表7-14のように定義されている。

　知的障害者福祉法の制定は1960年だが、すでに児童福祉法（1947年制定）において「精神薄弱児施設」が定められていた。身体障害と知的障害のそれぞれに対してはこのように制度の基盤が形作られていくが、これらがともに重度で重複する子どもたち（重度の肢体不自由と重度の知的障害が重複する子どもたち）は行き場所がなかった。彼らは「不治永患児」と呼ばれ、病院からも福祉施設からも受け入れられない状況だった。その事態を打開すべく、こうした子どもたちの保護者や病院・施設関係者による不撓不屈の働きにより1963年に彼らのための施設が法的に規定されることとなった。「不治永患児」は「重症心身障害児」となり、彼らを社会的に支える体制が作られていく。

　現在も、重症心身障害は児童福祉法において定義される法的概念である。重症心身障害の状

表7-14　身体障害者福祉法（別表）に定義される身体障害

1	視覚障害
2	聴覚又は平衡機能の障害
3	音声機能、言語機能又はそしゃく機能の障害
4	肢体不自由
5	心臓、じん臓又は呼吸器の障害その他政令で定める障害

21	22	23	24	25	80	IQ
20	13	14	15	16	70	
19	12	7	8	9	50	
18	11	6	3	4	35	
17	10	5	2	1	20	
走れる	歩ける	歩行障害	座れる	寝たきり		

図7-2　大島分類
※1～4が重症心身障害

態にある人たち（以下、重症児（者））の状態像を示すものとして、慣例的に大島分類（図7-2）が広く用いられている。肢体不自由と知的障害という2つの観点から定義されるものであり、その他の特徴は実に多様である。現状特別な医療的ケアを必要としない人もいれば、酸素の送気や胃ろう・経管栄養などの医療的管理が必要な人もいる。会話をすることが難しくても、こちらの言っていることがある程度理解できている人もいる。このように個人差が非常に大きいことも重症児（者）の特徴の1つである。

〔2〕関連する法制度と心理職の位置づけ

（1）関連する法制度

身体障害者福祉法に定義される基準を満たす場合、身体障害者手帳が交付される。手帳取得により、補装具費の支給や交通費助成、国税・地方税の控除等のサービスを受けることができる。日中活動や施設入所等に関する制度は、18歳未満は児童福祉法、18歳以上は障害者の日常生活及び社会生活を総合的に支援するための法律（障害者総合支援法）によって規定されている。

重症児（者）の入所施設は、「医療型障害児入所施設」（児童福祉法）と「療養介護」（障害者総合支援法）である。「医療型」という名称に表れているように、医療法に規定される病院としての基準も満たしていなければならない。これは、脳へのダメージが身体機能に広範囲な影響を与え、てんかんなどの合併症や変形・拘縮を有する場合が少なくないためである。また、これらの施設は異なる法制度に依拠するものであるが、重症児（者）の入所施設に関しては「成長した後でも本人をよく知る職員が継続してかかわれるようにするなど、児者一貫した支援が望ましい」との見解があり、両者の一体的な運用（施設設備や職員の共有）が認められている（厚生労働省「障害児支援の在り方に関する検討会」報告書, 2014）。

（2）重症児（者）の入所施設における心理職の位置づけ

医療型障害児入所施設（主として重症心身障害児を入所させる場合）においては、人員配置基準に心理指導を担当する職員を1名以上置くことが明記されている。児者一貫体制により、療養介護の利用者も心理職の援助の対象となる。

日本重症心身障害福祉協会が毎年行っている「全国重症心身障害児者施設実態調査」によると、同協会に登録されている134施設のうち95施設は心理職の配置が明記され、人数は常勤146名、非常勤58名であった（2019年8月公表）。ただし、実際の業務内容には重症児（者）とのかかわりがほとんど含まれていない施設もある。外来で発達障害のある子どもを担当しており、入所する重症児（者）とかかわる時間が持てないという悩みも多く耳にする。

重症児（者）の入所施設は、病院機能を有する福祉施設であるという特性上、医療職と福祉職が協働して支援を行っている。例えば、医療職は医師、看護師、リハビリテーションスタッフ（理学療法士、作業療法士、言語聴覚士）、管理栄養士、薬剤師、診療放射線技師、臨床検査技師がいる。医学的側面から重症児（者）を捉え、健康状態の維持や改善に努めている。福祉職は介護福祉士、保育士、児童指導員である。日常生活全般の支援を担っており、日中活動の計画や実施においても中心的な役割を担う。必要とする医療的ケアの内容が複雑かつ個別的であることや関節の拘縮により更衣や排泄介助の際に骨折のリスクがあることなど、日々の支援を事故なく行うこと自体に大変な難しさがある。そのため、これらの支援を担う看護師や介護福祉士、保育士は常に細やかな配慮が求められている。このほかに特別支援学校の訪問学級があり、在籍校の教員が施設に訪問し授業を行っている。

施設によっては、心理職が医療職（リハビリテーションスタッフ）の一員であるところや、福祉職の一員として食事介助等の支援に携わっているところもある。心理職の位置づけや業務内容は施設に委ねられており、施設での前例がなければ、雇う側も雇われる側も心理職の業務が見えないという状況が往々にして起こる。

〔3〕心理職の目的と役割

心理職の業務内容が見えにくいことは、経験の浅い職員にとっては専門職としてのアイデンティティが揺らぎ、自分のなすべきことが見つけられない苦しみを生む。一方で、それは自由度の高い動きをとることが可能であるという見方もできる。すなわち、施設の役割や理念を理解した上で、何を大切にし、どのような動きをとることが適切かを自ら判断できる余地がある。

入所施設は生活のすべてを支える役割を持っており、利用者により良い生活環境を提供することが施設職員の務めである。したがって、心理職の業務もそれに寄与するものでなければならない。心理職の役割について述べられた文献をもとに（岡田, 1990, 井西, 2004, 三浦, 2008, 北住, 2016, 齊藤, 2016, 亀井, 2017）、表7-15に示す役割があると考える。

表7-15　心理職の役割

（1）心理アセスメント
心理アセスメントは日常生活場面についての情報や心理検査場面での行動観察等をもとに対象者を理解しようとする働きである。特に心理検査はそれ自体がひとつのまとまりを持った取り組みであるため、他職種から見てもわかりやすい業務である。また、初めて現場に出た心理職にとっても入口になる。 　しかし、標準化された心理検査の中で、重症児（者）を対象に作られたものはない。発達検査や知能検査をベースにしつつ、検査者の臨床的観察も加えた総合的な評価が行われる。
（2）心理的支援
他領域の心理的支援で広く用いられているようなアプローチを適用することは難しく、個別の心理面接だけでなく遊びや音楽、製作活動などの場面が心理的支援の場となる。その中で、心理アセスメントから得られた発達段階に見合った活動を設定するといった支援を行われる。それぞれの課題を的確に把握して、柔軟に対応することに専門性がある。
（3）他職種や家族との連携・協働
重症児（者）の看護・介護は重圧感の伴うものであり、家族や施設職員が身体的・精神的に安定した状態を維持することは必ずしも容易ではない。それぞれの役割の持つ重さを理解した上で、協力して重症児（者）を支えていく関係を築いていく必要がある。

〔4〕心理的特徴

　身体障害も重症心身障害も、心理的特性によって区分されるものではない。先に述べたように個人差が非常に大きく、その特徴を一概に表すことは難しい。表7-16では、重症児（者）の心理を捉える上で共通して考えられる事柄として、身体障害があることによって生じる問題、施設での生活に伴うストレス、発達的視点を持つことの大切さについて述べる。

　細渕（2007）は、発達とは「主体的に外界にはたらきかけ質的にも量的にも新しい力を充実させていく過程」であるとし、「重症児の内面に深く寄り添ったコミュニケーション関係のもとで、子どもたちには大人や仲間への限りない信頼と自我の芽が育って」いくと述べた。このような視点で発達を理解し、心理アセスメントを通して重症児（者）個々の発達を見るこ

表7-16　重症児者の心理を捉える上で共通して考えられる事項

（1）身体障害による問題
　乳児は自らを取り巻く世界に働きかけ、また世界から働きかけられることによって、自分の置かれた環境を認識していく。それは運動器や感覚器を介して行われるものであり、これらの器官が障害されている場合、他の子どもたちと同じように世界を認識していくことが阻害されてしまう。感覚刺激の受け取り方や注意の向け方、身体の動かし方などを学習するために、それぞれのユニークな特徴に合わせた支援を必要としている。
　また、そうして獲得された身体の動きが、身体の成長に伴って手足が伸びたり重くなったりしたときに適応できないという問題が生じる場合もある。発達期であるにもかかわらず、これまでに行えていたことができなくなるという意味で「機能低下」が起こり得る。

（2）重症児（者）のストレス
　利用者にとってのストレスをテーマとした研修の参加者（福祉職）から具体的なストレス要因を挙げてもらったところ、以下の事柄が多く挙がっていた。
　①自分の思いを他者に伝えられない、わかってもらえないこと
　②家族と過ごせる機会が少ないこと
　③自由がないこと
　④テレビやCDの音が常に聞こえている環境であること
　⑤外からの光（直射日光）がまぶしいこと
　⑥運動面や日常生活動作における機能低下
　運動機能の障害は、手足を自由に動かせない、口や舌の形を作れず構音が難しい、表情を変えられないなど、相手に自分の気持ちを伝える上での障壁となっている場合が少なくない。慣れた相手であればある程度は意図を読み取ることができるが、素早く正確に伝えることは難しい。職員の関心を向けさせようとする行動が「問題行動」と見られてしまう場合もある。
　家族に会えないことや自由な時間が持ちにくいことは施設入所と切り離せない問題であろう。当然のことだが、重症児（者）にとっても家族は特別な存在である。他の利用者の家族が面会に来ているのを目にして、寂しい思いを抱いている様子を見ることは決して少なくない。重症児（者）が年齢を重ねていけば、当然その家族も高齢になっていく。遠方であるほど面会や外泊が困難になり、親亡き後の問題も考えなければならない。
　音や光などの環境要因も重症児（者）特有の問題であるといえる。ベッド柵の上げ下げや物が落ちる音など、突然の音に対して驚いたり、けいれんが誘発されたりする人もいる。体温の調節も難しく、低体温で夏でも毛布をかけている人もいれば、不随意運動が多いために体温が上がりやすく冬でも薄着をしている人もいる。個々の状態に合わせて室温や掛物の調整をする必要がある。

（3）発達的視点を持つこと
　障害の重い子どもであっても発達するということは、現在は当然の認識になっているかもしれない。しかし、かつて「不治永患児」と呼ばれていた時代、それは当たり前のことではなかった。重症児福祉の先駆者のひとりである糸賀一雄らが「発達保障」を提唱し、彼らの発達する権利を守らなければならないと世に訴え続けた（糸賀, 1968）。そして、糸賀らの不断の取り組みは、人々の価値観を変えていった。それでもなお、重症児（者）にとって発達とは何かという問いは、私たちは持ち続けなければならない。
　三木（2004）は、重症児の発達を捉える作業は「その人間的欲求がどのように生成しており、どのような抑制要因がその表出を阻もうとしているのかを探ること」であると述べる。さらに、重症児教育における発達的理解について以下のように述べた。
　　子どもを発達的にとらえるということは、少なくとも教育の分野においては、その主体性を客観的にとらえることだと思っています。運動障害の重い子どもは、主体性の表れ方が微かです。それは、繰り返し言っているように、運動障害という強い制約を受けているためです。しかし、どのように強烈な制約を受けていようとも、人間として生きている限り、必ず主体性は存在します。不快を不快として受けとめ、気持ちよくしてほしいという要求が起き、それを表出する。その要求表出を、残存する姿勢反射や緊張がじゃまをする。そのせめぎ合いの中に、子どもの主体性が存在しています。(p. 93)

とが心理職の役割であるといえる。

〔5〕心理アセスメント

重症児（者）の心理アセスメントは、日常生活での様子についての情報収集や行動観察と心理検査（発達検査）を総合して行われる。心理アセスメントの結果が直接支援に携わる職員にとって役立つものになることが重要であり、結果の報告までが一連のプロセスである。

（1）情報収集の大切さ

調子の良し悪しや音の好みなど、日々の様子を見なければわからないことも多い。だからこそ、検査実施者が自分の目で日常の様子を見ること、日常生活支援に携わる職員から情報を得ることが必要である。一見すると些細な反応に見えることでも、その人にとっては意味のある行動かもしれない。接している時間の長い家族や職員ほど本人の発信に気づきやすく、それに応えることで応答的な関係が築かれている場合もある。

（2）発達検査の実施

重症児（者）を想定して作られた心理検査は存在せず、既存の発達検査を応用したり独自のチェックリストや評価表を作成したりしてアセスメントが行われている。発達検査は新版K式発達検査2001（以下、新版K式）や遠城寺式乳幼児分析的発達検査（以下、遠城寺式）が用いられることが多い（大庭・惠羅、2002、齊藤、2016）。新版K式と遠城寺式について、筆者の私見であるが、それぞれの特徴の比較を表7-17に整理した。

発達検査は、各検査項目の成否を発達年齢という軸に沿って整理することに特徴がある。検査項目は運動や社会性、認知、言語など幅広い領域にわたっており、特定の能力のみを調べるものではない。それぞれの検査項目には実施手順や使用する道具が決められており、それに従って実施することが基本である。手続きが厳密であるほど再現性が高く、新版K式は「構造化

表7-17　新版K式と遠城寺式の比較

	新版K式	遠城寺式
対象年齢	0歳〜成人	0歳〜4歳7か月
領域	全領域〈姿勢・運動領域　認知・適応領域　言語・社会領域	運動（移動運動、手の運動） 社会性（基本的習慣、対人関係） 言語（発語、言語理解）
項目数	328項目	151項目
検査結果	発達年齢、発達指数	発達年齢
診療報酬	280点	80点
最終改訂	2002年（現在改訂作業中）	1977年
聴取による評価	原則不可。標準化された場面での行動反応に基づいて評価しなければならない。	可。家族や職員からの情報をもとに評価できるため、共同作業化しやすい。
検査結果の妥当性	使用する道具や実施手順が厳密に定められているため、再現性が高い。ただし、どこまでの工夫が許されるか迷う場面も多い。	自由度が高く個々に合わせた工夫がしやすいが、それによって検査結果の妥当性が低下する場合もある。
個人内差の検討	領域数が少ないため領域間の比較はやや簡潔になるが、項目間の比較から個人の特徴を描き出すことができる。	領域単位での比較が行いやすい。例えば、発語と言語理解が別領域となっているため、表出（身体機能上の問題がかかわる）と理解の差を見ることができる。

された観察場面」であることを重視している。

　各検査項目に関して、受検者はさまざまな行動を示す。それを基準に従って「できた（通過
または合格）」または「できなかった（不通過または不合格）」と判断する。単純化することで
数値化が可能となり、発達段階を示す資料となる。ただし、ここに発達検査の注意すべき点が
ある。それは、「通過」と「不通過」の間には連続的に多様な反応があり、明確な線引きをす
ることは難しいためである。また、ある日には「通過」となる反応があっても、別な日には
「不通過」になることも起こり得る。したがって検査実施者は、所定の実施方法を基本にしつ
つも、それだけに固執しない姿勢を持つ必要がある。

　重症児（者）を対象とする場合、物の提示の仕方にも十分な配慮を行う。例えば、ガラガラ
や鈴などの音の鳴る玩具を提示するとき、私たちは彼らに気づいてほしいという思いから、ガ
ラガラを見せること（視覚への働きかけ）、音を聞かせること（聴覚への働きかけ）、触れさせ
ること（触覚への働きかけ）など複数の働きかけを同時に行ってしまうことがある。しかし、
このような提示の仕方は、重症児（者）自身が音に注意を向け、音源を見つけようと思う機会
を奪うことにもなる。「聴覚刺激に対して、聴覚のみならず視覚を協応させて対象を確かめよ
うとする子どもの活動には、対象を捕捉しようとする能動性が関与している」（白石, 2013）
のであり、彼らの主体性が発揮されるような提示の仕方が重要である。

　そのため、検査場面においても、本人が主体的に関心を向けたりかかわろうとしたりする場
面を意図的に作り出すようにしている。具体的には、予告を丁寧に行うこと、問いかけに"間"
を作ることなどが挙げられる。

　個々に多様な特徴を持つ重症児（者）を発達年齢という単一の指標で捉えることは難しく、
推奨すべきことではないかもしれない。あくまでも筆者がかかわったことのある人に限定して、
各発達段階で共通点が感じられた例を挙げておきたい。

- ・0歳4か月未満：体調や覚醒状態が不安定であったり、周囲からの刺激がどの程度感じられて
  いるか不明確であったりすることが多い。見たり聞いたりすることができているとわかる人で
  も、相手や物に対して働きかけるような行動が見られにくい。したがって、物の違いを感じ分
  けることや、本人が楽しめるかかわり方を繰り返し行う中で期待感を持つことなど、外的刺激
  に対する能動的な注意を引き出すことを重視している。
- ・0歳4か月から1歳前後：何らかの形で人や物に働きかける行動が見られている。具体的には、
  手を伸ばしたり声を出したりすることが多い。1歳前後に達していると、環境に合わせた調整
  や物の受け渡しを楽しむなど、双方向のやり取りも可能になってくる。検査ではこれらの行動
  が引き出される環境要因やかかわり方を探ることを大切にしている。
- ・2歳以上：ジェスチャー等も含めたシンボル的なコミュニケーションが可能であり、さまざま
  な形で自分の思いを伝えようとする姿が見られる。一般的な発達においても自我が芽生える時
  期であり、活動に対してより主体的な参加も行えるようになる。検査場面においても双方向の
  コミュニケーションを基盤にしながら、自分の力で達成できるような環境設定をし、達成感が
  得られることを重視している。

（3）「超重症児」の発達検査

　とりわけ濃厚な医療的ケアを必要とする重症児（者）は「超重症児」とされる。見たり聞い

たりすることができているかも読み取りにくく、発達検査の各項目の基準を満たすほど明らかな反応が見られないケースが多い。例えば以下のような状況である。

　　　Aさんはベッドに仰向けになり、目は宙を見つめているように開いている。時々まわりを見るように目を動かすが、焦点は合わず、果たして目は見えているのかと疑問に思う。目の動きに合わせ、顔も左右に少しだけ動かしているような気がする。腕や脚は、伸ばしたままの状態で全く動きが見られない。かと思えば、顔をゆがめて、全身にぐっと力が入っている。近くで物の落ちる音がしたことに、後になって気づく。その音に驚いて身体を緊張させたのだとようやく思い至る。耳は聞こえているようだ。

　全身に力を入れた様子を見てまず感じるのは、何か内的な不快感があったのではないか、というものである。しかし実際は、（これも推測に過ぎないのだが）突然の音に驚いた反応など、本人以外の環境要因が関与していることがある。本人にばかり意識を向ければ、その場で起きた突然の物音に注意を向けられないことがある。つまり、同じ空間にいても感じ方が異なる場合が少なくない。環境からの影響を受けやすい重症児（者）の場合、本人の内面ばかりを考えていると見誤ってしまうこともある。

　感覚刺激の受容が不確かな超重症児に対して発達検査を行うとき、見えているか、聞こえているかという問題を行動観察のみから明らかにすることは難しい。そのため、評価をするという以前に、まずは「一緒に過ごす」ことを大事にしている。普段の活動で使用されている絵本を読み聞かせたり、手に触れながらゆっくり話しかけたりと、発達検査という枠にこだわらないかかわりが必要である。耳が聞こえているかどうかにこだわることよりも、こちらの声が届いたという検査者の主観的印象を大事にして応答することが、その人を知る最初の一歩であろう。

（4）検査結果の分析・報告

　検査結果は日々のかかわりにおける配慮事項や活動内容の検討に活用し得るものである。しかし、実際に日常生活や日中活動の支援を行う人がほしい情報と、検査者が伝えたい情報は必ずしも一致しない。求められる情報を察知し、伝わりやすい方法を工夫しなければならない。書面に残して全員が閲覧できるファイルに挟んでおいて、必要時に振り返ることができるようにしておくことも大切である。心理アセスメントの報告書は、「スタッフが自分の感覚と照らし合わせてなるほど、と理解できる表現でなくてはならず」、そのためには「心理職が自分の身体感覚を大事に、また自分の気持ちにも触れながら、言葉にすることが求められている」（井西, 2004）。

　個々の検査項目の成否を伝えるだけでは、役に立つ情報にはなりにくい。検査は客観的指標であるという性格上、「これを提示したときにこういう反応があるか」という具体的で観察可能な行動が基準とされる。例えば、相手からの働きかけに対して笑顔で反応するかどうかを見ることは、検査項目に含まれる観察事項である。本人が好む声のかけ方が明らかな場合、検査者がそういう声かけをすれば笑顔を引き出すことができる。その次の段階は自分から笑いかけることであり、受け身的な楽しみ方をする段階か、能動的に働きかけて楽しめる段階かを見定める。さらに、受け身的と思える段階であっても、まわりへの関心の向け方を探ることが重要である。

Bさんは寝たきりの状態であり、身体の随意的な運動は見られないかわずかである。検査者が「コロコロコロ……」などの反復的な言葉をかけたり、「ギューッ」と言いながら軽く手を握ったりすると楽しそうに笑う。「3、2、1、ギューッ」とカウントダウンをしてから握ることを何度か繰り返してから、「3、2、1」まで言って止めてみる。すると、目を左右に動かして「くるかな?」「まだかな?」と思っているような表情をしていた。

　この例では、カウントダウンをしてから"間"を作ることは、検査上必要な働きかけではない。単に検査者の言葉に反応して笑っているだけなのか、より積極的な関心を向けているのかを確かめることで、Bさんが主体的に関心を向けられているかどうかを見たいと思った。「こうすれば笑う」ということだけがスタッフ間で共有されていると、受け身的に楽しませることが主になってしまうことがある。そのため、繰り返し経験した後であえて"間"を作り、外に向けた関心をより主体的なものにすることが大切であると考えた。

　以上のように、検査結果の分析・報告は単なる結果のまとめではなく、検査者が自身の感覚を大事にしながら、その人との日常的なかかわりや活動場面に結びつけていくことが必要である。

〔6〕心理的支援の基本

(1) 重症児(者)本人に対する心理的支援

　重症児(者)の主体性を捉え、それが発揮されるよう支援することが心理職にとって重要な役割である。発達検査の場面も、彼らの主体性を発揮する場面になることを目指したい。

　主体性を発揮するための支援というと、何か特別な方法があるように感じられるかもしれない。しかし、それは決して特別なかかわりではない。

　　Cさんは寝たきりの状態で、頸部の動きもわずかである。顔は常に斜め上を向いているような姿勢で過ごしている。枕の上に鏡があり、職員やまわりの様子をよく見ている。余暇時間にはDVDの視聴を好んでいる。上肢・下肢の動きはなく、指の開閉も自ら行うことはできない。ある職員が、Cさんと一緒に製作活動を行っていた。Cさんの手に筆を持たせて、手を添えて支え、卵の殻に色を塗っていた。Cさんの顔の向きでは手元は見えず、専ら職員が卵の殻や筆を動かしている。そうして塗り終えた後、その職員はCさんの目の前にそれを持ってきて、「Cさんが塗ったんだよ」とにこやかに声をかけていた。Cさんは完成した作品に目を向け、笑っていた。

　このとき、作業の大半は職員の手によるものである。しかし、その後にCさんにかけた言葉には、あくまでも本人が行った作業であり職員はそれを手伝っただけという姿勢が表れているように思える。

　生活全般に介助を要する重症児(者)に対して、支援者は無意識のうちに「支援する人-支援される人」という関係を築いてしまいがちである。主体性を発揮するための支援は、支援者が本人を行為の主体者にすることが第一歩であり、それこそが最も重要なことである。言うほど容易なことではないが、支援者の考え次第でいかようにも左右されることは留意すべきことであろう。すなわち、支援者が諦めてしまえば、重症児(者)が主体的に活動する機会は失われてしまう。

　発達年齢の低い人であっても、関心を持って「見る」ことにその人の主体性が表れている場

面がある。視界にあるものすべてに目を向けるのではなくまわりの人ばかりを目で追っている
など、目の動きにもその人らしさが読み取れる。

　発達年齢が2〜3歳を超えると、重症児（者）の中では「高い（理解力がある）」という印
象を持たれてしまう。手助けが必要な場面なのに1人でできると思われたり、反対に1人で行
えるのに支援者が先回りしてしまったりすることが起こりやすい。過大評価と過小評価の両方
が起こり、職員への従順さが知らず知らずのうちに求められてしまうことにもつながり得る。
これは決して職員個人の問題ではなく、組織全体で重症児（者）をどのように捉え、支えてい
くシステムを築いているかという問題も背景にある。

（2）家族について

　特に在宅生活にかかわる場合など、心理職が家族の心理的支援に携わることは多い。本人へ
の支援や行政等への働きかけといったあらゆる面で家族には家族にしか担えない役割がある。
冒頭に述べたように、重症児（者）を社会的に支える仕組みが作られた最大の要因は、親たち
の強い思いがあったことに他ならない。

　また、重症児（者）の兄弟姉妹は、まわりの子どもたちとは違った環境で育つことになる。
障害児の兄弟姉妹は「きょうだい」と表記され、セルフヘルプグループの必要性も指摘されて
いる（白鳥・諏方・本間, 2010）。大人になって初めて障害児と接した親と異なり、きょうだ
いは乳幼児期から障害児とともに育つ。その中で形成された価値観は障害と縁遠い家庭で育っ
た人たちとは差異があり、きょうだいであることが友人関係の悩みやトラブルにつながり得る。
しかし要支援といえるほどではない場合がほとんどであり、狭間でひとり苦労することもある。
固有の悩みを持っていることをまわりの人たちが認識することが大切である。

　一方で、きょうだいの持つ価値観は、私たち支援者にとって学ぶべきものでもある。例えば、
療育手帳の最重度判定は、親にとって複雑な意味を持つものである。あるきょうだいは、重症
児である弟が最重度の判定をもらった際に「一番なんてすごい！」と思ったそうである。「障
害児」は外的な基準で作られたものであり、そのきょうだいにとっては障害児以前に弟なので
あるということがうかがえる。障害の有無や程度に関係なくひとりの人として尊重するという
当たり前の姿勢を持ち続けることを、私たち支援者も忘れてはならない。

（橋本 悟）

◇◇◇　一口メモ　障害年金について　◇◇◇

　障害年金には「障害基礎年金」と「障害厚生年金」の2種類があり、それぞれ国民年金法と厚生年金保険法により
規定される。いずれも、傷病により初めて診察を受けた日（初診日）に被保険者であること、障害認定日においてそ
れぞれ規定される障害等級に該当する程度の障害であることが要件となる（障害認定日とは、初診日から起算して1
年6か月を経過した日、またはその症状が固定し治療の効果が期待できない状態に至った日をいう）。このほか、特
定の期間内に滞納がないこと、対象外となる条件があることなど、詳細な基準が定められている。国民年金の支払い
は20歳以降であるが、それ以前に初診日がある場合にも障害基礎年金の対象となる。その場合は20歳に達した翌月
から年金が支給される。障害年金は、20歳前の障害認定の人のみ保険料を納付していないことから、約360万円の
年収を超えると減額または支給停止となる。保険料納付をしていないことによる公平性の差をつけている。
　支給額は社会の経済状況を勘案して調整されており、2019年4月改定のものでは1級97万5125円（月額8万
1260円）、2級78万100円（月額6万5008円）となっている。ただし、20歳前の傷病による障害基礎年金支給の
場合は、所得や扶養親族の人数によって変動（減額や停止）する。

（橋本 悟）

❸ 知的障害者福祉における心理学的支援

〔1〕知的障害者福祉における課題と法制度

（1）知的障害と関連障害の定義と特徴

わが国における障害者の定義については、前述してきているように障害者基本法第2条1の中で規定されている。一方、知的障害者福祉法も含めた関連法の中でも知的障害に関する定義は記載されていない。知的障害の医学的定義としては、アメリカ精神医学学会（American Psychiatric Association）のDSM-5（2013）において「知的能力障害（Intellectual Disability）」の診断基準が表7-18のように示されている。知的能力障害は神経発達障害群の知的能力障害群に位置づけられている。また、知的能力障害の重症度は、以前のDSM-Ⅳ-TR（2003）で採用されていた知能指数（Intelligence Quotient：IQ）による分類ではなく、概念的領域、社会的領域、実用的領域における総合的な症状によって軽度、中等度、重度、最重度に4段階に分類される。

知的障害を併存する他の障害の代表的なものとしては、自閉スペクトラム症（ASD）や注意欠如・多動症（ADHD）、コミュニケーション症群、抑うつ障害群、双極性障害群、不安症群、および認知症等を挙げることができる。

表7-18　DSM-5による知的能力障害（知的発達症／知的発達障害）診断基準
（American Psychiatric Association, 2013）

知的能力障害（知的発達症）は、発達期に発症し、概念的、社会的、および実用的な領域における知的機能と適応機能両面の欠陥を含む障害である。以下の3つの基準を満たさなければならない。 A. 臨床的評価および個別化、標準化された知能検査によって確かめられる、理論的思考、問題解決、計画、抽象的思考、判断、学校での学習、および経験からの学習などの知的機能の欠陥。 B. 個人の自立や社会的責任において発達的および社会文化的な水準を満たすことができなくなるという適応機能の欠陥。継続的な支援がなければ、適応上の欠陥は、家庭、学校、職場、および地域社会といった多岐にわたる環境において、コミュニケーション、社会参加、および自立した生活といった複数の日常生活活動における機能を限定する。 C. 知的および適応の欠陥は、発達期の間に発症する。

DSM-5の診断基準によるとASDは、「あらゆる場面において社会的コミュニケーションと対人的相互反応の持続的な欠陥」「行動、興味、または活動の限定された反復的な様式」により明らかになるとされている。また、新たに診断基準の中に「感覚刺激に対する過敏さまたは鈍感さ」が追加された。これは、特定の刺激を過剰に受け取りやすい過反応と、反対に特定の刺激を受け取りにくい（あるいは受け取ることができても反応できない）低反応によって特徴づけられる。すべてのASD者に感覚過反応や低反応があるわけではなく、症状も人それぞれだが、このことがASD者の生きづらさの要因の1つになっている。

例えば、感覚の特異性の症状があるASD者では、他者のスマートフォンの着信音や掃除機の音に対しても耳ふさぎをする（聴覚過敏）、偏食が激しい（味覚および嗅覚過敏）、少し触られるだけで叩かれたくらいの痛みを感じる（触覚過敏）等がその例である。一方、感覚低反応とは、後ろから名前を呼んでも振り返らない、満腹感が得られずたくさん食べてしまう、尿意を感じにくく尿を漏らしてしまう、過度に物のにおいをかいだり触ったりする等で明らかになるかもしれない（村本, 2020）。

もし知的障害者がASDを合併した場合には、話しことばの遅れや無発語を伴うことも少なくない。このような話しことばの困難性を抱えていた場合には、他者に対して円滑に要求を伝えることが困難となってしまう。そのことが原因で、かんしゃくを起こしたり、行動問題に発展したりする可能性は大いに考えられる。

　他方、ADHDは不注意と多動性、および衝動性により特徴づけられる。不注意の症状とは、課題から気がそれることや、物事に対して集中し続けることが困難であることで現れる。多動性の症状とは、不適切な場面で動き回ったり、過剰にしゃべりすぎたりして相手を疲れさせる等である。衝動性の症状とは、事前に見通しを立てることなく即座に行動することや、本人にとって害となる可能性の高い性急な行動等によって示される。

　知的障害にADHDが併存する場合には、本人の精神年齢において不注意や多動が過剰である場合に診断される。もし、ADHDが併存した場合には知的障害の症状が重度化するだけではなく、適応機能なども獲得しにくい可能性が考えられる。さらに、ASDも併存すると本人にとっての生きづらさが増してしまい、さらに行動障害へのリスクが高まる可能性がある。

（2）知的障害者福祉における課題

　厚生労働省による「平成28年生活のしづらさなどに関する調査」（2016年）において、知的障害者数（療育手帳所持者数）の総数は108.2万人であった。これは前回（2011年）の調査結果の74.1万人から34万人の増加である。そのうち18歳以上の知的障害者の数は推計84.2万人であった。前回は57.8万人であったため、約26万人増加している。これは、知的障害に対する認知度の高まりによって療育手帳の取得者が増加したことが要因の1つではないかと推測される。

　また、この中で在宅での生活者数は72.9万人、施設入所者数は11.3万人となっている。前回の調査における在宅生活者は62.2万人であったため、前回と比較して約10万人増加している。一方、施設入所者数は前回11.9万人と比較して、今回は12万人となっており、ほぼ変わっていない。その上、身体障害者の施設入所者の割合1.7％、精神障害者の入院患者の割合7.2％と比較すると、知的障害者の施設入所者の割合は11.1％となっており、知的障害者の地域移行は、国が想定していたほど進んでいない現状がある。

　一方、近年の入所施設の課題の1つとして利用者の重度化・高齢化が挙げられる。かねてから一般の高齢者に比べて高齢知的障害者は10年程度早く、しかも急速に機能の低下が進む傾向があることが示唆されており、知的障害者の多くは50歳代から高齢者としての支援を必要としていると考えられている。さらに言えば、入所施設からの退所は入院・死亡を理由とする割合が年々高まっている。

　遠藤（2014）は、障害福祉サービスから介護保険サービスへの切替えについては、①障害者支援施設の入所利用者は介護保険の被保険者とされないので、施設退所、介護保険加入、要介護認定という手続きを経る必要があること、②介護保険のサービス量の不足等により介護保険サービスへの切替えに消極的な市町村が一部見られること、③入所利用者の家族のなかには介護保険サービスへ切り替えると利用者負担が増加するので同意しない者もいることなどによ

り、必ずしも容易ではないことを示している。

　また、2017（平成29）年度東京都公立学校統計調査報告書によると、知的障害者の特別支援学校高等部卒業後の進路については「就職者」の割合が32.9％に対して、「社会福祉施設等入所・通所者」の割合が61.5％となっており、依然として高い水準で推移している。これは就職先が比較的多い東京都のデータであって、働く受け皿が少ない地方では就職者の割合が低くなる可能性がある。そのため、知的障害者の就労支援の拡充が今後とも求められるであろう。しかし、就労支援事業においては、事業が開始されてまだそれほど時間が経過していないため、さまざまな課題を抱えながら事業所が独自に課題に取り組んでいる現状がある。具体的には、一般就労への移行率が20％以上の就労移行事業所は、ここ数年は40％前後であるが、一方で一般就労への移行率が0％の事業所が、ここ数年全体の35％を超え、横ばいであるのが現状である（八木，2018）。なお、入所施設に限った問題ではないが、強度行動障害への対応も課題のひとつである。

（3）知的障害者福祉に関する法制度

　知的障害者への福祉サービスを中核とした法律は、「障害者の日常生活及び社会生活を総合的に支援するための法律（通称：障害者総合支援法）」である。知的障害者の就労を後押しする制度として、「障害者の雇用の促進等に関する法律（障害者雇用促進法」を挙げることができる。さらに、通常の企業体制では雇用率を達成することが困難な企業に対して、特例子会社制度が設けられている。これは事業主が障害者の雇用に配慮した子会社を設立し、その子会社に雇用されている労働者を親会社に雇用されているとみなして、親会社の雇用率を計算することができる制度である。

　知的障害者への就労支援で必要な要素として、「何のために働くのか」という目的意識や、働くための動機づけとなるものなどが必要であり、それらをいかに形成するかが求められる。さらにそのような動機づけが形成できたとしても、職場で必要な適応スキルの形成や自己管理、あるいは雇用者側の障害に関する理解不足などで不適応を起こしてしまうリスクを抱えている。そのため、職場での合理的配慮の徹底により働きやすい環境づくりが求められる。

〔2〕知的障害者がかかわる施設と特性

　知的障害者がかかわる施設として、"介護給付"における施設入所支援のための障害者支援施設（以下、入所施設）、並びに自律訓練事業所や生活介護事業所があり、"訓練等給付"における就労支援事業所、グループホーム、さらに2つ以上の事業を実施する多機能型の事業所が挙げられる（事業所は2017年時点）[4]。

（1）入所施設（介護給付における施設入所支援事業所：2551か所）

　わが国の福祉制度において地域移行が叫ばれて久しいが、重度の知的障害者にとって支援の

4　施設については、一部精神障害の項でも紹介している。

表7-19　知的障害者における1日のスケジュールの例

入所施設から 生活介護事業所に通所するケース		グループホームから 就労継続支援B型事業所に通所するケース	
	【入所施設】		【グループホーム】
7：00	起床・着替え	6：30	起床・整容
7：30	朝食・服薬	7：00	朝食準備・朝食、服薬、出勤準備
9：00	歯磨き、整容・生活介護事業所へ移動	8：15	作業所へ移動
	【生活介護事業所】		【就労継続支援B型事業所】
10：00	作業（箱折り）	8：30	作業開始（袋詰め）
12：00	昼食、休憩	12：00	昼食・休憩
13：00	作業、散歩	13：00	作業再開
15：00	入所施設への移動	16：00	作業終了・帰寮
	【入所施設】		【グループホーム】
15：30	入浴、余暇時間	16：30	洗濯物取り込み・片付け・入浴
17：30	夕食、服薬	18：00	夕食準備・夕食、服薬
21：00	服薬、就寝	18：30	歯みがき
		19：00	余暇時間
		21：00	服薬、就寝

中心は依然として入所施設であり続けている。原則的に施設入所サービスは夜間や休日に介護や入浴などのサービスを提供するものであり、昼間は別の場所で生活介護や就労支援などのサービスを受ける。

　入所施設は生活の場といわれており、人としての最低限度の生活を保障する上で重要な役割を果たしている。特に知的障害者にとって自己管理が難しい健康面を配慮してもらえる点で非常に有用である。しかし、施設支援の合理性の観点から利用者の行動が管理されやすく、またノーマライゼーションの理念から考えると利用者が希望する生活を提供する上で課題も少なくない。

　　「障害者の権利に関する条約」（2006年国連採択）第19条
　　「この条約の締結国は、全ての障害者が他の者と平等の機会を持って地域社会で生活する平等の
　　権利を有することを認めるものとし、障害者が、この権利を完全に享受し、並びに地域社会に完
　　全に包容され、及び参加することを容易にするための効果的かつ適当な措置をとる」

　上記条約では、障害者が地域社会で平等に生活する権利があることが示されており、本人の意思に反した施設入所を認めないことを示しているのである。しかし、本人やその家族が満足できるレベルにおいて地域移行を実現できるようにするためには、地域社会で生活するための基本的スキル（適応スキル）だけではなく、住居や日中活動の場、さらに危機管理のため方法を確保しておく必要があり、相談支援事業の協力を得ながら進めていく必要がある。

（2）生活介護事業所（事業所数7275か所）

　生活介護事業は、日中の食事や排泄、入浴などの介護を行うとともに、創造的活動や生産活動の機会を提供するものである。入所施設に併設されている事業所を除いて、通所利用している利用者の場合は、通常は自宅やグループホームなどで生活している。そのため入所施設のように、利用者が職員から24時間生活上の管理を強いられるわけではない。さらに、入所施設と比べて日中活動終了後は施設に止まらずに帰宅するため、地域生活に密着しており、生活における選択肢が多く自由度は高いといえる。しかし、自宅等で家族と生活している場合には、

家族との依存関係が切れにくい。さらに、利用者が行動障害を抱えている場合には家族にとっても生活上の困難を抱えやすくQOL低下の要因になりやすい。そのような場合、相談支援事業を中心とした福祉サービスの包括的な利用を検討する必要がある。

（3）就労支援事業所（訓練等給付における就労移行支援・就労継続支援）

就労支援事業は、障害者自立支援法が2006年に施行されてから開始された比較的新しい障害福祉サービスである。就労移行支援と就労継続支援A型とB型、就労定着支援の4つに分けられている。就労移行支援（事業所数3471か所）は一般企業への就労に必要な訓練を行うとともに、求職活動への支援や適性に応じた職場開拓、就職後の職場定着支援などを2年間の期限を設けて行うものである（65歳未満の者）。就労継続支援（A型：雇用型、事業所数3776か所）は一般企業で就労が困難な方に、雇用契約に基づいて就労機会を提供するものである。一方、就労継続支援（B型：非雇用型、事業所数11041か所）は、一般就労が困難な方に雇用契約を定めずに就労機会を提供するものである。B型の場合にはどちらかというと福祉的就労のような意味合いが強く、居場所づくりとしての機能も大きい。

（4）グループホーム（訓練等給付における共同生活援助：7590か所）

グループホームは一般居住で地域の中に少人数で生活する場である。重度の知的障害者においても、地域で生活できる場所としてグループホームが重要な役割を果たしている。しかし、職員の慢性的不足やグループホームの定員が拡充され大規模化している箇所も見受けられ、本来目指すべき地域の中の一般住宅としての障害のある人が暮らす場から、「管理されるミニ施設」になるという懸念もある。さらに、他の障害者の福祉施設と同様にその建設にあたっては全国各地で反対運動が起こっており、今後は自治体が障害者の地域生活の啓発活動を行う必要がある（光増、2014）。

障害者総合支援法への改正により、グループホームと、それまで介護が必要な利用者を受け入れていたケアホームがグループホームとして一元化された。これは、仮にグループホームに入居後に要介護状態になった際に、ケアホームや入所施設に転居せざるを得ない状況になったことへの対応である。そこで、グループホームで提供するサービスを「日常生活の援助等の基本サービス」だけではなく、新たに「利用者の個々のニーズに対応した介護サービス」が追加された。

また、本体となる住居との密接な連携を前提として、1人暮らしに近い形態で生活可能な「サテライト型住居」という仕組みができている。これは利用者のなかにも共同生活より単身での生活を望んでいること、グループホームの事業所が経営安定化のために利用者を増やそうとしても、入居人数に合った物件を見つけることができないなどの理由から登場したものである。

（5）相談支援事業所

相談支援事業は大きく基本相談支援、地域相談支援、計画相談支援の3つに分けられる。基本相談支援とは、地域で生活する障害者の生活に関する問題に対して、障害者やその家族などからの相談に応じ、必要な情報の提供や助言を行う。基本相談支援はすべての相談支援事業所

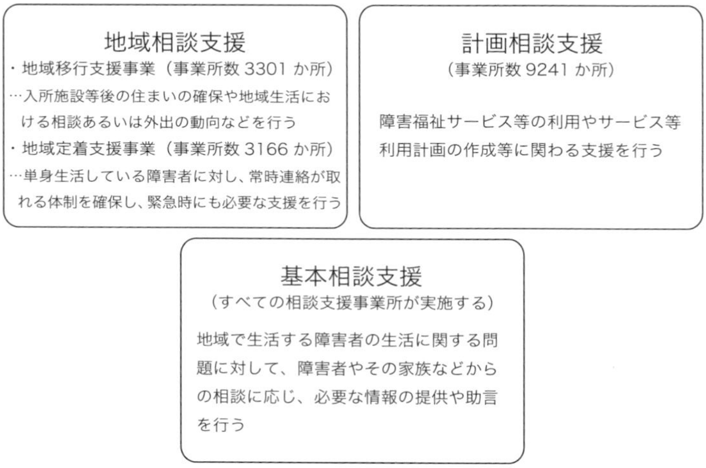

地域相談支援
・地域移行支援事業（事業所数 3301 か所）
…入所施設等後の住まいの確保や地域生活における相談あるいは外出の動向などを行う
・地域定着支援事業（事業所数 3166 か所）
…単身生活している障害者に対し、常時連絡が取れる体制を確保し、緊急時にも必要な支援を行う

計画相談支援
（事業所数 9241 か所）
障害福祉サービス等の利用やサービス等利用計画の作成等に関わる支援を行う

基本相談支援
（すべての相談支援事業所が実施する）
地域で生活する障害者の生活に関する問題に対して、障害者やその家族などからの相談に応じ、必要な情報の提供や助言を行う

図7-3　相談支援事業

が実施する。

　地域相談支援は、地域定着支援と地域移行支援に分けられている。地域移行支援事業（事業所数3301か所）は入所施設等後の住まいの確保や地域生活における相談あるいは外出の同行などを行う。地域定着支援事業（事業所数3166か所）は単身生活している障害者に対し、常時連絡が取れる体制を確保し、緊急時にも必要な支援を行うものである。

　計画相談支援（事業所数9241か所）は、障害福祉サービス等の利用やサービス等利用計画の作成等にかかわる支援を行うものである。

　相談支援事業における今後の課題として、困難事例への対応や業務が広範囲にわたること、職員の確保の問題、あるいは行政からの相談支援事業における認識不足などが挙げられる（石田，2017）[5]。

〔3〕知的障害者の心理的特徴

　知的障害の状態や支援の必要度は、重症度によって区別されている。DSM-5によると、知的障害の重症度は軽度、中度、重度、最重度の4つに分類されており、それぞれ、表7-20のように概念的スキル、社会的スキル、実用的スキルにおいての適応度と知能指数とを照らし合わせながら重症度の判定を行う。

　知的障害といってもその人の心理的特徴は、発達障害やダウン症などの他の様々な関連する障害の特性も併存しているため一様ではない。そのため、知的障害の特徴だけではなく、併存する他の障害についても理解しておく必要がある。

〔4〕知的障害者の心理学的アセスメント

（1）知能検査

　DSM-5によると、知的能力障害の診断基準は、「A.臨床的評価、および個別化、標準化された知能検査によって確かめられる知的機能の欠陥」と「B.適応機能の欠陥」「C.知的および適応の欠陥は、発達期（18歳に達するまで）の間に発症すること」である。ここでいう知的機能とは具体的に、論理的思考、問題解決、計画、抽象的思考、判断、指導や経験からの学習、および

5　各事業における事業所数はいずれも、厚生労働省における「平成29（2017）年度社会福祉説等調査の概況」に基づくものである。

196

表7-20　知的障害の4つの重症度におけるスキルの適応等

【概念的スキル】
軽　度：読字や金銭管理などに困難性を抱えると同時に、計画を立てたり物事の優先順位をつけたりすることや、短期記憶に困難性を抱える。
中等度：学習技能に関しては初等教育の水準となる。読み書きや金銭管理に関しては時間をかけて的確に教えれば習得可能である。
重　度：文字や数、金銭を理解することは難しい。また、問題解決に関しては生涯にわたって支援を必要とする。
最重度：文字や数字を読み取ることは難しいため、実物を見せることにより理解可能かもしれない。また、視覚的にわかりやすいものを使用することにより照合や分類が可能となる。

【社会的スキル】
軽　度：仲間関係を形成することの困難性や、コミュニケーションにおいて年齢相応の会話が困難となりやすい。また場面に応じた適切な感情や行動のコントロールが難しかったり、他人から騙されやすいリスクもはらんでいる。
中等度：話しことばは同年齢の人と比べて単純である。社会的なルールの理解は完全には難しいかもしれない。また、意思決定能力が限定されているため重要な決断時や契約の際には支援が必要である。
重　度：話しことばや文法はかなり限定的である。また、コミュニケーションは日常生活に限って可能かもしれない。
最重度：会話やサインによるコミュニケーションはかなり限定されるため、単純なことばやサインであれば可能である。自分の感情を言葉ではなく、声や体を使って表現することが多い。

【実用的スキル】
軽　度：身辺自立に関しては年齢相応に可能かもしれないが、買い物、家事や子育ての調整、銀行取引や金銭管理などの支援が必要である。さらに健康管理や法律が絡んだ決断、あるいは仕事の面でも技能を要する場合には支援が必要となる。
中等度：身辺自立に関しては継続的な支援を受けることができれば可能である。仕事に関してはコミュニケーションの技能が求められたり、複雑であったりする場合には継続的な支援が必要となる。また、金銭管理や健康管理などは、かなりの支援を必要とする。
重　度：日常生活全般において支援を必要とする。また、家庭や余暇、仕事に関して継続的な支援が必要である。
最重度：日常生活の多くの部分で支援を要する。日常生活において食事を運ぶなどの簡単な活動であれば手伝いも可能である。適切で継続的な支援を受けることができ、かつ単純な作業であれば就業可能かもしれない。また、他者からの支援があれば余暇活動への参加は可能である。

実用的な理解のことを指している。一方、適応機能とは、個人的もしくは社会的に充足した生活を維持する上で必要とされる日常的な活動を行う能力（Sparrow et al., 2005）のことである。

「A. 知的機能の欠陥」を確かめるための標準化された心理検査としては、田中ビネー知能検査Vやウェクスラー式知能検査を挙げることができる[6]。「B. 適応機能の欠陥」を確かめるための検査としては日本版Vineland-Ⅱ適応行動尺度やS-M社会生活能力検査第3版、あるいはCRISP-dd発達検査（トップダウン編）などを挙げることができる。

（2）行動問題へのアセスメント

　行動問題がある知的障害者に対して特に使用されるアセスメントとして、機能的アセスメントを挙げることができる。また、行動問題に関する質問紙による機能を特定する方法として、MAS（動機づけアセスメント尺度：Motivation Assessment Scale）が開発されている（Durand & Crimmins, 1988）。

　機能的アセスメントとは、行動問題が果たしている機能（注目獲得、事物・活動の要求、嫌悪刺激からの逃避・回避、感覚）や行動問題を起こしやすくする状況（周囲の環境や活動、場所等）などを特定し仮説を導出し、その仮説に基づいた行動支援計画を立案することにつなげるものである。機能的アセスメントの方法としては、実際に利用者の行動問題が起こりやすい

6　特に田中ビネー知能検査Vは、対象年齢の幅の広さ（2歳〜成人）と検査問題が実生活に即しているため、知的障害者に対して活用しやすい検査であるといえる。検査の問題は1歳級〜13歳級までの問題が合計96問あり、成人の問題が17問用意されている。さらに、1歳級以下の発達を捉える必要があるときのために「発達チェック項目」も用意されている。

場面を設定し、実験的操作を行い行動の関数関係を分析する実験分析と、直接関係者から聞き取りを行う方法や利用者の行動の直接観察を行う間接的アセスメントに分けることができる。

　特に、行動問題に関する情報を得るために関係者から情報を収集する方法として、機能的アセスメント・インタビュー（O'Neill et al., 1997）が開発されている。この方法は、対象者のことをよく知る両親や施設職員、あるいは本人に対して聴取を行うことによって、対象者が示す行動の機能や状況を特定するものである。さらに本人のコミュニケーション手段や睡眠の状態、好みの飲食物、活動、医療的状況や服薬状況なども幅広く把握することで、今後の望ましい行動や代替行動の形成、環境調整などに活かすことができる。

　MAS（問題行動動機づけアセスメント尺度）とは、評価者が「全くしない（0）」から「必ずする（6）」の7件法で評価する。その後、問題行動の機能ごとに合計点を算出し、さらにその平均点を算出することで行動問題の機能を推定することができる。しかし、この評価尺度はあくまで評価者の主観によるものであり、実際の行動問題の機能とは異なる可能性もあるため、あくまで参考程度にとどめておく必要がある。

〔5〕知的障害者にかかわる心理学的支援の基本

　利用者が行動問題を抱えている場合、行動問題に対して直接アプローチをしなくても適応スキルを拡大することで、行動問題を軽減させることは可能である。なぜなら適応スキルと行動問題は反比例すると考えられるため、適応スキルを教授することによって、行動問題を軽減に導くことができる。行動問題が軽減する理由として、行動問題を起こしている者の多くは、適応スキルを持っていないことが多いため、行動問題という不適切な形態で行動してしまい、結果的に行動問題を学習してしまっていることが多いことが考えられる。

　例えば食事場面で、「同じテーブルを囲んでいる他利用者の食事を手づかみで盗む」という行動問題を示している利用者について考えるとする。その場面において形成するべき適応スキルとは、「食事場面でお箸やスプーンを使って自分に与えられた食事だけを食べる」である。その他にも「作業時間に職員の二の腕を歯型がつくほど強く噛む」という逃避の機能を果たしている行動問題について考えるとすると、この場合の適応スキルとは、「作業時間に職員から指示された作業に従事する」ということになる。

　利用者が「適応スキルをどの程度実行することができるか」は、将来的にその利用者の自立支援を行う上で、重要な指標となる。特に、利用者が重度の知的障害を伴っている場合には、その利用者の持つ適応スキルのレパートリーが乏しい可能性があるため、適応スキルを増やすことによって、利用者の自立への道筋を明確にしなければならない。

　なお、適応スキルについて知的障害者に対して支援する場合は、ABA（応用行動分析）に基づく支援技法（村本, 2020）が参考となる。

行動障害のある人への支援の視点

　重度や最重度の知的障害者の入所施設の利用割合は、依然として多いのが現状である。特に強度行動障害を伴っている場合には、家族も疲弊しているケースが少なくなく、やむを得ず自宅を離れて入所施設を利用するケースも見られる。さらに、自宅から通所施設に通う場合にも、日常的に家族が行動障害のある人を見ている場合にはその彼らを養護する際に家族の負担が大きくなる。

　行動障害のある人への支援の基本として、第一に機能的アセスメントの実施が求められる。機能的アセスメントにより対象の利用者の機能や起こりやすい状況を明らかにした後、仮説を導出する。この仮説は、先行事象（A）、行動（B）、結果事象（C）の随伴性によって説明される。例えば、この行動は「〜の状況の時に（A）、（利用者が）〜という形態で行動問題を起こすことによって（B）、〜という結果を獲得する（機能を果たす）ことで（C）維持されている。」というような仮説の立て方をする。この仮説に基づき、支援計画を立案する。この支援計画のことを特別に行動支援計画と呼んでいる。行動支援計画を立案する際には、「予防的支援（行動問題が起こりにくい、もしくは望ましい行動が起こりやすい支援）」「望ましい行動や代替行動を教える支援」「結果への支援」「危機対応（行動問題が起こった場合の対応）」の4つの視点で支援を検討することが求められる。

〔6〕知的障害者にかかわる心理学的知見

（1）ポジティブな行動支援（PBS; Positive Behavior Support）

　行動問題を抱える知的障害者への支援に関する前提として、PBSというポジティブな行動支援（Koege1, Koegel & Dunlap, 1996）の考え方をベースとすることが望まれる。PBSの特徴としては、「行動問題を示す利用者に対して、罰のような嫌悪的で事後的な対応を極力少なくすること」「機能的アセスメント等の科学的に根拠のある方法で行動問題に至る原因を明らかにした上で支援を実施すること」「その人の行動問題の軽減だけではなく、代替行動の形成や望ましい行動の拡大を行うこと」「生活環境を改善させること」「現在だけではなく将来のライフスタイルを変化させることを目標としていること」を挙げることができる。

　現在、PBSの考え方は特に学校現場でその発展を見せているが、福祉現場でもPBSの考え方は重要な示唆を与えるものであるため、今後はPBSの考え方が福祉現場で拡大していくことが望まれる。

（2）本人を中心に据えた計画づくり（PCP; Person Centered Planning）による地域生活の実現

　PCPという本人を中心に据えた計画づくりとは、障害者本人がどのような生活を望み、望ましい生活を実現するためにはどのような支援が必要かを学ぶ過程であり、個人の価値観や目標、サービスの成果を重要視するものである。また、家族やサービス機関の価値観、障害者の障害特性や地域の特徴も把握しなければならない。

　具体的には、障害者本人が将来望む生活についてグループで絵や図を描くことによって表現することや、望ましい生活を実現するためにどのような支援が必要かを家族や友人、地域住民や福祉専門職などを交えながら特定化することである。

　PCPにはいくつかのアプローチ方法があるが、その中でも代表的な方法が、MAPS（Making Action Plans; Forest & Lusthaus, 1989）とPATH（Planning Alternative Tomorrows with Hope; Pearpoint et al., 1993) である。MAPS は障害者個人の目標値を決め、その目標値に到達するためにチームがいかなる支援が必要かを特定する方法である。一方、PATH は、障害者本人のことをよく知っている人や支援チームで検討する。個人の価値観に基づいて目標を決定し、その目標達成のためのスケジュールを決定して、その目標が段階的に達成可能なプロセスやスケジュールを具体的に決定し記述する。

　これらの PCP の共通点としては、地域生活への参加、人間関係の充実、日常生活の中で好みを選択できること、尊厳ある生活、個人の能力を伸ばす機会を与えることなどを挙げることができる。いずれにしても PCP が目指す哲学は、本人を中心とした価値観や人としての尊厳を高めることであり、その実現に向けて具体的な生活を構築していくことである。

（村本 浄司）

◇◇◇　一口メモ　司法福祉に関する研究　◇◇◇

　山本（2009）は自伝的書籍である『累犯障害者』の中で、自身の刑期中に刑務所の中で知的障害者や高齢者が想像以上に多かったことを報告している。障害者や高齢者の中には身体が不自由な人もいるため、刑務官の職務は介護職も兼ねざるをえない場合もあるそうである。知的障害者は出所したとしても、定職に就くことができず、日々の食事も満足に取ることができない。そのため、万引きをしたり窃盗したりする等の罪を犯すことによって食料を確保してしまう。さらに彼らの中には、満足に食事を取ることができない地域生活よりも、「毎日三食食べることができ、寝る場所もある刑務所に戻りたい」と本気で考えている者もいる。そのため故意に犯罪に手を染めてしまう者もいるほどである。

　このように、せっかく刑務所などの矯正施設を出所したにもかかわらず地域生活への定着に課題を持つ者に対する支援として、地域生活定着促進事業が挙げられる。この事業は刑期中から、受け入れ先の確保や福祉サービス申請などのコーディネート業務を行い、刑務所等を退所した後に施設等に必要な助言等を行うフォローアップ業務、さらに福祉サービスの利用に関して、本人や関係者への相談支援業務を継続的に行うものである。

（村本 浄司）

4　精神保健福祉における心理学的支援

〔1〕精神保健福祉における課題と法制度

（1）精神障害の定義

　精神障害の定義では前述した精神保健福祉法と障害者基本法が大きな柱となる。精神保健福祉法第5条では、精神障害者を「統合失調症、精神作用物質による急性中毒又はその依存症、知的障害、精神病質その他の精神疾患を有する者」と定義している。その他の精神疾患には、気分感情障害やパーソナリティ障害などが入る。それぞれの概要は、表7-21、表7-22、表7-23、表7-24、図7-4、に示す。

　このような医学的な視点の一方で、障害者基本法では日常生活または社会生活に相当な制限を受ける状態にあるものとして生活的な視点から見る捉え方がある。なお、医学分類でも名称や基準の違いもあり整理されていないともいえる。福祉心理学的援助者は、診断名で人を見ず、疾患を抱える人の生活を理解し支援していく視点が求められる。

表7-21　精神症状の概要

疾患名	概要
統合失調症	幻覚（幻覚とは、実在しないはずの対象を知覚する体験のことである。それが生じる感覚器官によって、幻視、幻聴、幻触などと呼ばれる。薬物が原因で起こる幻覚や脳器質性異常によるもの、心理学的に誘発される幻覚など様々な原因があることが知られている）が現れたり、妄想を信じ込んだりする。意図や感情を伴わないのに特定の思考を繰り返すなどの思考異常も示す。話していることがつながらないなどの支離滅裂な思考、意識が保たれているのに反応ができない昏迷の状態や、同じ姿勢を取り続けるといった異常行動（緊張病症状）がある。原因としては、神経伝達物質の1つであるドーパミンの過剰な分泌という仮説がある。 **陽性症状**：幻覚妄想、緊張病症状 **陰性症状**：無気力、反応が鈍い
気分感情障害	抑うつ気分や興味関心の低下を含めた身体症状（睡眠障害、食欲障害、易疲労性など）や精神症状（思考力、集中力低下）などが伴うもの。2週間以上続く自責感、不安※、焦燥感、自殺念慮などの特徴が出ることがある。躁とうつが繰り返す双極性障害とは別の病気とされる。原因としては、シナプス間におけるセロトニンの量が少ないためニューロン間の情報伝達が十分でないことが挙げられる。
パーソナリティ障害	見方や捉え方（認知）や感じ方（感情性）、他人とのかかわり方（対人関係機能）に著しく偏りがあり、苦痛や障害が生じる疾患。 パーソナリティ障害はA群、B群、C群の3つの群に分かれる。A群の患者は奇妙で風変わりに見られる人たちで、妄想性パーソナリティ障害などが入る。B群には、反社会性、境界性、演技性、自己愛性パーソナリティ障害が含まれる。演技的で情緒的、移り気に見えるところが多い。C群は不安または恐怖を感じているように見られる人たちで、回避性、依存性、強迫性パーソナリティ障害が含まれる。
依存症（中毒含む）	中毒は、毒にあたるということを意味し、急性中毒（摂取物によって急激に起こる中毒）と慢性中毒（長期にわたる摂取物により身体に異常を来す状態）からなる。中毒では、苦しい体験により同じこととならないよう拒む傾向があるが、依存では好ましい傾向がある。ある特定の物質、行為、行動、人間関係にのめり込む状態に陥ることをアディクションという。快感や刺激を得ることができるため、有害な問題が生じていても継続されてしまう。結果、依存症や障害へと発展する。※法律で禁止されている薬物を摂取することを濫用といい、その毒性が現れた状態を中毒といい、やめられない状態に陥ることを依存という。
摂食障害	身体イメージの異常と食物摂取へのこだわりを主な特徴とする。やせても太っていると思い込み拒食を示す神経性無食欲症（標準体重15%以上減少）と、嘔吐や下剤などの使用による食物の意図的な排出を伴う過食が特徴の神経性大食症とがある。

※「不安」とは、漠然とした不快な感覚であり、統合失調症等の様々な精神障害の1つの症状として現れる。極端な場合は、外出などができず広場恐怖などになりうる。
出所：仮屋暢聡監修（2019）『ニュートン別冊　精神科医が語る精神科の病気』p. 13を一部改編

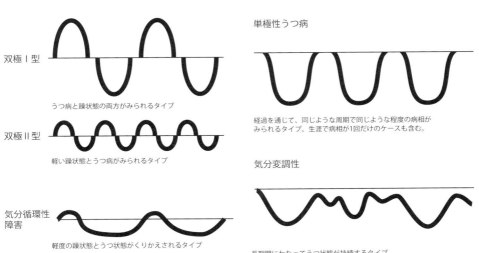

図7-4　うつ病・双極性障害
出所：仮屋暢聡監修（2019）『ニュートン別冊 精神科医が語る精神科の病気』p. 10, 11を一部改編

表7-22　その他の抑うつ障害群と双極性障害

疾患名	概要
気分変調症	長期間（例えば2年以上）にわたってほとんど中断なく抑うつ症状が持続する状態を呈する精神障害。
気分循環性障害	長期間（例えば2年以上）にわたってほとんど中断なく軽度の（うつ病と診断できない程度の）抑うつ症状と躁状態が交代するとき診断される精神障害。これは、うつ病の慢性型が気分変調症であるのに対して、双極性障害の軽症慢性型であるとみることができる。
季節性うつ病	これは、特定の季節（多くが冬）に生じるという性質を示すうつ病。季節による気候条件の変動の大きい高緯度地方のほうが、赤道に近い低緯度地方より多く認められることが知られている。
仮面うつ病	食欲不振や下痢、あるいは頭痛といった身体症状が訴えの前景にあり、抑うつ症状が目立たないタイプのうつ病を指す用語。実態は、うつ病として捉えることができる。DSM-5には掲載されていないが、臨床の現場ではみられる障害である。

出所：仮屋暢聡監修（2019）『ニュートン別冊　精神科医が語る精神科の病気』p. 13を一部改編

表7-23　パーソナリティ障害の種類

疾患名	概要
妄想性パーソナリティ障害	このタイプの基本的特徴は、他者に対する不信や猜疑心である。患者はいろいろなことを自分に関連づけ、自分に危害が加えられることを恐れたり、周囲の人々が自分を裏切っている証拠を探そうとしたりする。同時に自分の正当性を強く主張し、周囲からの攻撃に対しては寛容さに欠けた厳しい対応をみせる。この障害は妄想性障害や妄想型統合失調症と関連していると考えられる。
シゾイド（スキゾイド）パーソナリティ障害	以前は統合失調症の発症前の性格として考えられてきたタイプ。控え目で臆病、恥ずかしがりや、真面目、従順で正直、敏感で神経質などの特性が認められる。
統合失調症型パーソナリティ障害	統合失調症の遺伝的要因と関連すると考えられているパーソナリティ障害。外見や行動に奇妙さや不適切さを伴い、対人関係が広がりに欠け、感情の幅が狭く、しばしば適切さを欠くこと、関係念慮、奇異な信念や魔術的思考などの思考面の異常など、精神病症状に近い特徴が現れる。
反社会性パーソナリティ障害	男性に多いパーソナリティ障害で、他者の権利を侵害する反社会的行動を続けることが特徴。衝動的、向こう見ずで思慮に欠けており、傷害や殺人、窃盗や暴行などの行動に走る。また他者の感情に共感を示さず、信頼や正直さに欠けるため対人関係を長期にわたって持続することができない。
境界性パーソナリティ障害	女性にやや多いパーソナリティ障害で、行動パターンや感情、自己イメージなど広い領域の不安定さが特徴。コントロールできない激しい怒りや、抑うつ、焦燥など気分の著しい変動をみせる。対人関係では孤独に耐えられず、周囲の人を感情的に強く巻き込むといった特性を示す。これらの気分や対人関係の動揺によって、しばしば自傷行為や自殺、浪費や薬物濫用など自分を危険にさらす衝動的行動に走る。また、妄想や解離状態、精神病症状に近縁の症状の出現など、激しい動きが観察されることも多くある。
演技性パーソナリティ障害（ヒステリー性格）	女性に多いパーソナリティ障害で、他者の関心を集めるため、奇抜で派手な外見や演技的な行動を示す。感情表現がわざとらしく、表面的で真実味に乏しく、すぐに変わる。被暗示性が強く、容易に周囲から影響を受ける傾向があり、周囲に認められることを渇望している。外見や身体的魅力にこだわり、しばしば異性に対して誘惑的に振る舞うことがある。
自己愛性パーソナリティ障害	自己誇大感が中心的特徴である。自らの重要性や業績を過大評価し、傲慢さや特権意識を見せて、注目や賞賛を求める。他者には嫉妬するか軽蔑するかのどちらかに偏った感情を抱く。自らが常に充足していることを求める一方で、依存を弱さのあらわれとみなす傾向があり、外傷体験に強い羞恥心や怒りの感情が生じることがある。対人関係は、自己誇大感が維持されるようでないと長続きしない。
回避性パーソナリティ障害	自分自身の失敗や周囲からの拒絶などの否定的評価や強い刺激をもたらす状況を避けようとすることが特徴。広い範囲の自己不確実感及び劣等感を抱いており、習慣的に自己にまつわる不安や緊張を持続させている。その結果、対人関係に消極的になり、限られた範囲しか親密な関係を形成できなかったり、生活の範囲が制限されたりする。この人格はパニック障害や社交恐怖、そしてわが国でとりわけ重視される対人恐怖を生じる素地となっていると考えられる。
依存性パーソナリティ障害	他者への依存的行動が特徴。自分の行動にいつも他者の助言や指示を必要とする。他者に迎合し、自分の欲求を他者のそれに従属されることで関係を維持しようとする。自分は他の人がいないとやっていけないと感じており、孤独に対する無力感や不安を抱いている。広い範囲の精神疾患に認められており、女性に多いとされている。多くの場合、薬物依存やうつ病、不安症状などが前景にある。
強迫性パーソナリティ障害	対人関係や自分自身の内面に一定の秩序を保ち、それを自分がコントロールすることに固執することが特徴。融通性に欠け几帳面、完全主義、頑固、ケチ、温かみのない狭い感情を示す。完全主義で細部にこだわるため、仕事を要領よく進める上で困難が生じることがある。過度に良心的、倫理的であり、融通がきかず、他者に自分の仕事の一部を任せることを嫌うなど、自分のやり方に他者を当てはめようとする偏狭さや頑固さを見せることもある。

出所：仮屋暢聡監修（2019）『ニュートン別冊　精神科医が語る精神科の病気』p. 42, 43を一部改編

表7-24　アディクションの一般的な種類と分類

種類	内容	その対象
物質を求めるアディクション	特定の物質を摂取し続ける行為	アルコール、たばこ、薬物、カフェイン、摂食障害
過程を求めるアディクション	特定の行為・過程に強いこだわりを持つ	ギャンブル、買い物、繰り返される暴力、性的逸脱行為、仕事、ゲーム、インターネット、万引き、摂食障害
関係性のアディクション	特定の人間関係に強いこだわりを持つ	共依存、恋愛
クロス・アディクション　重複しているアディクション	同時に複数（重複した）アディクション問題を対象に強いこだわりを持つ　またアディクションが他の問題へと移行する	アルコールからギャンブルへ、または他の対象に移行することや、摂食障害やリストカットなど複数を抱える　また、感情のとらわれとも関連し、心配が怒りや不安・ネガティブな感情を引き起こす
その他のアディクション	アディクションのメカニズムと共通する特徴を持つ	ひきこもり、燃え尽き

出所：長坂和則編著（2018）『よくわかるアディクション問題——依存症を知り、回復へとつなげる』p. 33を一部改編

（2）精神保健福祉における課題

　精神保健福祉を捉えるには、単に精神症状が課題であるという視点ではなく、その背景には様々な社会的課題があることを踏まえる必要がある。災害、ウイルスなどによる、社会環境の変化が社会生活やその価値観に影響すること、また少子高齢化や核家族化などに対応する社会資源の不足及び人間関係の希薄化、つまり血縁関係を基盤とした家庭や地域において互いを支え合う力が低下すること、また子育て支援（虐待・ＤＶ）や困窮者支援（失業者・多重債務者の支援等）、外国人支援、犯罪者支援（障害を持つ犯罪者等）のようなよりスペシャルに家庭や地域に特化したニーズの多様化とその対応が不足することなど、様々な社会における問題や課題に直面する多くの人々が存在する。

　近年では職場のメンタルヘルスの増進も注目されている。仕事のストレスや不安により、心身の疲労感・消耗感から燃え尽き（バーンアウト）症候群やうつ病などにより休職となったり、仕事のストレスによる配偶者からの暴力（DV）や児童虐待、高齢者や障害を持つ者への虐待へつながることもある。このとき子どもには不登校や中途退学、いじめや自殺未遂、非行仲間との関係等の課題が潜むこともある。

　このほか、社会資源としての専門職の人材不足やそれによる負担増から認知症ケアや終末期におけるターミナルケアのあり方について、見直しを迫られている課題など様々である。ここに、震災や水害などによる自然災害の被災者や犯罪事件など予期せぬ事態に直面していれば複層的な課題を併せ持つことになる。

　精神保健福祉の施策については、入院医療中心から地域生活中心へとシフトしている中で、地域移行の過程においては地域の施設や住居の確保にも困難が伴う実態が見られ、依然として社会的入院の解消に向けた取り組みは精神科医療の大きな課題となっている。精神障害者については、医療的ケアと生活支援の継続的な提供が必要となるが、特に退院後の地域生活におけるニーズに応じた医療・福祉・介護・就労などの支援を受けられる環境の整備が求められる。また、精神科医療における人権保障については、入院形態のあり方や行動制限など権利擁護における課題が残る[7]。

7　このような精神保健福祉をめぐる課題や問題は、より一層深刻かつ複雑化してきている。そして、精神疾患や精神障害に対する無理解や誤解、偏見による不当な扱いや差別などの人権侵害により、社会生活や地域生活を送る中で生きづらさを感じながらも誰にも助けを求めることできず、個人や家族の中で抱え込み苦しんでいる人も少なくない。

表7-25　精神科・精神神経科、心療内科、神経内科の違い

精神科・精神神経科	精神科と精神神経科は同じものである。うつ病、統合失調症、神経症性障害などの病気をみている。
心療内科	心理的な原因で、胃潰瘍、気管支ぜんそくなどの体の症状が現れる、いわゆる心身症が主な治療対象である。ただし、この名称を掲げていても、実際にはこころの病気をみている医療機関はたくさんある。また、すべてのこころの病気をみるわけではなく、軽いうつ病や、神経症性障害など、こころの病気の一部しかみないところもある。
神経内科	パーキンソン病や脳梗塞、手足の麻痺やふるえなど、脳や脊髄、神経、筋肉の病気をみる。ただし、この名称を掲げていても、実際にはこころの病気を含めてみているところがある。また、認知症やてんかんは、精神科でも神経内科でもみている。

※精神科病院：都道府県は、精神科病院を設置しなければならない（精神保健福祉法第19条の7）。
出所：仮屋暢聡監修（2019）『ニュートン別冊　精神科医が語る精神科の病気』p.7を一部改編

（3）精神保健福祉に関連する法制度

　精神保健福祉施策に関する法制度としては、精神障害者を私宅で監置することを認める精神病者監護法（1900〔明治33〕年；1875〔明治8〕年に初の精神病院〔京都癲狂院〕設置）にはじまり、公的な病院設置を認める精神病院法が加わり（1919〔大正8〕年；実際には戦争もかかわり設置困難）、戦後日本国憲法の成立を受け公衆衛生の向上を国の責務とした精神衛生法（1950〔昭和25〕年）、そして精神科病院における人権侵害事件から人権擁護を踏まえた社会復帰や任意入院制度、精神医療審査会を創設した精神保健法（1987〔昭和62〕年）、精神障害者が障害者基本法（1993〔平成5〕年）の対象として位置づけられ社会復帰等の福祉施策が強化（ホームヘルプやショートステイ等）された精神保健及び精神障害者福祉に関する法律（1995〔平成7〕年；以下、精神保健福祉法）へと展開されてきた[8]。そして、2013（平成25）年の精神保健福祉法の一部改正では、精神障害者の地域生活への移行促進[9]により、精神障害者の医療の提供を確保するための指針の策定、保護者制度の廃止、医療保護入院における入院手続きの見直しなどを目的とした。

　精神保健福祉法は、精神科（表7-25）の入院医療の諸制度を中心に、行政による知識の普及、相談指導業務について定めた法律であり、精神科病院の入院形態や行動制限においても規定されている。

8　戦後、わが国では1950（昭和25）年に「精神衛生法」が制定され、人権侵害の観点から精神障害者の私宅監置が禁止された。一方で、都道府県に公立の精神病院の設置義務が課せられ、さらに自傷他害のおそれのある精神障害者の措置入院と保護義務者の同意による同意入院の制度がつくられた。つまり、入院中心の医療保護制度が整備されることになったのである。その後、宇都宮病院で入院中の患者が看護職員によって暴行を受け死亡する事件、いわゆる「宇都宮病院事件」を契機に、1987（昭和62）年には「精神保健法」が制定され、国の施策として精神障害者の人権擁護、精神障害者の社会復帰の促進が掲げられた。そして、1995（平成7）年には、障害者基本法（1993年成立）を受けて精神保健法が大幅に改正され、「精神保健及び精神障害者福祉に関する法律（精神保健福祉法）」が成立し、精神障害者が法的にも明確に「障害者」として認知されることになり、法の目的に「自立と社会経済活動への参加」が加えられた。さらに、2013（平成25）年の精神保健福祉法の一部改正では、精神科病院の管理者に、医療保護入院者の退院後の生活環境に関する相談及び指導を行う者（退院後生活環境相談員）の設置や退院促進のための体制整備などが義務づけられ、今では「地域移行」が精神障害者の福祉施策の大きな潮流となっている。

9　精神障害者地域移行特別加算：精神科病院等に1年以上入院していた精神障害者に対して、地域で生活するために必要な相談援助等を社会福祉士、精神保健福祉士又は公認心理師等が実施した場合300単位。
　　強度行動障害者地域移行特別加算：障害者支援施設等に1年以上入所していた強度行動障害を有する者に対して、地域で生活するために必要な相談援助等を強度行動障害支援者養成研修修了者等が実施した場合300単位。

精神保健福祉法の目的：精神障害者の福祉の増進及び国民の精神保健の向上を図ること
①精神障害者の医療及び保護を行う
②社会復帰の促進、自立と社会経済活動への参加の促進のための必要な援助を行う
③精神疾患の発生の予防や、国民の精神的健康の保持および増進に努める

　精神保健福祉法で規定する入院形態には、任意入院（第20条、第21条）、措置入院（第29条）、緊急措置入院（第29条の2）、医療保護入院（第33条）、応急入院（第33条の7）がある（表7-26、表7-27参照）。精神保健福祉法には入院患者の人権を守る仕組みが規定され、措置入院や医療保護入院については一定期間ごとに精神医療審査会[10]での審査が義務づけられ

表7-26　精神保健福祉法の入院形態

【任意入院】本人の同意による入院である。よって、本人の申し出があれば退院させなければならない。しかしながら精神保健指定医（※1）が「医療および保護のため入院を継続する必要がある」と判断した場合は、72時間に限り退院制限することができる。一般的には、この退院制限の時間内に医療保護入院など、他の入院形態に切り替えることも可能である。つまり、非自発的入院への移行も想定されているのが任意入院である（※2）。
【措置入院】都道府県知事の責任でなされる非自発的な入院である。2人以上の精神保健指定医が「医療および保護のため入院させなければその精神障害のために自身を傷つけ又は他人に害を及ぼすおそれがある」と認めた場合に行われる。入院施設も限定されていて、一定の要件を満たした指定病院への入院となる。医療保険の自己負担部分については公費負担され、国と都道府県で負担する。治療の結果、自傷他害の措置症状が消退したと認められる場合には、ただちに退院させなければならない（※3）。
【緊急措置入院】ただちに入院させなければ自傷他害のおそれがあるが、通常の措置入院の手続きを踏むことができない場合の入院措置である。1人の精神保健指定医の判定で入院させることができるが、72時間以内に正規の措置入院、その他の入院形態に切り替えるか、あるいは退院にするかを決定する（※4）。
【医療保護入院】精神保健指定医による診察の結果、入院が必要とされているが、本人が入院を拒否していて任意入院は困難とみなされた場合の入院形態（※4）である。2013年の法改正では、それまでの保護者制度が廃止され「家族等のうちいずれかの者の同意」があれば、医療保護入院が可能になった。
【応急入院】緊急に入院の必要があるが、本人が入院に同意せず、家族等の同意も得ることができない場合の入院形態である。精神保健指定医の診察が必要であり、入院期間は72時間と限定されている。入院先は、指定病院でなければならない。緊急性はあるが自傷他害のおそれはない場合（※4）である。

※1　精神保健指定医：厚生労働大臣は、申請に基づき、措置入院や医療保護入院の要否、行動の制限等の判定を行うのに必要な知識及び技能を有すると認められる者を、精神保健指定医に指定する（精神保健福祉法第18条）。
※2　一般社団法人日本精神科看護協会監修（2019）『精神科ナースポケットブック』学研メディカル秀潤社, p.83／※3　同p.84／※4　同p.85

表7-27　精神保健福祉法による入院形態

入院形態	任意入院	措置入院	緊急措置入院	医療保護入院	応急入院
条文	第20条、第21条	第29条	第29条の2	第33条	第33条の7
入院要件	本人の同意	自傷他害のおそれ	・自傷他害のおそれ ・急速を要する	・医療および保護のため入院が必要 ・家族等のうちいずれかの者の同意 ・上記の同意ができる者がいない場合は、市町村長の同意	・急速を要する ・家族等の意向が確認できる状況ではない
診断	医師1人	指定医2人以上	指定医1人	指定医1人	指定医1人
入院期限	なし	なし	72時間	目標は1年以内の退院	72時間
制限、その他	72時間の退院制限	知事の権限による入院	72時間以内に第29条の診察	退院後生活環境相談員の選任、退院支援委員会の開催等	72時間以内に他の入院形態に変更
定期の病状報告	改善命令等を受けた場合以外なし	3か月、以後6か月ごと	なし	12か月ごと	なし

出所：一般社団法人日本精神科看護協会監修（2019）『精神科ナースポケットブック』を一部改編

10　地方精神保健福祉審議会及び精神医療審査会：精神保健及び精神障害者の福祉に関する事項を調査審議させるため、都道府県は、条例で、精神保健福祉に関する審議会そのほかの合議制の機関（「地方精神保健福祉審議会」という）を置くことができるとされている（第9条）。また、措置入院患者等の定期病状報告や、入院患者またはその家族等からの退院等の請求に対する応諾の可否等の審査等を行わせるため、都道府県に、精神医療審査会を設置することとされている（第12条）。

ており、病院からの報告をもとに妥当性が書面審査される。また、退院請求や処遇改善請求があった場合には、精神医療審査会が請求者本人や精神科病院の関係者から意見聴取を行い、診療録等の提出を求めて審査する。精神医療審査会は、第三者機関として都道府県に設置されており、医療委員・法律家委員・保健福祉委員で構成されている。その役割は、審査を通じて入院患者の権利擁護にあたることである[11]。

〔2〕精神障害者がかかわる施設と特性

（1）精神障害者への生活支援と就労支援

　福祉サービスを中核とした法律は、精神保健福祉法同様に障害者の日常生活及び社会生活を総合的に支援するための法律（以下、障害者総合支援法）である。主なサービスとしては、就労継続支援A型・B型、共同生活援助、自立生活援助などの「訓練等給付」、居宅介護、療養介護、生活介護などの「介護給付」、相談支援事業、成年後見制度利用支援事業などの「地域生活支援事業」、精神保健福祉法の定義する精神疾患による通院医療としての「自立支援医療」があげられる。ここでは、精神障害者に対する生活支援と就労支援の視点から、共同生活援助、行動援護、就労移行支援、就労継続支援、就労定着支援、自立生活援助について説明する（図7-5、図7-6、表7-28）。

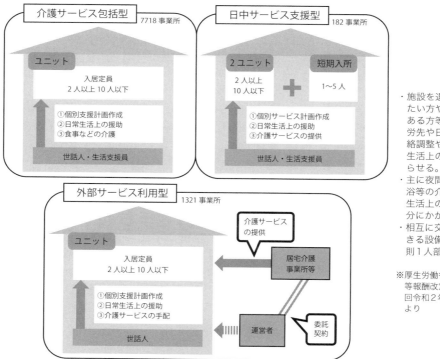

図7-5　グループホーム（共同生活援助）
出所：いとう総研資格取得支援センター（2019）『見て覚える！精神保健福祉士国試ナビ［専門科目］2020』中央法規出版；
事業所数は国保連令和2年4月サービス提供分実績

11　一般社団法人日本精神科看護協会監修（2019）『精神科ナースポケットブック』学研メディカル秀潤社, p. 86.

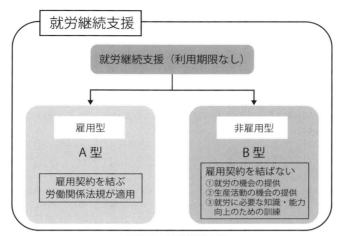

図7-6　就労継続支援

出所：いとう総研資格取得支援センター（2019）『見て覚える！精神保健福祉士国試ナビ［専門科目］2020』中央法規出版

表7-28　精神障害者への生活支援と就労支援

①グループホーム（共同生活援助：訓練等給付） 　グループホーム（共同生活援助）とは、障害者に対する住まいと暮らしの支援として、共同生活を営むべき住居での、主として夜間における、相談、入浴、排泄または食事の介護その他の日常生活上の援助を行うものであり、介護サービス包括型、外部サービス利用型、日中サービス支援型の３類型がある。 「介護サービス包括型」：事業所の職員が入浴、排泄または食事などの介護を提供する事業であり、入浴、排泄または食事などの介護の提供を受けることを希望する障害者は、障害支援区分の認定が必要となる。 「外部サービス利用型」：外部の居宅介護事業者に委託して、入浴、排泄または食事などの介護を提供する事業であり、日常生活上の援助など基本サービスに加えて、受託居宅介護サービスの提供を受けることを希望する障害者は障害支援区分の認定が必要となる。 「日中サービス支援型」：スケールメリットを活かした重度障害者への支援を可能とするため、１つの建物への入居を20名まで認めた新たな類型のグループホームであり、2018（平成30）年度に創設された。
②行動援護 　行動援護とは、知的障害または精神障害により、行動上著しい困難があって常時介護を必要とする者（障害支援区分3以上で行動関連項目等12項目の合計点数が10点以上）が行動する際に生じ得る危険を回避するために必要な援護、外出時における移動中の介護、排泄および食事などの介護その他の行動する際の必要な援助を行うことである。 【行動関連項目等】 ①コミュニケーション　②説明の理解　③異食行動　④多動・行動の停止　⑤不安定な行動　⑥自らを傷つける行為 ⑦他人を傷つける行為　⑧不適切な行為　⑨大声・奇声を出す　⑩突発的な行動　⑪過食・反すう等　⑫てんかん
③就労移行支援 　就労移行支援とは、一般就労などへの移行に向けて、利用期間を定めて就労に必要な知識および能力の向上のために必要な訓練などの就労支援を提供するものである。就労移行支援の対象者は、就労を希望する障害者であって、通常の事業所に雇用されることが可能と見込まれる65歳未満の者（就労に必要な知識及び技術の習得等の支援が必要な者など）である。就労移行支援のサービス内容としては、生産活動や職場体験その他の活動の機会の提供、就労に必要な知識および能力の向上のために必要な訓練（ビジネスマナーやIT機器の操作など）、求職活動に関する支援、適性に応じた職場の開拓、就職後における職場への定着のために必要な相談などの支援を行う。標準利用期間は２年に定められているが、市町村審査会の個別審査会において必要性が認められた場合に限り、最大１年間の更新が可能となる。 ①生産活動・職場体験などの訓練　②求職活動に対する支援 ③適性に応じた職場の開拓　④就職後の職場への定着のための支援 　就労移行支援事業所における配置基準には、管理者、職業指導員、生活支援員、就労支援員、サービス管理責任者がある。
④就労継続支援 　就労継続支援事業所における配置基準には、管理者、職業指導員、生活支援員、サービス管理責任者がある。 就労継続支援A型（雇用型）：雇用契約に基づく就労や生産活動その他の活動の機会を提供するとともに、就労に必要な知識および能力の向上のために必要な訓練や支援を行うことであり、利用期間の制限はない。労働基準法や最低賃金法などの労働関係法の適用を受けることが特徴である。就労継続支援A型（雇用型）の利用対象者は、通常の事業所に雇用されることが困難な障害者のうち、就労に必要な知識および能力の向上を図るための適切な支援により、雇用契約に基づく就労が可能であると見込まれる65歳未満（利用開始時）の者である。 就労継続支援B型（非雇用型）：雇用契約は結ばずに就労や生産活動その他の活動の機会（仲間づくりの場など）を提供するとともに、就労に必要な知識および能力の向上のために必要な訓練や支援を行うことであり、利用期間の制限はない。なお、労働関係法の適用を受けないことがA型事業との違いである。就労継続支援B型（非雇用型）の利用対象者は、通常の事業所に雇用されていた障害者が年齢や心身の状態その他の事情によって継続が困難となったり、就労移行支援などを利用したが雇用契約に基づく就労に結びつかなかったり、また50歳に達している障害者など、通常の事業所に雇用されることが困難な者である。

⑤就労定着支援（訓練等給付）

就労定着支援とは、障害者の就労継続を図るため、環境の変化に伴う生活面の課題に関する相談に応じ、企業、障害福祉サービス事業者、医療機関、家族などとの連絡調整を行うとともに、指導および助言など課題解決に向けた支援を行うことであり、2018（平成30）年度に創設された。就労定着支援の対象者は、就労移行支援または就労継続支援、生活介護や自立訓練を利用し、通常の事業所に新たに雇用されるなど一般就労へ移行した障害者である。就労定着支援のサービス内容としては、障害者からの相談を通して就労に伴う生活面の課題を把握するとともに、企業や関係機関などとの連絡調整や課題解決に向けて必要となる支援を行う。相談による生活面の課題の把握・必要な支援、企業や関係機関などとの連絡調整、さらに、利用期間を上限3年と定めて、経過後は障害者就業・生活支援センターなどへと引き継ぐ。就労定着支援事業所における配置基準には、管理者、就労定着支援員、サービス管理責任者がある。

⑥自立生活援助（訓練等給付）

自立生活援助とは、施設入所支援や共同生活援助を利用していた障害者が居宅において日常生活を送れるように、定期的な巡回訪問や随時の対応により、円滑な地域生活に向けた相談・助言などを行うことであり、2018（平成30）年度に創設された。自立生活援助の対象者は、障害者支援施設やグループホーム、精神科病院などから地域での一人暮らしに移行し、居宅において単身等で生活する障害者など、理解力や生活力などに不安がある者である。自立生活援助のサービス内容としては、定期的に利用者の居宅をおおむね月に2回以上訪問することや利用者からの相談・要請があった際に訪問・電話・メールなどによる随時の対応で、居宅における自立した日常生活を営む上での問題を把握し、必要な情報の提供や助言、関係機関との連絡調整などの自立した日常生活を営むために必要な援助を行う。自立生活援助事業所における配置基準には、管理者、地域生活支援員、サービス管理責任者がある。

表7-29　精神保健福祉に関する行政機関・施設の業務

保健所：地域保健法に基づき、都道府県、指定都市や中核市などに設置され、精神科嘱託医を含む医師、保健師、精神保健福祉相談員、臨床心理技術者などの専門職が配置されている。地域の精神保健福祉における中心的な行政機関として、市町村、精神保健福祉センター、福祉事務所、児童相談所、医療機関、障害福祉サービス事業所や当事者団体などと連携し、地域住民の精神的な健康保持・増進のために、精神疾患の早期治療への取り組みだけでなく、精神障害者の社会復帰や自立のための社会活動への参加についても促進を図る。保健所による精神保健福祉に関する主な業務としては、現状の把握と情報提供、保健・医療・福祉にかかる計画の策定、心の健康づくりや精神障害に対する知識の普及・啓発、関係機関に対する研修、セルフヘルプグループ（患者会・家族会・断酒会など）やボランティア団体に対する支援、保健・医療・福祉に関する相談、本人や家族に対する訪問指導、デイケアなど訓練指導の実施や関係機関の紹介、移送に関する手続きや精神科病院への指導監督、相談指導記録の整理・保管と個人情報保護への配慮、市町村への情報提供・協力・支援などがある。
精神保健福祉センター：精神保健の向上及び精神障害者の福祉の増進を図るための機関であり、精神保健福祉法の第6条に規定され、都道府県及び指定都市に設置されている。精神保健福祉にかかる普及啓発から自殺対策、精神障害者保健福祉手帳の申請や自立支援医療費の支給認定に関する事務など、その取り組みは多岐にわたり、精神保健福祉相談員、医師や保健師、臨床心理技術者などの専門職が配置され、保健所や市町村に対する協力・援助を行う。また、精神保健及び精神障害者の福祉に関する相談および指導のうち複雑または困難な事例を対象としており、地域における医療保健福祉の機関と連携を図りながら支援を行っている。精神保健福祉センターによる精神保健福祉に関する主な業務としては、精神保健福祉の普及啓発と調査研究、精神保健福祉施策に関する企画立案、教育研修などの人材育成、精神保健福祉に関する自助グループや家族会など関連団体の組織育成、複雑または困難な精神保健福祉事例の相談・指導、自立支援医療（精神通院医療）の支給認定及び精神障害者保健福祉手帳の交付決定に関する専門的事務、精神医療審査会の事務、市町村・保健所及び関係機関に対する専門的立場からの技術指導・援助などがある。
精神障害者保健福祉手帳：精神障害者（知的障害者を除く）は、その居住地（居住地を有しないときは、その現在地）の都道府県知事に精神障害者保健福祉手帳の交付を申請することができる。都道府県知事は、申請者が政令で定める精神障害の状態にあると認めたときは、申請者に精神障害者保健福祉手帳を交付しなければならない（精神保健福祉法第45条）。
精神保健福祉相談員：都道府県・市町村は、精神保健福祉センター・保健所等に、精神保健及び精神障害者の福祉に関する相談に応じたり、精神障害者及びその家族等を訪問して指導を行うための職員（精神保健福祉相談員）を置くことができる。精神保健福祉相談員は、精神保健福祉士そのほか政令で定める資格を有する者のうちから、都道府県知事又は市町村長が任命する（精神保健福祉法第48条）。
精神障害者社会復帰促進センター：厚生労働大臣は、精神障害者の社会復帰の促進を図るための訓練及び指導等に関する研究開発を行うこと等により精神障害者の社会復帰を促進することを目的とする一般社団法人または一般財団法人であって、業務を適正かつ確実に行うことができると認められるものを、その申請により、全国を通じて一個に限り、精神障害者社会復帰促進センターとして指定することができる（精神保健福祉法第51条の2）。

（2）精神保健福祉に関する行政機関・施設の業務

精神保健福祉に関する行政機関・施設の業務について見ると、市町村が日常生活の支援を担い、保健所は受診援助と治療継続の支援など主に医療に関することが中心となる（表7-29、7-30）。

表7-30　精神保健福祉に関するサービスの利用期間

サービス名・内容		標準利用期間等	特記（事務処理要領より）
自立訓練 （機能訓練）	理学療法や作業療法等の身体的リハビリテーション、日常生活上の相談支援	18か月（1年6か月）	頸髄損傷による四肢の麻痺その他これに類する状態にある場合は36か月（3年）
自立訓練 （生活訓練）	食事や家事等の日常生活能力を向上するための訓練、日常生活上の相談支援	24か月 （2年）	以下の場合は、36か月（3年） ・長期間、指定障害者支援施設等の入所施設に入所又は精神科病院等に入院していた者 ・長期間のひきこもり等により社会生活の経験が乏しいと認められる者や発達障害のある者など2年間の利用期間では十分な成果が得られないと認められる者等
宿泊型自立訓練	夜間の居住の場を提供し、生活能力等の維持・向上のための訓練を行うとともに、地域移行に向けた支援等	24か月 （2年）	
就労移行支援	一般就労等への移行に向けて、事業所内や企業における作業や実習、適正に応じた職場の開拓、就労後の職場定着のための支援	24か月（2年）	養成施設の場合は36か月（3年）又は60か月（5年） ※養成施設は、国立身体障害者リハビリテーションセンターのみ
自立生活援助	定期的な巡回訪問や随時の対応により単身等の障害者の地域生活を支援	12か月 （1年）	
共同生活援助 （サテライト型住居利用）	本体のグループホームから概ね20分以内の場所にアパート等の部屋を借りて、地域において単身等で生活するための支援	36か月 （3年）	
地域移行支援	施設等に入所している障害者や精神科病院に入院している精神障害者が地域生活へ移行するための支援	6か月	対象者の状態に応じて必要と認める場合は、6か月以内で1回までは更新可能。

出所：横浜市健康福祉局（2019）「訓練等給付事業・地域相談支援給付（地域移行支援）利用期間取扱いについて」

（占部 尊士、米川 和雄）

〔3〕精神障害者の心理的特徴

　ここでは、発達心理学者のエリクソン（Erikson, E. H.）が提唱した生涯発達理論の概念を用いて、各ライフサイクル（年齢）において見られる心理・社会的課題および精神保健上の問題について述べることにしたい。なお、紙幅の都合上、ライフサイクル（年齢）の中でも特に精神的不調を生じやすいといわれる「乳児期（0〜1歳半）」、「思春期・青年期（13〜22歳）」、「老年期（65歳〜）」の3つの時期に焦点を当てて論じることにする。

表7-31　エリクソンのライフサイクルと発達課題の一覧

ライフサイクル（年齢）	発達課題	人格的活力※
乳児期（0歳〜1歳半）	基本的信頼感vs基本的不信感	希望
幼児期前期（1歳半〜3歳）	自律性vs恥と疑惑	意志
幼児期後期（3歳〜6歳）	積極性vs罪悪感	目的をもつこと
学童期（6歳〜13歳）	勤勉性vs劣等感	自己効力感
思春期・青年期（13歳〜22歳）	自我同一性vs役割拡散	帰属感
成人期初期（22歳〜40歳）	親密性vs孤立	幸福感・愛
成人期後期[壮年期・中年期]（40歳〜65歳）	世代性vs停滞	世話
老年期（65歳以上）	自我の統合vs絶望	知恵

※人格的活力は、「人がよりよく生きていくための力」であり、発達課題の達成によって獲得される。
出所：鑪幹八郎（2002）『アイデンティティとライフサイクル論』ナカニシヤ出版、p.21をもとに筆者作成

エリクソンによると、人間は生物学的な成熟（あるいは減退）のみでではなく、年齢に応じて心理的にも、社会的にも、また文化的にも生涯をかけて発達する存在であるとし、人生を大きく8つの時期に分けて捉え、それぞれの時期での発達課題および人格的活力を示している（表7-31）。

表7-32は、エリクソンのライフサイクルと発達課題を一覧にしたものである。エリクソンは、人間は生を受けてから死に至るまでの発達課題を克服することによって人格的活力（人がより

表7-32　各ライフサイクル（年齢）において見られる心理・社会的課題および精神保健上の問題

（1）乳児期（0歳～1歳半）

乳児期では、「基本的信頼感」と「基本的不信感」の拮抗がテーマとなる。

具体的に説明すると、生まれたばかりの赤ちゃんは、いつも自分の欲求がすぐに満たされない状態にいて「不信感」を持ちつつも、そこに関与し、世話をしてくれる大人（主に母親）の存在によって「他人や社会を信じても大丈夫」といった「信頼感」も持つことになる。

乳児期において、このような「基本的不信感」よりも「基本的信頼感」の方が勝ることによって、「自分は生きていてもいいんだ」、「誰かがちゃんと自分の事を見てくれているんだ」という思いや体験を得て、それが人生の土台となっていく。そしてこの体験が「希望」という形で「人格的活力（よりよく生きていくための力）」となり、今後の人生における「安定」や「安心」につながっていくのである。

このような発達課題をもつ乳児期に見られる主な精神保健上の課題としては、愛着形成における「関係性の障害」が考えられる。

乳児期は、赤ちゃんと母親は情緒的に強く結びつき、母親（時に父親）の世話のもと、成長・発育をしていく。その中で赤ちゃんは母親に対し、様々な言動や表情を発信し、またその言動や表情の裏側にある感情や情緒を母親は読みとり、赤ちゃんに母親の言動や表情を返していく。しかし、赤ちゃん側の要因（例えば、未熟児や言動や表情を発信する力が弱いなどといった要因）、あるいは母親側の要因（知的な課題、虐待体験など）があると、相互交流が阻害され、よい関係性が持てなくなってしまうことがある。その際に、愛着形成における「関係性の障害」が生じる場合がある。特に母親については、このような「関係性の障害」により子育てに自信がなくなり、赤ちゃんも可愛く思えず「自分は母親失格」などと考えがちになり、抑うつが強まってうつ病などの気分感情障害が起こりやすくなる時期でもある。

（2）思春期・青年期（13歳～22歳）

思春期・青年期は学齢でいうと中学生から大学生くらいまでの時期を指す。この時期は、第2次性徴や異性への関心、性的欲求の衝動といった様々な変化が多く起きる時期である。非常に多感な時期であるため、この時期はある種の病的なこだわりや言動も見られるようになる。なお、病的なこだわりや言動については、一過性の場合もあるので、この時期の精神的な揺れやそれに伴う症状の判断及び解釈には慎重を要する。

幼児期前期・後期（幼稚園、保育所、小学校など）とは異なり、より大きく、様々な地域や特性を持った同年代の集団の中で生活することになる。したがって、この時期はそのような集団の中で「学校において自分の役割とは？」「相手にとって、自分の存在とは？」「生きている意味は？」といった「○○である自分」についての疑問や葛藤が生じやすい時期でもある。

このような「○○である自分」というものをエリクソンは「アイデンティティ」と呼んでいる。このアイデンティティは日本語で「自我同一性」とも呼ばれ、親に対して子どもである自分や、部活動の中での部員としての自分、異性との交際において男性・女性である自分、といった様々な場面や文化の中で異なる役割を担うことになる。

ここでは「自我同一性（アイデンティティ）の確立」と「アイデンティティの拡散」の拮抗がテーマとなるが、この拮抗のプロセスでは大変な労力が必要となる。自分が自分であることに誇りを持ち、属する集団や周りの人々の中での自分の居場所の確保をしながらも、その反面、自分は属する集団や周りの人々に受け入れられているのだろうかといった孤独感や迷い・動揺といった葛藤と向き合わなくてはならないからである。その葛藤の結果、「自我同一性（アイデンティティ）の確立」によって、「自分はこの集団にいていいんだ」「この人々に所属しているんだ」という忠誠心や帰属感の獲得につながる。しかし、この時期の拮抗（葛藤）は、これまでの発達段階のものよりも、より複雑で高度なものとなり、よりエネルギーを必要とする激しい時期である。そのため、精神疾患を発症する可能性が高い時期ともいえる。

以下は、この時期に多く見られる精神疾患や状態を示す。

・うつ病（抑うつ状態）　・統合失調症　・神経症　・強迫神経症　・パニック障害　・対人恐怖
・摂食障害（拒食症　過食症）　・アルコール依存症

（3）老年期（65歳～）

エリクソンの提唱したライフサイクルでいうと最後の段階である。肉体的・身体的な衰えは万人に平等に与えられ、避けることはできない。そのような衰えにより、様々な機能の低下が生じやすくなってくる。そのような機能の低下を補うように、これまでの経験や知識、人徳が集大成となっていく時期ともいわれている。

エリクソンは、肯定的にも否定的にも、自分自身の人生を振り返った際に、「良い人生だった…」と確信をもって受け入れられることを「自我の統合」といい、そのことが、最終的な「死」の受容に大いに影響を与えるといわれる。

その「死」を受け入れる力の乏しさや、様々な衰えに対しての恐怖などを抱くことは「絶望」というこの時期のネガティブな力にもなり得る。そして、この「絶望」の力が強すぎると、自ら命を絶つ（自殺）ことになってしまうこともある。そのため老年期は、肉体的・精神的な衰えや「絶望」から精神疾患を発症する可能性が高い時期ともいえる。

以下は、この時期に多く見られる精神疾患や状態等である。

・認知症（脳血管性認知症・アルツハイマー型認知症、レビー小体型認知症）　・仮面うつ病
・（喪失体験に伴う）抑うつ、うつ病　・せん妄　・神経症

良く生きていくための力）が獲得される社会的生物であると主張している。

　以上のように、ライフサイクルから心理・社会的特徴や精神的不調を理解することは、福祉心理学に求められる重要な視点だといえる。

（大西　良）

〔4〕精神障害者の心理学的アセスメント

　精神障害者に対する心理学的アセスメントとして、心理面接、行動観察、心理検査からのアセスメントが基本となる（表7-33）。

　これまで心理学的アセスメントという用語が心理検査と同義で使用されることもあったが、

表7-33　各ライフサイクル（年齢）において見られる心理・社会的課題および精神保健上の問題

心理面接によるアセスメント：初回面接（インテーク面接）で行われることが多い。対象が何に困っていて、どのようになることを望んでいるのかといった主訴や来談経路だけでなく、既往歴、成育歴、生活歴、家族構成などの情報収集がなされる。また、身体疾患、アルコールや薬物の使用歴、自傷他害や暴力等の可能性に関する見立ても求められる。何より、対象者が安心し、面接者との間に信頼関係を築いてくことが必要である。
行動観察によるアセスメント：対象者の姿のありのままを捉えられる点に特徴がある。対象者との面接において、話を聞くだけでは十分ではなく、非言語的情報である表情、動作、座り方や座る位置などを観察して、その真意を感じとることが必要になる。例えば、うつ病であれば、「暗い表情、声に張りがなく小さい、動きが鈍く、うつむきがちの姿勢」などを示すかもしれない。言葉で話す内容より、表情、その口調、態度・ふるまいの方により強く精神状態が表出されることがある。重篤な精神疾患を持つ対象者にとって、行動観察は心理的アセスメントの重要な部分となってくる。
心理検査によるアセスメント：心理検査を用いて診察や面接場面では得にくい精神症状やパーソナリティ傾向、知的機能や認知機能などの情報を把握し、個人の特性を捉えることができる。ただし、心理検査は対象者のある一側面を測定しているにすぎない。そのため、目的に応じて数種類の検査を組み合わせた検査バッテリーを組むことにより、多面的かつ総合的なアセスメントが可能となる。例えば、うつ病のようなエピソードの背景にパーソナリティ障害や特性がどの程度関与しているのかを明らかにする目的であれば、ロールシャッハ・テスト、SCT、HTPの3種が基本的な検査バッテリーとなる（津川・遠藤編、2019）。入院であっても外来であっても対象者の負担にならず1、2回で終了できるよう、検査バッテリーでは2〜4種類が選ばれることが多い。小川ほか（2005）によれば、日本ではバウムテスト、HTP、風景構成法、DAPといった描画法性格検査がよく用いられるという（表7-34）。次にWAIS、WISC、ビネー式といった知能検査、そしてSCT、ロールシャッハ・テスト、PFスタディといった投映法性格検査の順になっている。現実の臨床場面では、描画法がひとつ選ばれ、ロールシャッハ・テストが選ばれ、必要なケースにWechsler型の知能検査が選ばれ、それにSCTもしくは感情状態を評価する尺度（SDS自己評価式抑うつ尺度など）が加わるといったものが典型である（津川・篠竹、2010）。

表7-34　心理臨床における心理検査の採用頻度（小川ほか（2005）をもとに作成）

順位	名称	概要
1	バウムテスト	A4用紙に鉛筆で「実のなる樹木を1本」描かせ、その図を評定する投映法性格検査。
2	SCT（文章完成法）	「私は子どものころは…」といった未完成の文章の後半を、自分が連想したとおりに記入し文章を完成させる投映法性格検査。
3	ロールシャッハ・テスト	左右対称のインクシミを見せ何に見えるかを答える投映法性格検査。
4	TEG（東大式エゴグラム）	親、大人、子どもの3つの自我状態を仮定し、その強弱によって性格の傾向を捉える質問紙法性格検査。
5	WAIS	16歳以上を対象としたウェクスラー式の知能検査。
6	HTP	対象者に家と木と人物の絵を順番に特定の大きさの別々の紙に描かせる投映法（描画）性格検査。
7	WISC	5歳から16歳までを対象としたウェクスラー式の児童用知能検査。
8	風景構成法	A4サイズの画用紙に川・山・木・人など10項目の絵を描き、1つの風景を完成させる投映法（描画）性格検査。
9	YG性格検査	ギルフォードの性格検査をモデルとし、日本の文化環境に合うように矢田部達郎によって作成された質問紙法性格検査。
10	ビネー式知能検査	世界初の知能検査ビネー・シモン知能測定尺度法およびその基本的な考えと方式を踏襲して作成された知能検査。
11	DAP	人の絵を描くことで対象者の人格や心的状態を把握する投映法（描画）性格検査。
12	PFスタディ	欲求不満状況に対する反応傾向に基づいて、被検者のパーソナリティを把握する投映法性格検査。

心理検査のなかには対象の観察や面接が必然的に含まれている（表7-34）。心理検査はあくまで心理学的アセスメントの方法の1つであり、対象を包括的に理解するためには、心理面接・行動観察・心理検査などの結果を統合させて解釈をする必要がある。そして、生物心理社会モデルの視点を持ち、対象を生物学的側面・心理学的側面・社会的側面の3つの側面から総合的に検討することにより、適切な支援や介入につなげることができるのである。

（春原　淑雄）

〔5〕精神障害者福祉における心理学的支援の基本

　本稿では「統合失調症」「気分障害」「てんかん」「依存症」「高次脳機能障害」などの精神障害者を想定した共通する心理学的支援について考える[12]。

（1）福祉と医療の架け橋としての心理学的支援者

　精神障害者への心理学的支援というと、まずは精神科における心理臨床活動が考えられる。治療過程において、面接・行動観察・心理検査を中心とする心理アセスメントの実施や個人の心理療法・集団療法などの心理的介入が代表的である。これらは入院・通院治療における病院心理臨床であり、「医療領域における心理学的支援」といえるであろう。

　近年では、地域生活において精神障害者を支える多職種チームアプローチが進められている。利用者の生活の場へ赴くアウトリーチ（訪問）を支援活動の中心とするACT（アクト／Assertive Community Treatment：包括型地域生活支援プログラム）は、その一例である。ACTで提供されるサービスは医療的支援に留まらず、心理学的支援・生活支援・就労支援・家族支援など多岐にわたる。東（2019）は「精神科病院の心理師が、その専門性を活かした訪問支援を依頼されることはそれほど多くはありません」としつつも、精神科病院の常勤の心理職であった経験を踏まえて、「看護師や精神保健福祉士の訪問を拒絶し、治療ベースにはのりにくいが、カウンセリングを希望している患者さんに対する訪問支援の依頼は時折ありました」と述べている。地域生活中心への流れの中、今後、アウトリーチにおける心理的支援の要請は増えていくことが予想される。そのため精神障害者への心理学的支援としては、医療領域と福祉領域の架け橋的な役割を果たしつつ、精神障害者の地域生活を支えていくことが求められるし、「精神保健福祉法」という法律の名称自体にも、その必要性がうかがえる。

（2）精神障害者の地域生活における心理学的支援の視点

　精神障害者の特性として、症状の出現が生活障害を来し、生活上の躓きが症状の悪化につながる「疾患と障害の併存」がよく言われる（若林, 2017）。このことから、精神障害者福祉に

12　「精神保健及び精神障害者福祉に関する法律」（以下、精神保健福祉法）第5条では「この法律で「精神障害者」とは、統合失調症、精神作用物質による急性中毒又はその依存症、知的障害、精神病質その他の精神疾患を有する者をいう。」と定義されている。一方、同法第45条に規定されており、精神障害者であることを示す「精神障害者保健福祉手帳」の障害等級判定基準における対象者には「認知症」「高次脳機能障害」「発達障害」が含まれているものの、療育手帳制度がある「知的障害」については基本的に対象となっていない。このように法律をみてみると、「精神障害者＝精神疾患患者＋α」ということになるのがわかる（若林, 2017）。そこで「認知症」「発達障害」「知的障害」に関しては他に譲ることとした。

おける心理学的支援では、疾患をみる医療領域と生活をみる福祉領域の両面に携わることになる（小林, 2015）。その際、①精神障害者は生活者であり、地域生活はみんなで支えていく、②家族や友人・知人・コミュニティなどのアセスメントをストレングスの視点を含めて行い、本人参加のもと支援内容を検討するという「生活臨床」の視点が必要である。

（3）心理学的支援の実際

福祉分野における心理職の実践に関して大塚（2018）は、「現在福祉分野への心理職配置は進んでおらず、このような精神障害者への心理的支援も十分ではないが、まさに今後の活躍が期待される業務内容ということができる」としている。そのため現状では、社会福祉士などの福祉職が「心理学的支援者」として関与することが多いと考える。

以下に、医療と福祉の2つの領域から心理学的支援を展開している2つの事例を示す。なお事例に関しては、個人が特定されないように、本質を損なわない範囲で変更を加えている。

【就労移行支援を利用し、就職に至った事例】
4年制大学卒業後、介護機器関係の会社に就職したAさん（31歳、男性）は、職場での人間関係や配置転換などで悩み、入社5年目にうつ病を発症した。自殺未遂を行い、2年10か月の間、精神科病院に入院した。退院後は就労移行支援を利用して、2年後に販売業での就職が決まった。通院治療は続いており、2週間ごとにカウンセリングも受けている。

丁寧な仕事ぶりに会社の評価は良好であったが、就労から約半年後に不調を来したため、当初の受診予定を早めて通院した。就労移行支援事業所の支援者からは、無理せずに対応したことはよいことであり、会社とのやりとりが必要なときには相談してほしい旨を伝えた。

その後、人間関係で少し悩みが生じたことに加え、繁忙期に入ったこともあり、睡眠導入剤を続けて服用することがあった。主治医からは「ストレスを減らすように……」と言われたが、具体的な指示は特になかった。そこで、就労移行支援事業所スタッフが職場の上司に相談することとなった。「仕事は、よくできている」「同労者とのコミュニケーションにも特に問題はない」等の会社側の評価を伝え、「現状のままで大丈夫である」旨のアドバイスを行った。さらには、面談機会の設定を会社にも依頼したところ、次第に落ち着きを取り戻してきた。今後も医療機関・就労移行支援事業所・会社が連携を図りながら、本人の職場定着に向けた支援や、相談支援としての定期的な本人との面談を継続していく予定である。

【再入院後、スムーズな退院支援につながった事例】
Bさん（28歳、女性）は、統合失調症による精神科病院からの退院にあたって地域移行支援を利用し、接客業に従事しながら、半年後には念願の「1人暮らし」を始めた。生活能力は高かったため、日常生活を送る上で特に問題はなかった。しかし、すべてのことを自分自身で対応しようとするため、次第に身体的にも精神的にも疲弊し、幻聴や被害妄想の症状が悪化し、4か月後に再入院となった。

地域移行支援を再利用して地域での生活につなげるためには、病院でのかかわりが重要であると地域移行支援事業所のスタッフは考え、当面は治療中心であったものの、入院後も定期的に面会に訪れた。加えて、病院スタッフとも密に連携を図り、地域生活を送る上で、たとえ小さなことでも自ら相談できるようになることを目指してのアプローチを依頼した。具体的には、自分自身の考え方や感じ方の特徴を把握してもらう心理教育プログラムや対人関係スキル獲得の訓練であるSST（Social Skills Training）への参加を促してもらった。

このように再入院後、将来の地域生活を見据え、医療機関と密に連携を図りながら地域移行支

援事業所のスタッフがかかわりを続けた。結果的に、長期入院に至ることはなく、Bさんとの関係性も維持することができた。これらの取り組みが、病状が安定した後のスムーズな退院支援につながった。

（上岡　義典）

〔6〕農福連携における就労支援

　近年、農業と福祉とが連携した「農福連携」の取り組みが各地で盛んに実践されている。2016年に政府が打ち出した「ニッポン一億総活躍プラン」では、障害者等が、希望や能力、障害の特性等に応じて最大限活躍できる環境を整備するため、農福連携の推進が盛り込まれた。また、2019年6月には「農福連携等推進ビジョン」が示され取り組みの方向性が明らかとなった。この農福連携とは、「障害者等の農業分野での活躍を通じて、自信や生きがいを創設し、社会参画を促す取り組みであり、農林水産省では、厚生労働省と連携して、『農業・農村における課題』、『福祉（障害者等）における課題』、双方の課題解決と利益（メリット）があるwin-winの取り組み」として推進している。

　農福連携を推進する社会背景には、人口減少社会の日本で多くの産業が労働力不足を問題としている中、特に農業分野においてはその傾向が顕著であることに尽きる。農業従事者数は1995年では414万人（平均年齢59.1歳）であったのが2015年に210万人（平均年齢66.4歳）となり、2018年では175万人（平均年齢66.6歳）と大きく減少した（農林水産省「平成30年農業構造動態調査」）。農業・農村における農業従事者の高齢化とその従事者の減少により担い手不足は喫緊の課題となっている。そして、若者の就業意識の変化なども相まって耕作放棄地の拡大といった問題も表面化していった。

　一方、障害福祉における課題として障害者の就業率が、ほぼすべての年齢層で一般よりも低いという現状にある。さらに就労継続支援B型事業所を見てみると、2017度の利用者1人あたりの平均月額工賃は、1万5603円と上昇傾向にあるが、事業所によって大きな差がある。また、平均工賃を時給換算すると202円となり、同年度の最低賃金の全国平均848円の4分の1以下となっている。

　このような農業分野と障害者分野の課題を連携によって解決しようとする試みが、農福連携の促進を強化している。

　この「農福連携」が目指す方向として大きく次の3つが掲げられている（農林水産省）。

　　①「農業生産における障害者等の活躍の場の拡大」（障害者等の雇用・就労の場の拡大を通じた農業生産の拡大）
　　②「農産物等の付加価値の向上」（障害の特性に応じた分業体制や、丁寧な作業等の特長を活かした良質な農産物の生産とブランド化の推進）
　　③「農業を通じた障害者の自立支援」（障害者の農業への取り組みによる社会参加意識の向上と工賃（賃金）の上昇を通じた障害者の自立）

　いずれも障害者のもつ特性を活かし農業に従事することで、積極的な社会参画を促し自立支援の促進を図ろうとするものである。

表7-35　農耕・園芸活動の効用

①生産的効用	野菜や果物等の生産は手入れをした努力の成果が生産物として可視化できることで、当事者の自信や達成感、意欲を増進させる
②経済的効用	生産した野菜や果物を販売し経済的利益を得ることができる
③環境的効用	植物へのかかわりが当事者の精神的安定をもたらす
④心理的・生理的効用	不安や緊張が緩和される
⑤社会的効用	植物や野菜の生産活動を通して、家庭や職場の同僚、地域との交流が活性化される
⑥教育的効用	情緒教育・感性教育・自然教育など効果的な教育効果がある
⑦身体的効用	運動不足を補う、機能回復を図るなど脳や筋肉の廃用性萎縮を抑える
⑧人間的効用	働きがいや生きがいをもたらしこれらの経験の積み重ねにより人間的成長が期待される

出所：松尾ほか『園芸福祉入門』創森社（2007）を参考に筆者作成

　障害者と農業とのかかわりは、これまでも医療・福祉分野において園芸療法や園芸福祉として実践的な取り組みがなされてきた。園芸療法とは「高齢者や障害者など社会的に不利な立場にある人々に対して、植物あるいは植物に関連する農園芸・ガーデニング諸々の活動を通して、身体、心、精神の向上を促しかつ鍛える療法」とされる。本格的に始まったのは、第2次世界大戦後のアメリカであり、戦争から帰還した傷病軍人の回復を促すために園芸療法が医療機関において導入され、心身の回復に大きな効果を発揮した。日本においても1990年頃から医療や福祉分野において「園芸療法」への取り組みが紹介されるようになった。

　また、園芸福祉は「花や野菜、果物、その他の緑の栽培や育成、配植、交換・管理・運営、交流などを通して、みんなで幸福になろうという思想であり、技術であり、運動であり実践」とされる。地域に暮らす様々な人たちが、同じ立場で植物を通した多彩な活動を展開し、共に楽しみ、豊かな地域社会を創り出していくことを目的としている。日本においても2000年頃から園芸福祉を推進する様々な民間団体が設立され、これを契機に国内での活動が普及していった。いずれも「療法」という厳密な定義はさておき、園芸の効果を活かして健康で豊かに人間らしく生きることを目指すことが根底にある。

　幅広く多様な生活の場で実践が可能となる農耕・園芸活動の効用には、①生産的効用、②経済的効用、③環境的効用、④心理的・生理的効用、⑤社会的効用、⑥教育的効用、⑦身体的効用、⑧人間的効用がある（松尾ほか，2007）。

　障害者とりわけ精神障害者は、病気と障害が併存する傾向にある。彼らにとって就労は、単なる経済活動にとどまらず病気の回復、自己肯定感や自己効力感の向上に通じる。そのため「就労」は、その人が障害とともに人生を過ごす「人生の質・生命の質」にも大きくかかわることである。

　農業や園芸など植物とのかかわりを通して、障害者に心身の回復がもたらされ社会生活においても有効であることは我々の経験知から実証され、継続して実践されてきた。さらに、当事者のみならず受け入れ先では、収益の伸びに加え副産物として様々な効果が示されている。先行研究・各種調査によれば、農福連携に取り組む障害福祉サービス事業所の約8割が「利用者に体力がついて長い時間働けるようになった」、約7割が「過去5年間の賃金・工賃が増加した」、約6割が「利用者の表情が明るくなった」と回答している（「農福連携の効果と課題に関する調査結果」一般社団法人日本基金：障害福祉サービス事業所を対象としたアンケート調査，2018）。

また、同調査によれば、「障がい者を受け入れることの収益性に対する効果について効果がある」と回答した農福連携農家等が83％に上り、農福連携に取り組むことが売り上げの増加につながっていることが推察される。加えて障害者を受け入れることで具体的にどのような効果があったについて、「人材として貴重な戦力（76％）」「農作業の労働力確保によって営業等の時間が増えた（57％）」「人員の確保が容易になった（22％）」等、障害者が農業の現場で貴重な労働力となって、農業経営の維持・拡大に寄与していた。

　こうした農福連携の取り組みは、農業経営体における労働力の確保や売上増加に加え、障害福祉サービス事業所における賃金・工賃の向上や障害者の心身状況の改善など、農業と福祉の双方に良い効果をもたらすことは明らかであり、今後もより一層の推進が求められる。さらに、社会福祉法人などの農業への参入が周辺の生産者や地域住民を巻き込んだ積極的活動となれば、農業が活性化するだけでなく地域振興や障害者等への理解の深化につながるであろう。つまり、従来の農業の運営から脱却し日本の人口動態・構造を反映した特有の農業としての「農福連携」の充実こそが障害者雇用のさらなる発展に寄与し、新たな日本経済の成長基盤となり得るはずである。

（村岡　則子）

◇◇◇　一口メモ　精神障害者の差別解消と心のバリアフリー　◇◇◇

　ここでは、わが国で障害者への差別禁止と障害者の尊厳を保障することを具体的に定めた法律である「障害者差別解消法」を取り上げ、誰もが暮らしやすい社会の実現に向けた「心のバリアフリー」について論じる。

（1）精神障害者への人権侵害の歴史

　精神障害については、「怖い」などのネガティブなイメージが持たれ、長い間、差別や偏見の対象となってきた歴史がある。その結果、病院や施設などで長い間、閉鎖的な生活を余儀なくされてきた精神障害者も数多く存在する。

　医学が進歩し、精神疾患に関する治療や対応方法が普及してきているが、今もなお、社会的入院問題として長期入院を余儀なくされている実情がある。現在、OECD（経済協力開発機構）に加盟する主要先進国の中でも日本の精神科の病床数（入院用のベッド数）は人口に対して世界でも最も多く、入院期間も最も長くなっている。このような日本の現状は、国際的にも問題視されている。現在では精神障害者の地域移行が大きな潮流となる中、病院や施設ではなく、自分が暮らしたい地域で自分らしい生活を送るという考え方が徐々に浸透してきているが、いまだに精神障害に対する誤った理解から、差別や偏見に苦しんでいる精神障害者が多くいることを決して忘れてはならない。

（2）障害者差別解消法成立までの経緯と法の目的

　2006（平成18）年12月の国連総会で採択された「障害者の権利に関する条約」は、障害者への差別禁止や障害者の尊厳と権利を保障することを義務づけた国際人権法に基づく人権条約である。日本政府は、2009（平成21）年12月に、この条約の締結に必要な国内法を整備するために、内閣に「障がい者制度改革推進本部」を設置した。その後、度重なる議論の末、2013（平成25）年6月19日に「障害を理由とする差別の解消の推進に関する法律（以下、「障害者差別解消法」という）が成立している。なお、日本は2014（平成26）年1月に国連の「障害者の権利に関する条約」を批准している。

　障害者差別解消法は、障害者の自立と社会参加に関する基本的理念を定める「障害者基本法」（1993年施行）の考えに則り、障害者基本法第4条※の「差別の禁止」の規定を具体化するものとして位置づけられている。そのため、障害者差別解消法では、障害を理由とする差別の解消の推進に関する基本的事項や、行政機関や事業者等における障害を理由とする差別を解消するための措置等を定めることによって、差別の解消を推進し、それによりすべての国民が相互に人格と個性を尊重し合いながら共生する社会の実現に資することを目的にしている。

　この障害者差別解消法では以下の2種類の差別を禁止している。

①不当な差別的取扱い

　機能障害を理由にして、区別（分けること）や排除、制限をすること。例えば、それまで利用していたインターネットカフェが、その人に精神障害があるとわかった途端、店の利用を拒否するなどの差別的取扱いを禁じている。

②合理的配慮を行わないこと（合理的配慮の不提供）

　障害のある人とない人の平等な機会を確保するために、障害の状態や性別、年齢などを考慮した調整や変更などを

「合理的配慮」という。

例えば、精神障害がある職員の勤務時間を変更し、ラッシュ時に満員電車を利用せずに通勤できるように対応する。あるいは、知的障害がある人に対して、ルビを振ってわかりやすい言葉で書いた資料を提供するなどが合理的配慮となり、このような配慮が行われない状況を差別とみなしている。

(3) 障害の"社会モデル"と心のバリアフリー

これまで長い間、「障害」とは個人の心身機能の性質や特徴（例えば、目が見えない、耳が聞こえないなど）から生じるものと考えられてきた。しかし、2001年に世界保健機関（WHO）で採択された「ICF（International Classification of Functioning, Disability and Health）」では、環境因子の観点から、個人の性質のために働けなかったり、様々な活動に参加できなかったりするような社会の仕組み（例えば、制度的バリアや偏見などの社会的障壁）に焦点が当てられ、人と社会とのかかわりから「障害」が生じると考えられるようになった。

つまり、「障害」は個人の心身機能の性質や特徴と社会的障壁の相互作用によって作り出されているものであり、社会的障壁を取り除くのは社会の責務であるという認識をすべての人が理解し、それを自らの意識に反映させ、具体的な行動に変えていくことで、社会全体の人々の心のあり方を変えていくこと、すなわち「心のバリア」を取り除くことがとても重要となる。

(4) 地域共生社会の実現を目指して

障害の有無にかかわらず、女性も男性も、子どもも高齢者も、すべての人がお互いの人権を大切にし、支え合い、誰もが生き生きとした人生を享受することのできるような共生社会を実現しなければならない。社会にある「バリア」を取り除いていくには、心身に機能の障害がある人が社会的障壁によって、どんな困りごとや痛みがあるのかに「気づく」ことが重要である。しかしながら、心身の機能の障害は多様であり、それぞれが感じる「バリア」は異なる。心身の機能障害の特性に対する理解を深めるとともに、障害当事者とのコミュニケーションを通じて、どのような困りごとがあるのか、"生きづらさ"を抱いているのかに、国民一人ひとりが意識を持つことが重要である。

※　障害者基本法第4条では、差別する行為を禁止し、社会的バリアを取り除くための合理的な配慮をしないと差別的になると定めている。

（大西　良）

〈参考文献〉
内閣府（2015）「『合理的配慮』を知っていますか？」リーフレット.
日本障害フォーラム（2013）「障害がある人もない人もチャンス・待遇は平等！　一緒に勉強する、働く、文化活動に参加する障害者差別解消法ってなに？」.

〈参考文献〉
◆障害者福祉における課題と法制度

e-Gov（2016）障害者基本法. https://elaws.egov.go.jp/search/elawsSearch/elaws_search/lsg0500/detail?lawId=345AC1000000084201（2019.12.22閲覧）

e-Gov（2018）障害者雇用促進法法. https://elaws.e-gov.go.jp/search/elawsSearch/elaws_search/lsg0500/detail?lawId=335AC0000000123（2019.12.22閲覧）

e-Gov（2019）障害者総合支援法. https://elaws.egov.go.jp/search/elawsSearch/elaws_search/lsg0500/detail?lawId=417AC0000000123#A（2019.12.22閲覧）

藤田順（2019）「障害者雇用制度と障害者雇用の課題――民間部門の動向」『国会図書館調査と情報』No.1058, 1-12.

外務省（2019）障害者の権利に関する条約. https://www.mofa.go.jp/mofaj/gaiko/jinken/index_shogaisha.html（2019.12.22閲覧）https://www.mofa.go.jp/mofaj/fp/hr_ha/page22_000899.html（2019.12.22閲覧）

厚生労働省（n.d.）障害者雇用促進法の概要. https://www.mhlw.go.jp/content/000363388.pdf（2019.12.22閲覧）

厚生労働省（n.d.）身体障害者手帳の概要. https://www.mhlw.go.jp/bunya/shougaihoken/shougaishatechou/dl/gaiyou.pdf（2019.12.22閲覧）

厚生労働省（n.d.）療育手帳の概要. https://www.mhlw.go.jp/stf/shingi/2r9852000001vnm9-att/2r9852000001vota.pdf（2019.12.22閲覧）

厚生労働省（n.d.）精神障害者保健福祉手帳の概要. https://www.mhlw.go.jp/kokoro/support/3_06notebook.html（2019.12.22閲覧）

厚生労働省（2019a）ハローワーク. https://www.mhlw.go.jp/stf/seisakunitsuite/bunya/koyou_roudou/koyou/hellowork.html（2019.12.22閲覧）

厚生労働省（2019b）ジョブカフェ. https://www.mhlw.go.jp/stf/seisakunitsuite/bunya/koyou_roudou/koyou/jakunen/jobcafe.html（2019.12.22閲覧）

厚生労働省（2019c）サポステ. https://www.mhlw.go.jp/stf/seisakunitsuite/bunya/koyou_roudou/jinzaikaihatsu/saposute.html（2019.12.22閲覧）

厚生省（1973）「療育手帳制度について」昭和48年9月27日厚生省発児第156号各都道府県知事・各指定都市市長あて厚生事務次官通知. https://www.mhlw.go.jp/web/t_doc?dataId=00ta9476&dataType=1&pageNo=1（2019.12.22閲覧）

内閣府（2019）『令和元年度障害者白書』.

日本障害フォーラム（2013）「障害のある人もない人もチャンス・待遇は平等！ 一緒に勉強する、働く、文化活動に参加する 障害者差別解消法ってなに？」. https://www.normanet.ne.jp/~jdf/pdf/sabetsukaisyohou2.pdf（2019.12.22閲覧）

二本柳覚編著（2018）『これならわかる〈スッキリ図解〉障害者総合支援法 第2版』翔泳社.

小澤温（2018）「障害者福祉制度の近年の動向と課題」『社会保障研究』2（4），442-454.

柘植雅義&「インクルーシブ教育の未来研究会」編著（2019）『小中学生のための障害用語集——みんなに優しい学校と社会を願って』金剛出版.

全国社会福祉協議会（2015）「障害福祉サービスの利用について（平成27年4月版）」.

全国社会福祉協議会（2018a）「障害福祉サービスの利用について（2018年4月版）」. https://www.shakyo.or.jp/news/pamphlet_201804.pdf（2019.12.22閲覧）

全国社会福祉協議会（2018b）「障害者総合支援法 地域社会における共生の実現に向けて」『年次報告書2018-2019（2018年4月版）』. https://www.shakyo.or.jp/tsuite/jigyo/annualreport/pdf/annual_2018-2019.pdf（2019.12.22閲覧）

◆身体障害児（者）福祉における心理学的支援

細渕富夫（2007）『重症児の発達と指導』全国障害者問題研究会出版部.

井西庸子（2004）「重症心身障害児に出会って」『臨床心理学』4（2），182-186.

糸賀一雄（1968）『福祉の思想』NHKブックス.

亀井真由美（2017）「臨床心理士（臨床発達心理学）の立場から」浅倉次男監修『重症心身障害児のトータルケア——新しい発達支援の方向性を求めて 改訂第2版』へるす出版，262-269.

北住映二（2016）「『心の育ち』を支える特集にあたって」『はげみ』905号，2-3.

三木裕和（2004）「重症児教育の考え方」兵庫重症心身障害児教育研究集会実行委員会編『重症児教育——視点・実践・福祉・医療との連携』クリエイツかもがわ，80-96.

三浦幸子（2008）「障害児療育福祉施設における心理臨床」『立教女学院短期大学紀要』40，125-135.

大庭重治・惠羅修吉（2002）「重度・重複障害児の発達評価に関する文献的展望」『上越教育大学研究紀要』21（2），661-673.

岡田喜篤（1990）「重度・重症心身障害」鑪幹八郎・村上英治・山中康裕編『臨床心理学大系 第12巻 発達障害の心理臨床』金子書房，211-237.

齊藤力（2016）「重症心身障害児（者）に対する評価方法の工夫について——重症心身障害児施設における検査とアセスメントの共有」『日本心理臨床学会第35回大会発表論文集』289.

白石正久（2013）「重症児の発達診断についての実践的研究」『障害者問題研究』41（3），194-201.

白鳥めぐみ・諏方智広・本間尚史（2010）『きょうだい——障害のある家族との道のり』中央法規出版.

◆知的障害者福祉における心理学的支援

足立正常・神田利和（1974）「精神薄弱児の図形知覚」『広島大学教育学部紀要』第一部（23），277-287.

Durand, V. M., & Crimmins, D. B.（1988）Identifying the variables maintaining self-injurious behavior. *Journal of Autism and Developmental disorders*, 18（1），99-117.

遠藤浩（2014）「知的障害者の入所施設の現状と課題、今後の方向性について」『発達障害研究』36（4），312-320.

Forest, M. & Lusthaus, E.（1989）Circles and maps: Promoting educational equality for all students. *Educating all students in the mainstream of regular education.* Baltimore: Paul H. Brookes.

Holburn, S. & Vietze, P.（Eds.）（2002）*Person-centered planning: Research, practice, and future directions.* Paul H Brookes Publishing Company.

石田晋司（2017）「市町村地域生活支援事業における相談支援事業の現状と課題——大阪市障がい者相談支援センターへのアンケート調査から」『四天王寺大学紀要』63, 253-263.

Koegel, L. K., Koegel, R. L., & Dunlap, G.（Eds.）（1996）*Positive behavior support: Including people with difficult behavior in the community.* Baltimore, MD: Brookes Publishing.

光増昌久（2014）「知的障害者の利用するグループホームの現状と課題、今後の展望」『発達障害研究』36（4）, 321-328.

村本浄司（2020）『施設職員ABA支援入門——行動障害のある人へのアプローチ』学苑社.

村山恭朗・辻井正次（2016）「適応行動をアセスメントする Vineland-Ⅱ 適応行動評価尺度」『臨床心理学』16（1）, 57-60.

野呂文行（2008）「第3節4）知的障害の心理的特徴」長崎勤・前川久男編著,『シリーズ障害科学の展開第5巻 障害理解のための心理学』明石書店.

O'Neill, R. E., Horner, R. H., Albin, R. W., Sprague, J. R., Storey, K. & Newton, J. S.（1997）*Functional Assessment and Program Development for Problem Behavior: A Practical Handbook.* Baltimore MD: Brookes/Cole Publishing Company.（茨木俊夫監修、三田地昭典・三田地真実監訳（2003）『子どもの視点で考える　問題行動解決支援ハンドブック』学苑社）

Pearpoint, J., O'Brien, J. & Forest, M.（1993）*Path: Planning Alternative Tomorrows with Hope for Schools, Organizations, Business, Families: A Workbook for Planning Positive Possible Futures.* Inclusion Press.

鈴木恵太（2015）「Vineland-Ⅱ 適応行動尺度」滝吉美知香・名古屋恒彦編著『特別支援教育に生きる心理アセスメントの基礎知識』東洋館出版社.

Sparrow, S. S., Cicchetti, D. V., & Balla, D. A.（2005）*Vineland adaptive behavior scales Vineland-II: Survey forms manual.* Minneapolis, MN: Pearson.（辻井正次・村上隆監修（2014）『Vineland-Ⅱ　適応行動尺度　日本版』日本文化科学社）

八木俊洋（2018）「就労移行支援事業の現状と課題」『明星大学発達支援研究センター紀要』3, 83-91.

山本譲司（2009）『累犯障害者』新潮文庫.

◆**精神保健福祉における課題と法制度／精神障害者がかかわる施設と特性**

一般社団法人日本精神科看護協会監修（2015）『新・看護者のための精神保健福祉法Q&A 平成27年版』中央法規出版.

一般社団法人日本精神科看護協会監修（2019）『精神科ナースポケットブック』学研メディカル秀潤社.

仮屋暢聡監修（2019）『ニュートン別冊　精神科医が語る精神科の病気』ニュートンプレス.

公益社団法人日本精神保健福祉士協会編(2019)『精神保健福祉士国家試験受験ワークブック2020　専門科目編』中央法規出版.

厚生労働省（n.d.）障害福祉サービスについて. https://www.mhlw.go.jp/stf/seisakunitsuite/bunya/hukushi_kaigo/shougaishahukushi/service/naiyou.html（2019.12閲覧）

精神保健医療福祉白書編集委員会編（2018）『精神保健医療福祉白書2018/2019』中央法規出版.

全国精神保健福祉相談員会編（2006）『精神保健福祉相談ハンドブック』中央法規出版.

◆**精神障害者の心理学的アセスメント**

松本真理子・永田雅子編（2018）『公認心理師基礎用語集——よくわかる国試対策キーワード117』遠見書房.

中島義明・安藤清志・子安増生ほか編（1999）『心理学辞典』有斐閣.

日本臨床心理士会（2011）資料集「医療保健領域における臨床心理士の業務」.

小川俊樹・福森崇貴・角田洋子（2005）「心理臨床の場における心理検査の使用頻度について」『日本臨床心理学会第24回大会発表論文集』263.

高橋依子・津川律子編著（2015）『臨床心理検査バッテリーの実際』遠見書房.

津川律子・篠竹利和（2010）『シナリオで学ぶ医療現場の臨床心理検査』誠信書房.

津川律子（2018）『面接技術としての心理アセスメント——臨床実践の根幹として』金剛出版.

津川律子・遠藤裕乃編（2019）『公認心理師の基礎と実践14　心理的アセスメント』遠見書房.

◆精神障害者福祉における心理学的支援の基本

東千冬（2019）「訪問による支援」杉原保史・福島哲夫・東斉彰編『公認心理師標準テキスト　心理学的支援法』北大路書房, 242-257.

COMHBO地域精神保健福祉機構HP　https://www.comhbo.net/?page_id=1379（2019.10.26閲覧）

e-Gov（2018）精神保健及び精神障害障害者福祉に関する法律. https://elaws.e-gov.go.jp/search/elawsSearch/elaws_search/lsg0500/detail?lawId=325AC1000000123（2019.10.26閲覧）

小林茂（2015）「精神障害福祉の専門技能——生活支援の視点から」『臨床心理学』第15巻第5号, 625-628.

大塚ゆかり（2018）「精神障害者への心理支援の実際」中島健一編『公認心理師の基礎と実践17　福祉心理学』遠見書房, 153-167.

徳丸亨（2019）「精神障害と地域——精神障害者の地域生活を多職種連携で支える」片岡玲子・米田弘枝編著『公認心理師分野別テキスト2　福祉分野——理論と支援の展開』創元社, 96-99.

若林真衣子（2017）「精神障害と福祉心理学」太田信夫監修, 小畑文也編『シリーズ心理学と仕事　福祉心理学』北大路書房, 63-80.

◆農福連携における就労支援

濱田健司（2013）「福祉農業のとりくみの広がりとその可能性」『農業と経済』79（10）, 5-17.

本田恭子・渋谷直樹（2018）「就労継続支援にもとづく農福連携の現状：岡山県と大分県を事例に」『環境情報科学学術研究論文集』32, 257-262.

一般社団法人日本基金　障害福祉サービス事業所を対象としたアンケート調査（2018）「農福連携の効果と課題に関する調査結果」.

松尾英輔ほか（2007）『園芸福祉入門』吉長成恭・進士五十八監修, 日本園芸福祉普及協会編, 創森社, 43-46.

日本園芸福祉普及協会HP　http://www.engeifukusi.com/（2019.10.1閲覧）

農林水産省「農福連携の推進」. http://www.maff.go.jp/j/nousin/kouryu/kourei.html（2019.10.1閲覧）

農林水産省「平成30年農業構造動態調査」. https://www.maff.go.jp/j/tokei/kouhyou/noukou/index.html（2019.10.12閲覧）

武田尚子（2016）「農福連携——障害者の農業就労をめぐる社会学的分析視角」『共生社会システム研究』10（1）, 25-38.

第**8**章 高齢者福祉領域の心理学的支援

❶ 高齢者福祉における課題と法制度

〔1〕高齢者にかかわる定義

わが国は1970年に65歳以上人口が総人口の7％に達し"高齢化社会"に突入した。その後、1994年に14％に達し"高齢社会"、2007年には21％を超え"超高齢社会"となった。その後も高齢化は進んでおり、65歳以上の人口は2021年で3640万人（高齢化率29.1％）となっている（総務省統計局, 2021）。

人口統計にもあるように、一般的には65歳以上を高齢者と定義することが多いが、なぜ65歳なのかという根拠については、はっきりしていない。高齢者は、年齢によって65歳〜74歳の"前期高齢者"、75歳〜84歳の"後期高齢者"、85歳以上の"超高齢者"に分けられる。しかしながら、高齢者の定義は健康水準や社会的状況を踏まえた上での設定が必要であることから、日本老年学会・日本老年医学会（2017）は新たな定義として、65〜74歳を"准高齢者（pre-old）"、75歳以上を"高齢者（old）"、90歳以上を"超高齢者（oldest-old）"とする案を提言した。このような状況において、高齢者の定義の変更や、それに伴う社会政策の動向について注目が集まっている。

〔2〕高齢者福祉における課題：認知症高齢者の増加

高齢者の増加に伴い、認知症の問題が深刻化してきている。認知症高齢者は2012年時点で462万人（有病率15％）と推定されており（朝田, 2013）、この値をもとにすると認知症高齢者の数はすでに500万人以上にも上っていると推測される。

認知症の最大の危険因子は加齢であり、長寿化が進む現代社会においては年をとれば誰もが認知症になる可能性があるが、2021年現在において根治薬の開発はできていない。したがって、認知症の原因を治療すべき医学的な「疾患」として捉えるだけでなく、福祉学的に生活を支えていくべき「障害」としての視点を持つことも必要であろう。そのために、たとえ認知症になったとしても安心して暮らせる地域づくりや制度の整備が求められている。

〔3〕認知症の定義

アメリカ精神医学会（American Psychiatric Association, 2013）が発行している精神疾患の診断・統計マニュアル第5版（DSM-5; Diagnostic and Statistical Manual of Mental Disorder fifth edition）では、認知症の診断基準として①複雑性注意、②学習と記憶、③知覚－運動、④言語、⑤実行機能、⑥社会的認知の6つの認知領域のうち1つ以上の領域に障害があり、なおかつ日常生活に支障があることが挙げられている。

認知症とは、何かしらの原因により認知機能に障害をきたした「状態」をさす用語である。認知症の原因となる疾患は数多く存在し、脳や脊髄内の神経細胞が徐々に死んでいく変性疾患や、脳梗塞や脳出血など脳血管障害によるものがよく知られている。変性疾患によるものとしては、アルツハイマー型認知症やレビー小体型認知症、前頭側頭葉変性症などがあり、脳血管障害を原因とするものは血管性認知症と呼ばれる。一方、正常圧水頭症や慢性硬膜下血腫により認知症症状が現れている場合、手術により機能の回復が見込めるため、原因疾患を明らかにすることは極めて重要である。

〔4〕高齢者福祉に関する法制度

（1）老人福祉法

老人福祉法は1963年に施行された高齢者福祉に関する基礎となる法律であり、高齢者の心身の健康の保持及び生活の安定のための措置を講じることが目的とされている（同法第1条）。基本的理念として、第2条では「老人は、長年にわたり社会の発展に寄与してきた者として、かつ、豊富な知識と経験を持つ者として敬愛されるとともに、生きがいを持てる健全で安らかな生活を保障されるものとする」と定められている。

（2）介護保険法

介護保険法は2000年に施行され、疾病などにより食事や入浴、排泄などの日常生活に必要な動作への介護や療養上の管理や医療を必要とする人が、尊厳を保持しつつも保たれている能力に応じた自立した生活を営むことができるようにするために、医療保健サービスや福祉サービスに係る給付等に関する必要事項を定め、国民の医療保健の向上や福祉の増進を図ることを目的としている（同法第1条）。介護保険の被保険者は①市町村の区域内に住所を有する65歳以上の者（第一号被保険者）、②市町村の区域内に住所を有する40歳以上65歳未満の医療保険加入者（第二号被保険者）である（同法第9条）。

介護保険法によるサービスは誰でも使えるわけではなく、利用するためには要介護認定を受ける必要がある。市区町村の窓口で介護保険の申請をすると、調査員が訪問による聞き取り調査を行い、その結果をコンピュータ処理することで一次判定が行われる。その後、医療、保健、福祉の学識経験者で構成される介護認定審査会による審査が行われ、最終的な判定が下される。要介護認定は、被保険者に対する介護の必要性の程度に応じて「要介護状態」と「要支援状態」に区別され（同法第7条、第7条の2）、要支援は2段階（要支援1～2）、要介護は5段階（要介護1～5）で判定される。介護の必要性がないと判断された場合は「非該当（自立）」となる。要介護認定を受けると、所得に応じて1割～3割の自己負担で介護保険サービスを利用することができる。ただし、要介護認定の程度に応じて利用額に上限が定められており、上限を超えた金額は全額自己負担となる。

（3）高齢者虐待防止法

「高齢者に対する虐待の防止、高齢者の養護者に対する支援等に関する法律」が正式名称で

あり、2006年に施行された。その目的には、高齢者に対する虐待を防止するだけでなく、虐待する側である養護者の支援も含まれている。高齢者虐待防止法では、虐待を①身体的虐待、②介護・世話の放棄・放任（ネグレクト）、③心理的虐待、④性的虐待、⑤経済的虐待、のいずれかに該当する行為と定めている（同法第2条）。

厚生労働省による平成30年度「高齢者虐待の防止、高齢者の養護者に対する支援等に関する法律」に基づく対応状況等に関する調査結果（厚生労働省, 2019）では、2018年度における養護者による高齢者虐待の相談・通報件数は3万2231件、虐待判断件数は1万7249件であり、毎年増加している。養護者による虐待の発生要因では「虐待者の介護疲れ・介護ストレス（25.4%）」が最も多く、次いで「虐待者の障害・疾病（18.2%）」となっている（図8-1）。養護者による虐待の場合、要介護度や認知症の程度にかかわらず身体的虐待の割合が高いが、要介護度の増加や認知症の重度化に伴いネグレクトが増加する傾向にある。一方、施設介護従事者による高齢者虐待では、施設利用者の認知症が軽度の場合は心理的虐待が多く、重度になるほど身体的虐待が増えてくる。虐待の主な原因としては「教育・知識・介護技術等に関する問題（58.0%）」が最も多く、次いで「職員のストレスや感情コントロールの問題（24.6%）」となっている（図8-2）。現状として、養護者の介護疲れやストレスを軽減するための医療・福祉サービスの拡充と、実務を担う職員の教育体制の充実が求められている。

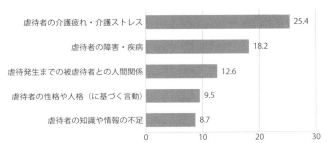

図8-1　虐待の発生に関連する養護者側の上位5要因（複数回答）
厚生労働省（2019）をもとに筆者作成

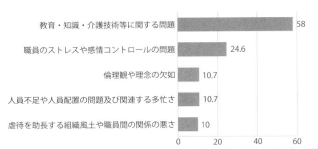

図8-2　虐待の発生に関連する施設職員側の上位5要因（複数回答）
厚生労働省（2019）をもとに筆者作成

❷　高齢者の心理学的支援

〔1〕高齢者がかかわる施設と特性

老人福祉法第5条の2では、「老人居宅生活支援事業」として、老人居宅介護等事業、老人デイサービス事業、老人短期入所事業、小規模多機能型居宅介護事業、認知症対応型老人共同生活援助及び複合型サービス福祉事業が定められており、第5条の3では老人福祉施設を①老人デイサービスセンター、②老人短期入所施設、③養護老人ホーム、④特別養護老人ホーム、

表8-1　介護保険法（第8条）で定められているサービス及び事業

居宅サービス	介護予防サービス	地域密着型サービス	施設サービス
・訪問介護	・介護予防訪問入浴介護	・定期巡回・随時対応型訪問介護看護	・介護老人福祉施設
・訪問入浴介護	・介護予防訪問看護	・夜間対応型訪問介護	・介護老人保健施設
・訪問看護	・介護予防訪問リハビリテーション	・地域密着型通所介護	・介護医療院
・訪問リハビリテーション	・介護予防居宅療養管理指導	・認知症対応型通所介護	
・居宅療養管理指導	・介護予防通所リハビリテーション	・小規模多機能型居宅介護	
・通所介護	・介護予防短期入所生活介護	・認知症対応型共同生活介護	
・通所リハビリテーション	・介護予防短期入所療養介護	・地域密着型特定施設入居者生活介護	
・短期入所生活介護	・介護予防特定施設入居者生活介護	・地域密着型介護老人福祉施設入所者生活介護	
・短期入所療養介護	・介護予防福祉用具貸与	・複合型サービス（看護小規模多機能型居宅介護）	
・特定施設入居者生活介護	・特定介護予防福祉用具販売		
・福祉用具貸与			
・特定福祉用具販売			

表8-2　介護施設での一日の過ごし方の例

	通所介護	介護老人福祉施設
6:00		起床（本人の希望に応じて）・着替え・洗顔・排泄等
7:00		朝食・服薬・口腔ケア
8:00		リビングや自室でゆっくり・随時排泄等
9:00	送迎	入浴（機械浴）など
10:00	バイタル測定、服薬、個別プログラム（クロスワードや計算、塗り絵など、本人の希望に応じて提供）、入浴	お茶の時間・体操など
11:00	集団プログラム（体操やレクリエーション）	リハビリ・テレビ鑑賞・施設内散歩など本人の希望に応じて提供
12:00	昼食・服薬	昼食・服薬・口腔ケア
13:00	個別プログラム（囲碁や将棋、編み物など、本人の希望に応じて提供）	随時排泄等
14:00	集団プログラム（体操やレクリエーション）	入浴（個別浴）など
15:00	おやつ・お茶	おやつ・お茶
16:00	帰宅準備、送迎	リビングや自室でゆっくり・随時排泄等
17:00		
18:00		夕食・服薬・口腔ケア
19:00		就寝準備
20:00		就寝（本人の希望に応じて）

⑤軽費老人ホーム、⑥老人福祉センター、⑦老人介護支援センター、と定義している。

　介護保険法第8条では、在宅や施設における介護事業やサービスの内容について定められている（表8-1）。居宅サービスや介護予防サービスでは、訪問もしくは通所により、主に入浴や排泄、食事などの日常生活に必要な世話や療養上の管理及び診療の補助、機能訓練（リハビリテーション）などが提供される。また、短期間施設に入所してこれらのサービスを受けるショートステイや、必要な福祉用具の貸与サービスなどがある。施設サービスを提供する介護保険施設として、介護老人福祉施設、介護老人保健施設、介護医療院の3つが定められている。これらの施設では、それぞれの施設サービス計画に基づいて、入所者の日常生活や療養上の世話及び健康管理、療養上の管理や看護・医学的な管理、機能訓練（リハビリテーション）などが提供される。介護保険施設のうち、介護老人保健施設と介護医療院は看護・医学的管理や療養上の管

理が必要な者を対象とする。介護保険法における事業やサービスの指定・監督は基本的に都道府県や政令市、中核市が行うが、地域密着型サービスはこれらの権限を市町村が担っており、要介護者が住み慣れた地域で暮らし続けられるよう地域の実情に応じた様々なサービスが提供される。参考までに、通所介護施設と介護老人福祉施設での1日の流れの例を表8-2に示した。

〔2〕高齢者の心理発達的特徴

高齢期とは幸せな年代なのだろうか? 高齢者は身体機能の低下や定年退職による社会的役割の変化、配偶者や親しい友人との死別といった様々な喪失を経験する。このような喪失経験の多さを踏まえると、高齢者は若年者に比べて幸福感が低いのではないかと思うかもしれない。しかしながら、実際には高齢者の幸福感は若年者とそれほど変わらず、心理的な安定性はむしろ高いことが知られている(Carstensen et al., 2011)。このような、高齢期における喪失体験の多さにもかかわらず幸福感が保たれる現象は「エイジングのパラドックス」と呼ばれている。ここでは高齢期の適応に関連する理論について、代表的なものを紹介する。

(1) 社会情動的選択性理論(Socioemotional Selectivity Theory; SST)

人の生涯における動機づけの理論であり、SSTでは時間の将来的な見通しによって目標や志向性などが変化すると考える。すなわち、時間が無限にあると認識している場合は情報の収集や新奇的な体験、知識の獲得に焦点が当てられるのに対し、時間に制限があると認識する場合には目標を心理的な幸福感を最適化するための感情調整に向けるようになる(Carstensen, 2006)。高齢者は加齢に伴い残された時間に限りがあると認識するため、自身の知識や経験の拡大といった視野を広げることには価値を置かず、感情的に意味があることや人生の満足に目標を置くことを重視するようになる。若年者と高齢者を比較した研究では、高齢者は若年者に比べてネガティブな情報にはあまり注意が向かず、むしろポジティブな情報に注意が向きやすい傾向があることが報告されており、SSTを支持する知見とされている(Mather et al., 2004)。

(2) 補償を伴う選択的最適化理論(Selective Optimization with Compensation; SOC)

加齢に伴い、人は新しく何かを獲得するよりも喪失にかかわることが増えていく。生涯にわたるこのような構造に対処するための効果的な方略として提唱されたのが、補償を伴う選択的最適化理論(SOC理論)である。Baltes(1997)はピアニストのアルトゥール・ルービンシュタインの例を挙げてSOCについて説明している。具体的には、ルービンシュタインに高齢になっても高い演奏スキルを保つためにどうしているかを尋ねたところ、①弾く曲を絞る(選択; Selection)、②絞った曲をより多く練習する(最適化; Optimization)、③弾く速度の低下を和らげるために、速く弾く箇所の前をゆっくり弾くことで緩急をつけ、実際より速く聴こえるよう印象管理をする(補償; Compensation)、ということを話したそうである。SOCという方略自体は高齢期に特有のものではないが、様々な喪失を経験する高齢者は、選択や最適化、補償などの方略を用いる機会が多く、これらをうまく使うことで適応を保っていると考えられる。

（3）1次的・2次的制御理論

　1次的制御とは自身の欲求や願望に合うよう環境を変えようと働きかける試みであり、2次的制御は目標や期待、原因帰属などの内面を環境に合わせようとするプロセスのことをいう（Heckhausen & Shulz, 1995）。2次的制御には1次的制御を補償する機能があり、1次的制御として外的環境を変えようと試みるがそれができなかった場合、1次的制御の失敗による自尊心の低下といった心理的な損失を補うために2次的制御を行うよう動機づけられる。高齢者は様々な喪失により1次的制御ができない場合も多いが、2次的制御を用いることにより適応を保っていると考えられている。実際、環境を変えることができない（1次的制御ができない）状況においては、周囲に比べたら自分の方が良いと思うような2次的制御を行う高齢者の方が人生の満足度が高いという報告もある（Stewart et al., 2013）。

（4）心理社会的発達理論

　Eriksonら（1986）の心理社会的発達理論では、幼児期から老年期まで8段階の発達段階が挙げられている。この発達段階それぞれに「同調的」と「非同調的」の2つの性質的な傾向があり、いずれかへの偏りは神経症的な不適応傾向や精神病的な悪性傾向に向かうため、2つのバランスがとれていることが望ましい状態とされる。この理論では、老年期においては同調的性向として「統合」が、非同調的性向として「絶望」があるとし、これらのバランスが取れると適応をもたらす力として、死が目前にある中での人生そのものへの超然とした関心である「英知」が生じると考えられている。統合と絶望のバランスを取るためには、それまでに送ってきた人生を振り返るとともに、もはや変えることのできない自分が行ってきた過去の選択を受け入れ、折り合いをつけるという過程を経ることが重要であると指摘されている。

〔3〕高齢者の心理学的アセスメント

（1）「人となり」を知ること

　高齢者の心理学的アセスメントを行う上では、本人や介護者が語る主訴だけでなく、生育歴や性格、既往歴、対人関係や病前病後の変化など、様々な情報を基に多面的に考察することが必要である。例えば、介護者から最近怒りっぽくなったという話が出た際に、もともと怒りっぽい人がより怒りっぽくなったのか、それとももともとは穏やかだった人が怒りっぽくなったのかでは意味合いが変わってくるだろう。また、高齢者は身体機能の低下により若年者に比べて脱水やせん妄（軽度の意識障害）、薬の副作用といった原因による状態の変化が起こりやすく、このことが認知機能低下の原因となっている場合も多い。高齢者の身体的、心理的、環境的状況は個人差が大きく、問題の背景も多様であるため、その「人となり」を知ることが問題を理解する上で不可欠である。本人に関する様々な情報を検査や面接、観察などの手法を用いて収集し、情報を統合し、問題の原因や誘因を考察した上で診断や支援への有用な提案ができるというのは心理職の専門性の1つであり、臨床現場で求められる重要な役割でもある。より質の高いアセスメントを行うためには、心理的な問題だけに焦点を当てるのではなく、身体疾患などの生物医学的要因や、高齢者の周囲の環境といった社会的要因も含めた、生物－心理－

表8-3　うつ病とアルツハイマー型認知症の特徴の違い

	うつ病	アルツハイマー型認知症
もの忘れの自覚	ある	少ない
もの忘れへの深刻さ	ある	少ない
もの忘れへの姿勢	誇張的	取り繕い的
もの忘れの出現	比較的急な発症	緩徐に出現
もの忘れの経過	変化に乏しい	緩徐に進行
もの忘れの内容	過去の記憶も障害される	最近の記憶がより障害される
典型的な妄想	微小妄想、心気妄想	物盗られ妄想
表情	悲哀、苦悶様	無関心様
気分の落ち込み	ある	少ない

出所：植草・品川（2018）

社会モデルに基づいた視点でのアセスメントを心がけることが重要である。

（2）高齢者のうつ病のアセスメント

　うつ病は高齢者においてもしばしばみられ、うつ病により認知症と同様の症状がみられることがある（仮性認知症）。うつ病と認知症の特徴の違いを表8-3に示した。高齢者のうつ病は、若年のうつ病と異なる病態を示すことが多く、典型的な症状である抑うつ気分や興味・喜びの減退が目立たず、身体症状の訴えや不安感、焦燥感が目立つといった特徴がある（下田・木村，2013; 植草・品川，2018）。また、うつ病と似た症状として、自発性の低下や意欲の低下、感情の平板化などを示すアパシーも知られている。うつ病では悲哀感や絶望感、罪悪感などの情動面の変化を伴ったり、意欲の低下に対して本人が苦痛を感じたりするのが特徴的であるのに対し、アパシーは一日中周囲に対して無関心であり、自身のことについても無感情であるという違いがあるが、その鑑別は専門家であっても判断に迷うことも多い（植草・品川，2018）。

　高齢者のうつ病は将来的な認知症の発症や生活機能の低下とも関連するため、早期に発見し治療につなげることが重要である。井原（2013）は介護保険の認定を受けておらず地域で自立した生活を送る高齢者の軽症うつ病を予防することの重要性について指摘している。その中で、軽症うつ病のアセスメントにおいては「以前は楽しんでやっていた趣味が楽しくなくなった」といった興味・喜びの減退に着目することが有用である一方、これらの高齢者は移動や買い物、食事の支度等の日常生活そのものには支障が出ておらず見逃されやすいため、表面だけを見て評価しないことが大切であると注意喚起している（井原，2013）。高齢者のうつ病のアセスメントを行う上では、客観的に見て「生活できているか」だけではなく、「生活を楽しめているか」という本人の主観的な側面も評価する視点が大切であろう。

　高齢者のうつ症状の評価には、自記式の評価ではGeriatric Depression Scale（GDS）が用いられることが多い。GDSは15項目版や30項目版などいくつかの種類があるが、高齢者のうつ症状に関連する項目について、はい・いいえの2択で答えることによって評価するものである。また、厚生労働省の介護予防・日常生活支援総合事業では運動器や口腔などの生活機能を評価する基本チェックリスト25項目が用いられており、この中にうつに関する項目も含まれている。GDSや基本チェックリストは基本的には自記式であるが、理解が難しい場合には検査者

表8-4 認知機能を測定する心理検査の例

スクリーニング検査	多機能検査	局所症状検査
・Mini Mental State Examination (MMSE)	・COGNISTAT	・リバーミード行動記憶検査（RBMT）
・改訂長谷川式簡易知能評価スケール（HDS-R）	・Alzheimer's Disease Assessment Scale（ADAS）	・Frontal Assessment Battery at bedside（FAB）
・日常会話式認知機能評価（CANDy）	・ウェクスラー式成人知能検査（WAIS）	・Executive Interview（EXIT 25）
・時計描画検査（CDT）		・Executive Clock Drawing Task（CLOX）
		・WAB失語症検査
		・標準失語症検査（SLTA）

HDS-R; Revised version of Hasegawa's Dementia Scale, CANDy; Conversational Assessment of Neurocognitive Dysfunction, CDT; Clock Drawing Test, COGNISTAT; Neuro Behavioral Cognitive Status Examination, WAIS; Wechsler Adult Intelligence Scale, RBMT; Rivermead Behavioural Memory Test, WAB; Western Aphasia Battery, SLTA; Standard Language Test of Aphasia

が質問を読み上げながら実施する場合もある。結果の解釈については得点を見るよりもむしろ、どのような症状がいつから現れているのか、そしてそのことにより生活にどのような変化がみられているのかに着目することがアセスメントを支援に活用するために有用である。

（3）認知症の心理検査

認知症の評価に用いられる心理検査は神経心理学的検査や認知機能検査と呼ばれ、様々な課題を通して高齢者の認知機能の特徴や障害の程度を測定することができる。検査の結果は、診断の補助や介護者への心理教育、生活支援のための助言や経過観察などに利用される。認知機能検査は、認知症の疑いがあるかどうかを大まかにふるい分けするスクリーニング検査、認知機能の幅広い領域について測定する多機能検査、特定の認知機能の測定に焦点を当てた局所症状検査に分けることができる（扇澤, 2018）（表8-4）。

スクリーニング検査として世界的に最も用いられているのはMini-Mental State Examination（MMSE）である。MMSEは①時の見当識、②場所の見当識、③記銘、④注意と計算、⑤再生、⑥呼称、⑦復唱、⑧3段階命令、⑨読字、⑩書字、⑪構成、の11個の課題で構成される30点満点の検査であり、得点が高いほど認知機能が良好であることを示す（Folstein et al., 1975）。MMSEの失点パターンとしては、認知機能が比較的保たれている段階においても注意と計算や再生は間違われやすく、認知症の進行につれて日付や場所の認識に関する課題も誤答が増えてくる一方、呼称や復唱といった課題は重度になっても正答できる場合も少なくない（Shigemori et al., 2010）。また、わが国では加藤ら（1991）が開発した改訂長谷川式簡易知能評価スケール（HDS-R）も用いられることが多い。HDS-RはMMSEと同様、認知症のスクリーニング検査であり、記憶を中心とした9つの質問から構成されている。言語によらない簡便な検査としては、特定の時刻を指した時計を描いてもらう時計描画検査（Clock Drawing Test; CDT）があり、高齢者の運転免許の更新手続き時の課題としても用いられている。さらに、近年ではMMSEやHDS-R、CDTのような特定の質問や作業により評価する方法ではなく、高齢者との自由な会話を通して認知症をスクリーニングする日常会話式認知機能評価

（Conversational Assessment of Neurocognitive Dysfunction; CANDy）といった手法も開発されている（大庭ほか, 2017; Oba et al., 2018）。CANDyは15項目の認知症高齢者の日常会話の特徴について、会話中の出現頻度を評価する。

スクリーニング検査は短時間で簡便に施行できる点が利点ではあるが、より詳細な能力評価が必要な場合には多機能検査や局所症状検査を組み合わせて用いる。多機能検査では Neuro Behavioral Cognitive Status Examination（COGNISTAT）や Alzheimer's Disease Assessment Scale（ADAS）、ウェクスラー式成人知能検査（Wechsler Adult Intelligence Scale; WAIS）などが用いられる。一方、局所症状検査には、記憶に焦点を当てたリバーミード行動記憶検査（Rivermead Behavioural Memory Test; RBMT）や、前頭葉機能に焦点を当てた Frontal Assessment Battery at bedside（FAB）、Executive Interview（EXIT25）、Executive Clock Drawing Task（CLOX）、言語に焦点を当てた WAB 失語症検査（Western Aphasia Battery）や標準失語症検査（Standard Language Test of Aphasia; SLTA）などがある。各検査の課題や実施方法などの詳細については、検査マニュアル等の成書を参照してほしい。

（4）認知機能検査の留意点

複数の検査を組み合わせることは詳細な能力評価に有効である一方、実施に伴う高齢者の体力的、時間的負担が大きくなるという欠点もある。疲労や検査に対する動機づけは検査成績に影響する主要因でもあるため、結果を解釈する際には注意が必要である。高齢者の負担に配慮しつつ、必要最小限の検査で最大限の結果を得るためには、脳機能や検査内容についての深い知識と、実施方法に対する習熟が求められる。

また、認知機能検査が持つ心理的な侵襲性にも注意を払わなくてはならない。多くの認知機能検査は、健常であればほとんどの者ができるような課題を通して能力を評価するため、高齢者にとってはプライドを傷つけられる体験になりうる。実施中に怒り出したり、終わった後にできなかったことを気にして落ち込んでしまったりする高齢者も少なくない。認知症の有無に限らず、高齢者は認知機能検査を受けることに苦痛を感じるという報告もある（Lai et al., 2008）。検査により能力を評価することは、診断のための資料やその後の支援計画を立てるために欠かすことができないが、検査を受けることは高齢者にとって心理的な苦痛を感じるものであることを自覚しておく必要がある。このような心理的な侵襲性を和らげるためには、検査の実施前に世間話をするなどして緊張感をほぐしたり、どのような検査を何のためにするのか丁寧な説明をしたりして、本人が納得した上で検査を受けてもらうようにするという配慮が大切になる。

〔4〕高齢者の心理学的支援の基本

高齢者福祉領域における心理学的支援の対象としては、①当事者である高齢者、②家族介護者等の当事者の関係者、③高齢者施設等で働く職員、の3つが挙げられる。ここでは、それぞれの支援対象にどのような心理学的支援ができるか提案する（表8-5）。

表8-5　高齢者福祉領域の心理的支援の対象と心理職の役割

支援の対象	心理職の役割
高齢者	・関係性志向（being）の職種の強みを活かしたかかわり ・認知機能や精神機能のアセスメント
家族介護者等、当事者の関係者	・疾患に対する理解の啓発（心理教育）及び助言 ・心理療法的アプローチによる介護負担感の軽減や生活の質の改善
高齢者施設等の職員	・メンタルヘルスに対する予防的・治療的アプローチ ・ストレスマネジメントなど集団への介入 ・認知症疾患や対応法についての教育や助言 ・多職種連携のコーディネート

（1）高齢者への支援

　医療・福祉の現場は時として忙しく動き回り手を動かすことが仕事であるという課題志向（doing）に価値が置かれやすい。一方で、心理職は関係志向（being）の職種であり、その強みを活かした支援をすることができる。例えば、施設で生活する高齢者は日中を独りで過ごしている人も多く、中には寝たきりで一日ベッドで過ごす人もいる。言語障害により会話がうまくできない人もいるし、孤独を感じている人もいるかもしれない。臨床現場の中で、このような高齢者のそばにいること、その語りを聴くことには重要な意味がある[1]。

（2）家族介護者等、当事者の関係者への支援

　心理学的支援が必要な高齢者の中には介護を受けている者も多くいる。その中では、高齢者に対する支援だけでなく、その介護者との関係性についても理解しておかなくてはならない。介護は当事者と介護者の相互作用で成り立っており、当事者の認知機能や精神機能が低下することは介護者の生活の質にも影響する（Oba et al., 2018）。介護者による高齢者虐待の問題などもあり、高齢者がより良い生活を継続するためには、疾患に対する理解の啓発や介護への思いの傾聴など、介護者に対する心理支援も欠かせない。配偶者や年老いた親、時には子どもなど、誰もが介護を担う可能性がある。しかしながら、そのタイミングは人それぞれであり予測できず、突然に介護を担わざるを得なくなるケースも少なくない。介護者が介護を担うようになったきっかけや、介護に臨む動機、介護者と被介護者の関係性について把握しておくことは、介護者の将来的な状態の予測に役立ち支援を行う上で重要な情報となる。例えば、義務感や責任感により介護を担っている場合にはストレスが強くなりやすいことや、介護者と被介護者の関係性が親密な場合には、最初の頃はよいが長期的には精神的健康が悪化しやすくなることが報告されている（Fauth et al., 2012; Lyonette & Yardley, 2003）。

　一方で、介護は家族間の関係性の再構築の機会でもあり、時に介護者は介護を通じて被介護者との絆や愛情を再確認するといった関係性の肯定的な変化がみられることもある。扇澤（2014）は認知症介護を担う家族へのアプローチとして、①認知症の進行に応じた家族介護者

1　高齢者に対して心理療法を行う際の基本的な態度として、竹中（1999）は①年長者に対する敬いと名前（姓）を呼ぶこと、②言いたいことの核心がみえるまでは黙って聞くこと、③苦悩や不安をそのまま受容する態度を持つこと、④相手の価値観を知ること、⑤非指示的であり、関係調整に走らないこと、⑥問題点を整理して、苦痛を本人の立場から肯定すること、⑦一般医療についての知識を身につけること、という7つの姿勢を挙げ、心理職の役割としてbeingであることの大切さを示している。

の心理プロセスを理解し支えること、②病型と病期の課題を理解し、多職種による連携で支えること、③家族機能に合わせた情緒的・道具的サポートを提供すること、の3点の重要性を指摘している。介護者と当事者が共倒れになることなく介護を継続するためには、このような視点に基づいた心理支援を行うことが求められよう。

（3）高齢者施設等で働く職員への心理的支援

　当事者や介護者支援に比べてあまり関心が向けられていないが、高齢者施設の職員に対する支援も大切であり、心理職の専門性を発揮できる機会でもある。例えば、介護職員の離職理由について最も多く挙げられるのは職場の人間関係であり、また、介護職員の多くは精神的健康が悪化した状態で業務に携わっていることが報告されている（介護労働安定センター, 2018; 大庭・豊田・佐藤, 2016）。さらには、教育や知識・介護技術等の不足や、人材不足によって業務量が増えることによるストレスなどに起因する虐待リスクも抱えている。これらの問題解決のためには、職員のメンタルヘルスの悪化予防や、改善に向けた心理療法、集団を対象としたストレスマネジメントなどの直接的な介入だけでなく、認知症に関する知識や、行動上の問題と精神症状への対応についての心理教育や助言（コンサルテーション）、多職種連携のコーディネートなど、間接的な支援を行うことも必要だろう。残念ながら、2021年9月現在において介護保険法の人員配置基準の中に心理職が含まれていないため職員支援に携わる心理職は少ないと思われるが、今後の参入が期待される。

（大庭 輝・佐藤 眞一）

❸　認知症支援の実際と知見「ユマニチュード」

〔1〕ユマニチュードとは

　高齢社会を迎えた国々の医療や介護の現場では、これまで経験したことのない変革期が到来しており、日本もその例外ではない。従来、医療・介護の現場では基本的に「自分が病気である」ことや「自分の生活に援助が必要である」ことを理解している方々に対して、専門職が提供する「自分に必要な検査や治療、介護」に協力を得られることが前提となっていた。しかし、現在では「自分がどこにいるのかわからない」「目の前の専門職が何をする人かわからない」方は少なくなく、そのため、提供される検査や治療に対して「なぜこんな不快なことをされるのかわからない」ことが原因となる激しい拒絶も日常的に見られることとなった。

　提供する医療や介護の質がどんなに良くなっても、それを受け取ってもらえなければその意味はなく、「届けたいケアを相手に届ける技術」を専門職が持たなければならない時代となってきている。

　ユマニチュードは、フランスの2人の体育学の専門家イヴ・ジネストとロゼット・マレスコッティが開発したケアの技法である。彼らは、病院職員の腰痛予防プログラム指導者として文部省から派遣されたことがきっかけで、この分野での仕事を始めることになった。

ケアの現場で彼らがまず気がついたのは、専門職が「何でもやってあげている」ということであった。例えば、立てる力があるのに寝たままで清拭をしたり、歩く能力のある人にも車椅子での移動を勧めたり、といったことが日常的に行われていた。2人は本人が持っている能力をできる限り使うことで、その人の健康状態を向上させたり、維持したりすることができると考え、「その人の持つ能力を奪わない」ための様々な工夫を重ねながら現場でケア技術を開発し実践していった。

　認知機能が低下し、身体的にも脆弱な高齢者の方々に対してケアを行うとき、ある時は穏やかにケアを受け入れてもらえるのに、別の時は激しく拒絶されることがある。その原因を考え続けた2人は、ケアがうまくいくときといかないときには、相手を「見る方法」「話す方法」「触れる方法」が異なっていることに気がついた。さらに、人は「立つ」ことによって、生理学的な効果のみならず、その人らしさ、つまりその尊厳が保たれること、立位保持能力を保つことで寝たきりを防げることを踏まえ、この4つの要素「見る」「話す」「触れる」「立つ」を「ケアの4つの柱」と名づけた。そして、この4つの要素を用い、ケアを一連の手順で行って全体を1つの物語のように完成させる「ケアの5つのステップ」で構成するケア・コミュニケーション技法を編み出した。特筆すべきは、この技法は理論が先行したのではなく、初めてケアの現場に赴いた1979年から現在までの現場での幾多の失敗から誕生したものだということである。

　しかしその一方で、いくら技術があったとしても、その使い方が間違っていては何にもならないことも2人は痛感するようになった。1948年に国連総会で採択された世界人権宣言では「すべての人間は、生れながらにして自由であり、かつ、尊厳と権利とについて平等である。人間は理性と良心とを授けられており、互いに同胞の精神をもって行動しなければならない。」（世界人権宣言第1条）と定めている。

　ケアの現場を振り返ったとき、冒頭で述べたような「点滴や清拭、与薬、食事介助など、いつもなら戦いのようなやりとりとなりかねない状況」においても、ケアを受ける人とケアを行う人との間に自由・平等・友愛の精神が存在するのであれば、ケアを行なっている人がもつ哲学と、実際に行なっている行動は一致せねばならず、「自分が正しいと思っていること（哲学）と、自分が実際に行なっていること（行動）を一致させるための手段」として技術が必要である、と2人は考え、その哲学を「ユマニチュード」と名づけた。ユマニチュードとは「人間らしさを取り戻す」という意味をもつフランス語の造語である。つまり、ユマニチュードはケアについての哲学と実践技術から構成されるケア技法である。

〔2〕4つの柱はあなたを大切に思っていることを相手にわかるように伝える技術

　ケアの専門職が相手をどんなに大切に思っていても、また優しくしたいと思っていても、その気持ちは相手が理解できるように表現しなければ、相手には届かない。ユマニチュードの4つの柱はケアを受けている人に対して「あなたは私にとって大切な存在です」と相手がわかるように伝えるための技術である。ここで重要なのは、この4つの柱は1つだけではうまくいかないということである。ケアをする時にはこの柱を同時に複数組み合わせて行うことが大切で、このことを「マルチモーダル・ケア」と呼ぶ。つまり「複数の（マルチ）要素（モーダル）を

使ったコミュニケーションによるケア」を行う。

　ケアとは幅の広い概念であり、医療・介護に携わる専門職が行う援助は、みんなケアであると考える。つまり、私たちが職務上行っていることは、すべてケアである。

　誰かとコミュニケーションをとる時、私たちは無意識のうちに「言葉による」または「言葉によらない」メッセージを相手に伝えている。とりわけケアを行うときには「言葉によらない」メッセージが重要な役割を果たす。ユマニチュードでは、この言語・非言語メッセージを双方向に交わし合うコミュニケーションによって、ケアをする人とケアを受ける人とが良い関係を築くことをケアの目的としている。

（1）ユマニチュードの４つの柱・１　見る

　私たちが相手を見るとき、多くの場合仕事の対象部位を見ている。例えば口腔ケアのために口の中を見る、といったように。しかし、「見る」ことで相手を大切に思っていることを伝えるためには、仕事のための「見る」、つまり手技に必要な視覚情報を得るだけでは十分ではない。「見る」ことが伝える言葉によらないメッセージは、例えば同じ目の高さで見ることで「平等な存在であること」、近くから見ることで「親しい関係であること」、正面から見ることで「相手に対して正直であること」を相手に伝えている。逆に、ベッドサイドで寝ている人に立って話しかけるとき、そんなつもりはなくても見下ろすことで「私のほうがあなたより強い」という非言語の否定的メッセージが届いてしまっている。

（2）ユマニチュードの４つの柱・２　話す

　ケアをするときには「じっとしていてください」「すぐ終わります」などの言葉を発しがちだが、このような言葉にはそんなつもりはなくても「私はあなたに命令しています」「あなたにとって不快なことを行っています」というメッセージが言外に含まれてしまっている。これでは相手に優しさを届けることはできない。「話す」ときも仕事のための「話す」ことだけではなく、相手のことを大切に思っていると伝えるための技術を用いる。低めの声は「安定した関係」を、大きすぎない声は「穏やかな状況」を、前向きな言葉を選ぶことで「心地よい状態」を実現することができる。また、相手から返事がないときには、私たちは次第に黙ってしまいがちだが、無言の状況は「あなたは存在していない」と伝える否定的メッセージとなるため、ケアの場に言葉をあふれさせる工夫として、ユマニチュードでは自分が行っているケアの動きを前向きな語彙で実況する「オートフィードバック」という方法を用いる。

（3）ユマニチュードの４つの柱・３　触れる

　ケアを行うとき、例えば着替え、歩行介助などで私たちは必ず相手に触れているが、そのとき相手をつかんでいることに私たちは無自覚であることが多い。つかむ行為は相手の自由を奪っていることを意味し、ネガティブなメッセージを届けることになる。このため認知症行動心理症状のきっかけとなってしまう可能性がある。触れることも相手へのメッセージであり、相手を大切に思っていることを伝えるための技術を用いる。具体的には、「広い面積で触れる」、

「つかまない」、「ゆっくりと手を動かす」ことなどである。

（4）ユマニチュードの４つの柱・４　立つ

　人間は直立する動物である。人は立つことによって体の様々な生理機能が十分に働くような解剖学的構造をもつ。さらに立つことは「人間らしさ」の表出のひとつでもある。１日合計20分立つ時間を作れば立つ能力は保たれ、寝たきりになることを防げるとジネストは提唱している。これは連続して立つ必要はなく、トイレや食堂への歩行、洗面やシャワーを立って行うなどケアを行うときにできるだけ立つ時間を少しずつ増やすことで実現できる。

　「見る」「話す」「触れる」「立つ」の４つの柱は一見目新しいことはなく、またケアをしている人の多くは「当たり前のこと」、「自分はいつもそうしている」と思っている。しかし、ケア映像の情報学的な分析では、ケアの対象となる部位を見たり、ケアに必要なことを話していたり、自分がケアを行うときに自分がやりやすいように相手に触れていたり、寝たままのケアを実施し続けるなど、ケアを実施する者が主体となって行われている時間が圧倒的に長く、「相手のことを大切に思っていることを伝えるため」のコミュニケーションとしての４つの柱はほとんど使われていないことがわかってきた。ユマニチュードのトレーニングでは、ケア映像の分析をすることでコミュニケーションを定量化し、技術を評価している。

　現在は人工知能によるケア技術評価も行えるようになっており、日本科学技術振興機構（JST）の戦略的創造研究推進事業（CREST）において「『優しい介護』インタラクションの計算的・脳科学的解明」というテーマのもとに京都大学・九州大学・静岡大学の情報学・心理学の専門家と研究が進められている。この中で、中澤らは技術教育の効果を人工知能を用いて客観的に評価するシステムを開発した。また、より多くのケア実施者への教育を効果的に行うためのシステムとして、ケアの様子を撮影した映像を用いて遠隔地にいる指導者がコーチングを行う教育システムを開発し、その時間的・空間的遠隔教育の実証研究も行われている。

〔3〕ケアを一連の物語として行う、５つのステップ

　ユマニチュードではすべてのケアを一連の物語のような手順「５つのステップ」で実施する。この手順は１・出会いの準備（自分の来訪を告げ、相手の領域に入ってよいと許可を得る）、２・ケアの準備（ケアの合意を得る）、３・知覚の連結（いわゆるケア）、４・感情の固定（ケアの後でともに良い時間を過ごしたことを振り返る）、５・再会の約束（次のケアを受け入れてもらうための準備）の５つで構成される。いずれのステップも、４つの柱を複数組み合わせたマルチモーダル・コミュニケーションを用いる。

　ケアを行う場合、来訪と同時に「いわゆるケア」（ステップ３）を始めることが多い。しかしながら、これでは相手に「あなたのことを大切に思っている」ことを具体的に伝えることは困難となる。そのため、「いわゆるケア」だけでなく、相手との良い関係を確立するためのステップ１・２、次のケアにつなげるためのステップ４・５を確実に行うことで、届けたいケアを確実に穏やかに届けることができる。

〔4〕 社会実装

　ユマニチュードは、病院や介護施設の職員のみならず、自宅で介護を行なっている家族介護者、市民など幅広く利用することができる。福岡市では、人生100年時代の到来を見据えて、誰もが心身ともに健康で自分らしく生きていける持続可能な健寿社会の実現を目指し、2017年にプロジェクト「福岡100」が始動した。2025年までに100のアクションを実践するこの計画の基幹事業としてユマニチュードが採択され、「認知症フレンドリーシティ・プロジェクト」が2018年に始まった。

　福岡市では2016年に福岡市内の病院・介護施設の職員を対象とした、ユマニチュード研修の効果検討研究を皮切りに、様々なプログラムが行われている。福岡市全体として認知症の高齢者を支えるために、ケアの専門職にとどまらず、家族介護者を対象とした研修とその効果について検討する臨床研究も行われている。これは自宅で介護をしている市民を対象にユマニチュードの講習を行い、介護をしている人の負担感と介護を受けている高齢者の認知症の行動心理症状の変化を観察したものである。その結果、家族介護者の負担感も、介護を受けている高齢者の認知症の行動心理症状のいずれも統計学的に有意に軽減したことが明らかになり、2017年の欧州老年医学会でその結果が発表された。

　ユマニチュードの学習・実践を総合的に支え、臨床研究を進めるために、2019年に日本ユマニチュード学会が発足した。ケアを受ける人・ケアを行う人・ケアが実施される環境それぞれにおいて、ケアの質の改善、満足度の向上、より良い社会的効果の実現を目的とした活動が継続的に行われている。

（本田 美和子）

〈参考文献〉

◆高齢者福祉における課題と法制度／高齢者の心理学的支援

American Psychiatric Association（2013）*Diagnostic and Statistical Manual of Mental Disorder fifth edition*. Amer Psychiatric Pub Inc.

朝田隆（2013）「都市部における認知症有病率と認知症の生活機能障害への対応」平成24年度総括・分担研究報告書（厚生労働科学研究費補助金認知症対策総合研究事業）.

Baltes, P. B.（1997）On the incomplete architecture of human ontogeny: selection, optimization, and compensation as foundation of developmental theory. *American Psychologist,* 52, 366-380.

Carstensen, L. L.（2006）The influence of a sense of time on human development. *Science*, 312, 1913-1915.

Carstensen, L. L., Turan, B., Scheibe, S., Ram, N., Ersner-Hershfield, H., Samanez-Larkin, G., Brooks, K. P. & Nesselroade, J. R.（2011）Emotional experience improves with age: evidence based on over 10 years of experience sampling. *Psychology and Aging*, 26, 21-33.

Erikson, E. H., Erikson, J. M. & Kivnick, H. Q.（1986）*Vital involvement in old age*. W. W. Norton & Company, N. Y.（E. H. エリクソン・J. M. エリクソン・H. Q. キヴニック, 朝長正徳・朝長梨枝子訳（1997）『老年期　生き生きしたかかわりあい　新装版』みすず書房）

Fauth, E., Hess, K., Piercy, K., Norton, M., Corcoran, C., Rabins, P., Lyketsos, C. & Tschanz, J.（2012）Caregivers' relationship closeness with the person with dementia predicts both positive and negative outcomes for caregivers' physical health and psychological well-being. *Aging & Mental Health*, 16, 699-711.

Folstein, M. F., Folstein, S. E. & McHugh, P. R.（1975）"Mini-mental state": a practical method for grading the cognitive state of patients for the clinician. *Journal of Psychiatric Research*, 12, 189-198.

Heckhausen, J. & Schulz, R.（1995）A life-span theory of control. *Psychological Review*, 102, 284-304.

井藤原一成（2013）「軽症のうつ病に注目した2次予防」『エイジングヘルス』22（1），27-30.

介護労働安定センター（2018）「平成29年度介護労働実態調査」．http://www.kaigo-center.or.jp/report/pdf/h29_chousa_kekka.pdf（2019.9.20閲覧）

加藤伸司・下垣光・小野寺敦志・植田宏樹・老川賢三・池田一彦・小坂敦二・今井幸充・長谷川和夫（1991）「改訂長谷川式簡易知能評価スケール（HDS-R）の作成」『老年精神医学雑誌』2, 1339-1347.

厚生労働省（2019）「平成30年度『高齢者虐待の防止、高齢者の養護者に対する支援等に関する法律』に基づく対応状況等に関する調査結果」．https://www.mhlw.go.jp/stf/houdou/0000196989_00001.html（2019.9.20閲覧）

Lai, J. M., Hawkins, K. A., Gross, C. P. & Karlawish, J. H.（2008）Self-reported distress after cognitive testing in patients with Alzheimer's disease. *Journal of Gerontology: Medical Sciences*, 63A, 855-859.

Lyonette, C & Yardley, L.（2003）The influence on carer wellbeing of motivations to care for older people and the relationship with the recipient. *Aging & Society*, 23, 487-506.

Mather, M., Canli, T., English, T., Whitfield, S., Wais, P., Ochsner, K., Gabrieli, J. D. E. & Carstensen, L. L.（2004）Amygdala responses to emotionally valenced stimuli in older and younger adults. *Psychological Science*, 15, 259-263.

日本老年学会・日本老年医学会（2017）「高齢者に関する定義検討ワーキンググループ報告書」．

Oba, H., Matsuoka, T., Kato, Y. & Narumoto, J.（2018）Factors associated with quality of life of dementia caregivers: direct and indirect effects. *Journal of Advanced Nursing*, 74, 2126-2134.

大庭輝・佐藤眞一・数井裕光・新田慈子・梨谷竜也・神山晃男（2017）「日常会話式認知機能評価（Conversational Assessment of Neurocognitive Dysfunction; CANDy）の開発と信頼性・妥当性の検討」『老年精神医学雑誌』28, 379-388.

Oba, H., Sato, S., Kazui, H., Nitta, Y., Nashitani, T. & Kamiyama, A.（2018）Conversational assessment of cognitive dysfunction among residents living in long-term care facilities. *International Psychogeriatrics*, 30, 87-94.

大庭輝・豊田麻実・佐藤眞一（2016）「精神的健康と職場環境が介護職員の有能感に及ぼす影響」『生老病死の行動科学』20, 3-12.

扇澤史子（2014）「認知症をかかえる家族へのアプローチ」『精神療法』40, 662-667.

扇澤史子（2018）「知っておきたい　アセスメントのための基礎知識」黒川由紀子・扇澤史子編（2018）『認知症の心理アセスメントはじめの一歩』医学書院, 9-35.

Shigemori, K., Ohgi, S., Okuyama, E., Shimura, T. & Schneider, E.（2010）The factorial structure of the mini mental state examination（MMSE）in Japanese dementia patients. *BMC Geriatrics*, 10: 36.

下田健吾・木村真人（2013）「うつ病と認知症の見分け方・関連性」『エイジングヘルス』22, 15-18.

総務省統計局（2021）「統計からみた我が国の高齢者――『敬老の日』にちなんで」．https://www.stat.go.jp/data/topics/topi1210.html（2021.9.23閲覧）

Stewart, T. L., Chipperfield, J. G., Ruthig, J. C. & Heckhausen, J.（2013）Downward social comparison and subjective well-being in late life: the moderating role of perceived control. *Aging & Mental Health*, 17, 375-385.

竹中星郎（1999）「老人臨床における支持」『こころの科学』83, 54-58.

植草朋子・品川俊一郎（2018）「うつ病とアルツハイマー型認知症」『老年精神医学雑誌』29（3），249-257.

◆認知症支援の実際と知見「ユマニチュード」

イヴ・ジネスト, ロゼット・マレスコッティ著, 本田美和子日本語監修（2016）『「ユマニチュード」という革命――なぜ、このケアで認知症高齢者と心が通うのか』誠文堂新光社.

イヴ・ジネスト, ロゼット・マレスコッティ, 本田美和子（2018）『家族のためのユマニチュード――"その人らしさ"を取り戻す、優しい認知症ケア』誠文堂新光社.

本田美和子, イヴ・ジネスト, ロゼット・マレスコッティ（2014）『ユマニチュード入門』医学書院.

本田美和子・伊東美緒編著（2019）『ユマニチュードと看護』医学書院.

Nakazawa, A. et al.（2019）First-person Video Analysis for Evaluating Skill Level in the Humanitude Tender-Care Technique. *Journal of Intelligent & Robotic Systems*, 98, 103-118. https://doi.org/10.1007/s10846-019-01052-8

日本ユマニチュード学会HP　https://jhuma.org/

第**9**章　地域福祉領域の心理学的支援

❶　地域福祉における課題と法制度

〔1〕地域福祉の定義

　地域福祉を概括的に捉えると、「社会福祉制度や地域住民、地域の組織や団体によって実践される地域生活課題の解決に向けた取り組みや施策」ということができる。しかし、地域福祉の定義について、現在のところ統一的な規定はない。

　とはいえ、2017年に改正された社会福祉法では、地域福祉推進のための「地域生活課題」や支援対象者が明確化され、地域福祉推進のための地域住民や地域福祉実施者、国や地方公共団体の責務等が規定された。また、松崎（2019）は支援の方法を示している（表9-1）。

表9-1　地域福祉にかかわる定義

（1）地域福祉の推進者 　地域福祉の推進者は、地域住民や社会福祉事業者、社会福祉活動者（社会福祉法第4条第1項）、その他、国や地方公共団体も地域福祉の推進者である（社会福祉法第6条）。
（2）支援の対象事象 　支援の対象事象は、地域生活課題[※]である。地域生活課題とは、 ①福祉、介護、介護予防、保健医療、住まい、就労及び教育に関する課題 ②地域社会における孤立 ③日常生活を営んだり社会参加したりする上での課題 である。 　現在のわが国の福祉サービス体系は、高齢者や障害者、児童などの対象者別に組み立てられている。しかし、そのサービス体系が整えられ出した戦後間もなくの社会情勢と現在では、その社会情勢に大きな変容が見られる。少子高齢化の急速な進展や人口減少、都市・地方における人口の集中と過疎化など人口構成の変化や地域連帯意識の低下など、人と人のつながりの弱体化などである。このような社会情勢に対応するため、今般の改正地域福祉では、従来の対象者別福祉的課題に加え、複合的な課題や制度の狭間にある孤立状態や社会的排除状態などの地域生活課題も対象にしている。 ※　社会福祉法第4条第2項では、この地域生活課題を「福祉サービスを必要とする地域住民及びその世帯が抱える福祉、介護、介護予防（要介護状態若しくは要支援状態となることの予防又は要介護状態若しくは要支援状態の軽減若しくは悪化の防止をいう。）、保健医療、住まい、就労及び教育に関する課題、福祉サービスを必要とする地域住民の地域社会からの孤立その他の福祉サービスを必要とする地域住民が日常生活を営み、あらゆる分野の活動に参加する機会が確保される上での各般の課題」としている。
（3）支援対象者 　支援対象者は、地域生活課題を抱える地域住民（社会福祉法第4条第2項）であるが、　この支援対象者は、固定されているものではない。支援の受け手が支援提供者にもなる。 　地域生活課題を抱える地域住民とは、既存の福祉サービスを必要とする人はもちろんのこと、例えば介護と子育ての双方に直面する世帯などの複合した生活課題を抱えている人である。また、制度の狭間にある課題を抱えている人、例えばゴミ屋敷やサービス拒否などのセルフ・ネグレクト・ひきこもり、アルコール・薬物等依存者など社会的排除につながりやすい人、ホームレスなど社会的排除の状態にある人である。
（4）市町村における地域福祉推進 　社会福祉法では、市町村の務めるべき包括的な支援体制整備として3つの方針が規定されている。1つ目は、地域住民による地域福祉活動への参加促進のための環境整備や地域住民の交流拠点の整備等である。2つ目は小学校区等の歩いて行ける圏域での総合的な相談体制と支援機関との協力体制の整備である。協力体制を図る支援機関には市町村社会福祉協議会や地域包括支援センター、相談支援事業所、地域子育て支援拠点機関、利用者支援事業者、社会福祉法人、NPO法人等がある。3つ目は市町村圏域において、複合化した地域生活課題を解決するために生活困窮者自立相談支援機関等の支援機関が協働する体制整備である（社会福祉法第106条の3）。 　その他、市町村は厚生労働大臣が公表する包括的支援体制の整備に関する指針に基づいて地域福祉計画を策定するよう努めなければならない（社会福祉法第107条）。

第9章●地域福祉領域の心理学的支援

237

　松崎（2019）は、地域福祉推進機能を右田紀久恵の理論をベースにして、「くらしをまもる」機能と「つながりをつくる」機能の2つを示している。「くらしをまもる」機能には、"地域でのつながりをつくる機能"を活用しながら実践される「個別支援」と「地域支援」があり、「つながりをつくる」機能とは、地域住民同士や地域住民と専門家とつなぐネットワークをつくったり組織をつくったりする機能である。地域生活の課題の解決を支援する場合、これらの機能を具現化して支援していくことになる。これらの支援方法はコミュニティワークといい、コミュニティワーカーによって実践される。
　「個別支援」では、コミュニティワーカーは支援対象者個々人の生活課題に対して福祉制度などを活用することによって支援していくが、それで完結するのではない。支援対象者を個別に支援しながら、彼らとかかわる他の専門家や近隣住民と支援対象者のつながりをつくり、地域住民等とともに支援対象者を支援していく。
　「地域支援」では、コミュニティワーカーは地域住民個々の地域生活課題を普遍化し、同じような地域生活課題を抱える支援対象者への支援体制を組織化する。つまり、必要なサービスを提供できる地域住民や他の専門職からなる組織を形成するのである。

〔2〕地域福祉分野の確立と発展

　社会福祉制度において、地域福祉という分野が確立されたのは、比較的最近のことである[1]。高齢者や障害者などの対象者別サービス分野が法的に創設・整備されたのは1946年から1964年にかけてであるが、地域福祉が法的に位置づけられたのは2000年に社会福祉法が改称・改正されてからである。

　戦後に整えられていった社会福祉制度は、生活困難者や児童、障害者などの支援対象者別の制度である。わが国の経済発展に伴い、対象者別の施設や在宅サービスが充実していった。しかし、1973年に起こったオイルショックとその後続いた世界的不景気が、わが国の社会福祉政策に大きな変容をもたらした[2]。また、国連が進めていたノーマライゼージョン理念の普及もわが国の社会福祉政策の転換に拍車をかけた。高度経済成長によって豊かになった社会情勢や急速な少子高齢化社会の進展などと相まって、これまでの中央集権的な政策が見直されるようになったのである。1990年代に入ると、一層地方分権推進の議論が進み、1991年には地域福祉活動推進国庫補助事業として「ふれあいのまちづくり事業」が始まった。1999年には地方分権一括法が成立し、2000年に国家が担っていた大半の事業で地方分権化が進んだ。社会福祉制度においても、福祉サービス整備の中心的役割を市町村が担うようになった。

　地域福祉の推進は市民レベルでも進み、制度の隙間を埋めるためのボランティア活動が活発化していった。地域住民のボランティア活動を促進するため1998年に特定非営利活動法人法（以下、NPO法という）が成立し、それによって法人格を取得したNPO法人が、制度化されていないサービスを提供するなど活動を活発化させた。

　このような背景から、社会福祉サービス事業の基本的な規定を定めた社会福祉法が2000年に改称・改正され、対象者別支援とは異なる次元の福祉分野として「地域福祉」という分野が創設された。2016年には、「ニッポン一億総活躍プラン」の閣議決定に「地域共生社会」の実現が盛り込まれ、2017年には「『我が事・丸ごと』地域共生社会」に対応すべく社会福祉法が改正された。この改正社会福祉法は2018年に施行され、地域福祉のあり方として、現代的な地域共生社会を目指している（図9-1）。

1　地域福祉的な取り組みは戦前、戦後もなされてきた。戦前では、地域共同体における助け合いのシステムとしてユイ（結）や講があり、政策として感化救済事業があった。戦後は、1951年に地域における社会福祉活動を行う祖組織として中央社会福祉協議会が設立された。

2　オイルショックを契機とした不景気は、わが国の社会政策全般に影響を及ぼした。1981年には第二次臨時行政調査会が始まり、中央集権的制度の見直しや行財政改革が進められていった。

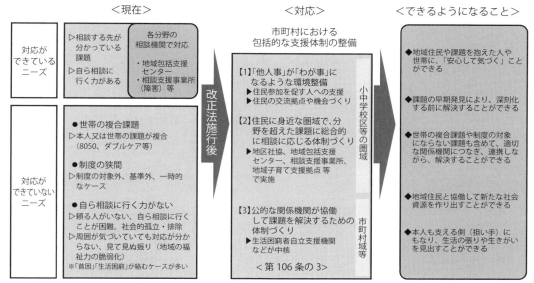

図9-1 「我が事・丸ごと」の地域共生社会の実現に向けて

出所：厚生労働省「地域共生社会の実現に向けた市町村における包括的な支援体制の整備に関する全国担当者会議」（2017年9月25日開催）資料をもとにWAM NETが作成

2 地域福祉課題を抱える人々の心理学的支援

〔1〕地域福祉にかかわる団体・組織と人々

地域福祉推進の担い手は、地域住民そのものと専門家に大別できる。表9-2には、それぞれについて、主な組織・団体やその組織・団体に所属する人々を示した。

〔2〕地域福祉課題を抱える人々とその心理的特徴

（1）地域生活課題の固定化

1）地域生活課題固定化のプロセス

私たちは、生活を送る上で様々な習慣を身につけている。その習慣には、比較的変容が可能なものと変容が難しいものがある。地域生活課題に直面したとき、私たちが身につけている習慣を変更したり新たな習慣を取り入れたりすることで、地域生活課題を解決できることも多い。しかしそれまでの習慣を変更できずにいると、地域生活課題が解決されず固定化してしまうことがある。固定化を防ぐ支援が、地域生活課題解決につながる。

この地域生活課題固定化のプロセスを示したのが、図9-2である。

2）習慣を維持・強化させる要因

地域生活課題が発生したとき、これまでの習慣を修正できない要因には、主に「環境」と「幸福感や安心感」「防衛機制」の3つがあると考えられる。

表9-2　地域福祉にかかわる団体・組織と人々

地域福祉にかかわる住民組織・団体と人々
（1）当事者団体 　当事者団体とは、同じ生活課題を抱える人が相互支援のためにつくる団体である。例えば、ひきこもり者が集う団体やアルコール依存患者が集う団体などがある。当事者団体では、それぞれが地域生活課題を抱える当事者であり支援者である。
（2）自治会・町内会 　地理的に一定の地域を単位として、隙間や重なりがないよう分割されて形成されている組織である。主に小学校区を単位として自治会等がある。自治会等は地縁に基づいた組織であり、住民の地域生活を多方面で支えている。 　自治会等には様々な役員がいる。その1つが福祉活動を行う民生委員である。民生委員とは、厚生労働大臣から委嘱される無給で特別職の地方公務員である。無給で地域貢献をする役職のため、ボランティアの側面もある（民生委員法）。
（3）ボランティア・ボランティア団体 　ボランティアとは、活動目的に賛同して自発的に活動に参加する人で、ボランティア団体とは同じ目的を持ってボランティア活動をする人々で結成される団体である。地域生活課題解決の担い手として期待されている。

地域福祉にかかわる専門組織と専門職
（1）市町村 　市町村とは、地域福祉推進に重要な役割を担っている地方公共団体である。福祉事務所や地域包括支援センターなど、地域住民を直接支援する部署や市町村地域福祉計画を策定する部署等がある。地域住民への直接的な福祉的支援を行う職員をケースワーカーと呼ぶ。
（2）市町村社会福祉協議会 　市町村社会福祉協議会とは社会福祉法第109条第1項に規定されている組織で、①社会福祉を目的とする事業の企画及び実施、②社会福祉に関する活動への住民の参加のための援助などを行う。コミュニティワーカーが在籍する組織でもある。
（3）社会福祉法人 　社会福祉法人とは、社会福祉事業（社会福祉法第2条に列挙されている事業）を行うことを目的として、社会福祉法により認可された組織である。高齢者や障害児・者、児童などが利用する福祉施設の経営など、わが国の社会福祉を担う重要な組織である。ケアマネジャーやソーシャルワーカー、介護職員、保育士、相談支援員（地域相談支援センター）、医療関係職員など、様々な職種の人が働いている。
（4）社会的企業 　内閣府調査「我が国における社会的企業の活動規模に関する調査」（2015）において、社会的企業とは「社会的課題をビジネスを通して解決・改善しようとする活動を行う事業者」と定義されている。生活課題を抱える人へのサービス提供や生活課題を抱える人の就労機会の提供が期待されている。

地域福祉における支援と福祉心理学的援助者
コミュニティワーク等の地域生活課題を抱える地域住民個々に対する個別的な支援は、地域福祉にかかわる住民組織・団体や専門組織に属する人々・専門職によって行われる。場合によっては、支援を必要とする近隣住民も支援に携わることがある。したがって、これらの支援に携わる誰もが、支援対象者への福祉心理学的支援を行う実践者となる。

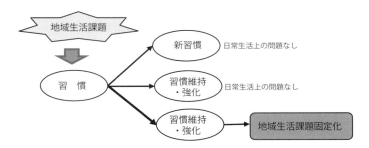

図9-2　地域生活課題固定化のプロセス

①環境

　環境には、物理的な環境と社会的な環境がある。物理的な環境とは、例えば禁酒を決意しているアルコール依存者にとっての、街中のいたるところでお酒を買うことのできる環境である。社会的な環境とは、社会習慣や社会通念で、「人に迷惑をかけてはいけない」や「自己責任」などの社会で通用している価値観である。お酒を買う誘惑に負けたり社会通念を内在化しすぎて、困ったときに「困った」と言えなかったりする。

②幸福感や安心感

　望ましくない習慣が幸福感や安心感をもたらす場合、その習慣は維持されやすい。生理的欲求が満たされたり賞賛が得られたりしたときなど、また、ストレスや苦痛を和らげる行為を行ったとき、

ドーパミンやエンドルフィンなどの幸福感や安心感をもたらす脳内物質が分泌される。脳内物質分泌による幸福感や安心感は非常に強いものなので、本人の意志だけでは習慣の修正は難しい。

③防衛機制

　防衛機制とは、現実や自分の感情等をありのままに受け入れることを避けて、自我の安定を維持しようとする心の仕組みである。代表的なものに、抑圧（苦痛となる記憶などを無意識の中に押し込むこと）、合理化（葛藤や失敗を認められず、正当化すること）、知性化（感情の意識化を避け、認識だけを意識化すること）などがある。もともと認めたくない現実から自分を守るために働く心の仕組みなので、認めたくない現実が解消されない限り、防衛機制によって具象化される習慣を修正することは難しい。

（2）地域福祉課題を抱える人の心理的特徴

　地域福祉課題を抱える人とは、既存の福祉サービスを必要とする人や複合した生活課題を抱えている人、制度の狭間にある課題を抱えている人びとである。表9-4にそれらの人びとの心理的特徴を示した。

表9-4　地域福祉課題を抱える人の心理的特徴

（1）ひきこもり
　ひきこもりとは、「様々な要因の結果として社会的参加（義務教育を含む就学、非常勤職を含む就労、家庭外での交遊など）を回避し、原則的には6か月以上にわたって概ね家庭にとどまり続けている状態（他者と交わらない形での外出をしていてもよい）を指す現象概念」と定義づけられている（厚生労働省（2010）「ひきこもりの評価・支援に関するガイドライン」）。
　ひきこもりは、様々な要因によって引き起こされる現象であるが、ひきこもりと関係の深い精神障害として、①適応障害、②不安障害、③気分障害、④強迫性障害、⑤パーソナリティ障害、⑥統合失調症、⑦対人恐怖的な妄想性障害（醜形恐怖、自己臭恐怖、自己視線恐怖）や選択制緘黙など児童思春期に特有な精神障害、⑧広汎性発達障害、⑨注意欠如・多動性障害、⑩知的障害・学習障害が挙げられている。

（2）セルフ・ネグレクト
　セルフ・ネグレクトとは、「自身や自身の生活への世話が充分でないため自身の健康や安全が脅かされる状態」ということができる※。セルフ・ネグレクトの状態には、例えばゴミ屋敷や必要なサービスの拒否などがある。
　セルフ・ネグレクトでは、本人の困り感よりも、むしろ近隣住民や親族などの周囲の関係者の困り感が表面化している。しかし、セルフ・ネグレクトは地域から疎外されるなど、社会的排除につながりやすい。その結果として孤独死・孤立死のリスクを高める。岸（2012）は、調査の結果、孤立死の約8割が生前セルフ・ネグレクトだった、という。人間としての尊厳や地域共生社会の実現という視座からみると、セルフ・ネグレクト状態は地域生活課題といえるだろう。
　セルフ・ネグレクト状態になる要因として、岸（2012）は、①家族・親族・地域・近隣等からの孤立、②ライフイベントによる生きる意欲の喪失、③認知症、精神疾患、アルコール問題などによる認知・判断力の低下、④世間体、遠慮、気兼ねによる支援の拒否、⑤サービスの多様化・複雑化による手続きの難しさ、⑥家族からの虐待による生きる意欲の喪失、⑦家族を介護した後の喪失感や経済的困窮、⑧介護者が高齢あるいは何らかの障害を持っている場合、⑨経済的困窮、⑩引きこもりからの移行、⑪東日本大震災の影響を挙げている。
※　セルフ・ネグレクトは、主に高齢者虐待への対応や研究等で議論がなされている。セルフ・ネグレクトの定義はまだ確立されていないが、東京都福祉保健局高齢社会対策部在宅支援課編（2018）『高齢者虐待防止に向けた体制構築のために——東京都高齢者虐待対応マニュアル』では「認知症やうつなどのために生活に関する能力や意欲が低下し、自分で身の回りのことができないなどのために、客観的にみると本人の人権が侵害されている事例」としている。

（3）貧困（生活困窮者）・ホームレス
　貧困を定義するのは難しいが、よく定義として用いられるものに生活保護基準がある。生活保護基準を貧困ラインとする方法である。
　貧困は経済的困窮だけが問題なのではない。社会関係や当たり前の経験を奪うという社会的剥奪の側面や、社会から締め出されるという社会的排除の側面も大きな問題である。貧困が地域社会でのつながりを奪うからである。また、地域や社会におけるつながりがほとんどない生活困窮者が失業などでホームレス※になっていくこともある。
　貧困に結びつくリスクとして、岩田（2007）は、最終学歴が中学卒業であることや常用雇用でないことなどを挙げている。他方、心理的特徴を明確にするのは難しい。厚生労働省「ホームレスの実態に関する全国調査（生活実態調査）の調査結果（全体版）」（2017年）では95.7％の者が精神保健福祉手帳や療育手帳、身体障害者手帳を持っていないという結果が出ている。ただ、"今後の生活についてどのような生活を望んでいるか"という質問では、「今のままでいい（路上（野宿）生活）」が最も多く35.3％であった。ホームレスには、セルフ・ネグレクト状態の人も多いのかもしれない。
※　「ホームレスの自立の支援等に関する特別措置法」では「都市公園、河川、道路、駅舎その他の施設を故なく起居の場所とし、日常生活を営んでいる者」と定義されている（第2条）。この定義によると、24時間営業の店舗等や簡易宿泊所で寝泊まりする人は含まれないことになる。しかし地域に住居を確保できない人という観点でみると、ホームレスと類似の課題を抱えているところがあり、支援を考えていく必要があろう。

（富樫 ひとみ）

第9章●地域福祉領域の心理学的支援

〔3〕 地域福祉課題にかかわる人々の心理学的アセスメント

　地域福祉分野で心理学的アセスメントを実践していくことは、心理職の立場から述べるならば難しい課題である。なぜならば、地域住民という非常に大きな相手に面接室での個別支援が考えにくいこと、また不特定多数を対象とした心理療法などのアプローチは現実的でないためである。しかし、各福祉分野における心理社会的課題は増加傾向にあり、公認心理師の制度設立もこの流れによるところがある。ゆえに、心理的課題を抱えるリスクのある人に向けた予防的アプローチが地域福祉分野における心理的支援として考えられる。そうしたなかで、アセスメントの実施も面接室の中からではなく、地域にある公民館、学校などの公共施設や福祉施設に実際に赴き、地域における課題や地域住民のニーズを他職種との連携の中で模索していくことが前提になるだろう。こうした前提を踏まえ、以下の記述は福祉領域に求められる心理職の活動の心構え的要素・課題などが強調されることをお許しいただきたい。

　一般的に福祉分野においても、心理学的支援を心理職に期待される内容として、まずは対象者との面接や検査、観察等から生活を支援するための配慮内容を抽出して（いわゆるアセスメント）、支援チームと共有することが重要となってくることは言うまでもない。このアセスメントについては、他領域の関係者ともつながって支援をしていかなければならないことや、サービスの提供の是非を行政的に客観性・公平性をもって判断するために役立てられることを踏まえれば、標準化されたものを利用することが最低限求められる。しかし、これまで福祉現場においては有効なアセスメントの利用がされず、経験論に基づいた取り組みが多かったため、知識や技術の体系化が十分に進められてきたとは言い難い。

　例えば、発達障害のある人の場合には、現在の人間関係や過去の体験云々という理由ではなく、人の動きや音、温度などへの感覚的な鋭敏さや鈍感さがあり、認知するまでの時間が通常の人よりも短すぎたり長すぎたりするなどの理由で集団参加を回避することがある。また、適応状況の聞き取りに際して、多動ではなくても横断歩道や駅のホームでフリーズして立ち止まってしまうというような場面でも対応が必要であるが、見落とされがちである（発達障害の分野のアセスメントは2012年度の厚生労働省障害者総合福祉推進事業においてまとめられた「発達障害児者支援とアセスメントに関するガイドライン」を参照）。

　こうした特性に着目しないまま、性格や育児に原因を求めようとする支援現場はいまだに多く存在している。当事者や家族がどこにいても、現時点で標準的なアセスメントを受け、適切な支援が受けられるために必要な判定（例えば、障害福祉サービスを受ける際に市町村が行う障害支援区分の認定調査、精神保健福祉手帳や障害年金用診断書の作成など）を行う際に、感覚や認知など目に見えにくい機能について関心を持ち（「感覚の問題」「読み書き」「集団参加」については、2014年度から障害支援区分認定調査の項目に追加している）、教育や研修を受ける機会の多い心理学的支援のできる心理専門職の存在は重要といえよう。

　地域福祉の課題に心理職がかかわる場合、対象者の全体性を捉えながら生活を支えていく必要がある。しかし、支援を継続する中で必然的に、対象者は人生を送る上で乗り越えられない課題に直面する。つまり、コンフリクトに出合うのである。このコンフリクトの中でも特に心

242

理的コンフリクトを解決していくことが、心理職の職務である。生活という文脈の中で心理的コンフリクトを調整するのである。生活という文脈の中で病気を治療するのが医療の職務であるが、病気を抱えながら生活していくときに、そこに併発するコンフリクトを少しでも和らげることが心理職の役割であり、さらに、社会全体で支えるように調整するのが福祉職の役割になる。つまり、心理職が生活の中でアセスメントしていく視点が重要となる。具体的には当事者の声を聴くことになる。そこでは、心理モデルを生活に当てはめるのではなく、対象者の生活を最優先に考え、現実の生活の中から支援ニーズを掘り起こしていく力が求められよう。

〔4〕 地域福祉課題にかかわる人々の心理学的支援の基本

ひきこもり対策を例にすると、経済面や就業面からのアセスメントとプランニングが必要とされ、それに家族支援や居場所づくりも含めた包括的支援が主張されている。自殺防止では、統計データから生活保護受給者が多数に上ること、精神疾患を持つ人は自殺ハイリスク群であることもわかっている。このような複数の課題が重複した領域が現場に存在している事実は軽視できない。

【心療内科から高次脳機能障害の方のリファーを受けた事例】
　　もともと高次脳機能障害とはわかっておらず、自動車事故のあとに記憶力が低下していることが明らかになり、その後集中力が乏しくなり、失業せざるを得なくなった。その後、うつやPTSDという診断を受け、それぞれの治療を受けようと駆け回ったが、ついに高次脳機能障害があるということがわかった。カウンセリングを受けながら5年以上リハビリテーションを続けている。

この例から、ひとりの人生の多様な問題が多面的に絡んでいることがわかる。心理職の仕事は、一人ひとりに会い、その人の生活に入り込み、課題を見つけて解決を目指し、場合によっては他の支援につなぐことである。当事者からすれば、幅広く情報を得ながら適切な支援を受けることが理想である。医療モデルと福祉モデルと心理モデルはそれぞれ拠って立つ理論は異なるが、当事者中心に考えることで見えてくるものもあるはずである。

ただ、医療と福祉の境界策定は難しい。例えば、里親の例で考えてみる。里親が児童相談所と子どもの課題について相談が必要なとき、そこには福祉職と心理職の双方がいる。それぞれの専門的視点から意見を述べるのであるが、利用者の立場からはその違いはほとんどわからないだろう。クライエントと相対するときは、各専門領域の知識を武器として質問や対応をするのが妥当であるし、支援チームで対象者への支援計画を考案するときも専門的知識は役に立つ。しかし、はっきり境界線を引いてしまうと各職種の仕事の範囲を狭める可能性がある。

近代社会は再帰性にとらわれ、主観的には熱心に相手のことを考えていても、実は自分の存在価値を確かめるために考えていることが少なくない。人は理論や方法論の有効性を実証するために病気になったり苦難に陥ったりするわけではない。生物学的なものと社会的なものが絡まってその人の心理的な状態ができているとすれば、その人が自分で責任を持てる範囲がどこまでかを確定することは、福祉の使命ともいえる。例えば、自分が必死に耐え抜くより医療技術に託すべきだとわかれば、医療支援が受けられるようになる。そこで少しの支援があれば自

分の力で耐えられるとわかれば、経済的支援を利用する。後者の場合、このような支援制度があると心理職が伝えることは、ソーシャルワーカーに対しての越権行為ではなく、緊急のときは許されることであるし、またそうすべきであろうと考える。

　必要なことは、職域の間をしっかりと勉強しておくということである。いたずらに他職種領域に踏み込まないが、境界を踏み越えても介入すべきときがあれば決してタイミングを逃さない。ただ、多職種連携チームが結成されると、専門家は自らの立場を主張しなければならないという強迫観念に陥りやすいことも忘れてはならない。基本的には他職種の専門領域に踏み込まない。そして心理職として当然できることや期待されることを成し遂げる。加えて、わずかばかりの専門外の技術と知識を備えているという謙虚な姿勢が求められる。

　かつて福祉は、ある時期まで救貧という意味で考えられてきた。しかし、よく考えると、疾病は治らなくても生きやすくなるようにするということが理念としてある。これは非行青少年や罪を犯した人がどのように社会復帰を果たし世の中で再び生きていくかということにも通じており、その人らしく生きることを多角的に支えていくことが福祉の基本であるといえる。地域福祉は、医療だけでなく司法や行政とも密接な関係がある領域で、ハンディキャップを抱えている人が自立的に生きることを支えるという意味では、支援者は産業領域に精通していることも求められる。つまり、地域福祉領域の支援に必要なのは、全体像を多角的に理解する能力である。支援者は自分の役割がたとえ部分的な関与であっても、支援の対象となる人の全体像やその人を取り囲む全体状況を見通せるセンスが求められていることを忘れてはならない。

（杉山 雅宏）

〔5〕　地域連携を踏まえた心理学的実践

（1）実践例①：強度行動障害者支援の取り組み

1）行動障害とは

　「行動障害」は、ブリタニカ国際大百科事典等を参照すれば、「精神障害」や「発達障害（知的障害・自閉症スペクトラム・てんかん障害等）」と密接に関連があるとされてきた。行動障害は、早期からの人間関係の不調から生起し、それが維持反復することによって強化されていくものであるとする応用行動析学の立場から考えると、障害のある人だけの問題ではない。人が成長する過程で生ずる反社会的行動や非社会的行動という現象で現れたりもする。

　1970年代頃まで、障害は、「障害者の体（脳）の中に宿るものであり（インペアメント）、医学的な方法でそれを取り除いたり、個人的な努力によって克服したりすることによって解決されるもの」とする「個人（医療）モデル）」の考え方が主流であった。行動障害の問題も、これまで「個人（医療）モデル」に沿って、当該の個人や家族の問題だとされてきた。

　1980年代後半以降に出てきた「社会モデル」は、先の「医療モデル」によって構築された「社会構造や体制（医療モデル）」の問題を解決するために提示され、それまでの障害者に対する「社会構造・体制」（パラダイム）への挑戦として障害者運動が世界中で起こった。こうした変遷の中で「社会モデル」の考えは、行動障害の捉え方にも少なからず影響を及ぼしてきた。

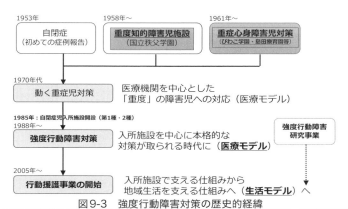

図9-3　強度行動障害対策の歴史的経緯

出所：2015年度強度行動障害支援者養成研修（国立重度知的障害者総合施設 のぞみの園 基礎研修・指導者研修資料）志賀利一 資料
　　　「強度行動障害に関する研究と支援の歴史」を筆者加筆修正

2）「行動障害」から「チャレンジング行動」（強度行動障害）へ

　これまで行動障害（behavior disorder）は、偏奇行動、不適応行動、異常行動、過剰行動、重度行動問題（behavior problem）、問題行動（problem behavior）等の用語が使用され、臨床（医療・教育・福祉）現場でも混乱が起きたままの状態が続いている。こうした混乱を整理し、「行動障害」に関する共通認識と理解を深めるために、最近欧米で使用され始めた「チャレンジング行動」について整理することが重要である[3]。

　チャレンジング行動は、発達障害との関連性が強く、人間社会の中で、発達障害当事者に学習の困難性があるゆえに、行動障害を生起せざるを得ない状況に置かれやすく、周囲の人的環境や当事者の内的環境との相互作用の不調の文脈で行動障害（チャレンジング行動）を生起するという考えに基づいている。

3）わが国における強度行動障害施策の経緯と問題

　強度行動障害とは、その頻度（回数）と強さ（強度・悪影響の程度）の度合いが「行動障害」よりも重度な場合を指す用語で、一般的には、医療施設や教育・福祉機関での特別な措置が必要なものとされ、「行動障害」と区分されている[4]。

「強度行動障害」という用語は、1985年頃から用いられるようになった。この強度行動障害は、知的障害関連施設で、激しい行動問題のある利用者の示す行動に対して用いられたことにはじまり（図9-3）、概念が定義されたのは、1989年度に報告された『強度行動障害児（者）の行動改善および処遇のあり方に関する研究』（財団法人キリン記念財団助成研究）である[5]。

　その研究報告書の中で「（強度行動障害とは）知的障害児（者）であって、多動、自傷、異食等、生活環境への著しい不適応行動を頻回に示すため、適切な指導・訓練を行わなければ日常生活を営む上で著しい困難があると認められる者」と定義された。これらの研究成果をもと

3　Sigafoos, J., Arthur, M. & O'Reilly, M.（2003）*Challenging Behavior and Developmental Disability* ＝園山繁樹監訳（2004）『挑戦的行動と発達障害』コレール社.

4　長畑正道・小林重雄・野口幸弘・園山繁樹編著（2000）『行動障害の理解と援助』コレール社.

5　行動障害児（者）研究会（1989）「強度行動障害児（者）の行動改善および処遇のあり方に関する研究」財団法人キリン記念財団.

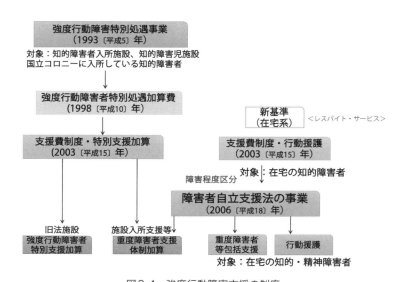

図9-4　強度行動障害支援の制度
出所：厚生労働科学研究「強度行動障害の評価尺度と支援手法に関する研究」（2009〔平成21〕年度報告書）

に、国は1993年4月1日付けで「強度行動障害特別処遇事業の実施について」（児発第310号　厚生省児童家庭局長通知）を通知、強度行動障害特別処遇事業が施行された（図9-4）。

　そして特別処遇事業の対象（強度行動障害判定基準表：10点以上を強度行動障害、20点以上をこの事業の対象）に取り組まれてきた。

　強度行動障害の問題は、ネガティブな社会的影響が強かったので、地域から離れた場にある専門機関（医療や福祉の機関）での特別な処遇によって行動障害の軽減、改善が実施された。そのために一般の人たち（地域）の問題とは無関係とする考えを作り出し、福祉施設の現場では、強度行動障害者の支援の問題が支援者による虐待問題へと先鋭化していくことになった。

4）強度行動障害者の支援の枠組みの社会化と支援者養成

　1989年に出された研究報告書の〈強度行動障害の支援にあたって〉という箇所には、「強度行動障害は、生来的に持っている資質そのもの（インペアメントやそれに起因して起こるディスアビリティ）ではなく、その特異な行動の意味を理解できない社会や支援者等（社会の側の問題）によって、不適切な対応が行われ（間違った支援）、その結果として形成されてしまった2次的・3次的障害（ハンディキャップ・社会的不利）であり、適切な支援や働きかけを忍耐強く行うことで、行動障害の軽減が可能であるという視点（「個人モデル」から「社会モデル」へのシフトによる社会側の変革を強調）が重要である」と示されている。強度行動障害特別処遇事業の実施後も法律改正とともに「強度行動障害者特別処遇加算費」（1998年：人材養成）や行動援護事業（2006年：地域支援）等の取り組みがなされてきたが（図9-4）、全国に支援の枠組みがなかなか広まっていかないという課題は残され、支援方法だけの問題ではないという認識（社会構造・体制や社会規範等の問題との関連）が高まる中で、支援現場での支援者による虐待という痛ましい事件が繰り返されるという課題も生じてきた。こうした結果を踏

まえて、知的障害者の福祉現場では、重度障害者に対する支援のあり方に関する抜本的な見直しの必要性が指摘されるようになった。これを受けて、国は、強度行動障害に対する地域支援体制の構築と支援者養成対策として、2013年度より障害者総合福祉推進事業（強度行動障害）を立ち上げ、全国の障害福祉従事者を対象（目標値3万人）に都道府県地域生活支援事業「強度行動障害支援者養成研修事業」に取り組んでいる。

5）強度行動障害者支援の取り組み

①福岡市における強度行動障害者支援体制のはじまり

　実践例として、福岡市における強度行動障害者支援の事例を紹介する。福岡市の強度行動障害者の支援事業の始まりは、福岡県内の施設利用者への暴行事件がきっかけだった。当時強度行動障害の人たちが入所している施設での虐待事件が全国各地で起きていた。福岡県でも、2004年に入所施設で施設長自らによる利用者への虐待事件が起きた。2005年、被害利用者の保護者から福岡市長宛に強度行動障害を示す人を受け入れる入所施設の整備と、自閉症に対する専門性を有した人材育成機関の設置を要望する陳情書が提出された。これを受けて2006年に福岡市強度行動障がい者支援調査研究会が立ち上がった。表9-5がこの調査研究会の強度行動障害者支援に係る3事業である。

表9-5　福岡市強度行動障がい者支援調査研究会の強度行動障害者支援に係る3事業

①2006年度より開始した強度行動障害者支援研修事業
自閉症及び、それに関連するコミュニケーション課題を抱える子ども向けの治療と教育（以下TEACCHとする）や応用行動分析学（以下ABAとする）をベースに講義・実習・事例検討の研修を実施する。この時に、強度行動障害者にも協力者として研修に参加してもらった。それに加え、強度行動障害児者の支援者を対象に、緊急一時預かり・短期入所の共同事業を開始した。
②強度行動障害者共同支援事業
2006年度より開始したこの事業は、単独事業所では、強度行動障害者を受け入れたり、支援者を養成したりすることに困難があるため、研究会が主導して、支援の引き継ぎや職員の研修として複数事業所の職員と共同で支援を行う事業である。共同支援として職員を派遣した障害者施設・事業所に対して派遣費が支給される。2009年度からは、短期入所、共同生活援助事業の一環として、事業所間や支援者間の支援の引き継ぎをスムーズに展開するため、また人材養成や研修的な意義づけも勘案して複数の事業所の支援者が共同で支援を行う共同支援事業に展開した。
③集中支援事業（福岡市のモデル事業）
2015年度からは、これまで6年間の研究会の事業をもとに、強度行動障害者への3か月間の集中支援とその後の地域移行支援を行う集中支援事業（福岡市独自のモデル事業）を開始した。この事業は、利用定員は2名とし、24時間約3か月にわたる支援を実施するために職員と利用者の比率が1：1の配置となる支援環境を用意し、実際の支援にあたる3年間の事業である。限定した1名の強度行動障害者を整備された環境の中で支援を行うことで、行動障害の原因やきっかけを整理し、行動障害を軽減していく中で生活の質（QOL）の向上を図る。利用期間は原則3か月（市との協議により延長あり）とし、集中支援終了後は、福岡市内の暮らしの場（GH）と日中活動の場（通所施設）への移行を目指すとする事業である。 　3年間の実施で、年齢・性別・障害程度・支援区分・行動問題等が異なる10名（実人員）がこの行動支援事業の拠点を利用し、支援を継続実施していくことで貴重な成果（支援技術等）を蓄積していくことができた。

②障害者地域生活・行動支援センター「か～む」の誕生

　モデル事業の集中支援期間の3か月終了後、ほとんどの利用者が福岡市外の事業所に移行しなければならないという移行先の課題が浮き彫りになった。

　この結果は福岡市議会でも議論されることになり、調査研究会は、移行型グループホームの必要性と整備について議論し、設置に向けた動きを推進した。研究会の結論は、集中支援期間（原則3か月）終了後に、移行先となる市内の社会福祉法人等が運営するグループホームへ移

行できるまで約1年間の受け皿、行動障害の一層の軽減の場、市内のグループホームを運営する社会福祉法人等が強度行動障害者を受け入れるための後方支援等の機能を備えた移行型グループホーム設置の方向を決定し、福岡市議会を経て2018年2月に障害者地域生活・行動支援センター「か～む」が開所した。

❶「か～む」の機能

「か～む」は、「強度行動障害当事者とその家族の地域での安定した生活を支えます！」をスローガンに、強度行動障害の軽減・改善に向けた支援（3か月の集中支援）と移行支援を軸に以下のような機能を備えている。

1. 行動障害の予防・改善に関する具体的な相談支援機能と移行支援
2. 全市的な強度行動障害者支援ネットワーク構築の拠点
3. 市全体の行動障害に関する実践的な支援力向上のための研修拠点
4. 強度行動障害を受け入れる市内の障害福祉サービス拡充のための後方支援と相談
5. 行動障害の形成過程や予防に関する市民への理解向上のための啓発拠点

❷「か～む」から地域移行するまでの5段階

支援要請や相談のあった強度行動障害者に対して、「か～む」では、集中支援の約3か月を「か～む」で支援する。その後、事例の事情に応じて、市内の受け入れ事業所等と連携しながら地域移行支援を始める（図9-5）。

また「か～む」では、家庭や学校等（地域）で強度行動障害の状態にある人が地域での自立した生活ができるためには、下記のような5つの支援段階をたどる必要があると考えている（図9-6、表9-6）。この5段階の中で、最初の1・2段階は、特に行動障害の軽減・改善が必須なため、これまでのABA（Applied Behavior Analysis：応用行動分析）の知見と理論を参考にしながら支援をしていくことに重点を置いている（「か～む」では、主にこの段階を約3か月間集中して支援する）。

❸強度行動障害者に対する「か～む」での行動支援のポイント

利用者が示す「強度行動障害」へのアプローチ（図9-7参照）について、行動分析（三項随伴性A-B-C分析）の3類型で強度行動障害者の「行動問題」を分析する（表9-7）。

③移行支援を通じた地域支援体制の構築

「か～む」で行ってきた当事者への行動支援を他の事業所でもできるように移行先と相互に情報交換と連携を密にしていくことで、地域支援体制を構築することが可能となる。将来的には、市内全域で強度行動障害者の支援をできる事業所になることを目指す。さらに強度行動障害の状態になる以前に行動障害の予防が可能になる地域支援体制の構築を目指す。具体的には、暮らしの場での支援者3・4名、通所事業所での支援者4・5名、移動支援等余暇活動支援者5・6名、居宅介護ヘルパー5・6名等、当事者を支えようとする支援者のネットワークが出来上がっていることを目標に移行を考えていく。このとき、家族のニーズも把握しながら、当事者

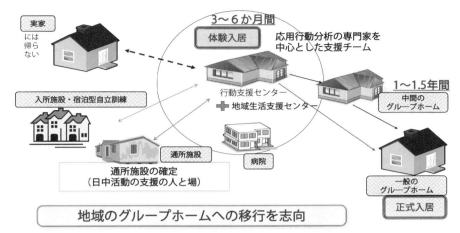

図9-5　24時間一貫性のある支援プログラム

出所：森口哲也 (2019)「福岡市における強度行動障がい者集中支援事業について」『発達障害研究』41(2), pp. 125-133を筆者加筆修正

図9-6　行動障害のある人の地域生活支援をめざして（筆者作成）

表9-6　「か〜む」から地域移行するまでの5段階

1. 存在（ある：人権・尊厳）の保障→信頼関係の回復、安心・安全感の獲得
（集中支援の1〜2か月を目安とする。事例によっては長期にわたる人もいる） 　在宅生活や入所施設を離れた場所「か〜む」で、一定期間（約1、2、3か月）の間は、当事者の行動観察をベースに行動分析と行動障害の機能分析の観点から、行動障害を起こさなくて済むような環境づくり（徹底的な先行子操作）に専念し、当事者の情緒が安定した穏やかな生活を目指す。
2. 行動・情緒を整える（集中支援2か月〜3か月）
日常生活を中心とした日課に沿った課題を検討しながら（巨視的アプローチ）、生活の文脈ごとみられる行動障害について詳細に検討していく（微視的アプローチ）。
3. 生活を整える（集中支援3か月以降より）
自立的な作業や支援可能な適応行動を随時形成していくことを大切にする時期で、可能な場合は、日中支援活動の移行先を見つけ、移行先との連携を図る。「か〜む」とは別の事業所等で活動する視点を導入していく。
4. 生活を豊かにする
望ましい行動を伸ばすための支援法を当事者の強みにそって検討しながら、新たな行動レパートリーを拡大していく時期である（支援者・支援先の拡大、利用できる社会資源の拡大、好み・強みの発揮や重視、生活様式の尊重を考慮する）。
5. 地域生活への移行
強度行動障害者の人たちが、地域の中で穏やかな生活を継続して送っていくためには、既存の障害福祉サービスを十分に活用して、親なき後も生涯にわたって権利と尊厳が保障される穏やかな生活を送ることができるように、当事者の行動障害の予防と生活の質の向上を担保できる（権利擁護機関として「か〜む」）支援拠点が必要であることを示している。この拠点が、随時既存のサービス事業所と当事者の支援ネットワークを形成し、当事者中心の支援計画を計画し、それに基づいた支援を既存のサービスが誠実に担っていけるように後方支援していく必要がある。これが実現することで本当の意味で強度行動障害当事者が「地域で自立した支援付きの生活を送る」という最終段階にたどり着くことになる。

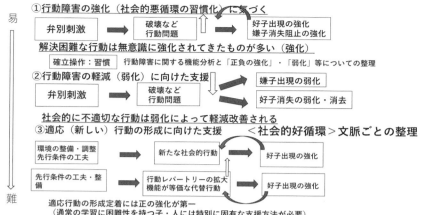

①**行動障害の強化（社会的悪循環の習慣化）に気づく**

| 弁別刺激 | ➡ | 破壊など
行動問題 | ➡ | 好子出現の強化
嫌子消失阻止の強化 |

解決困難な行動は無意識に強化されてきたものが多い（強化）

| 確立操作：習慣 | 行動障害に関する機能分析と「正負の強化」・「弱化」等についての整理 |

②**行動障害の軽減（弱化）に向けた支援**

| 弁別刺激 | ➡ | 破壊など
行動問題 | ➡ | 嫌子出現の弱化
好子消失の弱化・消去 |

社会的に不適切な行動は弱化によって軽減改善される

③**適応（新しい）行動の形成に向けた支援**　　＜社会的好循環＞文脈ごとの整理

| 環境の整備・調整
先行条件の工夫 | ➡ | 新たな社会的行動 | 好子出現の強化 |
| 先行条件の工夫・整備 | ➡ | 行動レパートリーの拡大
機能が等価な代替行動 | 好子出現の強化 |

適応行動の形成定着には正の強化が第一
（通常の学習に困難性を持つ子・人には特別に固有な支援方法が必要）

易　　　　　　　　　　　　　　　難

図9-7　行動障害に関する三項随伴性の3類型

出所：野口幸弘（2013）「障がい者施設における福祉心理士の役割に関する一考察」『福祉心理学研究』10(1), pp.13-21を筆者加筆修正

表9-7　行動分析（三項随伴性A-B-C分析）の3類型による強度行動障害者の「行動問題」の分析

1.　**行動障害の維持・強化要因を分析する**：行動障害が起こる状況の精査によって、社会的悪循環（行動障害の維持・強化の連鎖）から（行動障害を起こさなくて済む生活の維持・強化）社会的好循環の生活を目指す。 ・先行子（状況要因と直接のきっかけや要因：A条件を検討・分析する）操作に必要な2つの側面（巨視的・微視的）から徹底的に状況要因を検討することで行動障害を予防する（図9-7-①行動障害の生起メカニズムを知る）。 ・利用者との良好な関係性の構築を作り、社会的好循環の生活を作る。
2.　**行動障害の軽減・改善に向けた取り組みをする**：三項随伴性に沿って、行動を記録することで、行動障害を維持・強化している要因と「機能」を精査する（図9-7-②参照）。このとき、以下の点を精査する。 ・行動障害に対する先行子（状況要因や直前のきっかけ）の影響をアセスメントする ・行動障害の機能を分析する ・当事者の行動障害の動機づけを高める状況要因を探る ・当事者の選択に関する能力と選択方法を探る ・当事者の言語能力・認知能力等特性を知る ・一日の生活状況に即した行動支援を工夫する（日課援助法の導入） ・当事者に特有の生活様式があれば検討する ・指示制御（支援者の働きかけ等）による拒否行動への支援を工夫する ・確立操作によって、行動障害の動機づけを減少する
3.　**適応行動の形成に向けた支援**：適応行動形成に向けた支援をするために、カリキュラムを変更し、構造化等TEACCHプログラムの導入を積極的に展開する（図9-7-③参照）。ここは、既存の適応行動の向上と新たな社会的行動レパートリーの拡大によって、よりQOLの向上に向けた支援をする。同時に地域の移行先の事業所でもこのことが保障されるよう、協働の支援を大切にする。

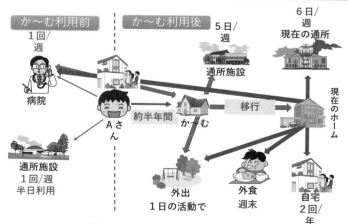

図9-8　か〜む利用前後の生活状況

出所：森口哲也（2019）「福岡市における強度行動障がい者集中支援事業について」『発達障害研究』41（2）pp. 125-13より引用

はもちろん家族のニーズを満たしていくことで、強度行動障害の人たちの地域での24時間365日の支援体制が達成されたことになる。このことが保障されてはじめて地域移行が達成したということになる（図9-8）。

（野口　幸弘）

（2）実践例②：性的問題行動のある知的・発達障害者向け問題修復プログラム

1）知的障害・発達障害のある青年の性問題行動と支援の課題

　知的障害や発達障害のある児童・生徒・青年は、育ちの中で、対人関係のスキルや自尊感情、生や性の関係性支援の発達の遅れやライフステージにおける学習の場の不足があり、思春期や青年期になると友人や異性との性の問題や様々なトラブルに巻き込まれてしまうことも少なくない。図9-9は、特別支援学校の教員が在学生徒および卒業生のフォローアップにおいて支援困難だと考えるトラブルである。社会的逸脱行動である万引きやいたずらは、叱っても繰り返し再犯し支援方法が見つからないという理由で多い。次いで多いのが性的トラブルであり、性被害と性加害が含まれる。特に性加害の問題は、痴漢行為など被害者のトラウマ的反応を引きおこす場合もあり、社会的にも大きな課題となっている。

　性的問題行動や触法行為を犯した場合、司法手続きに至ることも少なくない。そうした場合、①知的障害やアスペルガー症候群等の障害があるゆえに理解がなく、地域社会で一層暮らしにくくなり、②就労先や地域住民、司法手続きで十分な理解がないまま悪質さが強調されることも少なくない。③また発達障害者支援センターなど相談支援であっても、障害特性に合わせた対応プログラムがないところが多く、支援が薄いためさらに再犯リスクが高まる。こうした悪循環の諸課題解決するための研究と実践（表9-8参照）が急務とされてきた。

　性犯罪加害者の35％は青少年が占めていることや、知的障害（ID）のある青少年には、性犯罪加害者と被害者双方に多くいることが報告されている。青少年への対応の重要性が指摘されているにもかかわらず、彼らに対するサービスはわずかであり、調査研究も少ない[6]。

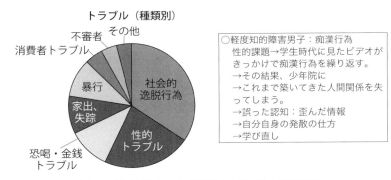

図9-9　教員が抱える支援困難なトラブルと事例過程

6　筆者らは、ySOTSEC-ID/Keep Safe Project代表のロウィーナ・ロシター（Rowena Rossiter）博士と連携し共同研究を行い、知的障害や自閉スペクトラム症があり、性的問題行動をとる青少年とその保護者への支援プログラムを開発し実践してきた。

表9-8　生きづらさを抱えた障害者のための支援の視点

【認知行動療法】
知的障害・発達障害のある青年等が性問題行動を起こす背景とし、共感性のなさ、衝動性のコントロールの問題、アタッチメントの形成の問題等が影響しているとみられるとともに、適切な性表現の機会が不足していることや、性に対する知識の不足などが指摘されている。また何が触法行為であるのかの学習機会の不足や誤学習による物事の捉え方の乖離の結果であることも少なくない。こうした問題行動からの離脱を目指し、危機解決スキルを再学習するための発達臨床的支援の方法としては、認知行動療法に一定の効果があることはよく知られている。
【良き人生モデル（グッドライブズモデル）の獲得】
触法行為を犯した人であっても、単に教え諭したり矯正すべき対象と考えるのでなく、本人自身がより主体的に生きていく存在として支援の中に位置づけることが重視されている。福祉心理の目的は、その人が改めて「良き人生モデル（グッドライブズモデル）」を獲得することを目指すべきであり、再犯防止が目的とはならない。結果として再犯する必要がなくなることが大事である。Wardらのモデルでは、有害な行動であるHSBを示す者は、内的リソース（スキルや態度）と外的リソース（社会資源、社会的支援など）に欠けるために、基本財（primary goods）をHSBという方法によって満たそうとした結果である。治療は、これらの内的・外的リソースを強化することに焦点を当て、そうしたニーズや目標を達成するための向社会的な方法がとれるようにする。それによりHSBの再犯に至るリスクを統制することを目的としている。
【グッドウェイモデル】
1990年代後半にニュージーランドの「Wellstop」（性暴力を犯した知的障害のある青少年の支援サービス）においてAylandたちによって開発。ここでは修正した認知行動療法を実施していたが、それでもなお、概念や言葉を説明するのに相当な時間を費やさねばならず、セラピー自体の時間が減るのが問題であった。そこでまず彼らの言葉をよく聞き、治療の枠組みを彼らの概念に合わせてつくりあげるという方法をとった。発達、アタッチメント、トラウマの問題、さらに認知行動、システミック、文脈フレームワーク（contextual frameworks）の理論を統合・総合した取り組みである。ナラティブを使い、自分の考えや感情を把握し、自分のストーリーとして再構成できるようにした。
【セルフ・アドボカシー支援：トラブルシューターネット】
セルフ・アドボカシーとは、知的障害や発達障害のある本人が、自分の危機や権利を知り、自分で現状を覚知し、自分を守る危機解決スキルを学習し、人生の中で発揮することを指す権利擁護の視点である（図9-10）。ここで重要な要となるのが、「信頼の『人垣』支援」であり、地域の支援者による包括的支援（トラブルシューターネット；TSネット）である。TSとは、障害福祉、心理、教育、医療、司法などの関係者が、当事者支援の一点で集まり、学習や事例検討を重ね、それぞれの専門性を活かしつつその垣根を超えて、ネットワークで当事者を支える協働システムである。本人部会＋地域活動支援センターを核としたものや、県発達障害者支援センターを核とした多職種連携、就労支援B型事業所＋矯正・特別支援教育関係者、基幹相談支援センターを核とした多職種連携、児童相談所と福祉型障害児施設連携、などがある。

生きづらさを抱えた障害者のための
問題行動からの離脱学習プログラム開発

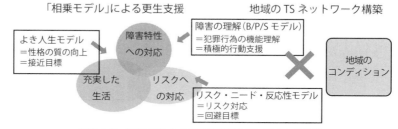

図9-10　問題行動からの離脱学習プログラムモデル
出所：Frize（2015）をもとに改編；Frize in press. PandA-Jの資料による

2）リスクアセスメント

　問題行動の危機介入支援には、様々なプログラムが開発されているが、福祉心理として大事な視点は、リスクレベルにあった処遇支援を選択すべきであることである。表9-9は、リスクレベルと処遇密度からみた再犯率の関連である。高リスク者に対し、低濃度の介入プログラムを実施しても効果が得られず、再犯率が高くなるとともに、低リスク者に対し高濃度な介入を行うと、逆に再犯率が高くなることを示す。危機介入支援のアプローチを適切に選択し実施するためには、問題行動を抱える本人に関する事前のリスクアセスメントが欠かせない。

リスクアセスメントには、静的アセスメントと動的アセスメントがある。前者は生育歴や犯罪歴など介入によっても変化を受けない因子であるが、後者は介入の内容によって大きく変動する要因に注目して統計的に構造化したアセスメントである。暴力行為に有意に関連するリスクアセスメント等があるが、ここでは性問題行動・性犯罪のリスクアセスメントを見てみる。

表9-9　リスクレベルと処遇密度（再犯率（%））

リスク	低密度処遇	高密度処遇
低い	15	32
高い	51	32

出所：Bonta et al.（2000）

知的障害・発達障害のある性加害行為者に対する動的アセスメントには、性加害者の包括的リスク評価（ARMIDILO-S: The Assessment of Risk and Manageability for Individuals with Developmental and Intellectual Limitations who Offend Sexually）がある。アセスメントの対象者は、主に18歳以上の男性で性犯罪あるいは性問題行動のある知的障害・発達障害のある青年成人であるが、発達的支援を勘案することで思春期の対象者でもアセスメントすることができる。知的機能がボーダーラインの領域か（IQ70 〜 80の範囲で適応機能の制限がある）、知的障害のある人（IQ70以下で適応機能の制限がある）を対象に開発された。近年のリスクアセスメントは質的アセスメント、つまり、聞き取りから得られる確実に事実が確認できる具体的なエピソードをもとに質的な分析を行う。アセスメントの聞き取り対象は、本人をよく知っている支援者、サポートワーカー、ケースマネジャー、保護監察官、住宅提供者、福祉心理職、プログラム管理者であり、不適切な性的行動のリスクを特定し支援するために設計されている。

アセスメント評価項目は、クライエント項目と環境項目、および持続的項目（主に過去2年間）と急性項目（主に過去2か月）からなり、これからを組み合わせた4つの領域（クライエント項目【持続】、クライエント項目【急性】、環境項目【持続】、環境項目【急性】）の27項目から構成されている。特に、リスク要因だけでなく、保護要因（リスクを低減させる契機となりえる要因）をアセスメントし探し出すことが特徴である。保護因子つまり、本人の得意

表9-10　ARMIDILO-Sによるリスクアセスメント事例

持続的なクライエント項目	リスク評定	関連するデータ／コメント	保護要因評定	関連するデータ／コメント
1．監督へのコンプライアンス（規則遵守、協力的か、規範意識）	S	親への反発がある…	Y	危険に対する自己認識はある。規則は守る…
2．治療へのコンプライアンス（同意、通院、治療にかかわる興味）	N	自分の行動を直したいと希望している…	Y	通院している…
3．性的な逸脱（行動、空想、興味、ヒストリー…）	Y	女子高生が好き出会い系サイトにはまったことがある	N	エレベーターには乗らないようにしている…
4．性への没頭／性衝動（マス頻度、ポルノの利用、性的コメント、自己コントロール…）	X	扱いやすい子を選んでいる女性への恨みがある…	Y	ストレスが生じると自分からカウンセリングを受ける…

Y＝Yes（確実に問題がある／保護要因である）N＝No（問題ない／保護要因でない）
S＝some（いくらかある）X＝わからない（さらに情報を集める必要がある）

プログラムの構成

週1回2時間のセッション、1年間、クローズドなグループ

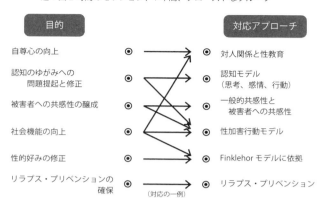

図9-11　SOTSEC-IDプログラム概要

表9-11　SOTSEC-ID実践における対象者とプログラム効果

地区（対象数）	対象者年齢と障害特徴	リスクと性問題行動	プログラム効果
A地区（5人）	20代〜40代／知的障害、自閉スペクトラム症	中リスク／痴漢、身近な女性へのタッチ	5人中4人は再犯なし。社会スキル向上
B地区（3人）	10代〜20代／知的障害、自閉スペクトラム症	高リスク／強制わいせつ行為、年少者へのタッチ	3人とも再犯なし。就労やグループホーム移行

（ストレングス）を得ておくことは危機介入プログラムを実践するときにも有益となる。これらの総合的収束的評価により、クライエントが高リスクか、中リスクか、低リスクであることがアセスメントされる。

3）リスク・ニーズに合わせた3つの性問題行動危機介入プログラムとその実践

　筆者らは、リスク・ニーズに合わせて3つの性問題行動危機介入プログラムを開発し実践してきた。SOTSEC-ID（高リスクな青年期成人期向けプログラム）、キープセーフforチェンジ（低リスクな思春期青年期の多様な社会的トラブル回避スキルプログラム）、Keep Safe（中リスクな思春期青年期の知的障害・発達障害向けプログラム）、である。これら3つのプログラムでは、個別対応で実施することもあるが、基本的には、全国各地にある地域包括支援としてのトラブル・シューター・ネットワーク（TS）を実施基盤としている。ここでは3つ目のKeep Safeの実践を中心にプログラム構成と実践事例、および福祉心理職の期待と役割を述べていくこととしたい。

①SOTSEC-ID──高リスク青年期成人期向けプログラム

　「知的障害・発達障害のある性犯罪加害をした成人男性向け認知行動療法プログラムSOTSEC-ID（Sex Offender Treatment Services Collaborative - Intellectual Disability）」（英国Kent大学Glynis Murphy氏が開発）日本版として筆者らが共同開発したもので、高リスクの知的障害・発達障害のある成人向けプログラムである。

　認知行動療法やリラプスプリベンションモデル、グッドライブズモデル、などの犯罪防止の

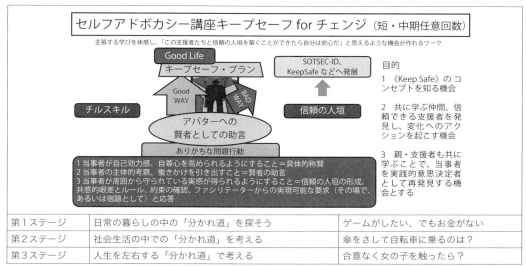

<table>
<tr><td colspan="3" style="text-align:center">セルフアドボカシー講座キープセーフ for チェンジ（短・中期任意回数）</td></tr>
</table>

主張する学びを体感し、「この支援者たちと信頼の人垣を築くことができたら自分は安心だ」と思えるような機会が作れるワーク

Good Life
キープセーフ・プラン

SOTSEC-ID、KeepSafe などへ発展

目的

1 《Keep Safe》のコンセプトを知る機会

2 共に学ぶ仲間、信頼できる支援者を発見し、変化へのアクションを起こす機会

3 親・支援者も共に学ぶことで、当事者を実践的意思決定者として再発見する機会とする

チルスキル
信頼の人垣

Good WAY
BAD WAY

アバターへの賢者としての助言

ありがちな問題行動

1 当事者が自己効力感、自尊心を高められるようにすること＝具体的称賛
2 当事者の主体的考察、働きかけを引き出すこと＝賢者の助言
3 当事者が周囲から守られている実感が得られるようにすること＝信頼の人垣の形成。共感的眼差しとルール、約束の確認、ファシリテーターからの実現可能な要求（その場で、あるいは宿題として）と応答

第1ステージ	日常の暮らしの中の「分かれ道」を探そう	ゲームがしたい、でもお金がない
第2ステージ	社会生活の中での「分かれ道」を考える	傘をさして自転車に乗るのは？
第3ステージ	人生を左右する「分かれ道」で考える	合意なく女の子を触ったら？

図9-12　キープセーフforチェンジ講座（上）と3ステージ事例（下）

ための治療コンポーネントに加えて、犯罪を犯した知的障害者を地域社会で継続して支援し続けるための支援者支援のためのシステム（トラブルシューター地域包括的支援）が組み込まれている点がこれまでのプログラムに比べ特色である（図9-11参照）。

日本では3地区で実施した。そのうち2地区では性犯罪加害の7事例において、ほとんどの対象者は再犯をしないだけでなく、「生活の質」「グッドライブズ（人生の質）」の向上が確認されている（表9-11参照）。

②キープセーフforチェンジ（低リスクな思春期青年期の多様な社会的トラブル回避スキルプログラム）

キープセーフforチェンジは、低リスクあるいはリスクがほとんどない対象者に対して、事前的予防的に行う危機回避スキルの学習プログラムとして開発した。プログラム構成は次に述べるKeep Safeに依拠している（グッドウェイモデル）。問題行動や触法行為を犯すその前に、本人のセルフ・アドボカシー支援として広く実施していくことを目的にしている。対象者のニーズに応じて3つのステージ（図9-12下参照）から問題を選び、リスクアセスメントしながら一人ひとりの危機支援の課題を明らかにしていくのが特徴である。セッションの実施は1回〜5回程度（各2時間）であり、支援者も短期的に実施することができる。

③Keep Safe──中リスク思春期青年期の知的障害・発達障害向けプログラム

Keep Safe（ySOTSEC-ID）とは、有害な性行動（HSB）のある思春期・青年期の知的障害者へのグループ向け問題修復プログラムである。本プログラムの特徴は、ニュージーランドWellStop（http://www.wellstop.org.nz/）のGoodWayモデルや仮想キャラクターを通してのナラティブ・アプローチに基づく青少年向けのプログラムとして開発されたこと、および、プログラム内容や教材の適切性評価に、当初から当事者グループの意見を取り入れたことにある。

ySOTSEC-IDとしているのは、先に述べた成人向けのSOTSEC-ID（Sex Offender Treatment Services Collaborative - Intellectual Disability）のサブグループとなっているからである。SOTSEC-IDプログラムを開始した初期にすでに、対象者の相当数がその不適切な性行動や性犯罪行為が青少年期に始まっていることに気づいており、思春期・青年期への発達的支援や臨床的アプローチが必要であることが指摘されていたことを踏まえて構築された。

　具体的モジュールは図9-13（一部抜粋）と表9-12である。

【モジュール1】あなたの「グッドライブズモデル」を考えよう 　知的障害のある参加者一人ひとりの「グッドライブズ」を作成していく。「自立」「健康」「人間関係」「得意なこと」（生物心理社会モデルbio-psycho-social model）の4視点から今の生活全体を捉える。ここでは本人とその家族がもつ資質やストレングス（長所、強み）に注目する（教材1は、本人のグッドライブズモデルを考えるシート）。	教材1 
【モジュール3】感情に対処する"STOP ステップ"を学ぶ 　性問題行動の場面に直面したときに、日常的に「グッドウェイ」（よい方法）で物事を行うことによって暴力のない生き方を選択できる力を学ぶ。STOP：停止ボタンを押す、RELAX：どのリラックススキルを使うか、THINK：他のもっと良いこと（自分の部屋に行く、別のことをする、外に行くなど）を思い浮かべる、DO：騒がない。他のよい方向の行動を選ぶグッドライフのためには、グッドサイドの声を聞きグッドウエイを行うという一貫したシンプルなメッセージが特徴である（教材2）。	教材2 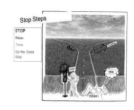
【モジュール4-1】「グッドサイド／バッドサイド（よい面／悪い面）」 　従来の認知行動療法は、知的障害のある本人にとって思考・感情・行動の多因子の関連を理解しなくてはならず難しさがあった。本プログラムでは学ぶべき認知の特徴を「グッドサイド／バッドサイド（よい面／悪い面）」にのみ焦点化し、その違いを対比させて概念をわかりやすくしている（教材3：私たちの考えには2つの面がいつでも存在する）。	教材3 
【モジュール4-2】「3人の悪者／3人の賢者」 　自分の問題行動を理解するツールとして、架空のキャラや、バッドサイドの住人である3人の悪者とグッドサイドの声を演じる3人の賢者を登場させる（教材4）。悪者（卑劣、虐待的、衝動的）と賢者（正直、良く考える、他人想い）である。特に、自分の性的問題行動をキャラクターに託して演じることで、直面化による侵襲性を減じるとともにブリーフセラピーでいうところの「問題の外在化」（問題を外に出して客体化＝キャラ化し、それに対する対応策を考える）効果もある。これは従来の認知の歪みへの取り組みとリラプスプリベンションを合わせたような展開となる。	教材4 
【モジュール4-3】「グッドウェイ／バッドウェイ（よい方法／悪い方法）」 　行動と結果をわかりやすくするために、「グッドウェイ／バッドウェイ（よい方法／悪い方法）」を設定している（教材5）。問題が発生した「別れ道」に立ったとき、どう意思決定し問題解決スキルを使い、自分にとって有害な行動や問題行動を回避するスキルをロールプレイで繰り返し体験する。チルスキル（リラクゼーションスキル）やアンガーマネジメントを学ぶ。	教材5 

図9-13　モジュール具体的内容（特徴あるモジュール）

表9-12　Keep Safe（ySOTSEC-ID）のモジュール構成

ビジュアル教材やロールプレイ、チル・アクティビティの多用と繰り返しや、個人の理解レベルに応じた学習スタイルを導入し、12歳〜25歳程度、知的障害のIQ値相当としてはIQ50〜70程度が対象としている。視覚的教材を多用しているのでIQ40台にも対応できるプログラムである。週1回2時間の当事者向けのプログラム（6モジュール38セッション）と保護者・支援者向けプログラム（16セッション）を組み込んでいる。実施にあたっては、正規インストラクター養成講座（2日間研修）を受講して内容を熟知しているファシリテーターが、2人〜10人以上でチームを組みセッションを進行していく。

モジュール1：キープセーフとはどのようなプログラムか；「グッドライブズモデル」
モジュール2：成長：関係性、性的関係と境界
　　　　　　　セッション：体と成長／恋人／関係性／同意／性の健康／同調圧力
モジュール3：感情と感情のコントロール
モジュール4：自分の行動を理解する
　　　　　　　セッション：①グッドサイド／バッドサイド、②3人の悪者（Mr.最低な奴）／3人の賢者（または安全な人）、③グッドウェイ／バッドウェイ（よい方法／悪い方法）
モジュール5：共感と結末の予測（その後に何が起こるか？）
モジュール6：私のキープセーフ・プランを作る　そして前へ進む準備
モジュール7：保護者モジュールおよびセッション概要
※特徴あるモジュールのみセッションを記載

4）Keep Safeの最終的な目的と福祉心理職への期待

　性問題行動や性加害行為を犯した本人たちの多くは、これまでの経過の中で繰り返し叱られ、失敗経験をし自尊心を傷つけられ、人への信頼や人生の楽しみを感じられない状態で支援の人垣から切り離されてきている。

　Keep SafeやSOTSEC-IDなどの本人の危機介入支援プログラムとは、そうした本人たちに、改めて、ウェルビーイングの向上（ニーズを、社会に適応した方法で満たす）、再犯に至るリスクの低下（ニーズを、性加害や他の不適切な方法で満たさない）を図っていく機会である。実施にあたっては、①参加する当事者の動機づけが重要、②支援者が問題を把握することが前提、③地域に実施環境を整えて適切に支援できること、の3つの条件が重要となる。各地の地域包括的TSネットの基盤整備やこれを支える正規インストラクターの人材養成などやるべき課題はまだ多い。少なくともこのような性問題行動を繰り返す人たちのための危機介入支援プログラムが、今、各地TSネットの支援者グループや、児童相談所心理職、発達障害者支援センター心理職、他、特別支援学校高等部で実践されてきている。今後、各地の福祉心理職が実施啓発のコアになることを期待したい。

（3）実践例③：更生支援

1）知的障害・発達障害のある人の「立ち直りに向けた」更生支援

①触法障害者等

　地域で暮らす知的障害者や発達障害者、高齢認知症者の中で、万引きや性トラブルのうち比較的軽微な犯罪を繰り返している人は触法障害者等と呼ばれる。触法障害者等の背景の1つには、地域の福祉サービスの支援ネットから外れ、孤立していること等が指摘されてきた。また、近年では再犯者による犯罪が少なくないこと、再犯防止のためには矯正施設出所後の居場所と就労等の確保が特に重要であることが指摘されている。こうした状況を踏まえ、触法障害者等が再び罪を犯さないだけでなく改めて地域で人生を「生き直す」ために、地域の関係機関等と連携して行う支援等の取り組みが「更生支援」として注目されている。

特に、2016年に「再犯防止推進法」が制定されてから全国の都道府県市町村で多様な取り組みが始まり、兵庫県明石市のように公的機関として、刑事手続きにかかわる入り口支援や更生支援の新たな人材養成である更生支援コーディネーター制度を実施しているなど、近年特記すべき取り組みが多く報告されている。

②更生支援とは

更生支援は、心理職や福祉職の立場から本人のレジリエンス（心の回復力）が正常に機能するような支援を行い、本人が同じような犯罪行為に及ばずに、安心してその人らしい生活ができることを目指す。そのために策定されるのが更生支援計画であり、主に、刑事手続において検察官や裁判官に向けて提出される。

更生支援計画の目的は成育歴、生活環境などから社会内での孤立感や生きづらさを感じている本人に対して、改めて包括的支援の枠組みを構築し、再犯を防ぐのみならず人生の生きがいを保障する環境を作ることにある。更生支援計画の内容には、当該触法障害者等本人の知的能力や障害特性のアセスメントと分析、成育歴や犯罪行為の生起要因の分析、保障されるべき福祉支援の内容、特に地域で十分な支援を受けて生き直しをすることが結果的に再犯率を低くすることなどについて、エビデンスをもとにわかりやすく解説することが求められる。この計画を踏まえ、心理職が公判において情状証人として検察官、裁判官に対して証言することもある。多面的なアセスメントや他職種が納得できるプレゼンを行うことなど、福祉心理職の専門性を十分発揮する機会であり、社会的期待も大きい。

2）更生支援に向けた触法アセスメントの構造

なぜ犯罪やトラブルを起こしてしまうのか、現場のケース会議ではしばしば関係者が「この間にあったできごとを事実として羅列して報告するだけ」で時間が終わることや、すぐに「～をしましょう」と性急な支援を追うことが少なくない。その人や事例をどう見立てているのか、なぜそのような支援が必要なのか、言語化して関係者で共有するということが十分にできていないのである。障害のある人の場合、複合的な要因の影響が深刻化しやすく、多面的なアセスメント構造を十分理解しておくことが重要である（図9-14）。触法行為を犯した知的障害者・発達障害者等の更生支援に向けたアセスメント構造には表9-13のようなものがある。

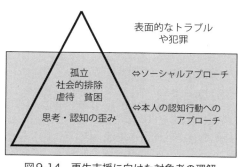

図9-14　更生支援に向けた対象者の理解
（氷山モデル）

表9-13　更生支援に向けたアセスメント構造

①生物・心理・社会（BPS）モデルに基づくトラブルの背景
背景アセスメントの基本はBPSモデルである。「生物的要因（Bio：疾患、障害、気質、発達特性など）」「社会的要因（Social：地域社会、家族、学校など＝周囲との関係・本人を取り巻く環境）」「心理的要因（Psych：不安、葛藤、希望、欲求など＝本人の認知・感情）」の観点から、混沌とした雑多な情報を整理し、各要素の相互作用や総体としてのその人の状態像を、関係者が言語化して共有する。見落としている情報に気づいたり、支援の優先順位をつけたりすることもしやすくなる。基本的なツール・フレームワークであるが、触法が絡むいわゆる「困難ケース」などには課題整理の有効な考え方である。 　近年は矯正施設の退所者支援のための「地域生活定着支援センター」が各地で活躍し、「社会的要因（Social）」であるグループホーム等の居住場所の確保や、就労移行支援等の就労準備など環境調整が充実して進められてきている※。 ※現場のソーシャルワーカーらが指摘するのは「心理的要因（Psych）」へのアプローチがまだ不十分である点である。再犯防止や生き直しには人生の中で誤学習をしている「本人の認知・感情」をダイレクトに危機介入できる機会であり専門性である。ここにも福祉心理職への期待が発生している。
②発達障害者の触法にかかわる「文脈盲」「硬直的思考」「心理的スキーマ」
発達障害者が必ず触法行為を起こすことはないが、一般に理解されにくい特徴的な認知からの行動が社会的に誤解を受けたり不審者扱いされたりすることもある。 文脈盲：ある特定の状況で適切な行為が別の状況下では不適切である場合がわからない、他人の感情を理解したり他人の視点で物事をみることがしにくいという自閉スペクトラム症の特徴、これが犯罪やトラブルの引き金になることもある。 硬直的思考：世の中を白黒で見る。細部にとらわれ硬直した考え。ルールを破る人への怒り、強い抗議。 心理的スキーマ：自分の周囲で起きている事象を過去の経験に基づいて体制化した知識の枠組みで、見つからなければいい、社会的に疎まれている人は傷つけてもいいなど誤学習してしまう傾向。
③発達障害者の触法行為に至るまでの時系列的視点「準備因子」「誘発因子」「永続因子」
準備因子：行動の結果を考慮しない、衝動性、他人の反応を予測できない、合併性の精神障害による影響など、ただし、これだけで触法行為を犯すわけではない。 誘発因子：社会的孤立、いじめ、日常生活やルーチンの崩壊、自閉的思考、不安とパニック、感覚刺激への反応、強迫神経症、犯罪に対する知的好奇心、ストレスからの逃避、情緒的つながりの欠如など。 永続因子：単に罰を与えるだけ叱るだけで終わる不十分な対応、未治療の精神障害、独特なスキーマへの支援など。
④リスク・ニード・反応性モデル「障害特性への対応」「充実した生活」「リスクへの対応」
近年、触法アセスメントとして重視されているのが「リスク・ニード・反応性モデル」である。 障害特性への対応：障害の理解＝犯罪行為の機能理解＝積極的行動支援という前項目と同様。 充実した生活：よき人生モデル＝グッドライブズモデル＝生活の質の向上＝接近目標という視点、つまり更生支援の目標は、当事者自身が改めて自分の生きがいを持ち、人生を楽しみ、その結果、再犯防止につながることである。その支援プロセスが大事という視点ともいえよう。 リスクへの対応：リスク対応＝回避目標 　このモデルの背景にリスクレベルと処遇密度（再犯率%）の研究がある。リスク低群に高密度の処遇を行ったところ再犯率が高くなったことより、過大な支援がネガティブに影響することもあり対象者のリスクに見合った処遇や支援が必要という視点（Andrew & Bonta, 2003）、またこれまで再犯防止プログラムでは、リラプス（再発）に陥りやすいリスク状況を特定して、それを排除することと、排除できないものについては対処方法を学習する（コーピング）という「リラプス・プリベンション（RP）」が取られることが多かった。有効性を示す研究も少なくないが、RPのプロセスには様々な要素があり包括的に実証することは困難であることや、リスクの排除（禁止）が当事者の過剰な負担になることも指摘されてきた。これに代わり着目されたのが「グッドライブズモデル」や「人生の生き直し」の視点である。

3）地域で支え続けるために──地域TS（トラブルシューター）ネットワークの構築による支援基盤

　更生支援の実践を地域で実現していくためには、福祉心理職をはじめ多職種連携による息の長い支援が必要である。また、触法行為を犯した当事者の多くは、支援されることにネガティブ経験が多く支援を受けること自体を嫌がり拒否することもある。時には本人の望む支援と支援者の提案する支援が乖離し、支援者との適切な関係性が取りにくいこともある（愛着障害、学習性無力感等）。もちろん再トラブルもあり得る。矯正施設よりもグループホームや地域生活のほうが自由度が高く、本人の活動はより多様になる。それであっても何度でも支援をし直していく。支援アセスメント→プランニング→支援の実施→モニタリングを繰り返していく。中には担当者の変更もあり得る。こうした持続性のある支援を実現するためには、事前に関係支援機関との理解と支援基盤の準備が不可欠になる。

　これが全国各地で進められている地域トラブルシューター（TS）ネットとしての基盤整備である。TSネットとは「社会から孤立している、あるいはそのために、トラブルや触法行為を犯した知的障害者・高齢者（さまざまな問題行動を抱える人を含む）に対して、地域の支援

表9-14 知的障害者の性加害事例

	◆前歴のある知的障害と自閉スペクトラム症のある30代男性がわいせつ行為にてわいせつ罪に問われた事例 経過1 支援の開始 　　わいせつ罪に問われた後、クライエントの弁護人が地域のTSネットに福祉的支援を申し込み、地域TSネットにかかわる支援者、弁護士等がチームを組み支援を開始した。 経過2 支援チームと面会、関係機関支援会議の開催 　　本支援計画作成に当たり、支援チームを編成し、本人との接見、母親との面談、関係機関を交えた支援会議、チーム会議等を行った。関係機関支援会議の内容は、今回の事件概要、本人の問題行動の背景に関する意見交換、今後の支援に関する意見交換などであった。裁判後に再度情報交換のための会議を行うことを確認した。 ※支援チーム：弁護士、地域の支援者、グループホーム世話人、学識経験者、障害者就労支援センター、障害者生活支援センター、母親（以下略）。 経過3　本人との接見・面談、母親との面談、関係者による支援会議、前回公判記録等をもとに、本支援計画の作成 　　心理職が、本人、本人の関係者等と面会し参考資料を集めて分析し得られたアセスメント結果（表9-15）を踏まえて、本人に適した心理的危機介入支援および福祉的支援を計画（表9-16）した。

表9-15 アセスメントシート

本人について	氏　名	××××		性　別	男
	生年月日／年齢	××年　×月　×日　生まれ　　32　歳			
障害・診断	療育手帳4度、知的障害（軽度）、自閉スペクトラム症、（以下略）				
生育歴 BPS／リスクニーズ反応モデル等から分析	幼少期の行動特徴、小学校・中学校および特別支援学校高等部での背景と対応事実について触法アセスメントを行った（略）。父親と母親は離婚。母親から厳しくしつけられ「何をやってもダメ」という学習性無力感が強い。家庭内ひきこもり。本人は「中・高時代はいじめられた。教師にいじめを受けた。暴行が多かった」「教師も親も信じてはいけないと思っている」と述懐している（略）。				
事件時の生活環境	【仕事および犯罪歴】就労移行支援を受けて清掃会社Aで清掃員として勤務した。最初は問題なく勤務していたが上司が代わると厳しく対応され退社。実家で母親と暮らすがストレスがたまり、街中でわいせつ行為で逮捕。懲役2年（保護観察付執行猶予×年）。執行猶予中のわいせつ行為で再度服役した。刑務所で性犯罪者への処遇プログラム指導を受けたが難しかったと。出所後、家庭内ひきこもりを経て清掃員として働いていたが、再度わいせつ行為に及んだ。 【現在】自宅に母親と2人で暮らす。会社と自宅との往復以外は出歩くことはせず、ネットサーフィンなどで夜遅くまで起きていることが多かった。仕事はまじめに勤務していた。生活上の課題はあり、母親はたびたび注意をしていたが、今回の事件につながる兆候はわからなかったという。				

表9-16 更生支援計画

支援方針	現在本人は、①二度と起こさないという認識を持ち、性加害支援プログラムなど福祉心理的支援を受け更生したいという意思を示している。②「適切な対人関係」の改善、③生活環境を改善し安定した精神生活の再構築、を支援方針とする。
具体的支援	1. 性犯罪再犯防止プログラムSOTSEC-IDへの参加と継続 　　SOTSEC-ID（ソトセック・アイディー）とは「知的障害のある性暴力加害者に向けた地域包括的処遇プログラム」である（略）。【第1セッション】障害特性・認知特性のアセスメント、およびリスクアセスメント、【第2セッション】認知行動療法、【第3セッション】リラプス・プリベンション、【第4セッション】グッドライブズモデルを積極的に学ぶ機会である。 2. 再犯防止を効果的に進めるための生活基盤の再構成――自立と福祉支援を受けての生活の実施（グループホームでの生活）（略） 3. 再犯防止を効果的に進めるための対人関係基盤の再構成――関係機関・地域TSネットと本人参加のフォローアップ支援体制の構築（略）
長期支援	今後、支援チームは、一連の再犯防止のための支援プログラムや支援体制の実施を通して定期的に支援会議を開き、本人の見守りを行い支援計画を実行し、本人のニーズの変化に合わせて計画を修正していくこととする。

更生支援者	×××※緊急連絡先　××－××－××

者、司法　関係者、矯正関係者、親、学校関係者、行政等が、ネットワークを組みながら包括的な支援を実施できる体制を創る活動のネットワーク」であり、包括的な支援基盤の構築を目的とする。そのためのTS支援者養成基礎研修やアドバンス・コーディネーター養成などが継続されて「全国TSネットワーク」として各地にTSネットが存在する。

　各地TSには身近な地域の障害福祉関係者、心理・教育・医療・司法等の関係者が参加している。各地の地域活動支援センターや県発達障害者支援センター、基幹相談支援センター等を核とし、それぞれの専門性を生かし垣根を超えて多職種で連携する協働システムである。①包括的な支援基盤およびTS人材養成、②地域におけるトラブル予防に向けた取り組み、③刑事手続き入り口支援、④性問題行動への危機介入・再犯防止プログラム（SOTSEC-ID等）の実施と支援者養成などが進められている。

4）更生支援計画作成と支援の展開

　TSネットが更生支援を進めた事例（表9-14）を取り上げ、実際の支援チームの動きや裁判所に提出した更生支援計画書を見る。表9-15の生育歴を分析すると、次のような課題を見ることができる。

> ①本人は、知的能力は比較的高く難しい漢字を使って手紙を書くこともできる（生物的要因＋準備因子）。
> ②母親や学校、職場でなどいじめや厳しい対応を繰り返し受け続け（社会的要因＋誘発因子）、学習性無力感や人への不信感がかなり強くなっており、今のストレスフルな環境よりも「刑務所のほうが落ち着いていい」と発言することもある（心理的要因＋硬直的思考）。
> ③弁護士との接見を重ねる中で「いじめを受けて嫌だった。自分のしたこともいじめかもしれない」「二度としない」「親と離れて田舎のグループホームで暮らしたい」「刑務所で受けた性処遇プログラムは難しかったが2回目は少しわかった」などグッドライブズモデル（好転的な心理的スキーマにアプローチする糸口であり、重要な更生支援の視点）につながる言動がある。

　以上の経過から、本人の更生のためには、真摯な反省に立った性的性向の改善、生活基盤の構造化、支援を受ける基盤としての対人関係の改善という3点が目指されるべきであると考えて、今後の支援について表9-16の計画を策定した。

　このあと、地域TSネットの支援者や弁護士、福祉心理職等がチームを組み、更生支援計画に基づいて支援を継続する旨の文書を裁判所に提出し、さらに情状証人として更生支援の意義を証言した。この意義としては、「本人が犯した罪や当然社会的に許容される行為ではなく、特に性加害行為はそこに被害者を生んでしまうという大きな社会的課題を残す。たとえ家庭や学校等での支援が不適切であったこと、いじめられ被害者であったものであってもしかるべく罪を償う必要は言うまでもない。しかし、福祉心理職が適切な触法アセスメントを行う中で、こうした知的障害者・発達障害者に対して必要な社会的アプローチを示すことができた。本支援計画が実行されることによって、本人のニーズは解決され、さらに再アセスメントをおこなって目標を高めていくことで、本人は将来的に社会での自立を果たしていくものと考える」ということを世の中に問いかけることができるという点が挙げられる。　　　　（堀江 まゆみ）

❸　医療現場における心理学的支援

〔1〕医療における課題と法制度

（1）医療の定義

　医療法第1条の2によると、医療は、生命の尊重と個人の尊厳の保持を旨とし、医師、歯科医師、薬剤師、看護師その他の医療の担い手と医療を受けるものとの信頼関係に基づき、及び医療を受ける者の心身状況に応じて行われるとともに、その内容は、単に治療のみならず、疾病の予防のための措置及びリハビリテーションを含む良質かつ適切なものでなければならない[7]。

　さらに第2項によると、医療提供施設とは、病院、診療所、介護老人保健施設、介護医療院、調剤を実施する薬局その他の医療を提供する施設という、と述べられている。ここで、患者とは、圧倒的に病院に入院する者たちが多いので、入院患者と限定し、この節を進める。

（2）医療にかかわる法制度

　日本の医療提供体制は、戦後、すべての国民に平等に医療を受ける機会を保障するという観点から整備が進められてきた。日本国憲法第25条に示された「健康で文化的な最低限度の生活を保障」という理念のもと、国民の健康の保持増進、医療を受ける権利を保障され、さらに国民は良い医療にアクセスすることができるよう、今日に至るまで医療提供体制は推進されていった[7]。

　また、1961年、日本が世界に誇るべき国民皆保険制度が策定され、政府主導のもと、国民が容易に医療機関を利用できる体制が整備されていった。当初、国民負担割合は被用者の本人負担はゼロ、その家族は5割の負担、国保被用者は5割負担であった。

　しかし、1968年に、社会の要請により国保被用者が3割負担に変更され、1973年に被用者の負担が3割に変更され、今の国民健康保険制度につながった。日本に住んでいるものにとっては、当たり前の国民健康皆保険制度であるが、日本以外の世界の国々を見回すと民間医療保険で医療費に備えなければならない国や、多くの国民が無保険である国々も少なくない。患者側から見ると、確かに医療の進展は医療費の負担は増加を生むが、医療保険で一定の割合で治療費等を負担してくれ、さらに高額医療費の払い戻しがあるのは何よりもありがたいことである。このことは、病気を持つ患者が安心して治療に専念できるという患者の経済状況をバックアップしている仕組みである。

　また、医療法は我が国の衛生法規の根幹をなし、医療の内容と枠組みを作る法である。現在に至るまで、1948（昭和23）年に策定された医療法の度重なる改正により、国民の医療の方向性は変化していった（表9-17）。

　医療法の流れを概観すると、そのポイントは、医療制度、病院の機能分担、看護と介護の

7　中央法規出版（2019）『医療六法　平成31年度版』p. 7.

表9-17　医療法と改正医療法

年　次 （施行年）	内容・改正の流れとポイント
医療法制定 （1948（昭和23）年）	医療を受ける者の利益の保護及び良質かつ適切な医療を効率的に提供する。 医療施設累計、公的医療機関、広告・診療科目の規制
第1次改正 （1986（昭和61）年）	医療計画制度の導入、病院病床数の総量規制、医療資源の効率的活用、医療機関の機能分担と連携を促進、医療圏内の必要病床数を制限
第2次改正 （1993（平成5）年）	特定機能病院と療養型病床群制度の創設、看護と介護を明確にし、医療の類型化、在宅医療の推進、広告規制の緩和
第3次改正 （1998（平成10）年）	地域医療支援病院制度の創設、診療所における療養型病床群の設置 在宅における介護サービスのあり方、医療機関相互の機能分担、インフォームド・コンセントの法制化 ※2000（平成12）年　介護保険制度が施行：独り暮らし高齢者の社会的入院による病院のサロン化などの問題により、介護保険に集約され、医療と介護の区分けがなされていった。
第4次改正 （2001（平成13）年）	一般病床と療養病床の区別、医療計画の見直し、適切な入院医療の確保、広告規制の緩和、医師の臨床研修の必修化
第5次改正 （2007（平成19）年）	患者への医療に関する情報提供の推進、医療計画制度、医療計画制度見直し等を通じた医療機能の分化・地域医療の連携体制の構築、地域や診療科による医師不足問題対応、医療安全の確保、医療法人制度改革、有床診療所に対する規制の見直し
第6次改正 （2014（平成26）年）	病床の機能分化・連携の推進⇒病床機能報告制度と地域医療構想の策定、在宅医療の推進、特定機能病院の承認の更新制の導入、医師・看護職員確保対策、医療機関における勤務環境の改善、医療事故に係る調査の仕組み等の整備、臨床研究の推進、医療法人制度の見直し
第7次改正 （2016（平成28）年）	地域医療連携推進法人制度の創設⇒複数の病院（医療法人等）を統括し、一体的な経営を行い、経営効率の向上を図るとともに、地域医療・地域包括ケアの充実を推進し、地方創生につなげる。 医療法人制度の見直し⇒経営の透明性の確保及びガバナンスの強化
第8次改正 （2018（平成30）年）	特定機能病院のガバナンス改革に関する規定が創設、「持分なし医療法人」への移行計画の認定制度の延長及び認定医療法人への贈与税非課税要件の緩和、医療機関開設者に対する監督規定の整備、検体検査の品質・精度管理に関する規定が創設、医療機関のウェブサイトなどにおける虚偽・誇大などの表示規制の創設

出所：厚生労働省ホームページ（https://www.mhlw.go.jp/index.html）をもとに作成

サービスのあり方、患者に配慮したインフォームド・コンセントの法制化、医療事故の対応の強化、地域連携の推進、特定機能病院のガバナンス改革等々が盛り込まれ、医療を利用するときの患者への配慮、医療を提供する医療職員の教育・研修の重要性、医療機関開設者に対する監督規定の整備等、医療サービスの充実がなされている。

　今後もさらに発展する高度医療と、日本の特徴である人口減少・多死社会を背景とした人口構造の変化は医療制度の改正を余儀なくするであろう。

（3）医療における課題

　1946年国連保健会議で採択されたWHO憲章前文に掲げられている健康の定義は、「健康とは、心身及び社会的・経済的生産活動状態などの総体の調和がとれ、満足のできる幸福な状態である」という、全人的健康観を提示している。単に疾病の反対概念ではなく、包括的概念である[8]。

　その後、1998年にspiritualという用語が人間の尊厳にかかわるものとして、概念の追加の動きがあったが、各国の合意が得られず、見送られたという経緯がある。いずれにしても、人の

8　後閑容子・蛭名美智子・大西和子編（2011）『健康科学概論』ヌーヴェルヒロカワ, p. 9.

健康は総合的に捉えられており、身体的・心理的・社会的・霊的にも多くの課題をかかえているのが人である。健康を守る医療は単なる身体だけでなく、人を統合体として心も同時に治していくことが今日的医療の課題である。しかしながら、現代の社会的問題、貧困の問題、高齢社会の進展、価値観の多様化、きわどい倫理的課題に基づいた課題が多くの人々の判断を狂わせている。社会環境の中での統合体としての人と考えると、様々な課題が上がってくることは当然であろう。

　そこで、現代における医療を概観すると、医療のきわどい判断、社会的判断の課題が挙げられる。表9-18では医療を提供する上での課題を、医療倫理、医療制度の側面から示した。

〔2〕病院の特徴

　医療法第1条の5[9]によると、一般に"病院"と称される名称には"病院"と"診療所"に分類される。そして誰もが一度は通った"クリニック"や"医院"は診療所に含まれる（表9-19参照）。病院とは病気やけがの治療等のために一定の期間、医師の指示のもと病院に入院する20ベッド以上の設備を持つ場所である。さらに、病院は先進的な医療に取り組む国立病院、大学病院、企業立病院といった大規模病院や、地域医療を支える中核病院、地域密着型病院などがある。しかし、病院が開業しても、医療法で決められた規定の職員がそろっていなければ、開院することができない。

　「地域における医療及び介護の総合的な確保を推進するための関係法律の整備等に関する法律」が2014（平成26）年6月に成立し、効率的かつ質の高い医療提供体制を構築するとともに、地域包括ケアシステムを構築することを通じ、地域における医療及び介護の総合的な確保を推進するため、医療法が次々に改正された[10]。地域医療構想もその1つである。病気はもはや病院だけで解決するのではなく、保健、医療、福祉の制度が地域包括ケアシステムという重要な要素として組み込まれている。例えば、老年症候群という、病気とは違った加齢に伴う虚弱という健康状態において地域の介護や生活支援、介護予防にかかわる施設と医療機関が協力体制を敷くことによる暮らしと一体化した取り組みが挙げられる。

　また、病院の役割も生命を助け、護るという「救急医療」の面からすると、それぞれの役割として、1次救急から3次救急の役割がある。救急指定病院は消防法の「救急病院等を定める省令」によって定められている（表9-20参照）。

　入院期間は先進国と比べればまだまだ長いがそれでも現代の入院期間は以前に比べるとはるかに短いことが特徴である。現在の病院は「治療する」ということが鮮明となった。それで、治療を省略することはできないため、外来での通院治療に切り替えることも多い。3か月以上の入院は、「病気」「治療」はもはや済んでいるので、療養病棟や、介護保険適応の介護保険病棟に転院、転棟することが常であることが多い。

9　中央法規出版（2019）『医療六法　平成31年度版』p. 7.

10　医療法（第1条の4第4項）「病院又は診療所の管理者は、当該病院又は診療所を退院する患者が引き続き療養を必要とする場合には、保健医療サービス又は福祉サービスを提供する者との連携を図り、当該患者が適切な環境の下で療養を継続することができるよう配慮しなければならない。」

表9-18　医療における課題

【課題1】医療における倫理的問題の曖昧さ	

【課題1】医療における倫理的問題の曖昧さ
医学は日進月歩であり、特に延命、医療の中止に係る場合、医療の対応は一律ではない。法律ができたとしても臨床実践においてはその法の解釈と適用において、個々医療人の判断が一律でないことは想定できる。あまりの「痛み」に耐えかね、援助者に「殺してほしい」と懇願されたとき、治療中止と延命との狭間の中で、医療者の判断に迷いが生じることは多々あることである。医療者の価値観が試される結論の出にくい重い判断となる。

【課題2】臓器移植における諸問題
脳死を人の死と認めた上で、1997年、「臓器の移植に関する法律（臓器移植法）」が施行された。その後、2009年に改正されたが、現在まで臓器移植は実施されている。移植医療はドナーがあって、はじめて成立する医療であり、生体ドナー、死体ドナーにもそれぞれに倫理的問題が横たわっていることである。
臓器移植に関する問題として、人の社会的立場や地位、経済的問題、人種問題など、多くの課題が散見されるが、臓器移植に関して「公平性」※は臓器配分に関して重要な理念として、位置づけられている。日本移植学会は2003年、日本移植学会倫理指針を作成し、本文の内容に「死体臓器移植」、「生体臓器移植」、「異種移植」、「医療情報の登録と個人情報の保持」、「その他：臓器売買の禁止、受刑中であるか死刑を執行された者からの移植の禁止、禁止事項など」が盛り込まれており、医療従事者が遵守すべき指針を作成した。
また、補足ではあるが、現在日本が国策として力を入れているのが、「医療ツーリズム」「医療観光」であり、その枠内で「移植ツーリズム」を観光とあわせて、推進されていることも見逃せない。
※　皆吉淳平（2005）「臓器移植における『公平性』の発見」『ソシオロゴス』29, pp. 52-71

【課題3】安楽死の問題、尊厳死の問題
安楽死の別表現として、尊厳死という言葉がある。スイス、オランダ、オーストラリア、アメリカ（一部）などの国々では「安楽死法」がすでに成立している。日本でも検討の俎上に乗ってはいるが、自分の死を自分で決められないという意見も多く見られ、合意に至っていない。だが、がんの末期などの耐え難い苦痛を訴える患者を目の前にすると、あらゆる手段を使用し、強烈な痛みを取り除き、安楽で平和な死への支援をしていきたい衝動に駆られるのはそばにいる者ばかりではない。がん末期の苦痛に関しては患者の家族も当然にその苦痛を体験し、共有化することもよくあることである。
2007年には厚生労働省が「終末期医療の決定プロセスに関するガイドライン」を発表し、「終末期医療及びケアのあり方とその方針の決定手続きについて」が策定され、さらに2018年改定された。このガイドラインでは、基本的には患者本人の意思の尊重を最優先に掲げている。患者の意思が不明な場合、また患者の意思を推定できない場合には、患者にとって何が最善であるかについて、医療チームは家族と十分に話し合い、患者にとっての最善の治療方針をとることを基本とする、と示している。近年の考え方について、アドバンスケアプランという概念がある。これは、終末期に意思決定ができない場合を踏まえて事前に患者の意向を確認し、その都度共有するというプランである。

【課題4】エイジズム等への医療の制限
例えば、90歳の高齢者に手術を勧めるかという問題がある。どのような患者であっても差別してはならないという医療倫理があるが、「もう90歳だから、残り少ない人生を手術等で、苦しませたくない」「もう十分生きたからいいでしょう」と手術を積極的に勧めないという医療者や家族が存在することも多い。平均寿命と天秤にかけ、高齢者への医療支援を制限することがある。これは患者がどのような状態であっても最善の努力で、患者の回復のために医療の支援者は最善の努力をするという考えに反している。しかし、医療者自身が、年齢、社会的役割の有無、重要度で判断するような場合もある。高齢者の生きたいと願う気持ちはあるものの、高齢者への人々の偏見も見逃せない。

【課題5】医療保険制度、医療費の課題
社会保険方式による健康保険制度は、多くの国民が自身の健康を守るために作られた。高齢者は多疾患を持ち、受療することも多い。その結果、社会の中で多くを占める高齢者が医療費を多く占めるようになると、医療費の増大が見込まれる。人々が納めた国民医療費の財源には限界があり、高齢者への国民皆保険制度で創られた医療も、明らかに財源不足となる。

【課題6】地域医療における医療従事者・介護者の不足
介護保険制度、障害者総合支援法において高齢者・障害者の見守りサービスが推進されているが、少子化の進展による人口の低下とともに、生産人口の不足が起こっている。そのため就労可能な女性や高齢者も、構築してきた産業・経済構造の中に組み込まれることは当然のことであろう。地域で隣・近所の高齢者を支える主に女性やその他の人々も、自身の高齢化する現実、当然に地域の介護力の弱体化が予測される。病院から在宅が推進される今日、病院のみならず、地域の医療従事者・介護者の不足も予測される。加えて、法整備が未だ整わない中で、やむなく労働者の介護離職が進み、医療では救えない現実的・社会的事例が増加してきている。

【課題7】病床数の多さと平均在院日数の長さ
国により制度が異なるため、単純な比較は困難であるが、国際的にみても人口当たり病床数が多いこと、平均在院日数が長いことや1床あたり医療従事者数が少ないこと※など、現在は全国的には必要病床数を上回る数が整備されており、全体として広く薄い提供体制となっていることなどが課題として指摘されている。
※　藤澤理恵「図表で見る医療2019：日本」（https://www.oecd.org/health/health-systems/Health-at-a-Glance-2019-How-does-Japan-compare.pdf#search=%27OECD+%E7%97%85%E5%BA%8A+%E5%9C%A8%E9%99%A2%E6%97%A5%E6%95%B0+%E6%AF%94%E8%BC%83%27 2020年7月16日閲覧）p. 36-37、及び前田由美子「医療関連データの国際比較―OECD Health Statistics 2019」（https://www.jmari.med.or.jp/download/RE077.pdf#search=%27%E7%97%85%E5%BA%8A%E6%95%B0%E4%B8%96%E7%95%8C+OECD%27 2020年7月16日閲覧）p. 18を参照。いずれもOECD Health Statistics 2019（https://www.oecd.org/els/health-systems/health-data.htm 2020年7月16日閲覧）のデータに基づく。

表9-19　病院や医療提供施設にかかわる定義

病院	医師又は歯科医師が、公衆又は特定多数人のため医業又は歯科医業を行う場所であつて、20人以上の患者を入院させるための施設を有するものをいう。（医療法第1条の5）
診療所	医師又は歯科医師が、公衆又は特定多数人のため医業又は歯科医業を行う場所であつて、患者を入院させるための施設を有しないもの又は19人以下の患者を入院させるための施設を有するものをいう。（医療法第1条の5第2項）
介護老人保健施設	要介護者であって、主としてその心身の機能の維持回復を図り、居宅における生活を営むことができるようにするための支援が必要である者に対し、施設サービス計画に基づいて、看護、医学的管理の下における介護及び機能訓練 その他必要な医療並びに日常生活上の世話を行うことを目的とする施設。（介護保険法第8条第28項） 但し介護老人保健施設は、医療法にいう病院又は診療所ではない。（介護保険法第106条）
介護医療院	要介護者であって、主として長期にわたり療養が必要である者に対し、施設サービス計画に基づいて、療養上の管理、看護、医学的管理の下における介護及び機能訓練その他必要な医療並びに日常生活上の世話を行うことを目的とする施設。（介護保険法第8条第29項）
その他の施設	介護保険法による介護施設は3種類、「介護老人福祉施設（特養）」、リハビリを中心とした「介護老人保健施設（老健）」、長期入院して療養する「介護療養型医療施設（療養病床）」である。（介護保険法第8条第29項） 「介護療養型医療施設（療養病床）」は現在、経過措置・移行期間が2024年3月31日までと定められており、それまでに介護医療院に転換されていく予定である。 介護保険上その他の施設とよばれるものは、①サービス付き高齢者向け住宅（高齢者住まい法第5条）、②有料老人ホーム（老人福祉法第29条）、③養護老人ホーム（老人福祉法第20条の4）、④軽費老人ホーム（社会福祉法第65条、老人福祉法第20条の6）、⑤認知症高齢者グループホーム（老人福祉法第5条の2第6項）などである。
中核病院	高度に専門的な知識や経験が要求される等、実施に困難を伴う治験等を計画・実施できる専門部門及びスタッフを有し、基盤が整備された病院（医療法第12条の4第2項）
地域密着型病院	罹患率が高く治療法も確立した、日常的に高頻度で遭遇する頻度の高い疾患の診療する病院。急性期病院と在宅の間のつなぎの役割を持つ。地域包括ケアシステムの中で医療3点セット（かかりつけ医、郡市区医師会、中小病院・有床診療所）の中で、地域医療を支える地域に密着した病院である。（介護保険法第78条の4第1項及び第2項）
地域医療支援病院	地域の病院、診療所などを後方支援するという形で医療機関の機能の役割分担と連携を目的に創設された病床数が200床以上の病院である。（医療法第4条）

表9-20　救急医療の役割

【1次救急】入院の必要がなく、帰宅可能な軽症患者に対して行う救急医療のことである。都道府県で配置されている休日夜間急患センターや救急指定を受けている開業医や病院にて在宅当番として対応される。
【2次救急】手術治療も含めた入院治療を提供できる設備が整っていること、救急医療の知識と経験が豊かな医師が常に従事していること、救急患者のための専用病床が整備されていることなどの条件を満たしている病院にて対応される。
【3次救急】1次救急や2次救急では対応できない重症・重篤な患者に対応される。24時間体制で救急患者の受け入れを行っている。

　つまり、入院中は24時間医療であるが、ナースコールで呼べばすぐに駆けつけてくれる看護師も、その後は病棟における人数が減少していく仕組みになる。入院後3か月後から保険点数が低くなり、病院の収入も減ってくる仕組みとなり、その後の退院後はおおむね病気の自己管理がその核となっていく。病院に入院中の長期の患者も一旦、現在の治療を終了し、転院後、新たな治療を始めるということになる。一方、3か月を過ぎると、制度的に診療報酬が極端に減ることになり、病院は赤字に転落することとなる。例えば、がん患者は手術が終わると、あとは外来の化学療法を通院で受療することになる。

〔3〕患者の心理的特徴

（1）患者とその心理

　患者とは、なんらかの健康上の問題のため、医師ないし歯科医師や専門の医療関係者の診断

や治療、助言を受け、（広義な意味での）医療サービスの対価を払う立場にある人、と規定される。

　患者の心理を考える場合、気をつけなければならないことは、人は病気を持ち、病院・診療所で診断を受けて、はじめて、患者と呼ばれる点である[11]。もし、受療行動を起こさなければ普通の市民である。人は、自らの身体が幸福な日常を邪魔する状態に陥ったとき病院の門をたたく。そして苦痛や違和感などを何とかしてくれるのが医師や看護師だと信じている。患者という用語は医療者との関係の中で生じる。そこの関係には医療者と患者との関係に何らかの一線が引かれた距離が存在する。医療者との関係において初めて「患者」になり、患者という仮面をつけ、病を自覚体験し、患者となって生きるのである。

　保健・医療・福祉の連携の中で、また、退院を余儀なくされる患者が多い中、在宅で過ごす退院患者、外来患者は多い。病院を出れば、自己責任が始終付きまとってくる。同じ個人が病院に行けば患者で、デイケアに行けば利用者という。障害者と患者の微妙な違いを明確に述べる文献は少なく、その差を述べることはできない人が多い。例えば、人工透析をしている患者は、在宅においては1級の障害者手帳を持ち、サービスを利用しながら、たくましく生きている。しかし、透析を受け、身体の中の老廃物を排出させるため、アナライザーで透析を受けているときには、まさに「患者」となる。このように治療者、介護者との関係の中で、患者という人格は作られ、患者としての心理が作られていくのではないだろうか。

（2）患者の基本的欲求や感情の視点

　医療では、基本的欲求の阻害から生じる多くの症状が患者に不利益を及ぼす。マズローの基本的欲求の観点から患者の心理について考えていくとすれば、多くの入院患者は基本的欲求が阻害されると、最も耐え難い感情を呼び起こされる。例えば、人の手を借りなければ、始末することができない、排尿、排便の援助を受けることである。生理的な不快感だけでなく、不安、羞恥心、怒り、否定、耐え難い屈辱感を患者にもたらす。「尿・便の始末をしてもらうくらいだったら、死んだほうがまし」というような言葉はよく聞く。人間としての誇りや尊厳を打ち砕くものである。人は病気にかかると、その病気の部分のみが病むのではなく、人間全体が病むということになる。自分の屈辱感等を隠すため、病気を隠して、健康な人と一緒に元気そうに過ごすことはよく見かける。

　また、死と隣り合わせとなった患者には自己を護るためにフロイトのいう防衛機制も起こる。抑圧、反動形成、退行、分離、否認、投影、置換、投影、知性化などを表現することにより、不安の発生を防ぎ、心の安定と調和を図るのである。

　しかし在宅で病気や障害を持っている人は、障害者と呼ばれる。障害者は入院中の患者とは違って、福祉のシステムの中で、たくましく生きていることも多い。医療関係者以外の者からは「○○さん」と、固有名詞で呼ばれ、障害者は市民としての対等な要求をするのである。しかし、そんな在宅の障害者も病院に行くと加療の必要な患者であり、医療側の指示を守る。命

11　内山喜久雄・上里一郎編（2001）『新看護心理学』ナカニシヤ出版, p. 23.

に直結し、自分の健康に直接作用する医療という施術には、自分にとって最も良い医療を提供してくれることを望み、気持ち的に対等になれない感情が潜んでいる。

（3）場の理論の視点（自分の病は家族の病気）

渥美（2002）は、「人というのは必ず、周囲との関係の中で、生きている」とし、「ある環境の中に個人があるという『場の理論』ということを考えないと病気になるということも本質的に理解できない」と述べている[12]。患者の病気を治そうとするなら、家族に病気になった原因等を聞くことであろう。何よりも、身体的に血のつながりであるDNAを確かに患者自身の身体に引き継いでいるのであるから、ともに生活している家族は身体的にも、心理的にも、社会的にも大きな影響を患者に及ぼすことを理解しておく必要がある。

（4）喪失の視点

こころの痛みの中心になるのは、自分が大事なものや愛する人を失った「喪失」というテーマである。ライフサイクルの中で、様々な場面において人は「喪失」を経験する。この喪失は、医療の面からいえば、例えば、手術により、体の一部を失ったりすることから始まり、生命を脅かす大きな病気をして、生涯健康を損ない、不安な気持ちを抱えながら、病気とともに日々の生活を送ることである。将来にわたり健康が保障されない患者は心の不安定さを抱えたまま生きていく。一時に快楽的安らぎはあったとしても、喪失を経験した患者にとっては「不安」を拭い去ることはできない。毎年行われる政府の調査でも、成人期、高齢期の最大の要望は「健康」であることは、この不安を如実に表している。

〔4〕患者の心理学的アセスメント

患者の心理学的アセスメントを行うことは、医療の目的に沿い患者の支援に役立てることになる。患者の社会的心理学的アセスメントでは、一般的な発達、個別的な発達、さらに病気を持つことで生じる心理的特性のアセスメントは重要である。発達段階を把握するうえで、よく用いられる発達理論の1つにエリクソンの8発達段階がある[13]。心理学的アセスメントができるよう、面接の時間と状況を保障することが重要である。

なお近接学問領域である精神科でのアセスメントにかかわる面接は「診断」という領域になる。診断は「患者さんと面接し、血圧、尿、レントゲン、CTスキャン、MRI等の医学検査をし、お医者さんが患者さんを診察して病気の原因を判断し、治療方針を決めること」である。氏原（2003）らは「精神科医は診断に当たって、身体因、内因（統合失調症やうつ病等を含む）、心因（神経症性障害等を含む）の順に考えます。決してこの逆ではありません。身体因を見落としていては、場合によっては患者の生命の危険を招くかもしれません。身体因であることが

12　渥美和彦（2002）『自分を守る患者学　なぜいま「統合医療」なのか』PHP新書, pp. 31-32.

13　河井 亨（2013）「E.H.Eriksonのアイデンティティ理論と社会理論についての考察」京都大学大学院教育学研究科紀要59, pp. 639-651.

はっきりすれば、有効な治療法であることも多いのです」**14**（括弧内は筆者）とアセスメントの順番を述べている。

〔5〕患者の心理学的支援の基本

　アセスメントの実施後には、重要なことは何を中心に支援をしていくかである。アセスメント自体にも支援の要素もあるが、総合的な患者の支援のためには、対人援助の行動規範として、表9-21のバイスティックの7原則が重要となる**15**。とはいえ、人生において、生老病死は免れないものではあるが、患者は自分の身に病気が降りかかったときから、この言葉をかみしめながら療養生活を続ける。そして、病気の受容、死への受容が患者にとっての最大の課題である。受容の過程において、様々な理論があるが、患者の残された心への心理学的な支援として重要なことは、アセスメントをするための情報収集ではなく、実践として、寄り添う姿勢、ともに患者の人生を共に分かち合う、今まで生きてきた人生行路への肯定の姿勢を持つことである。

表9-21　バイスティックの7原則

個別化の原則：同じ問題は存在しない。 意図的な感情表現の原則：クライエントの感情表現の自由を認める。 統制された情緒関与の原則：ワーカー自身がクライエント自身の感情に飲み込まれないようにする。 受容の原則：決して頭から否定せず、どうしてそういう考え方になるのかを理解する。 非審判的態度の原則：ワーカーは善悪を判じない。 自己決定の原則：あくまでも自らの行動を決定するのはクライエント自身である。 秘密保持の原則：クライエントの個人的情報・プライバシーは絶対に他方に漏らしてはならない。

　また、社会の変化により医療におけるコミュニケーションの重要性が増大してくる。社会が成熟し人権擁護が重視されるようになると、患者の権利意識も当然に高まってくる。医学の進歩により市民の一部は医学を万能と考えるようになったが、しかし、医師は万能ではないから、患者と医師の間に意識のずれが生じる。そのずれはコミュニケーションを歪めてしまう。インフォームド・コンセント**16**を含めた患者の病歴情報収集の重要性は変わらないが、ますます患者との信頼関係の確立や患者への情報提供などの重要性が増してきている。それがアドヒアランス（患者が治療方針の決定に参画し治療を受けること）に寄与することとなる。自分の命は自分で守るという観点からすると、今後はますます患者自身の意思で、治療方針の決定に関与するアドヒアランスの姿勢が強く期待される。

（入江 多津子）

14　氏原寛・成田善弘編（2003）『臨床心理学②　診断と見立て［心理アセスメント］』培風館, p. 25.

15　F・P・バイスティック著、尾崎新・福田俊子・原田和幸訳（2006）『ケースワークの原則［新訳改訂版］──援助関係を形成する技法』誠信書房.

16　子どもの医療において、保護者へのインフォームド・コンセントを得るだけでなく、法的な位置づけはないが、子どもにもわかりやすく説明し同意を得るインフォームド・アセントという概念がある。

4　コロナや災害等危機時における心理学的支援

　戦前は障害者の方々の隔離的差別等が、戦時中には精神科病院の患者に対する支援難等が、そして、戦後は負傷した身体障害者の方への支援や孤児などの弱者に対する社会的擁護の必要性と実際の支援の困難さが指摘された。さらに近年では、東日本大震災やコロナ禍等の様々な災害時の医療・福祉における被支援者の生存確認や病院・施設の転院転所先確保の困難性が、またさらにこれまでと異なり対面ではなく距離を置いたかかわりが求められる等、新たな危機によるさらなる支援の視点が求められている。

　心理臨床の場面では、ひっ迫する医療までとはいかないにしろ面談依頼が増加したという機関が少なくない。感染状況によっては、本人の同意と反しての隔離が求められること、それ以前に地域により社会活動が制限されることもあり、マクロレベルにおける規模での心理的ストレスが生まれるといえよう。わが国では社会的要請の範囲を基盤としているが、行動制限としてのロックダウンと行動した場合の罰則を課した諸外国もあり、世界的な危機状況となった。ある意味、戦前の支援の困難性が形を変えて包括的に我々の前に立ちはだかったといえよう。ただし、かつてと違うのは、世界とつながるオンライン空間があるという新たな情報テクノロジーを得ていることであった。

　そのため、コロナ禍だからこそ出てきた課題やオンラインを通じて見えてきた課題もある。例えば、相手のパーソナルスペースにお構いなく入るマスクのない発達的課題を持つ子ども、オンラインでの仲間同士のつながりは参加するが通院等にはつながらない希死念慮のあるひきこもり青年、マスクを拒否する認知症の高齢者、施設にいる家族との対面での面会ができない家族等である。一方で、コロナ禍だからこそ専門職にとってのストレスもある。例えば、コロナ対応にかかわる医療関係者は日々の施設運営のあり方への緊張感だけでなく、自身の家族に意図的に会わない場合もある。家庭への緊張感もあるのである。

　福祉心理学的に捉えるべきは、どのような状況下であろうと、言うは易く行うは難しなのであるが、人権意識を持った丁寧なかかわりをいかに持てるか、いかに持つかということに尽きる。臨床倫理学の範疇ともいえよう。ここで福祉心理学的支援で重要となる事項を以下に示す。

①**支援方法を広げる・広げた分クライエントも守る**…支援方法が来談のみとなっているならばオンラインや訪問等様々に支援方法を広げることを推奨する。特にオンラインでの支援ができるようになったことから、より敷居を低くしてクライエントやその家族とのつながりを持てるようにもなっている。ここにはオンラインでの支援技能（ネット通信性能・オンラインソフト活用技能・表情や音声の通信装置向上）を身につける必要があるが専門職側の限界を踏まえた支援範囲の広がりを考えていく必要がある（再構造化）。一方で、オンライン時に家族同席という点が多く求められることから、個である**クライエント**やクライエントにかかわる**家族を守る（踏まえた）**包括的支援のあり方（オンラインでの対話の工夫や各福祉分野における支援制度の知識等）**を身につける必要**がある。

②支援を継続させる…どのような状況かつ媒体であっても支援の継続は重要である。それが細々な継続になってでさえ、孤立や無力感を防ぎ、クライエントのストレス緩和や安心・安全な生活の維持につながる可能性がある。そのため、**支援方略は対面に限らない方法も準備する必要がある。緊急時や危機時ほど支援の効果よりも継続に焦点を当てる。**

③支援方針の情報を得る…まず危機時の対応については、同僚となる専門職やその施設、職能団体、関連団体がどのような視点を持っているか、どのような成功事例があるのか情報を収集する必要がある。世界的な危機においては海外の団体が日本よりも早期にガイドラインを出していることもある。また1つの支援方略には一長一短があるため、様々な方略を理解したうえでクライエントの自己決定を踏まえた専門職としてのあり方が求められる。自身の失敗−成功事例を共有できる場を持つことの必要性が含まれる。また独立型で働いている方は職能団体等で加入できる自賠責保険等に入ることを推奨する。

このほか、心理学的支援にかかわる情報として、イギリスの心理学諸学会連合により「新型コロナウイルス感染症が世界的に流行する状況下における心理士のための指針」が出されており、一般社団法人日本認知・行動療法学会では和訳もされている。また日本社会福祉士会が後見事務に対して被後見人が陽性者となった場合の身体拘束の対応について示唆している。病院や施設勤務の心理学的支援においても家族や連携機関に対して同様の視点への配慮が求められるといえよう。

> **被後見人が陽性者となった場合の対応**[17]
> ○身体拘束は、緊急やむを得ないとされる3つの要件（切迫性・非代替性・一時性）を満たす限りにおいて認められ、後見人等には同意する権限はないものの、その要件を確認することが求められる。
> ○2020年10月に国が発出した「意思決定支援を踏まえた後見事務のガイドライン」に則したプロセスが求められる。①今後、想定されるリスクとその対応に関しては、予め被後見人、親族、後見人等に丁寧な説明を行うよう求めていくこと。②被後見人が陽性者又は濃厚接触者となり、入院ではなく施設内でケアを継続する際に、被後見人の状態からやむを得ず身体拘束などを行う場合には、可能な限り被後見人の同意を得るように求めること。③ ②を実施する際には、後見人等は、3つの要件を確認するとともに、福祉医療関係者等 被後見人を支える人・機関とともに「意思決定支援を踏まえた後見事務のガイドライン」や「身寄りがない人の入院及び医療に係る意思決定が困難な人への支援に関するガイドライン」などの意思決定支援に関わるガイドラインに基づき、可能な限りチームとして最善と考えられる方策を検討すること。

（米川 和雄）

17　西島善久（2021年1月20日）「新型コロナウイルス感染症に伴う後見事務について──被後見人等対象者が陽性者となった場合を想定した対応について」https://www.jacsw.or.jp/csw/covid19/documents/20210120.pdf

◇◇◇　一口メモ　司法面接　◇◇◇

（1）「司法面接」とは

　子どもなどの供述弱者に虐待などの被害が疑われるとき、例えば児童相談所（以下児相）・警察・検察・裁判で度重ねて聞かれ、精神的二次被害が起きることが課題であった。また、誘導的な面接が行われると子どものエピソード記憶が変化してしまうこともあり、信用性に課題が指摘されていた。

　司法面接（forensic interviews）は、「法的な判断のために使用することのできる精度の高い情報を、被面接者の心理的負担に配慮しつつ得るための面接法」（仲，2016）である。この面接法は世界的に様々なガイドラインが開発され、NICHDプロトコル、MOGP（英国内務省・保健省編，2007）とその後継のABE、ChildFirst™などがあり、共通点は多い。要素は、面接者は原則1名であること、ビデオ録画をすること、グラウンドルール（知らなければ「知らない」と言ってくださいなどの約束事）、ラポールを形成すること、出来事について話す練習をすること、オープン質問を重視すること、などが挙げられる。司法面接を行える機関と人を増やすため、多機関の専門職が合同で行う研修が全国で実施されるようになった。

　2015年に厚生労働省・警察庁・検察庁が通知を出し、児相・警察・検察三者で協同面接を行うことが推進された。その結果、2016年度は340件、2017年度は617件と、児相がかかわった協同面接の実施件数が飛躍的に増加した（キャンサースキャン，2019）。しかし児相の多くは捜査機関から記録を提供されず、家庭裁判所への送致に使えないなどの課題があるため、最高検察庁が全国の高等検察庁と地方検察庁に児相からの記録媒体の提供要請に適切に対応するよう通知した（日本経済新聞，2019）。

　上記の協同面接に医療者や心理専門職は組み込まれておらず連携にはまだ課題が多いが、子どもや弱者のケアのためにはつながっていく必要がある。司法面接が成功する要因は、先行開示があることや支援者がいることがある。司法面接の計画段階からの身近な支援者の協力が効果的であり、子どもの情報をラポールや面接の練習に役立てる、子どもにどのように面接の説明をするか検討する、面接前後の付き添いなどの役割が挙げられる。

（2）ファーストコンタクトから司法面接とケアの連携へ、福祉心理学と司法面接のコラボレーションへ

　子どもが被害にあったことを初めに話す（ファーストコンタクト）としたらそれは例えば、保育士、放課後児童クラブ支援員、児童指導員、教諭、心理職、そして非加害親である。ここには福祉心理学的な視点で支援する、われわれが含まれる。もしくは、ファーストコンタクトのあった支援者から相談される可能性もある。ファーストコンタクトでは、「だれが、どうした」程度の内容の逐語記録・録音・子どもが話をした状況の記録をし、市町村の窓口や児相に通告または情報提供をする。日常のケアにおいては、子どもに出来事を重ねて尋ねない、話す場合には遮らないなどに留意する。

　ファーストコンタクトの後のケアの流れは、子どもの保護、心身の医療、日常のケア、司法面接、トラウマケアのタイミングの検討と、再被害の予防となる連携から回復に向かっていくことを目指す（図1）。そのプロセスで、子どもの安心感・安全感のための基盤となる支援者やアドボケーターの存在は重要である。また子どもの安全をつくるソーシャルワークや心理治療による家族支援もかかせない。心理職が他の支援者のコンサルテーションを行う場合は、ケアの流れで支援者が果たす役割を説明し、燃え尽き予防を含めて支援する。大きくは地域ぐるみで人権を護る予防教育を強化することも望まれる。司法面接は主に認知心理学・発達心理学からの研究開発と改良が進められたが、今後は福祉心理学と司法面接のコラボレーションが重要となるであろう。

（田中　周子）

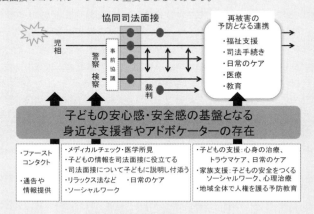

図　司法面接の前後のアプローチ

〈参考文献〉
英国内務省・保健省編，仲真紀子・田中周子訳（2007）『子どもの司法面接――ビデオ録画面接のためのガイドライン』誠信書房.
キャンサースキャン（2019）「児童相談所、警察、検察による協同面接等の実態調査による効果検証に関する調査研究事業報告書」厚生労働省.
仲真紀子（2016）『子どもへの司法面接』有斐閣.
日本経済新聞（2019）「虐待面接記録、適切共有を　児相対応で最高検通知」2019.10.11付．https://www.nikkei.com/article/DGXMZO50875390R11C19A0CR0000/

〈参考文献〉

岩田正美（2007）『現代の貧困——ワーキングプア／ホームレス／生活保護』筑摩書房.

川島ゆり子・永田祐・榊原美樹ほか編（2017）『しっかり学べる社会福祉③　地域福祉論』ミネルヴァ書房.

岸恵美子（2012）『ルポ　ゴミ屋敷に棲む人々　孤立死を呼ぶ「セルフ・ネグレクト」の実態』幻冬舎.

厚生労働科学研究（こころの健康科学研究事業）（2008）「思春期のひきこもりをもたらす精神科疾患の実態把握と精神医学的治療　援助システムの構築に関する研究」（主任研究者：齊藤万比古）平成19年度研究報告書. https://www.mhlw.go.jp/file/06-Seisakujouhou-12000000-Shakaiengokyoku-Shakai/0000147789.pdf（2019.10.23閲覧）

厚生労働省（2010）「ひきこもりの評価・支援に関するガイドライン」. https://www.mhlw.go.jp/stf/houdou/2r98520000006i6f.html（2019.10.23閲覧）

厚生労働省（2017）「地域共生社会の実現に向けた市町村における包括的な支援体制の整備に関する全国担当者会議」. https://www.mhlw.go.jp/stf/shingi2/0000178668.html（2019.10.21閲覧）

厚生労働省（2017）「『ホームレスの実態に関する全国調査（生活実態調査）の調査結果（全体版）』を公表します」資料2. https://www.mhlw.go.jp/file/04-Houdouhappyou-12003000-Shakaiengokyoku-Shakai-Chiikifukushika/01_homeless28_kekkagaiyou.pdf（2019.10.26閲覧）

厚生労働省（n.d.）「『地域共生社会』の実現に向けて」. https://www.mhlw.go.jp/stf/seisakunitsuite/bunya/0000184346.html（2019.10.21閲覧）

厚生労働省通知（2017）「地域共生社会の実現に向けた地域福祉の推進について」. https://www.mhlw.go.jp/file/06-Seisakujouhou-12600000-Seisakutoukatsukan/0000189728.pdf（2019.10.21閲覧）

厚生労働省・国土交通省通知（2018）「ホームレスの自立の支援等に関する基本方針」. https://www.mhlw.go.jp/content/000485229.pdf（2019.10.28閲覧）

松崎克文（2019）「Ⅴ　地域福祉の推進方法　1地域福祉の方法」上野谷加代子・松崎克文・永田祐編『やわらかアカデミニズム・（わかる）シリーズ　新版よくわかる地域福祉』ミネルヴァ書房, 70-73.

内閣府（2013）「我が国における社会的企業の活動規模に関する調査」. https://www.npo-homepage.go.jp/uploads/kigyou-chousa-houkoku.pdf（2019.10.29閲覧）

東京都福祉保健局高齢社会対策部在宅支援課編（2006）「高齢者虐待防止に向けた体制構築のために——東京都高齢者虐待対応マニュアル」. http://www.fukushihoken.metro.tokyo.jp/zaishien/gyakutai/torikumi/doc/gyakutai_manual.pdf（2019.10.26閲覧）

山本由紀編著・長坂和則著（2015）『対人援助職のためのアディクションアプローチ——依存する心の理解と生きづらさの支援』中央法規出版.

WAM NET HP「地域共生社会実現関連情報」. https://www.wam.go.jp/content/wamnet/pcpub/top/（2019.10.21閲覧）

第**10**章　関係行政・機関

1　三権分立

〔1〕日本国憲法と三権分立

　社会福祉や社会保障の制度に関与する福祉心理学的支援は様々な法制度の事業として提供される。そのため大いに法制度の理解が必要であり、法制度の基盤ともいえる最高法規である日本国憲法（以下、憲法）と国家体系である三権分立、そして法令の流れについては理解する必要がある（図10-1）。国会の立法権（第41条等）や衆議院・参議院の構成（第42条）、内閣の行政権（第65条）、裁判所の司法権（第76条）についても憲法に定められている。なお単に行政の不満に言及するだけでなく、各事業が市民や国民によって選ばれた議員（政治側）における議会で決定していく構造を捉えれば、参政権の意義や政治側や行政側の組織構造の理解が福祉心理学的支援の幅を広げることになる。少なくとも関係する自治体の事業実施や予算執行では、行政側が政治側との折衝を重ね年度ごとの議会を通していくという努力が背景にある。

　社会福祉領域では、憲法第25条の公的扶助、社会福祉や社会保障を示す点が強調されるが、そもそもの基本的人権の保障（第11条）と個人の尊重（第13条）はそれ以前にすべての基盤といえよう（表10-1）。また福祉における自立支援に就労がかかわるのは、勤労の義務と権利（第27条）が関与する。さらにまた義務教育が個人の物品（文房具・制服等）以外は無償であるのも、教育の権利と義務（第26条）が関係する。なお義務教育を受けさせる義務があるの

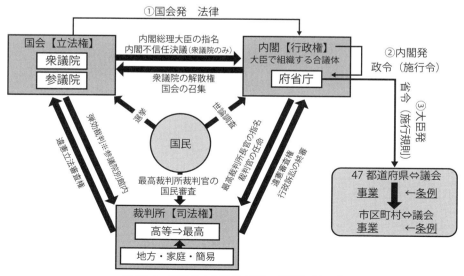

図10-1　三権分立と法令の流れ（米川, 2019）

表10-1　福祉心理学的支援の基盤事項

第11条　国民は、すべての基本的人権の享有を妨げられない。この憲法が国民に保障する基本的人権は、侵すことのできない永久の権利として、現在及び将来の国民に与えられる。
〔個人の尊重と公共の福祉〕 第13条　すべて国民は、個人として尊重される。生命、自由及び幸福追求に対する国民の権利については、公共の福祉に反しない限り、立法その他の国政の上で、最大の尊重を必要とする。
第25条　すべて国民は、健康で文化的な最低限度の生活を営む権利を有する。 　　　　⇒公的扶助（生活保護）としての救貧に関与 2　国は、すべての生活部面について、社会福祉、社会保障及び公衆衛生の向上及び増進に努めなければならない。 　⇒社会保険・児童手当等の防貧に関与、公衆衛生は上下水道、ごみ処理、感染症対策等、様々な衛生的側面に関与

は、子どもでなく保護者側であり、子どもや国民には教育を受ける権利があるのである。

〔2〕市町村の福祉にかかわる業務

　それぞれの法律が憲法に反することなく（条約でさえも反さない）施行され、より具体的な方向としての政令、詳細的な事業規定としての省令により各行政に法の執行が伝達される（2021年10月2日現在47都道府県：1724市町村、うち中核市62、指定都市20）。人口20万人以上の都市がなり得る中核市では、都道府県の持つ権限をより広く基礎自治体が持てるようにしている。人口50万人以上の都市がなり得る指定都市（政令市・政令指定都市）は、中核市以上に幅広く道府県の持つ権限を得た事務等を行っている（表10-2）。

　各自治体では、社会保障や社会保険にかかわる事務を担っているが、生活保護法等の福祉六法を主な業務（援護・育成・更生の措置に関する事務）とする福祉事務所は、都道府県と市（特別区含む）は設置が義務づけられ、役所内に設置されている（社会福祉法第14条；表10-3参照）。町村による設置は任意のため、設置のない場合、都道府県の福祉事務所がその業務を担う。所長、事務員、現業所員（社会福祉主事）と指導監督所員（社会福祉主事）が配置され

表10-2　中核市・政令指定都市の主な事務

中核市（人口20万人以上）	指定都市（人口50万人以上）
保健衛生に関する事務 ・保健所の設置 ・飲食店営業等の許可 ・温泉の利用許可 ・旅館業・公衆浴場の経営許可 福祉に関する事務 ・保育所の設置の認可、監督 ・養護老人ホームの設置の認可、監督 ・介護サービス事業者の指定 ・身体障害者手帳の交付 教育に関する事務 ・県費負担教職員の研修 環境に関する事務 ・一般廃棄物処理施設、産業廃棄物処理施設の設置の許可 ・ばい煙発生施設の設置の届出の受理 まちづくりに関する事務 ・屋外広告物の条例による設置制限 ・サービス付き高齢者向け住宅事業の登録 このほか：地方交付税の算定上所要の措置	・左記の中核市の事項に加え、知事の承認、許可、認可等の関与を要している事務について、その関与をなくし、又は知事の関与に代えて直接各大臣の関与を要する。 ・行政区が設置できる。 福祉に関する事務 ・児童相談所の設置（中核市は任意） ・精神障害者 の入院措置 ※道府県：保育士、介護支援専門員の登録・身体障害者更生相談所、知的障害者更生相談所の設置 教育に関する事務 ・県費負担教職員の任免・給与の決定 ※道府県：私立学校、市町村立高等学校の設置認可・高等学校の設置管理 まちづくりに関する事務 ・区域区分に関する都市計画決定 ・指定区間外の国道、県道の管理 ・一部の指定区間の一級河川の管理、一部の二級河川の管理 ※治安・安全に関する事務について警察・運転免許等は道府県 このほか：宝くじの発売

出所：総務省「中核市・施行時特例市」（http://www.soumu.go.jp/cyukaku/）名古屋市「指定都市制度の現状と問題点」（http://www.city.nagoya.jp/somu/cmsfiles/contents/0000046/46654/2syou.pdf）をもとに作成

表10-3　福祉事務所と市町村の業務（北見（2018）に一部追記）
西暦は施行年を示す。

市町村の業務	福祉事務所の業務
〔社会保障に係る業務〕※1 国民健康保健法：1958年※2 国民年金法：1959年※3 介護保険法：1997年 ※1　市町村が必ず行わなければならない法定受託事務（地方自治法：1947年） ※2　別途、民間企業等に勤める者（その扶養者）は各民間協会が運用する健康保険に加入 ※3　給付には、老齢、障害（1・2級）、遺族の基礎年金、そして付加年金、寡婦年金及び死亡一時金がある（一部を除き、労働者は厚生年金の給付；なお障害年金等級と障害者手帳の等級は別物）。役所の年金課は年金事務所（年金機構）から事務を委託され、実質的な年金記録は年金事務所となる。	〔福祉六法に係る業務〕 児童福祉法：1947年 身体障害者福祉法：1949年 生活保護法：1950年 知的障害者福祉法：1960年 （旧精神薄弱者福祉法） 老人福祉法：1963年 母子及び父子並びに寡婦福祉法：1964年 ※都道府県は福祉三法（生活保護法、児童福祉法、母子及び父子並びに寡婦福祉法）
上記に係る業務　障害者総合支援法：2005年（旧障害者自立支援法） 生活困窮者自立支援法：2013年　精神保健福祉法：1950年（旧精神衛生法・精神保健法）	

ている。例えば、都道府県では被保護世帯数65に対して1名（390以下で6名）、市町村では世帯数80に対して1名（市や特別区240以下で3名；町村160以下で2名）の所員を標準とする（2021年時点）。

　このとき、法令が違憲の場合、法令で規定されているのにその執行がなされないような場合、または執行が自らの意向と異なる場合（例：行政権限による対象者の一時保護等の措置的対応への訴え）、国や行政を相手にその処分等に対する裁判を行うことができる（憲法第17条にかかわり、適否や是正を求める行政事件訴訟法、賠償請求としての国家賠償法）。また裁判までせずとも行政側に不服の審査請求（申立）をする方法（行政不服審査法）もある。なお国民年金法等に関する事項は、訴訟の前に不服の申立が求められる。

　ところで、日本国憲法は国民への平等原則（第14条）であり、必ずしもすべての外国人に適用され得るものではない点の認識も必要である。生活保護法では、「第2条　すべて国民は、この法律の定める要件を満たす限り、この法律による保護を、無差別平等に受けることができる。」とされ、"国民"に焦点が当てられており、外国人は長期滞在に関する在留資格者にのみ準用される。但し、社会保険や各福祉の法律では"国民"を対象とするという限定記載ではない（例えば、児童福祉法では、"全て児童は"という記載）点への理解も必要である。つまり外国人でも適用され得るのである。

（米川 和雄）

❷　関係行政と機関①　教育機関である学校を起点とした連携・協力

〔1〕地域のプラットフォームとしての学校

（1）学校という教育機関

　福祉心理学という学術領域が射程に入れる関係行政は広範にわたる。子どもから高齢者という生涯の発達段階を通して、関係する行政機関は異なるであろうし、また、何らかの特別なリスクないしニーズを抱えている（例えば、自傷他害の可能性がある）、ないしは、現にそのような行為を発現させており、関係当局に係属している等の状況によっても、関係行政は多様に論じられうる。そして、福祉心理学の実務者や支援者の立ち位置のみならず、支援を必要とす

る当事者の立ち位置によっても関係行政の見え方は、様相を異にする。

　福祉心理学の専門を活かした実務を想定する場合、地域のプラットフォームとなる学校（義務教育段階）を基点とした関係行政機関の連携・協働という文脈において、関係行政機関の機能や役割を捉えておくことは、実務上有益であろう。

　この理由として、まず現代社会を生きるヴァルネラブル（vulnerable）な状況下にある子どもの存在とその背景の複雑・多様化が挙げられる。子どもの育ちを支える社会環境の変化は、多くの論者に指摘されているところであり、そのような中で子どもが抱えるリスクとニーズは複雑・多様なものとなり、結果としてヴァルネラブルな状況下にある子どもは一定数存在し続けている。そして、この前提を踏まえて、学校教育を捉えると、わが国における学齢児童生徒の全体を包括する唯一のシステムであることの意義と課題が強調される。学校教育は、ヴァルネラブルな状況下にある児童生徒を包括的に捉えうるシステムであり、それゆえ、学校を基点に関係行政機関を解説することは、子どもの健全育成や最善の利益の保障、ひいては、成人以降のウェルビーイングを考察する上でも、重要な視点を提供することとなる[1]。

　だが、そもそも学校とは何か、わが国において学校はどのように定義されているのかについて、簡単に述べておきたい。

　　日本国憲法第26条の「教育を受ける権利と受けさせる義務」
　　同条第1項「すべて国民は、法律の定めるところにより、その能力に応じて、ひとしく教育を受
　　　ける権利を有する。」
　　同条第2項「すべて国民は、法律の定めるところにより、その保護する子女に普通教育を受けさ
　　　せる義務を負ふ。義務教育は、これを無償とする。」

　わが国では保護者は、その保護する子女に対して就学義務を課せられており、初等教育6年（小学校段階の教育）、前期中等教育3年（中学校段階の教育）の計9年が義務教育とされている（学校教育法第16条）。

　学校教育は、公の性質を有するものであり、国、地方公共団体及び法律に定める法人（学校法人）のみが、これを設置することができる（教育基本法第6条第1項、学校教育法第2条）[2]。

（2）生徒指導という機能

　学校を基点とした関係行政機関との連携・協働を述べる上で、学校の生徒指導という機能について理解する必要がある。学校教育における生徒指導について連想するイメージは様々であろうが、多くの方が思い浮かべるのは、「服装」や「髪型・染髪」、「持ち物」、「あいさつ」といった「校則」に関する規律的な指導やいじめ、暴力行為への事後対応等ではないだろうか。

1　教育法規では、初等教育の段階（主に小学校）に在籍する子どもを「児童」、中等教育の段階（主に中学校や高等学校）に在籍する子どもを「生徒」と表記する。また、児童福祉法第4条では18歳未満を「児童」と定義している。本節では、法令や引用文献の表記をそのまま用いる場合を除き、「子ども」という表記で統一することとした。

2　学校教育法第1条では、具体的に学校の種類を規定しており、そこでは学校について、幼稚園、小学校、中学校、義務教育学校、高等学校、中等教育学校、特別支援学校、大学及び高等専門学校と定められている。地方公共団体によって設置される学校は、公立学校とされ、とりわけ、わが国の義務教育段階の中核を担う教育機関である（地方教育行政の組織及び運営に関する法律第30条）。

そして、このような「厳しい」指導の担い手は、こわもての体格のいい保健体育の教員が担うというような印象をお持ちではないだろうか。このような生徒指導に対するイメージは、決して誤りというわけではない。確かに、校則にかかわる指導や、保健体育の教員が時に厳しく指導することは、生徒指導という教育的営為に内包されるものである。しかしながら、このようなイメージは、学校の生徒指導という機能を、とりわけ、管理的側面についてのみ強調し、矮小化したものである。

当時の文部省や文部科学省がこれまでに刊行した3つの資料から、生徒指導という概念について紹介する（表10-4）。

表10-4　生徒指導という概念について

『生徒指導の手びき』（1965年刊；文部省）：「生徒指導の意義・特質」として、「①生徒指導は、個別的かつ発達的な教育を基礎とするものである。」、「②生徒指導は、一人一人の生徒の人格の価値を尊重し、個性の伸長を図りながら、同時に社会的な資質や行動を高めようとするものである。」、「③生徒指導は、現在の生活に即しながら、具体的、実践的な活動として進められる。」、「④生徒指導は、すべての児童生徒を対象とするものである。」、「⑤生徒指導は、統合的な活動である。」という5つの観点から、その概念を整理し、規定している。
『生徒指導の手引[改訂版]』（1981年；文部省）：生徒指導について、「積極的にすべての生徒のそれぞれの人格のより良き発達を目指すとともに、学校生活が、生徒の一人一人にとっても、また学級や学年、更に学校全体といった様々な集団にとっても、有意義かつ興味深く、充実したものになるようにすることを目指すところにある」教育活動として言及している。
『生徒指導提要』（2010年；文部科学省）：小学校から高等学校段階までの生徒指導の理論や指導方法等について、教職員間の共通理解を図り、組織的かつ体系的な生徒指導の推進を図るために、『生徒指導の手引[改訂版]』から約30年ぶりに刊行された現行の生徒指導の基本書といえる。『生徒指導提要』策定の背景には、学校における生徒指導が、問題行動等に対する対応にとどまる場合があり、学校教育として、より組織的、体系的な取り組みを実施する必要があることや小学校から高等学校段階までの生徒指導の理論や実際の指導方法について網羅的にまとめた基本書が存在せず、生徒指導の組織的、体系的な取り組みが十分に進んでいないこと、警察や児童相談所等の関係機関との連携のネットワークを強化する必要があることが挙げられている。この『生徒指導提要』では、「生徒指導とは、一人一人の児童生徒の人格を尊重し、個性の伸長を図りながら、社会的資質や行動力を高めることを目指して行われる教育活動」と定義されている。

上記、3つの資料から生徒指導の概念の変遷を描写したが、生徒指導の概念は不易のものであることが読み取れよう。それは、子どもの「個性の伸長」と「社会性の育成」という二軸を目標に据え、究極的には「自己指導能力の育成」を目指した指導・支援の総体を表す概念であるといえる。さらに、すべての子どもを対象に、すべての教職員（一部の教員だけでなく）が、すべての教育活動（教育課程内及び教育課程外の双方）を通して、組織的かつ体系的に展開するものであり、その性質上、生徒指導とは、学校の教育活動全体に機能として作用する機能概念である（生徒指導機能論）とされている。

教育課程内の生徒指導とは、小学校の教育課程が学校教育法施行規則第50条に「各教科」、「道徳」、「外国語活動」、「総合的な学習の時間」及び「特別活動」によって編成するものとされており、中学校では同施行規則第72条に「各教科」、「道徳」、「総合的な学習の時間」及び「特別活動」によって編成するものとされていることから、これらの教育課程にある各領域を効果的かつ適切に発現するための下地として解釈される。また、教育課程外の生徒指導では、児童生徒の生活に即した日常的、または、突発的な場面での指導支援として捉えられ、教育課程内外ともに、生徒指導のない教育活動はなく、また、あってはならないと解される。

さて、生徒指導の概念規定について述べてきたが、その教育的営為は、福祉心理学の支援の方向性やありようと決して矛盾するものではなく、むしろ、近接ないし重複するものであるといえる。そして、この学校における生徒指導という営為の延長に、福祉心理学の一領域として

肝要となる学校を基点とした関係行政機関の連携・協働のシステムと具体的実務が浮かび上がるのである。

(3) 生徒指導に関する学校の指導体制（生徒指導体制）

　学校の生徒指導を実効的なものにしていくために、国の生徒指導に関する行政の力点の1つは、学校の指導体制についてである。『生徒指導提要』では、効果的な生徒指導の実現に向けて、学校の「生徒指導の方針・基準の明確化・具体化」と「すべての教職員による共通理解・共通実践」、「実効性のある組織・運営の在り方」（PDCAサイクル）の3つを柱とした指導体制の基本的な考え方が示されている。

　暴力行為やいじめ、不登校といった特定の問題や課題への対処についても、文部科学省のもとで、それぞれに研究協力者会議等が設置され、提言がなされてきた。暴力行為については、2010（平成22）年6月に文部科学省が「暴力行為のない学校づくり研究会」を設置し、本研究会において、教育現場での暴力行為への効果的な対応のあり方について検討がなされた。2011（平成23）年6月に同研究会からは、「暴力行為のない学校づくり（報告書）」が発表されたが、そこで提示された「暴力行為の深刻化を防ぐ指導」の第一には「校内指導体制の整備」（組織的な事実の確認と原因・背景の把握、指導方針の決定、児童生徒への指導、保護者・地域・関係機関等との連携等で構成）が掲げられている。

　いじめについては、2013（平成25）年に「いじめ防止対策推進法」として立法化がなされた後、文部科学省において「いじめの防止等のための基本的な方針」（2013〔平成25〕年策定、2017〔平成29〕年改訂）が発表され、現在のいじめ防止施策の方向性が打ち出されている。そこで重視されている方針の1つは、いじめの防止、早期発見及び対処に関する組織的対応についてである。

　不登校については、2016（平成28）年7月に不登校に関する調査研究協力者会議により「不登校児童生徒への支援に関する最終報告～一人一人の多様な課題に対応した切れ目のない組織的な支援の推進～」が発表され、不登校を問題行動として捉えないという基本的スタンスのほか、不登校支援として社会的自立に向けた魅力ある学校づくり（子どもが在籍する原籍校について、安心・安全を感じられる場、お互いの絆を深められる場として学校改善していくこと）と、多機関連携による多様な学びの場への橋渡しという2つのアプローチが提示されている。とりわけ、「支援における重点方策」の1つには、「児童生徒理解・教育支援シート」を活用した組織的・計画的支援が掲げられ、スクールカウンセラーやスクールソーシャルワーカーとの連携・協働のもとで、学校の指導体制の充実を図ることが重視されている。

　上述のこれまでの生徒指導に関する行政の方向性は、2018（平成30）年6月に公表された『第3期教育振興基本計画』においても踏襲されており、生徒指導の観点からも「持続可能な学校指導体制」の実現について、社会実装していくことが求められている。

　それでは、具体的に学校レベルで、生徒指導に関して実効的な学校の指導体制を構築していくとは、どのような取り組みやプロセスを意味するのであろうか。端的に述べれば、それは、一人ひとりの教職員が、学校の問題や課題を共有し、学校全体として、日常的な指導から事後対応

まで、意欲的、組織的、計画的に行う体制を準備することである。それは、どのようにして可能なのであろうか。学校内の様々な要因や条件が考えられようが、教職員の組織的条件に目を向けるといくつかの手がかりが見出される。

　ここでは、校務分掌の実効性の観点から述べることとしたい。校務分掌とは、一般的に、学校教育の効果を上げるために、調和のとれた学校運営に必要な校務を校長が所属の教職員に学校全体を見通して分担し、処理していくこととされる（学校教育法施行規則第43条）。具体的な校務分掌の組織には、校種や地域によっても相違があり、名称も違いがあるが、運営委員会や企画委員会、各学年部、教務部、生徒指導部、教育相談部、進路指導部、研究・研修部（研究推進委員会）、保健部、特別支援教育部、各教科部、総務部等で構成されている。

　生徒指導とはすべての教職員が担う取り組みである以上、すべての校務分掌が生徒指導的観点から処理されることが必要であるが、とりわけ、管理職や学年団、生徒指導部会、教育相談部会等は、生徒指導を直接的に担う重要な分掌組織である。管理職のリーダーシップのもと、学年主任や生徒指導主事、教育相談主任等、いわゆるミドルリーダーに該当する各学年や各分掌の主事・主任が、それぞれの分掌組織の凝集性を高められるよう、チーム形成していくことが求められる。

　そのため、管理職のリーダーシップは当然のことながら、ミドルリーダーによるチーム形成のファシリテーション力は、学校の指導体制を実効的なものにしていく上で、重要な資質・力量であるといえる。この各学年や各分掌組織のチーム形成と、管理職による学校全体のチーム形成の延長線上に、効果的な生徒指導の要ともいえる情報共有が達成しうるといえる。そして、本節のテーマである学校を基点とした関係行政機関との連携・協働は、まさに、学校における子どもの情報共有の先にあり、学校のチーム形成が十全なものとなって、適正かつ効果的に学校としての（多機関連携の）意思決定が機能するといえよう。

〔2〕学校と関係行政機関との連携・協働

（1）子どもの被害者性と加害者性の支援

　福祉心理学的な視点から、学校を基点に関係行政機関を論じるときに、それは、主に子どもの被害と加害のそれぞれへの対応という文脈で捉えられやすい。子どもの被害とは、例えば、保護者や養育者からの虐待被害や貧困の問題、学校におけるいじめの被害等、子どもが被る身体的、精神的な苦痛を伴うもの、また、より広義には、子ども本人には自覚がなくとも享受することが想定される支援やその機会から阻害されている状況をも内包するものであるといえる。また、加害については、いじめをはじめ、暴力行為や非行等があり、刑罰法令に触れる行為は当然のことながら、より広く自傷他害の行為も、加害と捉えうる。しかし、このような子どもの被害と加害は、支援対象となる子どもごとに、明確に二分されるものではなく、時に一人のうちに混在している場合もある。

　学校と関係行政機関との連携・協働では、一人ひとりの子どもの被害者性と加害者性という両側面から、支援のあり方について、各関係機関と丁寧に情報共有、共通理解を図りながら進めていくことが求められる。そして、そのための前提は、目の前の子どもの健全育成であり、

最善の利益の保障と達成のためにあることは言うまでもない。以下では、①学校と教育委員会、②学校と児童相談所・福祉事務所・市町村（虐待対応担当課）及び③学校と警察の三側面に焦点を当てて、述べていくこととする。

（2）学校と教育委員会

　教育基本法第16条第2項に、「国は、全国的な教育の機会均等と教育水準の維持向上を図るため、教育に関する施策を総合的に策定し、実施しなければならない。」とされており、ここで規定されている「国」の教育行政のことを、一般的に中央教育行政と呼び、それを担う機関として文部科学省が設置されている。また、同法第16条第3項には、「地方公共団体は、その地域における教育の振興を図るため、その実情に応じた教育に関する施策を策定し、実施しなければならない。」とあり、この「地方公共団体」の教育行政のことを地方教育行政と呼び、具体的にそれを担う機関として、都道府県教育委員会と市区町村教育委員会が設置されている。これら中央教育行政と地方教育行政は、それぞれ適切な役割分担と相互の協力の下で、公正かつ適正に行われなければならないとされている（教育基本法第16条第1項）。

　文部科学省の任務は、教育の振興や人材の育成、学術及び文化の振興、科学技術の総合的な振興、スポーツに関する施策の総合的な推進、宗教に関する行政事務と多岐にわたるが、とりわけ、重要な任務の1つとしてわが国の教育全般の振興を所管するとともに、地方教育行政への指導助言や勧告を担うことが挙げられる（文部科学省設置法第3条、第4条）。そして、教育委員会は、当該地方公共団体が処理する教育に関することで、法的に規定されている事務を管理し、執行するものとされている（地方教育行政の組織及び運営に関する法律第21条）。この教育委員会の職務権限の1つに、学校の設置・管理があり、学校の経費を負担することとされている（学校教育法第5条）。この規定は、「設置者管理主義」、「設置者負担主義」と解されるが、端的に言えば、市区町村立の学校については市区町村教育委員会が、また、都道府県立の学校については都道府県教育委員会が設置・管理することを示している[3]。

　学校と関係機関の連携・協働を述べる上で、学校の設置管理者である教育委員会の存在は大きい。教育委員会とは、教育長と4名の教育委員で構成される狭義の教育委員会（地方教育行政の組織及び運営に関する法律第3条）と、そこに教育委員会事務局（教育庁と呼称している地方公共団体もある）を合わせた広義の教育委員会という主に2通りの用いられ方があるが、本節では、以降、生徒指導にかかわる学校との連携先としての趣旨から、教育委員会事務局のことを教育委員会と表記したい。

　地方公共団体によって名称に違いはあるものの、生徒指導にかかわる教育委員会の組織として、「義務教育課」や「学校指導課」と呼称される組織が置かれている。それらの組織には、生徒指導担当の指導主事が置かれていることがある（前述した各学校の生徒指導部の主任としての生徒指導主事と用語は似ているが異なるので注意が必要）。

3　なお、市区町村立の学校の教職員給与費については、教育水準の維持向上の観点から、3分の1は国が（義務教育費国庫負担制度）、3分の2は教員の任免を担う都道府県教育委員会が負担している（県費負担教職員制度）。

指導主事：都道府県や市町村の教育委員会に置かれる専門的職員のことである（地方教育行政の組織及び運営に関する法律第18条第1項、第2項）。教育委員会の指導主事は、所管する学校の生徒指導に関することだけでなく、学校の教育課程、学習指導等、広く学校教育に関する専門的事項の指導に関する事務に従事することとされている（地方教育行政の組織及び運営に関する法律第18条第3項）。子どものいじめや暴力行為の問題、不登校といった課題について、学校の管理職（校長、副校長、教頭）のリーダーシップのもとで、学校は組織的に対応することが求められる。そして、学校の管理職は、教育委員会の生徒指導担当の指導主事と連絡を取り合い、それらの問題・諸課題の解決にあたる。

　生徒指導に関する学校と教育委員会の連携・協働の有り様は、地方公共団体の規模や地域的な特色もあり、決して一様ではない。以下に、実際に教育委員会で行われているいくつかの学校と教育委員会の連携・協働の取り組み例を紹介する。

【指導主事やスクールソーシャルワーカーに関する取り組みの例】
　指導主事は、所管の学校を定期的に巡回し情報共有を図り、学校へ指導助言を行うことのほか、学校からの要請に応じて、当該子どものニーズにかなうよう適切な関係機関への橋渡しを行うことや、教育委員会に配置されているスクールソーシャルワーカーやスクールサポーター（警察OB等）といったリソースを学校へ派遣して支援したりしている。スクールソーシャルワーカーの配置人数や配置先等、運用実態は、様々であるが、例えば、「拠点配置型・校区巡回型」として、中学校、または、小学校を拠点校として配置し、近隣の学校を定期訪問して、子どもと家庭、学校のニーズに応じた支援を行うスタイルがある。また、「派遣型」として教育委員会にスクールソーシャルワーカーを配置し、学校等の求めに応じて支援する場合もある。その他、スクールソーシャルワーカーが複数名配置されている地域では、週1回等、定期的に地方公共団体の児童福祉部局等での勤務日が設定される等して、スクールソーシャルワーカー同士で情報共有を行うといった取り組みも見られる。加えて、警察OBによるスクールサポーター（地域によって、また、同一地域でも配置先によって、呼称に違いがある）を教育委員会に配置し、学校支援のリソースとする取り組みも普及してきている。さらには、経験豊富な教員OBを教育委員会にいじめの巡回相談員として配置し、学校のいじめ問題への対応の実態把握やいじめの解決に向けた相談、指導助言等を担わせている例がある。

　このほかにも、教育委員会の生徒指導担当部局に、特別に学校へのチーム支援組織を設置して、暴力行為や学級の荒れ等の事案に対処させている場合もある。例えば、チーム支援組織のメンバーには、指導主事のほか、教員OBや警察OB、スクールロイヤー、スクールカウンセラー、スクールソーシャルワーカー等、地域のリソースに応じて、メンバーが構成され、学校からの求めに応じて支援が展開されている。

（3）学校と児童相談所・福祉事務所・市町村（虐待対応担当課）

　虐待や貧困といった福祉的ニーズを抱えた子どもの事案に対する学校の連携先として、代表的な行政機関には、児童相談所や福祉事務所、市町村の虐待対応担当課が挙げられる（実際の名称は地方公共団体により様々）。児童相談所は、児童福祉法第12条に基づき、都道府県や政令指定都市、一部の中核市に設置されており、その主要な業務には、以下等がある（児童福祉法第11条第1項第2号）。

（a）子ども等の福祉に関する市町村相互間の連絡調整や市町村に対する情報の提供

（b）子どものことに関する専門的な知識、技術を必要とされる相談に応じること

（c）子どもとその家庭に対する必要な調査をはじめ、医学的、心理学的、教育学的、社会学的及び精神保健上の判定の実施

（d）その調査や判定に基づいた専門的な知識、技術を必要とする指導等

（e）一時保護

（f）里親に関する業務

（g）養子縁組による養子と養親等への情報提供や助言、援助

　また、都道府県や市（特別区含む）、一部の町村には、福祉事務所が設置されている（社会福祉法第14条）。福祉事務所は、福祉に関する関係法規（例、生活保護法や児童福祉法、母子及び父子並びに寡婦福祉法等）に定める援護や育成の措置に関する事務を処理すると定められている。さらに、虐待の事案であれば、市町村の虐待対応担当課は、児童虐待通告や学校等の関係機関からの情報提供、保護者の育児不安に対する相談、後述する要保護児童対策地域協議会の調整機関としての支援を担っている。

　子どもへの虐待の種類については、児童虐待の防止等に関する法律第2条において、身体的虐待、性的虐待、ネグレクト及び心理的虐待として定義され、広く社会に周知されるようになった。そして、2017（平成29）年度の全国の児童相談所における児童虐待相談対応件数は、13万3778件と過去最高を更新し、依然として深刻な問題であり続けている。

　子どもへの虐待への早期発見について、広く子どもにかかわる者に対して努力義務が課されている。前述のように、学校教育は、学齢児童生徒を包括的に捉えることのできるわが国唯一のシステムであるということに鑑みれば、子どもへの虐待の早期発見の端緒として、学校への啓発を促していくことの意義は重要であろう。実際のところとしては、2017（平成29）年度の児童虐待相談対応件数の総数のうち、約1万件が学校等からの相談によるものとされている。

【児童虐待の防止等に関する法律】

第6条：広く国民に対して、子どもへの虐待の通告義務として「児童虐待を受けたと思われる児童を発見した者は、速やかに、これを市町村、都道府県の設置する福祉事務所若しくは児童相談所又は児童委員を介して市町村、都道府県の設置する福祉事務所若しくは児童相談所に通告しなければならない」

第5条第1項：「学校、児童福祉施設、病院その他児童の福祉に業務上関係のある団体及び学校の教職員、児童福祉施設の職員、医師、保健師、弁護士その他児童の福祉に職務上関係のある者は、児童虐待を発見しやすい立場にあることを自覚し、児童虐待の早期発見に努めなければならない」

【学校・教育委員会等向け虐待対応の手引き（2019年5月9日，文部科学省）】

学校から児童相談所ないし市町村の虐待対応担当課への通告の流れ：子どもや保護者の異変・違和感から、教職員は直ちに管理職へ報告・相談すること、また、管理職、養護教諭、学年主任、学級担任、スクールカウンセラー、スクールソーシャルワーカー等によるチームでの情報共有と対応から、「明らかな外傷（打撲傷、あざ（内出血）、骨折、刺傷、やけどなど）があり、身体的虐待が疑われる場合」や「生命、身体の安全に関わるネグレクト（栄養失調、医療放棄など）があると疑われる場合」、「性的虐待が疑われる場合」、「子どもが帰りたくないと言った場合（子ども自身が保護・救済を求めている場合）」等の事案には、たとえ確証がなくとも、児童相談所と

警察にそれぞれ通告、通報するように示されている。あわせて、上記に該当しない場合や通告の判断に迷う場合、緊急でない場合には、市町村の虐待対応担当課へ通告するように示されている。

　昨今の社会の注目を集めた子どもへの虐待による死亡事案の背景に、関係機関との連携不足による問題があったことを踏まえて、2019（平成31）年2月8日に児童虐待防止対策に関する関係閣僚会議「『児童虐待防止対策の強化に向けた緊急総合対策』の更なる徹底・強化について」が決定された。これを受けて、2019（平成31）年2月28日に、内閣府子ども・子育て本部統括官、文部科学省総合教育政策局長、文部科学省初等中等教育局長、文部科学省高等教育局長、厚生労働省子ども家庭局長、厚生労働省社会・援護局障害保健福祉部長連名通知「児童虐待防止対策に係る学校等及びその設置者と市町村・児童相談所との連携の強化について」及び「学校、保育所、認定こども園及び認可外保育施設等から市町村又は児童相談所への定期的な情報提供について」の2通の通知が発出されることとなった。また後者の通知には、別添として「学校、保育所、認定こども園及び認可外保育施設等から市町村又は児童相談所への定期的な情報提供に関する指針」も併せて示された。これらの通知により、子どもへの虐待の情報管理や学校・教育委員会と児童相談所、警察等との連携に関して、以下の新たなルールが定められることとなった。

　（a）学校等及びその設置者においては、保護者から情報元に関する開示の求めがあった場合には、情報元を保護者に伝えないこととするとともに、児童相談所等と連携しながら対応すること。
　（b）保護者から、学校等及びその設置者に対して威圧的な要求や暴力の行使等が予測される場合には、速やかに市町村・児童相談所・警察等の関係機関や弁護士等の専門家と情報共有することとし、関係機関が連携し対応すること。
　（c）要保護児童等が休業日を除き、引き続き7日以上欠席した場合には、理由の如何にかかわらず速やかに市町村又は児童相談所に情報提供すること。

　そして、別添の指針により、児童相談所や市町村が、「児童虐待防止に係る資料及び情報の定期的な提供」を学校等に対して求めることの基本的な考え方が示された。定期的な情報提供の頻度と内容は、おおむね1か月に1回を標準として、対象期間中の出欠の状況、学校等を欠席した場合の家庭からの連絡の有無、欠席の理由についてである。この指針の仕組みが円滑に活用されるために、児童相談所や市町村と学校等との間で協定を締結する等し、関係機関間で合意を図ることが望ましいとされた。なお、学校等から児童相談所や市町村に対して、定期的な情報提供を行うにあたっては、「個人情報の保護に関する法律」に違反することにならないとされている。
　学校と福祉との連携・協働のシステムを述べる上で、要保護児童対策地域協議会の果たす役割は大きい（児童福祉法第25条の2）。要保護児童対策地域協議会は、子どもへの虐待に関連する学校と児童相談所や市町村との連携・協働のシステムとして、ほとんどすべての市区町村に設置されている。その対象は、虐待のある子どもだけでなく、保護者のない児童や保護者に監護させることが不適当であると認められる児童といったより広範な「要保護児童」（児童福祉法第6条の3第8項）である。さらに、構成機関として、福祉部局と学校にとどまらず、警察や保健医療機関等も含む、より広範で、多様な関係機関がかかわる。
　要保護児童対策地域協議会は、それぞれの関係機関で要保護児童とその保護者に関する情報

交換や支援内容の協議を行う機関として位置づけられており、主に、「個別ケース会議」、「実務者会議」及び「代表者会議」の3層構造になっている。保護が必要な子どもの早期発見や適切な支援を図るためには、関係機関が情報や支援の方向性等を共有し、適切な役割分担で対応していくことが重要となる。

(4) 学校と警察

学校と警察との連携については、すでに50年以上前から、文部省等の通知により、近隣の学校、地域社会、関係諸機関・諸団体との緊密な連携、情報交換等の協力を相互に行うよう努めることが規定されていた（例えば、1963（昭和38）年の警察庁保安局長、文部省初等中等教育局長通知「青少年非行防止に関する学校警察との連携の強化について」や1978（昭和53）年の文部省初等中等教育局長、社会教育局長通知「児童生徒の問題行動の防止について」等）。とりわけ、これらの通知において、想定された連携とは、子どもの非行問題に対してである（学校警察連絡協議会や補導連絡会の設置等）。

警察とは、個人の生命や身体、財産の保護のため、犯罪の予防、鎮圧及び捜査、被疑者の逮捕、交通の取締その他公共の安全と秩序の維持を責務とした組織である（警察法第2条第1項）。警察組織としては、国家公安委員会の特別の機関として「警察庁」が置かれている。また、都道府県には、都道府県警察（東京都は「警視庁」、道府県は「道府県警察本部」）が設置されている（警察法第36条第1項）。この都道府県警察は、各都道府県公安委員会の管理のもとに置かれるという構造になっている（実際には、都道府県公安委員会ではなく警察庁が都道府県警察への指揮命令権を有している）。

非行問題等で、学校と連携する主な警察組織は、都道府県警察とその所轄の警察署、また、少年サポートセンター等が挙げられる。具体的には、都道府県警察や警察署の「生活安全」にかかわる「少年育成課」や「少年相談係」等が想定される（名称は都道府県警察や警察署において異なる）。これらの部課には、少年サポートセンターが置かれている場合があり、担当職員も、警察官以外に、心理学等を専門とした職員を配置している事例もある。また、少年警察活動について経験豊富な警察官OBがスクールサポーターとして配当されている場合もある。

学校と警察との連携・協働には、問題行動や非行の未然防止を主眼とした日々の連携・協働と、すでに何らかの問題行動や非行等が明らかになった後の事後対応としての緊急時の連携・協働がある。未然防止に関する代表的な取り組みには、学校における「予防教育」がある。学校の「予防教育」は、学校と警察との間でのみ行われるものではなく、様々な公的機関や民間団体がかかわっており、その種類や実施形態についても、校種や地域によって異なり、多岐にわたる。警察と連携して行われる場合が多いものとして、「非行防止教育」や「薬物乱用防止教育」、「交通安全教育」等がある。これらの予防教育の活動を通して、警察署や少年サポートセンターの周知・広報を子どもや保護者に対して行うとともに、先に述べた心理職の警察職員やスクールサポーター等が、専門性を生かした教育活動を展開しているといった例もある。

また、学校警察連絡協議会や補導連絡会をはじめ、各種の会議体が学校と警察、さらには、その他の関係機関に対しても開かれて、行われるようになっている事例もある。例えば、中学

表10-5　警察と学校のそれぞれから可能な情報提供の事案とその内容

警察から学校へ情報提供する事案	学校から警察へ情報提供する事案
ア　児童・生徒が違法行為を繰り返している事案 イ　児童・生徒が逮捕又は身柄拘束された事案 ウ　児童・生徒の生命、身体又は財産の安全を守るため緊急かつやむを得ない必要がある事案	ア　児童・生徒が違法行為を繰り返している事案 イ　児童・生徒が犯罪被害に遭うおそれのある事案 ウ　児童・生徒の生命、身体又は財産の安全を守るため緊急かつやむを得ない必要がある事案
学校と警察の情報提供の内容	
ア　当該事案に係る児童・生徒の氏名及び住所並びに学校からの情報提供についてはその他の学籍に関する内容 イ　当該事案の概要に関する内容 ウ　当該事案に関する指導状況に関する内容	

出所：神奈川県教育委員会「学校警察連携制度ガイドライン」（2018年4月）より作成

校の生徒指導担当者を中心とした連絡協議会について、市全体と複数の支部単位で開催してきたところ、参加機関を徐々に拡大させ、市全体の連絡協議会では、教育委員会や小学校、高校の代表者のほか、警察本部、家庭裁判所、少年鑑別所、児童相談所等の複数の関係機関も参加している例がある。支部の連絡協議会においても、各校代表教員及び校長、教育委員会、各警察署少年係長、担当児童相談所のケースワーカーで構成される等している。これらの会議体では、非行等、子どもの問題行動のその地域における最近の動向や警察としての方針等を広く関係機関間で共有し、顔の見える連携を可能とする媒体としての機能を果たしている。

　緊急時の連携・協働の例として、学校と警察との間の情報共有に関する「学校警察連絡（連携）制度」（自治体により名称は異なる）がある。これは、都道府県警察と都道府県・市区町村教育委員会との間で協定を結び、非行少年や被害少年等に関する情報を学校と警察署との間で相互に収集、または、提供する制度である。具体的には、子どもの非行防止や犯罪被害防止、健全育成の観点から、各警察署と、都道府県立学校、または、市区町村立学校との間での情報の収集と提供に関する制度である（表10-5）。これらの情報収集と提供は、主に、非行のある子どもの立ち直り支援や被害の防止が念頭に置かれている。そのため、情報収集と提供は、あくまで子どもの生徒指導に資するためのもので、学校と保護者において必要な指導を繰り返し積み重ねた上で、行われるものであること、そして、懲戒処分をはじめ、生徒への何らかの不利益となる処分を行うためのものであってはならないことに留意する必要がある。

（5）セクショナリズムを乗り越えることの意義と課題

　紙幅の都合で紹介できなかったが、関係行政機関を横断した人事交流の取り組み等も地域によって活発に展開されている（併任や派遣等）。こういった人事交流の取り組み等も、各関係機関間の相互理解とその先にある情報共有を促す方途の1つと見ることもできよう。また、特別の建物や部屋を用意して、複数の関係行政機関を同居させ、ワンストップ型のサービスを展開している地域も散見される。

　このような取り組みの背景には、関係行政機関のセクショナリズムを乗り越えるという積極的な意味を見出すことができる。しかし、一方で、関係行政機関の融和にも見えうる取り組みに、行政のパターナリズム的機能の拡大としての解釈を与えることもできるのかもしれない。関係行政機関の制度・政策というハード面と、その実務を担う方々の集積としての機能に関するソフト面の両面から、丁寧な検証が求められる。　　　　　　　　　　　　　　（宮古 紀宏）

　文部科学省中央教育審議会（中教審）は、2015（平成27）年12月に「チームとしての学校のあり方と今後の改善方策について（答申）」を取りまとめ、学校現場における専門性に基づいたチーム体制の構築を掲げている。なお、図1は、文部科学省が示す「チームとしての学校」像（イメージ図）である。

　この答申では、スクールカウンセラー（SC）とスクールソーシャルワーカー（SSW）がそれぞれの専門性に基づいて組織的に問題の解決に取り組むため、両者の役割を明確化し、また両者を生徒指導や教育相談の組織に有機的に位置づけることなどが具体的に述べられている。すなわち、「チーム学校」の実践において心理職ならびに福祉職のさらなる参画と連携の重要性が示されている。

　ここでは「チーム学校」が求められる社会的背景並びに「チーム学校」を進めていくにあたって必要となる視点について論じたい。

　なお本稿は、日本福祉心理学会第15回大会（大会テーマ：福祉現場の「実践」と「理論・研究」をつなぐ福祉心理学）のシンポジウム「チーム学校体制の構築に向けた心理職と福祉職の連携のあり方について」で報告したものに加筆、修正を加えたものである。

①「チーム学校」が求められる社会的背景

　核家族化、地域力の低下などの社会状況の変化によって、学校（教員）に求められる役割も多様化ししている。さらに、校内暴力、いじめ、不登校、児童虐待、発達障害など複雑化している社会問題への対応に困難さを感じる学校（教員）も多い。

　今まさに学校の現場では、教員以外の専門職の参画を進め、心理や福祉の専門家を活用して、教職員と専門家がチームとなって子ども支援を行う体制が必要である。

　長く学校組織は教育の専門家である教員がすべての職務を担い、教員の個の力を重視する組織であった。そのような学校組織に1995（平成7）年度から「スクールカウンセラー活用調査研究事業」として心理の専門職スクールカウンセラーが配置され、また2008（平成20）年度からは「スクールソーシャルワーカー活用事業」が実施され、福祉の専門家のスクールソーシャルワーカーがかかわるようになった。

　なお、現在ではスクールカウンセラーやスクールソーシャルワーカーは学校現場において必要とされる標準的な職として位置づけられている。

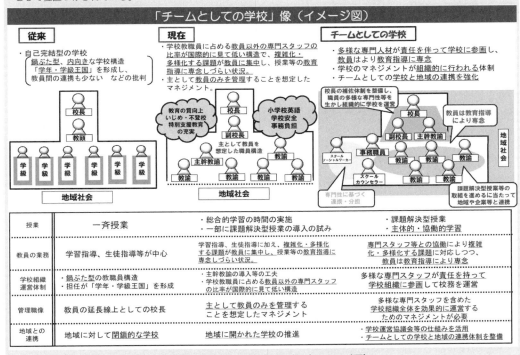

図1「チームとしての学校」像（イメージ図）
出所：文部科学省（2015）「チームとしての学校の在り方と今後の改善方策について」（答申）

②「チーム学校」を実現するために必要な活動

　スクールカウンセラーとスクールソーシャルワーカーが専門性に基づいたチーム体制を構築するためには、それぞれの専門性が発揮できる環境を作っていくことが大切である。そのためには、例えば図2に示すように、スクールカ

ウンセラーは個別面接などのカウンセリング（3次的活動）、気になる子の早期発見、早期対応（2次的活動）、心理教育などの予防的支援活動（1次的活動）を行うために、日頃から「0次的活動」（準備活動）である情報収集や関係づくり、日々のかかわりなどを意識して活動することが求められる。すなわち、0次的活動による"連携の種まき"が「チーム学校」としての連携体制を構築、維持していく上で重要な要素となる。

　今後も「チーム学校」体制の構築に向けた連携のあり方を検討するにあたっては、教員、心理、福祉の専門家のそれぞれの専門性やストレングス（潜在力）を意識し、相互の役割（立ち位置）について、さらに議論を深めていくことが求められている。

（大西 良）

3次的活動	援助的支援活動 事案対応、個別面接（カウンセリング）
2次的活動	早期発見・早期対応活動 "気になる子"発見、予兆
1次的活動	予防的支援活動 予防、未然防止
0次的活動	準備活動 情報収集、関係づくり、日々のかかわり

図2　スクールカウンセラーが担う諸活動

❸　関係行政と機関②　矯正施設等

〔1〕少年事件の対応の流れと機関

　少年事件の場合、14歳以上で罪を犯した少年は「犯罪少年」、14歳未満で罪を犯した少年は「触法少年」、20歳未満で保護者の監督に服さず将来罪を犯す可能性が高い少年は「ぐ犯少年」と呼ばれる。

　まず事件が発生した場合、警察が取り調べ等を行い、比較的非行性が進んでいないぐ犯少年や触法少年の場合は、児童相談所に書類もしくは身柄が送られ、児童福祉法上の措置が取られる（図10-2）。この措置には、児童福祉施設への入所、行政指導である児童福祉法第27条の児童福祉司指導などがある。触法少年や犯罪少年の中には家庭裁判所に送致された場合でも、再び児童相談所の判断に今後の処遇を委ねられる（送致）場合もある。

　家庭裁判所に事件が送致される方法は、書類のみが送致される場合の「在宅事件」と少年が逮捕勾留されている場合の「身柄付事件」との2つがある。在宅事件の場合には、不処分や審判不開始となることも多い。一方で身柄付事件の場合は、少年鑑別所に入所させる観護措置が取られることになる。原則4週間収容され、必要な鑑別を受けることになる（表10-6）。

　少年事件の場合、審判は非公開で行われ少年および原則その保護者のみが参加して行われる。その結果、重大事件の場合（おおむね14歳以上とされるが実際には16歳以上）には検察官送致とされ、成人同様の裁判を経て刑罰としての少年刑務所もしくは保護観察処分にされる。

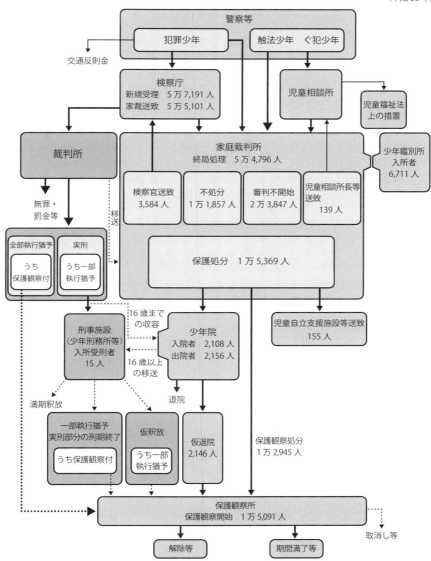

（平成 30 年）

注 1 検察統計年報、司法統計年報、矯正統計年報及び保護統計年報による。
2 「検察庁」の人員は、事件単位の延べ人員である。例えば、1人が2回送致された場合に、2人として計上している。
3 「児童相談所長等送致」は、知事・児童相談所長送致である。
4 「児童自立支援施設等送致」は、児童自立支援施設・児童養護施設送致である。
5 「出院者」の人員は、出院事由が退院又は仮退院の者に限る。
6 「保護観察開始」の人員は、保護観察処分少年及び少年院仮退院者に限る。

図10-2　非行少年処遇の概要（法務省, 2019）

表10-6　少年鑑別所と少年院

少年鑑別所：少年法及び少年院法の施行により発足し（1949年）、現在では少年鑑別所法（平成26年法律第59号）によって運営される機関である。全国47か所に設置されており（2021年4月1日）、その目的は、非行少年の処遇にあたり、非行の原因および再犯防止のために必要な心理学・医学・教育学・社会福祉学などの観点から総合的なアセスメントを行うことであり、近年では、非行の相談等も行う。少年鑑別所には、心理面を専門に扱う鑑別技官、生活面から行動観察を行う観護教官、医療面を扱う医師などが対応にあたっている。
少年院の種類（法務省, 2019） **第1種少年院**：心身に著しい障害がないおおむね12歳以上23歳未満 **第2種少年院**：心身に著しい障害がない犯罪的傾向が進んだおおむね16歳以上23歳未満 **第3種少年院**：心身に著しい障害があるおおむね12歳以上26歳未満 **第4種少年院**：少年院において刑の執行を受ける者 ※2018年収容人員2108人；14歳〜15歳（14歳未満6名を含む）240人、16歳〜17歳769人、18歳〜20歳（入院時20歳以上含む）1099人である。

〔2〕少年事件における保護処分の内容と機関

　家庭裁判所の審判によって保護処分（保護観察処分または送致）にされた場合の多くは、保護観察所における保護観察処分、または少年院もしくは児童自立支援施設に送致されることになる。少年院は入所少年の状態に応じて、4種類に分かれる。少年院は全国に52施設あり、すべて公設公営である。その種類は、表10-6のとおりである。

　非行内容は、窃盗、傷害・暴行、詐欺が多く、入所期間はおおよそ4か月〜2年以内である。すべての少年が家庭裁判所の決定により入所している（法務省, 2019）。教育システムは、交代制の職員による段階別処遇システムであり、非行行動の改善を目的とした集団行動やトレーニングが中心である。

〔3〕更生保護

　保護観察処分は、更生保護法（2008年施行）に規定された処遇であり、犯罪を行った者や非行のある少年に対して社会の中で生活を継続もしくは再開するにあたり、再犯することを予防し、地域で生活していくことを指導および支援していくものである。保護観察処分の対象は、少年院を仮退院した少年、少年院に入所せずに保護観察処分とされた少年である。保護観察処分は全国50か所に設置された保護観察所に勤務する保護観察官および地域で支援を行うボランティアである保護司によって行われている。多くの場合、保護司が対象者に月に2回程度面接を実施し、生活状況や仕事、学業の状態、人間関係等について相談に乗りながら支援を継続する。少年の場合には20歳に達するまで継続されるが、多くは生活状況の安定を確認して数年以内に保護観察期間を終えることが多い。こうした地域で非行や犯罪からの立ち直りを支援する取り組みを更生保護という。

　更生保護には、民間のボランティア団体の存在が欠かせない。保護司の他にも関連する機関やボランティア団体がかかわっており、心理面、生活面の両面から対象者の支援を行っている（表10-7）。

表10-7　更生保護の担い手

保護司（法務省）	「保護司法」（昭25法204）により、法務大臣から委嘱された非常勤の国家公務員。保護観察官と協働して、保護観察、生活環境の調整、地域社会における犯罪予防活動に当たっている。全国で約4万8000人の保護司がいる（2016（平成28）年1月1日）。
更生保護施設	「更生保護事業法」（平7法86）により、法務大臣の認可を受けるなどして設置・運営される施設。少年院仮退院者や保護観察中の少年を保護し、各種の生活指導や宿泊場所の供与、食事の給与、就労の援助を行い自立更生を支援している。全国に更生保護施設は103施設あり、このうち少年を対象とする施設は84施設ある（2015（平成27）年4月1日）。
更生保護女性会	犯罪や非行のない明るい地域社会を実現しようとするボランティア団体。約17万人の会員が在籍し、各地域で活動を展開している（2015（平成27）年4月1日）。
BBS（Big Brothers and Sisters Movement）会	非行防止や子どもの健全育成のための多彩な活動を行っている青年ボランティア団体。約4500人の会員が、市町村などを単位とした地区組織や大学を単位とした学域組織を結成し、全国各地で活動している（2015（平成27）年4月1日）。
協力雇用主	犯罪や非行歴のある人に、その事情を承知した上で職場を提供し、その人の立ち直りに協力しようとする民間の事業主。全国に約1万4500の協力雇用主がいる（2015（平成27）年4月1日現在）。
人権擁護委員（法務省）	法務省は、様々な人権問題に対処するため、幅広い世代・分野の出身者に人権擁護委員を委嘱しており、全国に約1万4000人いる（2016（平成28）年1月1日）。
児童委員（厚生労働省）	児童委員は、民生委員をもって充てられ、全国で約23万人が厚生労働大臣から委嘱されている（2015（平成27）年4月1日）。
母子保健推進員（厚生労働省）	母子保健推進員は、市町村長の委嘱を受け、母性と乳幼児の健康の保持増進のため、家庭訪問による母子保健事業の周知、声掛け、健康診査や各種教室への協力をはじめ、地域の実情に応じた独自の子育て支援と健康増進のための啓発活動を行っている。
少年警察ボランティア（警察庁）	少年の非行を防止し、その健全な育成を図るため、少年指導委員・少年補導員・少年警察協助員等の少年警察ボランティア約5万8000人を委嘱している（2015年4月1日現在）。
少年補導委員（内閣府）	内閣府では、地方公共団体が委嘱している少年補導委員（2016年1月現在約6万人）の活動に関して、青少年センター関係者が集まる会議・会合等の機会を活用して、補導・相談の効果的な進め方などの情報共有を図っている。

出所：内閣府「第5章 子供・若者の成長を支える担い手の養成」（第1節）から整理
　　　http://www8.cao.go.jp/youth/whitepaper/h28honpen/s5_1.html（2018/09/13）

〔4〕成人事件の場合

　成人事件の場合の処遇の流れを図10-3に示す。20歳以上で犯罪により警察に逮捕された場合、検察庁に送致され不起訴処分、起訴猶予処分に付されるか、起訴された場合には公の裁判にかけられることになる。起訴された場合、死刑・無期懲役、懲役・禁固刑（一部執行猶予）、罰金刑等の判決を受けることになる。死刑・無期懲役・実刑判決を受けた者は、刑務所に受刑することになる。刑務所は少年院と異なり刑を全うする場として位置づけられているが、再犯防止のために性犯罪者処遇プログラムや犯罪に関連する要因に対応したプログラムなどを取り入れ、改善更生のための働きかけが行われている。現在では、公設公営の刑務所から民間の施設管理や運営能力を生かした官民協同型の刑務所が導入されるようになっている。

【医療観察制度】

　統合失調症を主とした精神障害により、他害行為（凶悪犯罪にかかわる殺人、放火、強盗、強制性交、強制わいせつ等）を行い刑事責任が問えない状態である心神喪失、一部の責任を問える状態である心神耗弱の場合、刑に服させる対応ではなく、必要な医療を確保したうえで社会復帰を行う。このときの入院（入院医療）や通院（通院医療）の必要性は地方裁判所で決定される。入院や通院時より社会復帰における地域機関の調整役として保護観察所の社会復帰調整官が関与する。なお精神保健福祉法の対応は、医療観察制度による指定入院医療中には適用されないが、通院医療中の場合には適用される。

（平成30年）

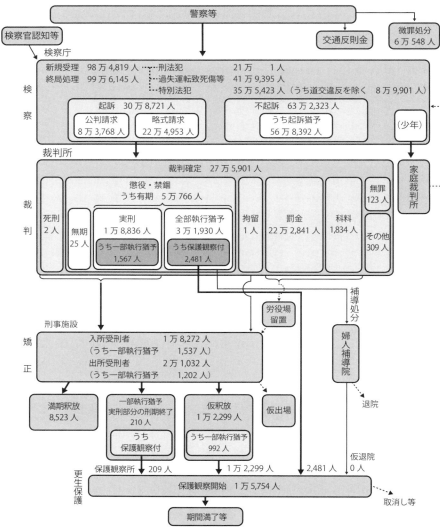

注 1 警察庁の統計、検察統計年報、矯正統計年報、保護統計年報及び法務省保護局の資料による。
　　2 各人員は平成30年の人員であり、少年を含む。
　　3 「微罪処分」とは、刑事訴訟法246条ただし書に基づき、検察官があらかじめ指定して犯情の特に軽微な窃盗、暴行、横領（遺失物等横領を含む。）等の成人による事件について、司法警察員が、検察官に送致しない手続を執ることをいう。
　　4 「検察庁」の人員は、事件単位の延べ人員である。例えば、1人が2回送致された場合には、2人として計上している。
　　5 「出所受刑者」の人員は、出所事由が仮釈放、一部執行猶予実刑部分の刑期終了又は満期釈放の者に限る。
　　6 「保護観察開始」の人員は、仮釈放者、保護観察付一部執行猶予者、保護観察付全部執行猶予者及び婦人補導院仮退院者に限り、事件単位の延べ人員である。そのため、各類型の合計人員とは必ずしも一致しない。
　　7 「裁判確定」の「その他」は、免訴、公訴棄却、管轄違い及び刑の免除である。

図10-3　犯罪者処遇の概要（法務省，2019）

④ 関係行政と機関③　裁判所

〔1〕裁判所

　裁判所の種類には、最高裁判所、高等裁判所、地方裁判所、簡易裁判所、家庭裁判所の5つが位置づけられている。

　まず、事件は民事事件と刑事事件に分けられ、罰金刑にあたるような軽微な犯罪については簡易裁判所が第一審の判決を行うことになっている。それ以外の事件についてはどのような種類の事件であっても地方裁判所が第一審の判決権がある。多くの事件は単独の裁判官によって量刑が決められるが、死刑や無期、1年以上の禁固刑に当たる場合は複数の裁判官による合議体で裁判が行われる。次に高等裁判所は全国8か所に位置づけられ、簡易裁判所、地方裁判所、家庭裁判所における刑事事件の判決に対する公訴、民事事件に関する上告、地方裁判所や家庭裁判所の決定に対する抗告について裁判権がある。

　最高裁判所は上述の裁判所の中で最も上位に位置づけられた権限を持つ裁判所であり、長官および14人の最高裁判所判事によって審議が行われる。多くの場合、下位の裁判所における

表10-8　法的な対応に関与する機関

警察	地域で犯罪が発生した場合に地域の交番や警察署から警察官が現場に赴き、状況の確認、証拠の収集などの業務を担うのが警察である（警察庁, 2019）。業務内容としては、非行防止や児童虐待、DV等の事件を担当する生活安全課、地域のパトロールや巡回などを担う地域課、殺人事件や知能犯に対応する刑事課、交通事件を担当する交通課、警護や震災対策を担う警備課などがある。 　もし、何らかの犯罪により被疑者を逮捕した場合には、警察官は48時間以内に検察官に事件を送致することになっている。そのため警察は、被害者および加害者に第一に関与する可能性があるため、それぞれの状態を理解したうえで対応に当たる必要がある。 　都道府県警察には少年補導員や少年相談専門員と呼ばれる心理職が配置されている。少年の非行や問題行動に関する相談やカウンセリング、犯罪の被害にあった少年に対する被害者支援、少年の健全育成のための環境調整、非行防止に向けた啓発活動などに取り組んでいる。
検察	検察は警察から送致されてきた事件について、警察と協力し検察官がさらに証拠の不十分な点や必要な情報を調査し、裁判所に被疑者を訴えるかどうか判断する役割を担う（警察庁, 2019）。事件が事実であっても検察官が裁判所に訴えない場合も多く、起訴される人数は検察が警察から事件を受理した件数のうち、3分の1程度になる。3分の2は不起訴処分に付されることになり、審判が開かれることもなく終結することになる。
法テラス	法テラスは日本司法支援センターの略で、総合法律支援法（2004（平成16）年6月2日公布）に規定された、裁判や法的紛争の解決を容易にし、平等に必要なサービスを受けやすくするためにするために設置された。全国50か所に地方事務所が設置され、全国から一律に相談を受け付ける相談ダイヤルや多言語への対応した相談対応、被害者専用ダイヤルの設置、法律に関する情報提供、民事法律扶助、メール相談の受付、関係する部署への紹介など多様な支援業務を提供している。特に経済的問題により、費用の捻出ができない場合には無料で法律の相談に対応するなどの業務を行っている。
民間被害者支援団体	これまで非行や犯罪による加害者の人権や教育が強調されてきた一方で、犯罪被害者への対応は不十分な状態であった。こうした現状を改善するため、各地で犯罪被害者支援センターが開設され、現在では48か所となり、それらをつなぐ役割として全国被害者支援ネットワークという公益財団法人が設置されている。こうした機関は、犯罪被害者支援法（昭和55年法律第36号）第23条に基づき、犯罪の被害からの回復を早期に支援する団体として、犯罪被害者等早期支援団体に位置づけられている。 　各犯罪被害者支援センターの活動には、電話相談、面接相談、裁判所や警察への付き添い、日常生活支援などがある。犯罪被害に伴う影響に対して、事件の直後から発生する生活上の困難、心理面へのケア、法律的な相談を担っている。 　また犯罪被害者等早期支援団体の活動としては、①犯罪被害者等に対する援助の必要性に関する広報活動及び啓発活動、②犯罪被害等に関する相談、③犯罪被害者等給付金の裁定の申請補助、④物品の供与又は貸与、役務の提供その他の方法による犯罪被害者等の援助が位置づけられている（警察庁, 2016）。

判決について不服がある場合に上告することになる。このように裁判所は、最高裁判所を頂点に下位裁判所が位置づけられ、様々な事件に対して裁判を行っている。

〔2〕 地方裁判所

地方裁判所は全国に50か所あり、その支部を合わせれば203か所になる。地方裁判所の扱う事件の中には、「配偶者からの暴力に対する保護命令申立て」がある。DVによって、配偶者が暴行や脅迫などによって、生命や身体に被害が及ぶ恐れがあり、申し立てが認められると、6か月間申し立て者の住居や勤務先に近づくことを禁止する接近禁止命令、同居している場合には2か月間の退去命令、子どもへの接近禁止命令等が出されることがある。夫婦関係のみではなく、実質的に生活拠点を共にする交際相手からの申し立ても可能となっている。

〔3〕 家庭裁判所

家庭裁判所は1949（昭和24）年に設立され、全国の50か所（支部203か所）に設置されている少年事件と家事事件の2つを扱う機関である。家庭裁判所には、裁判官、裁判所書記官、裁判所事務官などに加えて、「家庭裁判所調査官」が配置されている。家庭裁判所調査官は心理学、社会福祉学、教育学、社会学、法学などの各専門領域を学んだ者が採用されており、2つの事件に対応している。

少年事件は、事件を犯した少年が警察、検察庁、児童相談所から送致されてきた段階から家庭裁判所の関与がスタートする。送致には、警察に逮捕、拘留された状態で受理される場合と、書類のみが家庭裁判所に送致される在宅事件に分かれるが、いずれも家庭裁判所調査官が事件の調査にあたる。調査は、少年の再非行を犯す危険性と立ち直る可能性の両方を判断基準にしながら、少年の非行に至った生物学的要因・心理的要因・家族や学校、友人関係などの社会的要因を総合的に調査しながら進められる。また少年が少年鑑別所に拘留されている場合には、少年鑑別所の心理技官の意見も参考に調査結果を作成し、裁判官に提出することになる。これによって少年の処遇が決められることになる。なお、家庭裁判所に送致された事件のうち、保護処分に付されるのは4分の1程度で、おおよそ4分の3は不処分や審判不開始となっている。

家事事件は、家庭内の問題や親族関係に関する問題を解決するために必要な調停や相談を受け付けている（裁判所, 2019）。審判事件には、子の氏の変更許可、相続放棄、名の変更の許可、後見人の選任、養子縁組の許可などがあり、これらは当事者の合意によって決められるものではなく、裁判所の決定が必須となっている。一方で親権者の変更、養育費に関する問題などは当事者間での解決が期待される事案となっている。そのためこれらの事件はまず、当事者間の話し合いによる調停事件として扱われることが多い。特殊調停として、親子関係不存在確認、そのほかにも嫡出否認、認知などの調停を行っている。

（大原 天青）

協議離婚　　⇒　　調停離婚　　⇒　　裁判離婚
（民法第763条）　（家事事件手続法第244条）　（民法第770条）
※裁判中の和解・認諾離婚となることも

　離婚するときには、一般に双方の協議にて納得して行う"協議離婚"が一般的である。単純に別れるだけでなく、慰謝料、財産分与、年金分割（老齢年金受給時）、別居時から離婚までの婚姻費用について協議する他、子どもがいる場合、親権、養育費、子どもの面会交流について協議する。なお離婚協議内容に法的拘束力を持たせるよう、公証役場における公証人により作成される公正証書として残すことが推奨される（有料）。

　協議不調の場合、家庭裁判所調停委員2名がかかわる調停離婚となる。調停離婚では、平日の月1回程度で数か月間を要する。裁判離婚の前の調停前置主義とされる。それでも合意を得られない場合、裁判離婚となる。些細な離婚条件のズレの場合、審判離婚とすることもできるが審判に異議申し立てすれば裁判離婚になるため利用は少ない。調停離婚が不調となっても自動的に裁判に移行しないが、養育費・婚姻費用の請求調停の場合は自動的に訴訟へと移る。取り立てる側は相手が仕事をしているかの確認をしなくてはならず、退職等すれば追跡が難しいともされる。

　裁判離婚では、浮気（不貞行為）、ネグレクト（悪意の遺棄）、3年以上の生死不明、回復の見込みのない強度の精神病、DV、その他、婚姻を継続し難い重大な事由があった場合、裁判所が離婚を決めてくれるが確たる証拠がなければ認めない。例えば、探偵が夫と女性がホテルに入った映像を得ても部屋の中で何をしていたかを示す証拠がなければ判決できない（慰謝料も同様）。離婚時の協議で、面会交流や養育費分担を協議することが示されたが、裁判離婚では「月1回面会交流する」を言いつけるだけで詳細がないため、調停離婚時に多くの設定をしておく必要がある。また、裁判途中で裁判官が和解（歩み寄り）を勧める「和解勧告」による和解離婚（和解調書とともに離婚届を出す）、原告の言い分を被告が受け入れる認諾離婚がある。

　婚姻費用・養育費等は請求時以降分しか請求できないため（支払いは時効もある）、内容証明・メール等を保持することが必要となる。夫と妻子で分かれて別居した場合、離婚するまでは妻子分の婚姻費用を求められるが、離婚後は子どもの養育費のみ請求できる。財産分与は結婚から別居までの財産で、妻が専業主婦であっても妻の支えがあって夫の稼ぎがあったと捉え請求できる。親権争いでは、家庭裁判所調査官が、どのくらい子どものことを親が知っているか等陳述を取る。実際に調査官が家に行って冷蔵庫を開けてレトルト食品しかない等を見たり、いつから歩き出したか等、子の育ちに関することを確認したり、幼稚園にも行きPTA活動をしたか等を聞くこともある。

　親権（民法）は、身上監護（第820条）と財産管理（第824条等）があり、前者は子どもの居所指定権、懲戒権、職業許可権（親の許可で職業に就く）、第三者に対する妨害排除権（児童相談所引き渡しの非同意の権利等）、財産外の身分上の行為の代理権（氏の変更等）等があり、後者は子どもの行う法律行為の代理権・同意権・取消権がある。親権は子どもが成人するか、結婚（離婚後も同様）するまである。親権者の虐待状況等により親権制限である親権喪失、親権停止（最長2年間で更新）、管理権制限（子どもの1人暮らしや就労に同意を得ない場合の制限）があり、地方裁判所管轄である。なお保護者は「子どもを現に監護している者」（児童福祉法第6条）であって、場合によっては、祖父母やおじ・おばも保護者となることがあり、さらに離婚した親権・監護権を有しない親や、同居していなくても頻繁に出入りしている親のパートナー等も、子どもにとって「保護者」に等しい存在である場合は対象となり得る。さらに祖父母が孫と養子縁組する場合は家庭裁判所の許可はいらず、役所へのみの届出となる。

（米川 和雄）

〈参考文献〉
米川和雄編（2018）『スクールソーシャルワーク実践技術』北大路書房（再販版），p. 196.

〈参考文献〉

◆三権分立

北見万幸（2018）「第7章第2節　福祉関連機関」米川和雄編『スクールソーシャルワーク実践技術』北大路書房（再販版），204-208.

名古屋市（n. d.）「指定都市制度の現状と問題点」．http://www.city.nagoya.jp/somu/cmsfiles/contents/0000046/46654/2syou.pdf（2019.10.27閲覧）

米川和雄（2019）「第2章Ⅰ福祉にかかわる法制度」『ソーシャルワークの理論と実践の基盤』へるす出版，25-30.

◆関係行政と機関①　教育機関である学校を起点とした連携・協力

藤原文雄編著（2019）『「学校における働き方改革」の先進事例と改革モデルの提案――学校・教師の業務／教育課程実施体制／生徒指導実施体制／学校運営・事務体制』学事出版.

石川正興編著（2013）『子どもを犯罪から守るための多機関連携の現状と課題――北九州市・札幌市・横浜市の三政令市における機関連携をもとに』成文堂.

神奈川県教育委員会（2018）「学校警察連携制度ガイドライン」.
文部科学省（2019）『生徒指導提要』.
文部科学省（2019）「学校・教育委員会等向け虐待対応の手引き」.
梅澤秀監・木内隆生・嶋﨑政男編著（2014）『生徒指導15講　教職課程テキスト』大学図書出版.

◆関係行政と機関②　矯正施設等

法務省（2019）『令和元年版　犯罪白書』.
内閣府（2018）「第5章　子供・若者の成長を支える担い手の養成（第1節）」『平成30年版　子供・若者白書』.

◆関係行政と機関③　裁判所

警察庁（2016）『平成27年版　犯罪被害者白書』.
警察庁（2019）http://www.kensatsu.go.jp/gyoumu/yakuwari_chigai.htm
厚生労働省（2005）https://www.mhlw.go.jp/bunya/kodomo/dv-soudanjo-kai-zuhyou.html
裁判所（2019）http://www.courts.go.jp/saiban/syurui_kazi/kazi_02/index.html

おわりに

　このたび10年以上請願されてきた書籍を数年がかりで編纂し多くの思いをもって上梓することができました。編集にあたってはご執筆いただきました先生方の意向に反し調整いただくこともありました。それぞれの先生方のご協力とお力添えがなければ決して日の目を見なかった書籍といえます。この"おわりに"においては本書の企画と編集に携わってきた者から本書の内容を踏まえて福祉心理学の視点を簡単となりますがお伝えさせていただきます。

　まず、"はじめに"にて福祉心理学の専門性構築に尽力されてきた十島雍蔵先生が「福祉心理学は生き物のように変動する学問であり実践である」と示唆されたように、福祉に関する被支援者に対する支援は日々向上、進化し続けており、現在の当たり前が将来の非常識になることがあります。この10年間だけでも福祉領域の支援は大きく変わってきています。

　例えば、"問題解決の視点"では、専門職側からのクライエントの問題の同定や専門職側からのクライエントの問題解決が着目されることがあります。近年では、クライエント自らが自己の課題を捉え、その達成へ向けて歩むという"自己決定の視点"が尊重されてきています。もちろん、そこには結果としての問題解決も含まれますし、公共の福祉に反さない限りという条件はあるでしょう。当然ながら社会福祉にかかわる法制度は毎年のように変化し続けていますので、福祉心理学は他領域の心理学よりも変動や進歩の影響が大きい分野といえるでしょう。

　第Ⅰ部は、福祉心理学の基盤にかかわる事項が紹介されています。第1章にて、福祉心理学の領域を切り開いてきた網野武博先生が述べるその基盤としての福祉心理学原理では、公的扶助等としての福祉から健康増進や健全育成等としての福祉までが本学問領域であるとする視点は単に社会福祉サービスの提供だけを意味していない福祉心理学の価値に迫るものといえるでしょう。当然ながら、このスペクトラムをどのように捉えるかの議論は必要ですが、第3章にて、長年、福祉心理士認定を担ってきた富樫ひとみ先生から福祉心理士側の視点として、その支援や研究の対象が"福祉的課題を抱えている人"に焦点を当てるとしたことは、健康増進を謳う他の心理学領域との実践的な差別化につながることでしょう。

　第2章の福祉心理学の歩みやその研究方法、さらに第4章以降の福祉心理学における"基盤たる視点や心理学的支援"を捉えれば、福祉心理学ほど様々な基礎心理学や応用心理学の視点が求められ、かつ特異的である心理学領域はないといっても過言ではないでしょう。例えば、2000年の社会福祉基礎構造改革にて措置から契約が示されましたが、近年でも虐待等により児童、障害者、高齢者などに不可欠な措置という状況を包含する点は他の心理学領域に比べ稀な特異性といえます。また、津久井やまゆり園の事件のその後における利用者の方々への意思決定支援の視点などは、福祉現場の心理士には必須の視点でもあります。

　第Ⅱ部では、福祉心理学的支援の実践にかかわる事項が紹介されています。第6章以降は各福祉領域における心理学的支援を著しています。上述したような措置対応においては、クライ

エント中心だけでは進めない状況があり得ながらも、いかにクライエント中心として果敢に関与するかを求められるジレンマを抱えた、いわばバランス保持の困難な支援が求められているといえるでしょう。さらに福祉心理学やその援助技術の特異性は、従来の心理士のみが専門とする学問や技能というだけでなく、医療・保健・福祉に携わる様々な専門職によって個々の専門性（国家資格等の専門性）を基盤にしながら活用され得る点にあります。つまり、心理職に限られた専門性ではないのです。これには福祉心理士資格取得に様々な福祉にかかわる他資格所持者への配慮がなされている点も関係します。なお第9章における地域福祉領域の心理学的支援や第10章の関係行政論・機関論は、各社会福祉領域にまたがる内容といえるでしょう。

　一方で、本書でまだまだ議論されるべき事項も少なくありません。例えば、第1章にて社会福祉の基本理念として"ノーマライゼーション"が挙げられましたが福祉心理学においての基本理念としてはどうであるか、さらに"自立"、"エンパワメント"などの福祉心理学における焦点の議論も含めて検討すべきかもしれません。もちろん、本書で紹介された第4章の福祉心理学的支援の"基盤"とはなにかについても時間をかけて時代を踏まえて議論していく必要があるでしょう。時間の制約により達しえなかった点については次期出版に委ねていきたいと考えております。

　最後に公認心理師養成において福祉心理学はひとつの科目として認められました。これはその存在を認識され得る機会として大変感謝すべきことではありますが、明示された福祉心理学の範疇は限局的で、その多様な実情や可能性を反映したものではないようにも見受けられます。これには「福祉心理学とはなにか」について学術団体である本学会が示すべき点を示しきれていなかったというご指摘もあるほどです。現在、本学会の理事長である片岡玲子先生を筆頭に各委員会や福祉心理士会が新しい方向で様々に動き始めております。筆者においてもお届けできた本書の意義が深まるよう、つまり福祉心理学の基盤たる書籍として本書を活用できるように少しでも尽力していきたいと考えております。わずかながらでも本書が手に取ってくださった皆様の一助になれるならば幸甚です。

2021年10月吉日

米 川 和 雄

●編集代表

米川 和雄（よねかわ・かずお）

博士（心理学）、公共経営修士（専門職）、公認心理師、福祉心理士、認定精神保健福祉士、社会福祉士

早稲田大学大学院政治学研究科公共経営専攻修了

特定非営利活動法人エンパワメント　理事長

（スクールソーシャルワーカー向オンラインサロン主宰）

帝京平成大学人文社会学部人間文化学科　講師

日本福祉心理学会　常任理事／学会大会・研修会企画委員会　委員長／福祉心理士会資格認定委員会資格要件検討会　主務

東京社会福祉士会スクールソーシャルワーク委員会　委員長

都内教育委員会　スクールソーシャルワーカー活用事業スーパーバイザー、いじめ問題対策委員会委員、教育相談（学校コーチング）研修講師等、多数

『精神障がい者のための就労支援　改訂第2版』（編著、2017年、へるす出版）、『ソーシャルワークの理論と実践の基盤』（編集委員長、2019年、へるす出版）、『学校コーチング入門』（2009年、ナカニシヤ出版）

●編集／監修責任者

大迫 秀樹（おおさこ・ひでき）

修士（教育学）、臨床心理士、公認心理師、福祉心理士、指導健康心理士

九州大学大学院人間環境学研究科修士課程修了

福岡女学院大学人間関係学部心理学科・大学院人文科学研究科臨床心理学専攻　教授

日本福祉心理学会 常任理事／機関紙編集委員会 委員長／研究・研修推進委員会 副委員長（前任）

児童家庭支援センター（非常勤心理士）にて現職として稼働中／公的機関の委員として、児童福祉審議会権利擁護部門委員、要保護児童対策地域協議会委員など

『社会的養護の理念と実践　第2版』（編著、2017年、みらい）、『福祉心理学』（共著、2018年、遠見書房）など

富樫 ひとみ（とがし・ひとみ）

博士（社会学）、社会福祉士、福祉心理士

茨城キリスト教大学生活科学部　教授

日本福祉心理学会　常任理事／資格認定委員会委員長／日本福祉心理士会会長

日立市及び他の地方公共団体の委員会・審議会の委員長及び委員を歴任

『高齢期につなぐ社会関係　ソーシャルサポートの提供とボランティア活動を通して』（ナカニシヤ出版、2013年）、『Next 教科書シリーズ　社会保障』（共著、弘文堂、2014年）、『公認心理師スタンダードテキストシリーズ17　福祉心理学』（共著、ミネルヴァ書房、2021年）など

●執筆者一覧　執筆順、（　）は担当個所

十島　雍蔵　社会福祉法人吾子の里 理事長 （はじめに）

網野　武博　現代福祉マインド研究所 所長 （第1章）

大迫　秀樹　福岡女学院大学人間関係学部教授 （第1章）

片岡　玲子　立正大学心理臨床センター 顧問 （第1章）

中山　哲志　東日本国際大学健康福祉学部教授 （第2章）

三枝　里江　筑波大学大学院人間総合科学研究科博士後期課程 （第2章）

大部　令絵　日本女子大学人間社会学部社会福祉学科助教 （第2章）

宮本　文雄　元・東日本国際大学健康福祉学部教授 （第3章）

富樫ひとみ　茨城キリスト教大学生活科学部教授 （第3章、第9章）

米川　和雄　帝京平成大学人文社会学部講師

　　　　　　（第4章、第5章、第6章、第7章、第9章、第10章、おわりに）

堀江まゆみ　白梅学園大学子ども学部教授 （第4章、第9章）

内海　新祐　児童養護施設 旭児童ホーム 心理療法担当職員 （第4章）

藁科　知行　駿遠学園管理組合 園長 （第4章）

有村　玲香　鹿児島国際大学福祉社会学部准教授 （第4章、第6章）

井出　智博　北海道大学大学院教育学研究院准教授 （第4章、第6章）

渡部　純夫　東北福祉大学総合福祉学部教授 （第5章）

倉光　晃子　西南学院大学人間科学部准教授 （第5章、第6章）

田中　周子　立正大学心理臨床センター 相談員 （第5章、一口メモ）

深谷　昌志　東京成徳大学名誉教授 （第6章）

土橋　俊彦　世田谷区児童相談所 所長 （第6章）

大谷　洋子　港区児童相談所 児童心理係 （第6章）

大原　天青　国立武蔵野学院 厚生労働技官 （第6章、第10章）

野中　勝治　自立援助ホームケイ 施設長 （第6章）

金城　　悟　東京家政大学家政学部教授 （第6章、一口メモ）

簑毛　良助　鹿児島国際大学名誉教授 （第6章）

野村　勝彦　作新学院大学人間文化学部特任教授 （第7章、一口メモ）

橋本　　悟　北海道済生会みどりの里療育看護部 療育支援室主任 （第7章、一口メモ）

村本　浄司　九州看護福祉大学看護福祉学部准教授 （第7章、一口メモ）

占部　尊士　西九州大学健康福祉学部准教授 （第7章）

大西　　良　筑紫女学園大学人間科学部准教授 （第7章、一口メモ）

春原　淑雄　西九州大学短期大学部講師 （第7章）

上岡　義典　四国大学短期大学部教授 （第7章）

村岡　則子　聖カタリナ大学人間健康福祉学部教授 （第7章）

大庭　　輝　弘前大学大学院保健学研究科准教授 （第8章）

佐藤　眞一　大阪大学大学院人間科学研究科教授（第8章）

本田美和子　独立行政法人国立病院機構 東京医療センター 総合内科医長（第8章）

杉山　雅宏　埼玉学園大学人間学部教授（第9章）

野口　幸弘　社会福祉法人福岡障害者支援センター 理事長（第9章）

入江多津子　了徳寺大学健康科学部教授（第9章）

宮古　紀宏　国立教育政策研究所生徒指導・進路指導研究センター 総括研究官（第10章）

福祉心理学〈日本福祉心理学会研修テキスト〉
——基礎から現場における支援まで

2021年10月20日　初版第1刷発行

監　　修　　日本福祉心理学会
編集代表　　米川和雄
編　　集　　大迫秀樹
　　　　　　富樫ひとみ
発 行 者　　大江道雅
発 行 所　　株式会社 明石書店
〒101-0021 東京都千代田区外神田6-9-5
　　　　　電　話　03（5818）1171
　　　　　FAX　03（5818）1174
　　　　　振　替　00100-7-24505
　　　　　https://www.akashi.co.jp/
装丁　　　谷川のりこ
印刷・製本　日経印刷株式会社

定価はカバーに記してあります。　　　　ISBN978-4-7503-5280-0